MESOAMERICA

メソアメリカ 先古典期文化の研究

伊藤 伸幸

溪水社

まえがき

　筆者がメソアメリカ考古学を始めてから 20 年になる。
　初めて、メソアメリカ考古学を大学で始めたのは、金沢大学大学院文学研究科であった。その前に、名古屋大学考古学研究室で考古学に初めて出会い、そして手ほどきを受けた。そのときもすでにメソアメリカの歴史若しくは考古学をしたいとは思っていた。しかし、指導していただける先生が居られなかったので、考古学の基本を学ぶということで学部生の時には縄文文化について勉強をし、卒業論文を作成した。このことが現在の自分のメソアメリカ考古学研究の基礎になっていると思う。また、金沢大学大学院を修了した後で、メキシコ政府の奨学金を受けてメキシコ国立人類学歴史学研究所のチアパス州センターに1年間留学し、そのときに始めてマヤ文明の遺跡ラガルテロで発掘調査を経験した。このときの調査団長はニューアーケオロジーの実践者であったために、さまざまな場面で衝突した。そのときにいわれたのが、「この調査は私の調査だから・・・」ということであった。これをいわれてしまうともう何も言えなくなったのを覚えている。そして、やはり納得できる方法で調査をしたいと思ったのである。
　一方、この間にさまざまな先古典期の新しい調査成果が出てきた。マヤ中部低地のエル・ミラドールでは、巨大な石ブロックを使ったピラミッド神殿が造られたことが明らかになった。マヤ地方のある重要遺跡では、アクロポリスの中に埋もれた初期の建造物が土製であったことも明らかになった。しかし、発見当時はそのことを認めたくなかったということも聞く。その学者が理論を優先し、都合のいい情報のみを理論に取り入れるということをしていたためと伝え聞いた。メソアメリカでは新しい理論や発見が重視されるあまり、正確な事実報告が軽視されることがある。
　メキシコ留学時代からみていると、理論は立派でも発掘調査の事実報告が非常にお粗末な報告書がメソアメリカ考古学の分野では多いことが認識できた。
　本書では、考古学調査に基づく事実から先古典期文化の復元をする試みをしている。理論に基づく飛躍は極力避けて、事実に基づく資料に拠って考察を進めている。これは、理論にはなるべく頼らず、現在ある考古学資料（遺構・遺物）が示してくれる情報を読み取ろうという試みでもある。

本書は、2008年6月に名古屋大学大学院文学研究科に提出した博士学位申請論文「メソアメリカ先古典期の研究」の約半分を中心としてまとめたものである。残りの半分はメソアメリカの石彫についての部分である。この部分では主な石彫についてはまとめたが、まだメソアメリカの石彫研究がひとまとまりになっていないと感じている。このため、今回は出版することを見送った。今後、満足のいく調査研究が出来た時点でまとめようと思っている。

　現在明らかになっている遺跡遺構から、先古典期の文化にかかわる重要な要素である建造物、生業、そして権力と信仰から先古典期文化の特徴を引き出す試みを本書で行った。そして、先古典期文化を構成している集落や都市に暮らす人々の姿が少しでもみえてくるように努力した。最後に、少しでもメソアメリカ文明の出発点である先古典期文化が復元できればと思っている。

目　次

まえがき i

図表・写真一覧 v

序章　メソアメリカ先古典期文化研究と方法

第1節　メソアメリカの範囲と自然 3

第2節　メソアメリカ考古学史 5

第3節　メソアメリカにおける先古典期編年 13

第4節　先古典期におけるメソアメリカ各地方の文化 21

第5節　先古典期文化研究の目的と方法 35

第1章　メソアメリカ先古典期の建造物

第1節　先スペイン期の都市の特徴 39

第2節　メソアメリカにおける建築技法 40

第3節　先古典期の初期建造物 43

第4節　メソアメリカ南東部太平洋側の建造物 52

第5節　メソアメリカにおける特殊な建築材 70

第2章　メソアメリカ先古典期における生業

第1節　遺構からみた農耕 77

第2節　遺跡出土の植物遺存体 90

iii

第3節	遺跡出土のフラスコ状貯蔵穴	105
第4節	考古資料に表現される動物	127

第3章　メソアメリカ先古典期における権力と信仰

第1節	先古典期における文字資料	145
第2節	王権の起源	149
第3節	メソアメリカ南東部太平洋側の権力と抗争	181
第4節	先古典期における精神文化	196

終章　メソアメリカ先古典期文化の特徴

第1節	先古典期文化の特質に関する一考察	215
第2節	先古典期文化から古典期文化への移行	226
第3節	先古典期文化研究の今後の課題と展望	234

引用文献	241
あとがき	287

図表・写真一覧

表

表 1	メソアメリカ先古典期編年表	14-15
表 2	メソアメリカ土製建造物	50-51
表 3	軽石を使った建造物	74-75
表 4	農耕に関する遺構	84
表 5	出土植物遺存体	94-95
表 6	フラスコ状ピット	110-111
表 7	テーブル状祭壇	153
表 8	壁龕・洞穴に関連する遺物・遺構	157
表 9	四脚付テーブル状台座が表現される遺物・遺構	167-169
表 10	ジャガーに関連する遺物・遺構の類型	207

図

図 1	メソアメリカの範囲とその5地方	3
図 2	メソアメリカ先古典期遺跡分布図	22
図 3	マヤ古典期後期建築様式分布図	42
図 4	メソアメリカにおける土製建造物分布図	44
図 5	メソアメリカ南東部太平洋側建築遺構出土遺跡地図（グァテマラ）	46-47
図 6	メソアメリカ南東部太平洋側建築遺構出土遺跡と関連する遺跡の分布図	53
図 7	パソ・デ・ラ・アマダで検出された建造物	54
図 8	トナラＣ－１０建造物	55
図 9	トナラの建造物断面図	56
図 10	カミナルフユ　モンゴイ地区大基壇	57
図 11	カミナルフユの建造物	59
図 12	メソアメリカ南東部太平洋側高地における建造物断面図	62
図 13	メソアメリカ南東部太平洋側高地の建造物	63
図 14	軽石を使った建造物出土遺跡分布図	71
図 15	メソアメリカ南東部太平洋側で出土した建築材に軽石を使った建造物	72
図 16	カサ・ブランカ地区（チャルチュアパ）平面図・断面図	78
図 17	農耕に関する遺構が検出された遺跡分布図	80
図 18	チナンパとプロン・ダム	81
図 19	ティカル貯水池分布図	87
図 20	植物遺存体が出土した遺跡と地域（古期－先古典期）	91
図 21	フラスコ状ピットが検出された遺跡分布図	106
図 22	カミナルフユのフラスコ状ピット（1）	108
図 23	カミナルフユのフラスコ状ピット（2）	112
図 24	メソアメリカ南東部太平洋側のフラスコ状ピット	114
図 25	マヤ中部アルタル・デ・サクリフィシオスのフラスコ状ピット	116
図 26	オアハカのフラスコ状ピット（1）	118
図 27	オアハカのフラスコ状ピット（2）	120

v

図 28	メキシコ中央部のフラスコ状ピット	122
図 29	メキシコ西部のフラスコ状ピット	123
図 30	動物が表現される遺物が出土した遺跡分布図（1）	129
図 31	動物が表現される遺物が出土した遺跡分布図（2）	130
図 32	動物が表現される丸彫り石彫	131
図 33	動物が表現される小型石彫、ヒスイ製品	132
図 34	動物が表現される浮彫り石彫	133
図 35	チクルス出土漆喰装飾	136
図 36	動物形象香炉	137
図 37	動物形象土器	138
図 38	動物が表現される浮彫り・刻文・型押し・多彩文土器	139
図 39	動物が表現される土笛、土偶、土製品	140
図 40	動物が表現される貝製品、金属製品	141
図 41	テーブル状祭壇と関連する考古資料が出土する遺跡	150
図 42	テーブル状祭壇と関連考古資料	151
図 43	洞穴を表す浮彫りと怪物頭部石彫	156
図 44	チャルカツィンゴ 22 号記念物検出状況	159
図 45	四脚付テーブル状台座形石彫と関連する記念碑的遺物が出土した遺跡分布図	163
図 46	メソアメリカにおける四脚付テーブル状台座形石彫	166
図 47	四脚付テーブル状台座付柱状石彫	170
図 48	四脚付テーブル状台座が浮彫りされた石彫	171
図 49	壁画と漆喰装飾で表現された四脚付テーブル状台座	173
図 50	四脚付テーブル状台座を表現する小型遺物出土遺跡分布図	175
図 51	きのこ石、ベンチ・フィギア形石彫でみられる四脚付テーブル状台座	176
図 52	土器に表現される四脚付テーブル状台座	177
図 53	土製建造物・石造建造物と軽石を使った建造物が検出された遺跡分布図	182
図 54	メソアメリカ南東部太平洋側の建造物	184
図 55	四脚付テーブル状台座と 7 バクトゥンの石碑が出土している遺跡	189
図 56	メソアメリカ南東部太平洋側でみられる 7 バクトゥンの石碑	190
図 57	メソアメリカ南東部太平洋側出土四脚付テーブル状台座	191
図 58	ジャガー信仰に関する遺物・遺構が出土した遺跡分布図	198
図 59	ジャガーに関する遺物・遺構出土位置図	199
図 60	ジャガーに関する遺物・遺構図（1）	200
図 61	ジャガーに関する遺物・遺構図（2）	201
図 62	ジャガーに関する遺物・遺構図（3）	203
図 63	ジャガー以外の動物に関する遺物・遺構図	210

写真

写真 1	テーブル状祭壇と関連考古資料	152

メソアメリカ先古典期文化の研究

序章　メソアメリカ先古典期文化研究と方法

第1節　メソアメリカの範囲と自然

第1項　メソアメリカの定義

　アメリカ大陸には、2つの高文明圏、メソアメリカとアンデスがある。メソアメリカは、中央アメリカ地域の高文明圏である。キルヒホッフが初めてメソアメリカを定義した（Kirchhoff, 1943）。また、アメリカ大陸先住民文化の特徴を基に以下の5地域に分けている。

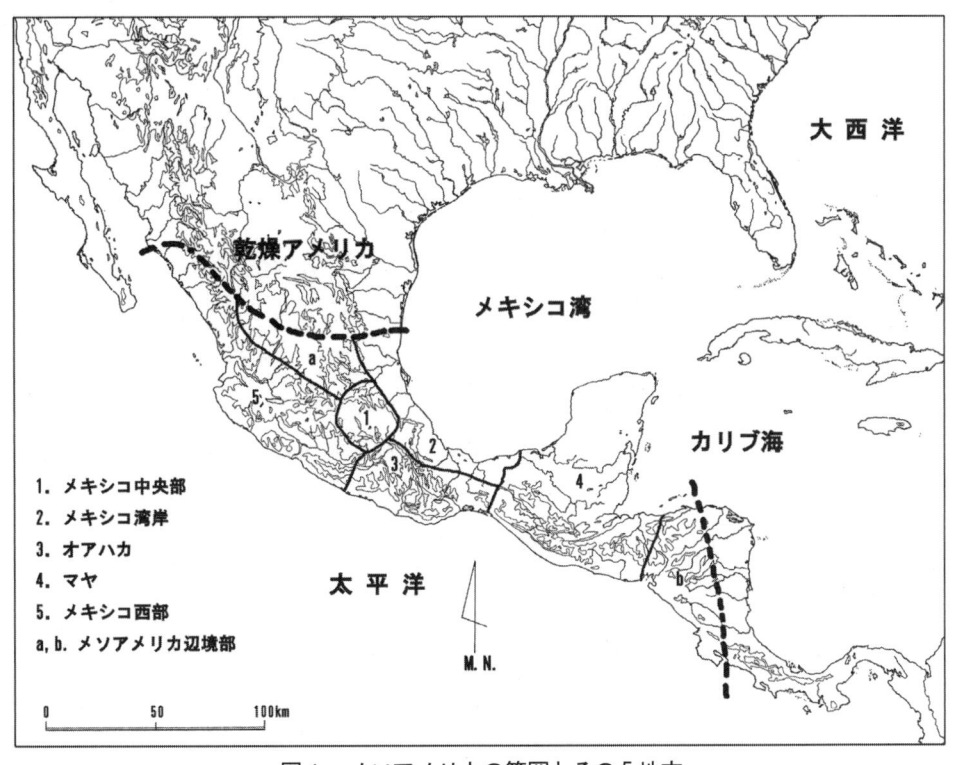

図1．メソアメリカの範囲とその5地方

① 北アメリカの採集、狩猟、漁撈民
② 北アメリカの低次農耕民
③ 高次の農耕民（高文化）
④ 南アメリカの低次農耕民
⑤ 南アメリカの採集、狩猟民

　メソアメリカは、③の高次の農耕民に属している。また、5地域の特徴的な要素を比較し、メソアメリカの特徴を示している。

　メソアメリカの要素として、チナンパなどの農耕、トウモロコシ・カカオ・リュウゼツランの利用、黒曜石の研磨技術、黄鉄鉱の鏡としての利用、階段状ピラミッド、球戯場、文字の使用、52年を周期とする暦、紙・ゴムの儀礼的な利用、人身犠牲などを上げている。

　メソアメリカの地理的範囲は、メキシコ北部から中米エル・サルバドル、ホンジュラスまでである。また、メキシコ西部、メキシコ中央部、メキシコ湾岸、オアハカ、マヤの5地方に分けられている。しかし、最近の調査結果から、メキシコ中央部はメキシコ盆地とそれ以外のメキシコ中央部とに分ける場合がある。メキシコ西部はゲレロ州を分離して、ゲレロ州以外のメキシコ西部とゲレロ州に分ける。また、マヤの南側に広がる太平洋岸から高地までの地域を南海岸と分けられる。本書ではメソアメリカ南東部太平洋側とし、太平洋岸と高地に分ける。

第2項　メソアメリカの自然

　メソアメリカでは、乾燥気候から熱帯雨林気候までさまざまな気候がみられる。四季はなく、雨期と乾期に分かれる。乾期は11月頃から5月頃まで、雨期は5月から11月頃である。

　メソアメリカ地域の自然は多様である。アメリカ合衆国テキサス州からテワンテペック地峡までは平原が広がり、多くの河川がメキシコ湾に流れ込んでいる。東西には大きな2つのシエラ・マドレ山脈がある。西部シエラ・マドレと東部シエラ・マドレ山脈がメキシコ北部からテワンテペック地峡まで伸びている。この東西シエラ・マドレ山脈の間には、乾燥した高原が広がっている。テワンテペック地峡に括れ部分があり、250m以下の低地が広がっている。

　メキシコ中央部では、針葉樹の森林が覆い、メキシコ盆地には大きな湖があった。また、メキシコ西部には、チャパラ湖、パツクアロ湖があり、ミチョアカンやコリマなどでは豊富な森林がみられる。メキシコ湾岸には広大な沼沢地が広がっている。オアハカは山に囲まれた地域であり、オアハカの中心部は3つの盆地からなる。北の山を越えるとメキシコ盆地、東の山を越えるとメキシコ湾岸、西の山を越えると太平洋がある。南にはテワンテペック地

峡がある。また、メソアメリカ南東部太平洋側ではシエラ・マドレ山脈の続きと思われる山脈がテワンテペック地峡から中央アメリカに延びている。マヤは北部・中部・南部と分けられ、サバンナ地域が広がる北部、熱帯雨林が広がる中部、針葉樹の森林が見られる南部がある。また、低い標高の北中部と4千メートル級の山もある山脈が連なる南部とは、植生も大きく異なる。北部はユカタン半島に位置しており、全体が大きな石灰岩となる地形をしている。そのところどころに、円形の穴が開いており、そこにセノーテと呼ばれる泉がある。南部では、メキシコ　チアパス州からグァテマラにかけて多くの火山がみられ、火山起源の肥沃な土壌が広がっている。

第2節　メソアメリカ考古学史

　現在、多くのメソアメリカ考古学研究や調査は、メキシコとアメリカ合衆国の研究者が過半数を占めている。ここでは、メキシコとアメリカ合衆国において定評のあるメソアメリカ考古学史に関する文献から、メソアメリカ考古学史を概観する。ベルナルの"Historia de la Arqueología en México"とウィリーとサブロフの"A History of American Archaeology"を中心として、メソアメリカ考古学史をまとめる (Bernal, 1992; Willey and Sabloff, 1974, 1993)。
　16世紀のスペイン人による征服により、先スペイン期のメソアメリカの人々が築き上げた諸都市が破壊され、廃墟になった。征服期、先スペイン期の都市の多くはスペイン人たちによって遺跡にされたといえる。1790年、メキシコで、建設工事中に先スペイン期の巨大な石彫（コアトリクエ像、太陽の石）2基が出土したが、本格的な考古学調査は行われなかった。しかし、考古学に理解のあるスペイン国王カルロス3世の影響を受けた副王の命令により、この石彫2基は破壊されることなく保存された。現在、メキシコ国立人類学博物館メキシコ室に展示されている。以下では、1790年以降のメソアメリカ考古学における歴史を、第1期（1790-1913年）、第2期（1913-1942年）、第3期（1943-1963年）、第4期（1964年〜現在）と分け、簡潔にまとめる。

第1項　第1期 (1790-1913年)

　スティーブンスとキャザウッドが1839年に中米の旅を始め、"Incidents of Travel in Central America, Chiapas and Yucatan"と"Incidents of Travel in Yucatan"で、初めて遺跡の正確な記述がされた (Stephens, 1841, 1843)。モーズレイ、メイラー、バスチアン、ハー

ベル、サッパーらはマヤの諸遺跡を地図、写真などで記録した（Mauslay, 1889-1902）。医師のガン、アメリカ領事トンプソンは、マヤ地方で発掘を行った。一方、メキシコでは、民族主義的な観点から考古学の重要性を説く人物もいた。バトレスは、テオティワカンの発掘調査と復元作業を行った（Batres, 1910）。また、レオン・イ・ガマは考古学的遺物・遺構を文献資料と同等に扱って研究を進めた（León y Gama, 1792）。この研究法はメキシコでは伝統として残っていった。

　この時期の最初の大規模な発掘は、ピーボディー博物館によって、コパンにおいて行われた（Gordon, 1896）。トザーらによるマヤ中部低地の研究やヘウェットとモーレーのキリグアにおける研究では、出土遺構遺物をマヤ暦に関連付ける試みがされた（Morley, 1913; Tozzer, 1911）。これらの研究では、記録の正確さと説明の完全さで極めて現代的であった。一方、マヤ文字については、フェルステマンが、ドレスデン・コデックス（絵文書）における数の表現と暦の日付の大部分の解読に成功した（Förstemann, 1906）。シェルハスはマヤの神々を同定した（Schellhas, 1904）。また、ナットールは様々なメキシコ考古学の諸問題を研究し、サポテカ文字の絵文書には歴史性があることを示した（Nutall, 1910）。

　一方、ホームズは、土器と各種の宗教的建造物を分類し、考古学的比較をしている（Holmes, 1895-7）。モルガンらは、文化の発展段階とアステカの社会・政治組織の特質について、進化論を前提として推論した（Morgan, 1876）。ジョイスは、マヤの彫刻に刻まれた日付と原住民の伝説・伝承から得られる順序に基づいて編年体系を樹立しようと試みた（Joyce, 1914）。スピンデンは、様式上の特徴の進化的発展を編年順の枠組とし、マヤ芸術の編年的整理を試みた（Spinden, 1913）。

　19世紀中葉のヨーロッパで発展した組織的な考古学研究の興隆、科学的な地質学の始まり、ダーウィンの進化論が、アメリカにおける考古学の確立に刺激を与えた。過去の文物に対する単純な推測が打破され、過去の諸現象を注意深く記述し分類することが始まり、型式分類が樹立された。資料の地理分布が記録された。発掘技術が改良され、大掛かりな野外調査が実施された。しかし、層位に基づく資料の編年的把握が欠如していた。また、メキシコでは文献資料を用いて考古資料を研究する方法が確立された。この時期、マヤ文字については、暦の解読が進んでいた。このマヤ暦を基準にして、考古学資料を編年する研究が始められた。

　メソアメリカ考古学に様々な貢献をしたスミソニアン研究所、ピーボディー博物館は、それぞれ1846年と1866年に設立された。一方、1910年代、カーネギー研究所は精力的に大規模な発掘をマヤ地方で始めた。また、アメリカ合衆国の主要な学術雑誌"American Anthropologist"は1880年に、メキシコでは学術雑誌"Anales de Museo Nacional"が1877年に発行を始めた。

第2項　第2期（1913-1942年）

　ガミオがメソアメリカで層位革命を始めた。アツカポツァルコ（メキシコ盆地）で人為的に設定された層位（人工層位）で調査を行った（Gamio, 1913）。この調査では、遺物と包含層の特徴と自然層序に十分な注意が払われた。後に先古典期若しくは形成期といわれる土器をアーケイック期として認識された。メソアメリカで基礎的な考古学的編年を確立した。また、ガミオはテオティワカンにおいて考古学を人類学の一部として考えた総合調査を行った（Gamio, 1922）。一方、ヴェイラントが人工層位を使い、先古典期文化の知見を洗練した。編年的な分類は、「土器」「型式群」と「型式」に記述的な命名を与えた。「指標型式」と呼んだものは層位的に連続しており、歴史的であった（Vaillant, 1930, 1931）。また、メキシコ中央部の編年をも試みた（Vaillant, 1941）。スミスのワシャクトゥン調査では、包含層がしっくいの床と石造遺構で覆われており、建造物の時期をそのまま編年に使うことが出来た（Smith, 1955）。

　1910年代に層位的発掘がメソアメリカ考古学に導入された。型式と分類は層位学的手続きと資料を時間順に配列するセリエーションとに結びついた。遺物の分類とともに文化の分類も始めた。メソアメリカでは、マヤ暦の西暦換算と組み合わせて、マヤ中部低地での編年確立の努力がなされた。層位とセリエーションによる方法、土器と遺物の型式分類、直接歴史接近法がこの時期に採用された。「直接歴史接近法」はアメリカ考古学と民族学の密接な協力関係の現われで、記録ある歴史時代から先史時代にさかのぼる研究法である。この時期の目的は、当該地域の遺物・遺構を、空間的・時間的枠組の中に配列し、地域的総合をすることである。この時期の成果としては、層位学に基づく調査結果が、編年作成に活かされたことである。

　この時期に、メソアメリカ考古学を研究する機関がメソアメリカ地域で設立された。1917年メキシコで人類学局を創設し、1939年に国立人類学歴史学研究所が創設された。グァテマラでは1946年、ホンジュラスでは1952年に研究所が創設された。

第3項　第3期（1943-1963年）

　キルヒホッフは中米を一つの文化領域と規定した（Kirchhoff, 1943）。ウィリーによって、セツルメント・パターン的調査研究がビルー谷（ペルー）で行われた（Willey, 1953）。調査の目的は、脈絡と機能の理解であり、各集落の関連性と機能を研究した。ウィリーは1954年にマヤ（ベリーズ）でセツルメント・パターンの研究を始めた（Willey, et al., 1965）。1956

年にセツルメント・パターンに関するシンポジウムが開催され、サンダースは中央メキシコについて発表した（Willey, ed., 1956）。また、大規模な地域の組織を研究するようになった（Bullard, 1960）。

　文化と環境に関する研究も行われるようになった。アルミヤスはメキシコ盆地の都市文明興隆の問題に、唯物論的見解を導入し、灌漑の役割に関心を持った（Armillas, et al., 1956）。パラームとウルフは、メソアメリカの多様な自然環境、農業技術および文明の発展の相関関係の調査に努力を集中した（Parlem, 1958）。マクニーシュのタマウリパス調査では、植物採集から植物栽培に至る過程を明らかにした（MacNeish, 1958）。

　メソアメリカの文字研究についても進展がみられた。トンプソンがマヤ文字に関する知見を組織的に集大成した（Thompson, 1950）。プロスコウリアコフは、古代マヤの政治的機構と王族について明らかにした（Proskouriakoff, 1960）。カソがサポテカ文字と暦について顕著な貢献をした（Caso, 1946）。

　1960年代までに隣接科学との協力が一般化した。伝統的考古学も様式研究によって一段と補強された。1950年代には放射性炭素年代測定法が新大陸全域で利用されるようになった。例えば、オルメカ文化は年代測定により紀元前1200-800年の範囲にあることが判明し、古典期マヤ文明よりも古いことが証明された（Drucker, et al., 1959）。1950年代に多量に放射性炭素による年代測定値がでたことにより、各地域の文化編年を相互に年代決定できるようになった。そして、マヤと他の文化との関係も分かるようになった。ウィリーとフィリップスにより、1955年に新大陸文化の発展段階が示された（Willey and Phillips, 1955）。これは、スチュワードによってアメリカ考古学に進化主義による文化の分類が再導入されたことに影響を受けているとされる。また、メソアメリカ研究の成果として、"Handbook of Middle American Indians"の刊行が1950年代に準備され、1960年代に出版が始まった。

　キルヒホッフにより、メソアメリカが定義された。1940年以降、新大陸各地域の文化史の総合が始まる。考古学と民族学の密接な関係は先史時代における道具の使用法や機能の解釈に民族誌的類似現象を援用するのに役に立った。民族学者の文化領域の諸概念に端緒をもつ文化と自然環境との諸関係への関心が、文化生態学的研究の基礎となった。この時期、脈絡と機能への関心が高まり、遺物・遺構を文化行動に翻訳する必要があるとされた。例えば、テイラーは脈絡の復元、用途および機能に関する推論、およびプロセスについて、何らかの発言をする試みとする「機能的考古学」を目指した。このため、伝統的考古学に基づいて行ったキダーのマヤ文明に関する研究、カーネギー研究所のマヤ研究もセツルメント・パターンについての資料とその意味を探ることがなかったと非難した。そして、脈絡による詳細な遺跡内の研究、機能的・組織的な面での追求を目指し、推論は考古学研究において正当化され、必要であるとしている。

メソアメリカ考古学は、他の学問分野からの科学的援助によって助けられ、刺激を受けて発展した。放射性炭素による年代測定が発明され、各文化のつながりがわかるようになり、地域の総合が行われた。その結果、ウィリーとフィリップスによって、新大陸全域の編年が提示された。また、ホライズンとトラディションの概念が形成された。ホライズンは、「広範囲におよぶ顕著な特徴を示すもの」と定義された。トラディションは、特徴または要素が、比較的長い期間、同一の地域に継続していることとされた。また、地域と環境の関り合いを重視することにより、植物栽培の起源や適応がマクニーシュやフラナリーによって調査研究された。

この時期の特徴は以下のようにまとめられる。①遺物を社会的・文化的行動の物質的残存と考える。機能を推定するときに、脈絡に細心の注意が払われる。②セツルメント・パターンの研究。自然の特徴と他の人間との関連において、人が景観のなかでどのように自身を配置するかは、社会経済的適応と社会政治的組織の理解のために、考古学者に重要な手がかりを与えると考えられた。③文化と自然環境についての研究である。ヒトとその生存基盤となる資源を研究対象とする。

第4項　第4期（1964年～現在）

環境に関する研究が進展した。マクニーシュによるタマウリパスとテワカンにおける新大陸の農耕の起源若しくは植物の栽培化の歴史に関する研究が行われた（MacNeish, et al., 1964）。コウとフラナリーはグァテマラの太平洋側で小環境適所を調査し、最初の定住村落の成立を研究した（Coe and Flannery, 1964, 1967）。また、フラナリーは人類と環境の間にある適応を考察する基礎型となる生態系に関する第一人者とされる。オアハカにおける調査研究はこの典型である（Flannery, 1968）。自然の季節性と文化の計画作成を考察し、先土器時代から先農耕時代まで（紀元前5000-2000年）の「獲得システム」を復元した。この時期、環境が文化に与える影響を示すモデルとして、サンダースが中央メキシコで示した「共生」の概念がある。サンダースは、限られた地理的環境において生き残るために適応した技術の複合として文化を考えた。文化、生物相、物理的環境を半独立的なシステムと考え、その相互関係は文化変容の一つの要素と考えた（Sanders, 1965）。一方、「共生」の概念は、マヤでも適応され、エリートによる「儀礼センター」から「都市センター複合」を地域環境のなかで考察した（Sabloff, 1990）。また、マヤでは、焼畑が唯一の農耕ではなく、集約的な農耕があったことが判明した。ミロン等のテオティワカンの地図作成と機能に関する調査は文明とは何かという問題に関する研究に基礎的なデータを与えた（Millon, 1967, 1970）。

1914年から1950年代後半までに蓄積された長期の正確な文化変化の編年を比較検討する

ことにより、進化の概念は静かに考古学のなかに定着していった。アダムスは、旧大陸（メソポタミア）と新大陸（メキシコ）の二つの社会で、血縁関係に基礎をおく農耕村落社会が階層化し、政治的に組織された国家へ進化するという平行現象を詳細に跡づけた（Adams, 1966）。1950 年代までは、文化進化という考え方は異端であった。1960 年代半ばまでに、文化進化は暗黙のうちに容認されていた。また、現代生態学、システム論、ＩＴ技術により、科学的に社会・文化の諸問題に接近しようとする一般的傾向がある。そして、ニュー・アーケオロジー（若しくはプロセス考古学）的研究が始められた。

　ニュー・アーケオロジー的研究の一例として、ラスジェのマヤの埋葬に関する論文をとりあげる。マヤ文明のサブシステム（埋葬）を文化システムに適応している。先古典期後期から古典期後期にいたる埋葬形態を研究し、階層による規制が時期と共に厳格になり、マヤ文明の崩壊に繋がったことを説明している（Rathje, 1970, 1973）。一方、都市化文明化に至る変化を調査することは簡単ではないが、Complex Society の研究が、洗練された。フラナリーは、オアハカ盆地の複雑化された社会を理解するために、プロセス、メカニズム、社会環境的圧力を研究する必要があるとしている（Flannery, 1972）。フラナリーはシステム論的モデルを使って研究をした。テオティワカンやモンテ・アルバンでは、都市若しくは文明の成立について研究された。経済基盤に関する技術と人口圧が都市成立の原動力になったとする人もいる。一方では、経済的な要因を少なく見積もって、共同体間の共生、政治的イデオロギー的要因を都市化に関する重要な要因とする見方もある。また、一つの要因とする見方もある。テオティワカンの急激な成長と成功は灌漑農耕によるとされる。ブラントンは、社会的文化的進化に伴って人口増が起こったという立場をとっている。交易網をコントロールし、政治的集中が起こり、国家への歩みが始まったとしている。大きなセンターの周りに人口が集中していった。ブラントンらは都市化にとって経済よりも政治的な要因が重要であるとしている（Blanton, 1976; Joyce and Flannery, 1996）。

　マヤ文字の解明が進んだ。紋章文字から古代マヤ都市の政治的階層を研究した（Marcus, 1976）。マヤ文字の研究から都市間の戦争、政略結婚、同盟、征服、イデオロギーが判明した。

　この時期は、ニュー・アーケオロジー（プロセス考古学）により特徴づけられる。その特徴は、プロセスの説明と「文化の動態に関する法則」に達する可能性に楽観的であることである。また、その研究法は、問題提起、調査法の構築、仮説の検証からなる。①文化進化論的観点、②一般システム理論に由来する、文化と社会、および相互に影響しあう部分、サブシステムの組織的考察、③統計的サンプリングによる文化的変異とその管理、④演繹的ないし論理的・演繹的推論法が特徴である。このなかで、④が一番の特徴である。また、社会と価値に関する分野は、技術・経済に二次的に関連して変化すると仮定している。総ての組織

的な相互関係は、それがどのような種類でも、物的記録のなかに何らかの痕跡を残していると主張している。ニュー・アーケオロジーでは、より科学的な試みが重要である。自然科学を積極的に取り入れているが、社会科学については消極的である。

　1970年代、文化進化は忘れられ、文化プロセス若しくは文化変化の研究が一般化された。また、環境適応に関する研究が重要になった。ミドル・レンジ・セオリーでは、考古学者はどのように考古学資料が形成されたかだけでなく、動的な過去のシステムがどうして静的な今日の考古学資料を生み出したのかを説明する必要があるとする研究が行われた。1970年代、類推研究法が新しい方向をとるようになった。歴史的文化研究とプロセス研究が結合するようになった。また、ポストプロセス考古学は、概念も考え方も異なるが、ニュー・アーケオロジーに反対するところは同じである。ポストプロセス考古学は個別的で相対的な観点を過去に持ち、過去は社会的につくられる物としている。歴史的な文脈を重視するとされる。ポストプロセス考古学は、歴史的文脈、解釈、批判的なアプローチを含んでいる。

　この時期は、ニュー・アーケオロジーによって代表され、考古学資料の編年のみでなく、そこに見出される演繹的な仮説構築が重要視された。また、法則性なども追求された。考古学資料の歴史的位置付けのみに飽き足らないで、それ以上のものを目指している。

第5項　小結

　以下に、メソアメリカ考古学史の各時期における特徴をまとめる。
　第1期では、メキシコで副王によって、出土した先スペイン期石彫が保存された。遺跡の破壊が終わり、先スペイン期の遺産の価値が認められた。この時期の特徴は、最初にギャザウッドらによる正確な遺跡の記述が挙げられる。大規模な発掘がメソアメリカで開始された。単純な型式分類が始められた。一方、マヤ暦が解読され、マヤ暦を基礎に考古学資料を編年する研究が開始された。この時期は、メソアメリカ地域で考古学研究が始められた時期で、メソアメリカ考古学の草創期といえる。
　第2期、ガミオによって、人工層位に基づく層位的発掘が始められた。層位とセリエーションに基づく文化の分類が始まり、直接的歴史接近法がとられた。この時期は、メソアメリカ考古学における学術的研究の開始期といえる。
　第3期、キルヒホッフにより文化要素の比較からメソアメリカが定義付けられた。新大陸の地域的な編年ができ、メソアメリカの地域的なまとまりが研究された。そして、機能と脈絡への関心が高まった。セトルメント・パターン、物質文化、文化と環境との関連が研究されるようになった。さまざまな新しい研究が行われ、メソアメリカ地域の文化的な特質が研究された。この時期は、メソアメリカ考古学史においては発展期と捉えられる。

第4期は、ニュー・アーケオロジーの出現で特徴付けられる。メソアメリカではフラナリーの定住村落の成立に関する研究から始まると考えられる。文化プロセスへの研究が一般化され、脈略への研究も重要視された。一方、環境に関する研究がみられ、環境と文化に対する関心が深まった。この時期は現在に近く、研究の評価は難しく、一般化できない。しかし、地域的なまとまりとしてメソアメリカが認識され、文化の特質がある程度解明されてきた。この前提の上に立って、メソアメリカ文明における各事象の法則性を求め、各事象を如何に理解するかということが重要になった。第4期は、メソアメリカ考古学における説明若しくは解釈期といえるかもしれない。

　メキシコではレオン・イ・ガマ以来、考古学資料を文献資料と同等に考えて、歴史を復元する方法がとられてきた。これは、マヤ文字、サポテカ文字などの研究に代表されるように、文献資料を使っての歴史復元に慣れていることによる。一方、アメリカ合衆国では、文献資料は征服期以降である。考古学資料のみで歴史を復元するために、考古学資料自身に語らせる必要があった。このような状況もあり、アメリカ合衆国ではニュー・アーケオロジーが発展していったと考えられる。アメリカ合衆国出身の研究者によるメソアメリカでの調査研究ではニュー・アーケオロジーの影響がみられる。

　ニュー・アーケオロジー以降、報告書若しくは研究書に遺物遺構を正確に記述する伝統が衰退した。また、仮説構築に忙しく、仮説構築に関係する資料以外の考古学的情報が記述されていないことが少なくない。このために、一度構築された仮説を検証するに足る資料が出版若しくは提出されていないことがしばしば見られる。言い換えるならば、仮説は多く提出されたが検証するための基本的情報がないといえる。現在、さまざまな研究方法がとられている。しかし、研究書、報告書をみると、一次的考古資料の扱いが脇に追いやられ、仮説説明に多くの部分が費やされている。今後、メソアメリカ考古学研究においては、検証可能な仮説を提示するために、発掘された遺構遺物に対して忠実で基本的な情報が得られる報告書が出版される必要がある。そして、基本的で正確な考古学資料に基づいて研究を行い、検証可能な仮説を構築する必要がある。メソアメリカでは文字史料があり、民族資料もある。こうした考古学資料に関する資料もあるために、援用する以前にその資料若しくは史料の価値を十分に検討する必要がある。また、文化の一部分を独立させて調査研究するのではなく、すべての部分を総合して文化を復元する必要がある。そうした上で、メソアメリカ文明の中に見られる現象を解釈することが重要であると考えられる。

　一方、現在、マヤ文字の解読が進展してきたが、史料批判をせずに使われている。このために、碑文解釈とともに解読されたマヤ文字史料の史料批判をする必要がある。しかし、解読されたマヤ文字史料がさらに増加してこないと難しいであろう。

第3節　メソアメリカにおける先古典期編年

　メソアメリカにおける先古典期文化は、紀元前2000年頃から紀元後300年頃までである。先古典期前期には土器作りが始まり、村づくりが始まった。先古典期中期には、オルメカ文化がほぼメソアメリカ全域に影響を広げた。この時期、大規模な造成工事が始まった。先古典期後期には、独特な地域文化が発展し、都市が造られるようになった。

　現在、先古典期文化研究は、各地域の枠組みで行われていることが多い。また、先古典期中期ではオルメカ文化を強調しすぎている。本節では、メソアメリカ全域での研究状況を検討し、先古典期文化を見直す。以下、時間軸の枠組みとなる土器を中心とした編年、そして、先古典期文化研究の現状について検討する。

第1項　メソアメリカ各地方の編年

　メソアメリカでは、各地方において様々な編年観がみられる（表1）。1950年代には、各地域の類似する土器の特徴を基に、メソアメリカ全域での先古典期編年を関連付ける試みが行われた（Sorenson, 1955; Wauchope, 1950）。1978年には、新大陸全体の編年をまとめた研究が出版された。その中では、メソアメリカを東西に分けている[1]（Lowe, 1978; Tolstoy, 1978）。以降、メソアメリカ全域を考慮する編年の試みはされていない。現在は、各地方若しくは1遺跡における編年に細分化されている。

　以下に、メソアメリカ各地方における編年を述べる。ここでは、メソアメリカを、5地方に分けて、先行研究から各地方の編年を概観する。メキシコ西部、メキシコ中央部、オアハカ、メキシコ湾岸、マヤの順で、考察していく。

1．メキシコ西部

　メキシコ西部では、考古学調査が少ないため、先古典期の状況は不明な点が多い。メキシコ中央部北部グァナファト、サカテカス、ドゥランゴ各州は、先古典期中・後期の資料が非常に少なく、全体像が不明である（Braniff, 1972; Kelley, 1989; Foster, 1989）。ゲレロ州では、プエルト・マルケスのポックス・ポッタリーが、紀元前2440±140年とされる（Brush, 1965）。しかし、後に続く土器が明らかになっていない。また、テオパンティクアニトラン、チルパ

---

[1] デマレストはこの時期にチアパスでの先古典期編年を見直している（Demarest, 1976）。

表1. メソアメリカ先古典期編年表

	テウチトラン	チャルカツィンゴ	メキシコ盆地	メキシコ盆地	クィクィルコ	テオティワカン	トラスカラ-プエブラ	テワカン	オアハカ	パヌコ	パヌコ盆地
200							パロ・ブランコ		M.A. IIIa		
100						③			モンテ・アルバン II	エル・プリスコ	タンツアン III
1AD	アレナル				クィクィルコ VB	ツァクアリ		サンタ・マリア後期			
1BC					クィクィルコ VA	パトラチケ					
100			ティコマン	ティコマン	クィクィルコ IV	テソユカ	テソキパン		M.A. Ic		タンツアン II
200					クィクィルコ III	Muller, 1966 ③=ミカオトリ		サンタ・マリア中期	モンテ・アルバン Ia	チラ	
300											
400				サカテンコ	クィクィルコ II Cui-IB		テソロック		ロサリオ		タンツアン I
500	サン・フェリペ	カンテラ前期	クアウテペック		Cui-IA			サンタ・マリア前期		アギラル	
600		カンテラ後期	ラ・パストラ	テテルパン	コピルコ				グアダルーペ		タンパオン
700		バランカ前期	エル・アルボリヨ								
800				マナンティアル	ミトラパコヤ		トラテンパ	アハルパン後期	サン・ホセ	ポンセ	チャカス
900		バランカ中期	ボンバ ①								
1000		バランカ後期	アヨトラ	アヨトラ							
1100	先古典期前期	アマテ前期	②					アハルパン前期	ティエラス・ラルガス	パボン	プハル
1200			ネバダ	ネバダ			トォンパンテペック				
1300		アマテ後期								MacNeish, 1954; Castañeda, 1989	チャヒル
1400				Niederberger, 2000					エスピリディオン		
1500	Weigand & Beekman, 1998	Grove, ed., 1987		トラルパン			García et al., 1989				Merino & García, 1989, 2002
1600											
1700			トラルパン					プロン			
1800											
1900									Marcus & Flannery, 1996 M.A.=モンテ・アルバン		
2000											
2100			Tolstoy, 1978 ①=マナンティアル、②=コアペスコ		Heizer & Bennyhoff, 1972 Cui=クィクィルコ			MacNeish, et al., 1970			
2200											
2300											

14

序章　メソアメリカ先古典期文化研究と方法

サン・ロレンソ	エル・マナティ	ラ・ベンタ	ジビルチャルトゥン	クエヨ	チアパ・デ・コルソ	グリハルバ川上流	カミナルフユ	チャルチュアパ	イサパ	ソコヌスコ	
					イストモ	イシュ	サンタ・クララ	カイナック後期	イスタパ	イスタパ	200
			シュクルル		オルコネス	フン			ハト	ハト	100
				ココス-チカネル			アレナル	カイナック前期			1AD
			コムチェン		グアナカステ	グアヒル			ギジェン	ギジェン	1BC
レンプラス							ベルベナ	チュル			100
											200
無遺物層					フランセサ	フォコ			フロンテラ	フロンテラ	300
パランガナ							プロビデンシア	カル	エスカロン	エスカロン	400
				ロペス-マモン	エスカレラ	エヌブ					500
無遺物層			ナバンチェ				マハダス				600
									ドゥエンデ		700
ナカステ		ラ・ベンタ後期		ブラデン	ビスタ・エルモサ	ディオサン	ラス・チャルカス	コロス		ドゥエンデ	800
					ディリ	チャクテ			イサパ-ホコタル	コンチャス	900
サン・ロレンソ		ラ・ベンタ前期	Andrews IV & Andrews V, 1980	スワジー	ホボ	ホコテ	アレバロ	トック	イサパ-クアドロス	ホコタル	1000
							Hatch, 1997				1100
チチャラス	マカヤル A	バリ後期		Hammond, 1991	コトラ	チャカフ				クアドロス	1200
バヒオ	マナティ B							Sharer, ed., 1978	イサパ-オコス	チェルラ	1300
オホチ						オハラ				オコス	1400
Coe & Diehl, 1980	マナティ A	バリ前期			オコテ			Lowe, et.al., 1982			1500
	Ortiz y Rodrí-guez, 2000					ラト				ロコナ	1600
		Rust & Sharer, 1988			Green & Lowe, 1967; Lee, 1969; Bryant, et al., 2005	Bryant, et al., 2005					1700
										バラ	1800
									Blake, et.al., 1995; Bryant, et al., 2005		1900
											2000
											2100
											2200
											2300

15

ンシンゴ、アトプラ、ソチパラなどのオルメカ文化に関連する遺跡が知られるようになると、ゲレロ州は他のメキシコ西部とは文化が異なることが明らかになっている（Martínez, 1986; Henderson, 1979; Schmidt, 1990; Paradis, 1990）。以下、ゲレロ州以外のメキシコ西部、そして、ゲレロ州の順に述べていく。

　ゲレロ州以外のメキシコ西部：コリマでは、紀元前 1500 年に相当するカパチャ期が、土器と C14 年代測定によって推定されている[2]（Kelly, 1980）。カパチャ期の土器はコリマ、ハリスコ、ナヤリ州でみられるが、シナロア州にはみられない（Baus, 1989）。先古典期以降の状況を、チャパラ盆地のテウチトラン遺跡からみていく。先古典期前期は、竪坑墓の出土遺物から年代を示している。また、マウンドー墓複合からサン・フェリッペ期、アレナル期の遺物が出土した[3]（Weigand and Beekman, 1998）。先古典期中期には若干の遺跡が知られるのみだが、先古典期後期には遺跡数が増加する（Mountjoy, 1989）。先古典期後期、特徴ある土器がチュピクアロを中心としてメキシコ西部、メキシコ中央部などに分布していた[4]（Porter, 1969; Mcbride, 1969）。

　ゲレロ州：太平洋側では、先古典期の存在が知られているが、詳しい内容は分かっていない（Ekholm, 1947）。テオパンティクアニトランでは、建造物の建設時期は、紀元前 1400-900 年と紀元前 900-800 年、紀元前 800-600 年に相当する（Martínez, 1986）。また、ソチパラでは、先古典期中期と後期に相当するテハス期、チチトランテペック期が想定されている（Schmidt, 1990）。アトプラにおいて、カカワナンチェ期（紀元前 1300/1250-1100/1050 年）はアハルパン期、コトラ期、オコス期に関連付けられる。アトプラ期（紀元前 1100/1050-900/850 年）は、オルメカ文化の要素が顕著になり、トラティルコ、グアルピータ、チャルカツィンゴなどのメキシコ中央部の特徴がみられ、アハルパン後期、サン・ホセ期、クアドロス期との関連がみられる。テコロトラ期（紀元前 900-800 年）には、チャルカツィンゴなどのモレロス州の特徴がみられ、アハルパン後期ーサンタ・マリア前期、コトラーディリ期、ホコタル期との関連もみられる。また、ベラクルス州北部（ポンセーアギラル期）、メキシコ盆地（ボンバ期）、オアハカ盆地（サン・ホセーグァダルーペ期）、マヤ中部低地（シェ期）とも関係がある（Henderson, 1979）。

2．メキシコ中央部

　メキシコ中央部では、メキシコ盆地を中心に編年が行われている。イダルゴ州、トラスカ

---

[2] 土器片付着の炭化物資料から年代を出している。しかし、土器片が表採資料のため今後の検証が必要である。
[3] サユラ盆地では、先古典期後期に相当するウスマハック期、先古典期末から古典期前期に相当するベルディア期が、発掘調査から明らかになった（Valdez, 1998）。
[4] ブラニフは1996年に、チュピクアロ文化を4区分し、先古典期前期までさかのぼる可能性を示しているが、先古典期前期を認定するには土偶のみでその可能性を示しており、土器では確認されていない（Braniff, 1996）。ここでは、先古典期後期のみとした。

ラ州、トルーカ盆地でも調査が行われている。土器は、メキシコ盆地とほぼ同じ様相を示す（Müller, 1960; Snow, 1969）。メキシコ盆地とその周辺地域に分けて述べていく。

メキシコ盆地：ソアピルコでは、ソアピルコ期（紀元前 3000-2200 年）に土偶が出土しているとされるが、その後の発展段階が明らかになっていない。トラティルコ、グァダルーペ丘麓（エル・アルボリジョ、サカテンコ、ティコマン）遺跡群の発掘と C14 年代測定値からメキシコ盆地の編年が組まれている。トラルパン期の土器は、ティエラス・ラルガス期と似ている。

コアペスコ期には、メキシコ湾岸のオルメカ文化の影響がみられる （Tolstoy, 1975, 1978; Tolstoy and Paradis, 1970; Tolstoy et al., 1977）。クイクィルコではピラミッド神殿の各時期の発展を考慮に入れ、土器と C14 年代測定からティコマン期を細分している[5]（Heizer and Bennyhoff, 1972）。

メキシコ盆地の周辺地域：メキシコ盆地南東に位置するチャルカツィンゴにおける土器編年をみる[6]。アマテ期は、メキシコ盆地との関連がみられる。バランカ期には、プエブラからオアハカ北部にかけての地域と関連がみられる。カンテラ期は、バランカ期の土器の伝統を引き継いでいる。カンテラ期以降の遺物遺構は少ない。先古典期後期については、関連する土器はない（Grove, 1984; Grove, ed., 1987）。次に、メキシコ盆地の東に位置するトラスカラープエブラ地域をみる。1972 年から行われた十数年に及ぶトラスカラープエブラ地域の考古学調査から編年が組まれている。C14 年代測定によって得られた年代を、考古学資料から得られた相対年代と比較している。トォンパンテペック期が一番早く、テワカン地域のアハルパン期の遺物との類似がみられる。トラテンパ期には、オルメカ文化の特徴が見られる。テソロック期は、メキシコ湾岸、オアハカ、テワカンとの関係を維持しているが、テソキパン期には先テオティワカン文化の要素が入り込んでくる（García and Merino, 1989）。

3．オアハカ

テワカンとオアハカ盆地では、ほぼ同時期に土器がつくられ始める。また、オアハカ盆地は、この地方の中心となるモンテ・アルバンが、位置している。オアハカは、北部のテワカン地域と南のオアハカ盆地にある遺跡群とに分けて、検討する。

テワカン：洞穴遺跡から層位学的に出土した土器を分析している。プロン期、メソアメリカで最も古い土器がつくり始められる。太平洋側のプエルト・マルケス出土土器との類似がみられる。アハルパン期前期には包含層より土器が分析されるが、後期からは埋葬の出土例がある。前期はバラ期、ティエラス・ラルガス期、オホチーバヒオ期などと、後期はアヨト

---

[5] 時期名のティコマンをクイクィルコに変えている。
[6] サン・パブロ、ネクスパでは先古典期前期に相当する時期がある（Grove, 1974）。また、先古典期後期とされる土偶があるが、先古典期と古典期が混じる層より出土している。

ラ期、フスト期、コトラ期、オコス期、クアドロス期、トラピチェⅠ期、サン・ホセ期、サン・ロレンソ期などと同時期と考えられる。サンタ・マリア期、そしてパロ・ブランコ期が続いている。サンタ・マリア前期はグァダルーペ期、トラピチェⅡ期、アギラル期、ホコタル期、コンチャス期、ディリ期、エスカレラ期、トトリカ期、マモン期などの特徴がみられる。同後期はモンテ・アルバンⅠ期、ティコマン期、フランセサ期、グァナカステ期、チラ期、トラピチェⅢ期などとされる。パロ・ブランコ前期はモンテ・アルバンⅡ-ⅢA期、パトラチケ期、トゥクアリ期、ミカオトリ期などと関連がみられる　(MacNeish, et al., 1970; Johnson, F., ed., 1972)。

　オアハカ：サン・ホセ・モゴテ、ティエラス・ラルガスなどの集落遺跡の考古学調査より、編年を組み立てている。また、モンテ・アルバンの土器編年を組み入れ、先古典期の年代観を示している。エスピリディオン期に、テワカンのプロン期よりやや遅れて土器がつくられ始める。プロン期の土器と似ている。ティエラス・ラルガス期は、メキシコ盆地、テワカンと関連がみられる。また、メキシコ湾岸南部、チアパス州太平洋側とも、一部関連がみられる。サン・ホセ期には、メキシコ盆地、メキシコ湾岸からマヤのコパンにまで関連がみられるようになる (Flannery and Marcus, 1994)。モンテ・アルバンⅠ期には土器用窯があり、コマルもつくられる。モンテ・アルバンⅡ期になると、この地方に特徴的な土器をつくる。また、メソアメリカ南東部太平洋側とも関連がみられる。モンテ・アルバンⅠ-Ⅱ期のオアハカ盆地内の土器はモンテ・アルバン出土土器と類似点が多い (Marcus and Flannery, 1996)。

4．メキシコ湾岸

　メキシコ湾岸は、3つの地域に分けられる。パヌコ流域を中心とするワステカ、ベラクルス州中央部そして、オルメカ文化が盛行するベラクルス州南部からタバスコ州とに分かれる。以下、北から南に順に説明する。

　パヌコ流域：メキシコ湾岸北部、ワステカと称される地域である。483地点の試掘調査と33地点の層位学的調査とC14年代測定から得られた年代を基にして、編年を組んでいる。主に、アルタミラノ（Hv24）出土土器を中心に分析している。チャヒル期には、メキシコ中央部、タマウリパス、チアパス太平洋側と類似点がある。プハル期はメキシコ湾岸、メキシコ中央部、テワカン（アハルパン期）、メソアメリカ南東部太平洋側と関連がある。チャカス期には、メキシコ中央部と関連がみられる。タンパオン期にはメキシコ湾岸やメソアメリカ南東部太平洋側イサパの特徴がみられる。タントゥアン期には主にメキシコ湾岸での類似性がみられる (Castañeda, 1989; Merino y García, 1989, 2002)。

　ベラクルス州中央部：サンタ・ルイサを中心に説明する。古期に属するパロ・ウエコ期の後に断絶があるが、先古典期前期に属するラウダル期から先古典期後期のテコルトラ期まで

の土器資料と炭化物の年代測定から編年が組まれている。ラウダル期はテワカンのアハルパン期に類似点が多い。アメリア期にはチアパスや地峡地域の影響を受けるようになる。モンテ・ゴルド期は、土器の特徴からアハルパン期とバヒオ期と同時期である。オヒテ期は、オルメカ的な要素が多くなり、サン・ロレンソA期と類似するところがある。エステロA期には、在地的な要素が強くなるが、オルメカ文化の特徴を持っている。エステロB、アロヨ・グランデ期には、パヌコ地域との類似がみられる（Wilkerson, 1973, 1981）。

　ベラクルス州南部－タバスコ州：ここでは、サン・ロレンソ、ラ・ベンタにおいて編年が組まれている。サン・ロレンソはベラクルス州南部に属するオルメカ文化の中心遺跡である。オホチ期は資料が少ないが、メソアメリカ南東部太平洋側オコス期との関連がみられる。バヒオ期は資料が多くなり、メキシコ中央部、メキシコ西部との関連もみられる。チチャラス期には、オルメカ文化の特徴が顕著になる。サン・ロレンソ期は、メキシコ中央部、オアハカと関連が深い。この時期はオルメカ文化の最盛期である。ナカステ期には、メキシコ中央部、マヤ中南部との関連が考えられる。サン・ロレンソ期の特徴がなくなり、新しい要素が現れる。次のパランガナ期との間には、断絶がある可能性が考えられる。マヤ中部低地との関連も考えられる要素がある。レンプラス期の遺物は、テワカン、グァテマラ高地などと関連がみられる[7]（Coe and Diehl, 1980）。ラ・ベンタはタバスコ州に位置するオルメカ文化の中心遺跡である。1955年の調査で得られた炭化物資料を基に、紀元前1000-600年に及ぶ1-4期の編年を組んだ（Berger, et al., 1967）。その後、ラ・ベンタ近くのバリ川沿いの遺跡群の調査により、ラ・ベンタが都市として発展していく過程を復元した。また、都市として発展していく前の時期を明らかにした（Rust and Sharer, 1988）。

5．マヤ

　マヤ地方のユカタン半島では、マニなどから出土した先古典期前期とされる土器があるが、先古典期中期の資料は殆ど無い。先古典期後期にならないとその具体的な姿がみえてこない（Brainerd, 1951, 1958; Folan, 1960）。また、マヤ中部低地では、先古典期中期以前には、その存在自体がみられない（Rice, 1976）。メソアメリカ南端にあるヤルメラ遺跡では、先古典期とされる遺物が出土しているが全容は不明である（Canby, 1967）。以下、メソアメリカ南東部太平洋側（太平洋岸＋高地）、中部低地、北部に分けて述べていく。

　メソアメリカ南東部太平洋側太平洋岸：古期のチャンチュートから先古典期前中期までの遺跡調査結果から編年を組み立てている。出土土器とC14年代測定から、古期から先古典期

---

[7] ビジャ・アルタ期（紀元後900-1100年）と混じった層より出土しており、注意を要する。トレス・サポテスと関連があるとされる(Coe and Diehl, 1980)。チョンタルパはサン・ロレンソ遺跡より南側に位置している。灌漑水路と道路開発に関連した試掘調査資料から、編年を組んでいる。出土資料をサン・ロレンソ遺跡の資料と比較している（Sisson, 1974）。

前中期の年代を示している（Blake, et al., 1995）。以下では、この地域の中心となるイサパを中心に述べていく。この地域の土器はバラ期に出現するが、非常に洗練されている（Lowe, 1975）。一方、海岸部から高地に至る地点にあるイサパ遺跡では、建造物などの発掘から、先古典期前期から後古典期までの編年が組み立てられている。バラ期は、他の太平洋側の遺跡からも出土した資料が知られている。イサパでは建造物の充填材からオコス期の遺物が出土している。イサパを含む太平洋側でみられ、メキシコ湾岸北部との関連がみられる。クアドロス期は、早い時期のオルメカ的な要素を含む。ホコタル期は、太平洋側とチアパス高地そしてメキシコ湾岸南部との関連がみられる。ドゥエンデ期には、メキシコ湾岸からエル・サルバドルにいたる太平洋側に広がる特徴がみられ、外来の要素もある。エスカロン—フロンテラ期は、エスカロン期と同様にメキシコ湾岸から太平洋側との関連がみられる。ギジェン期には、メキシコ湾岸〜太平洋側そしてマヤ中部低地との関連がみられる。ハト期には、チアパス州からエル・サルバドルに至る太平洋側の特徴を持つ。イスタパ期には、グァテマラからエル・サルバドルに至る地域との関連がみられる（Lowe, et al., 1982）。

　メソアメリカ南東部太平洋側高地：この地域の中心的な遺跡であるチアパ・デ・コルソとカミナルフユから検討する。チアパス高地のチアパ・デ・コルソでは、層位的に得られた土器資料を基に、編年を組んでいる。チアパ・デ・コルソ、アルタミラ、パドレ・ピエドラなどの遺跡から土器資料を得ている。コトラ期は資料が少ないが、太平洋側のクアドロス期との強い関連が窺えるが、メキシコ中央部との関連もみられる。ディリ・エスカレラ期は、大きな変化が現れる。エスカレラ期には、初めて他のマヤ地域との関連がみられる。また、オルメカ文化の影響が到達し、メキシコ湾岸のラ・ベンタ遺跡との関連も窺える。フランセサ期には、チアパ・デ・コルソでは遺物が質量共に頂点に達する。オアハカ太平洋側、チアパスそしてユカタン半島まで関連がみられる。グァナカステ期は、メキシコ湾岸との関係を保っているが、オアハカ、太平洋側との関係もみられる。オルコネス期には、地峡地帯一帯の交易圏に入るようになる。イトモ期には、地峡地域、他のマヤ地域との関連もみられるが、ソコヌスコ地域（チアパス州太平洋岸）との関係が強くなる（Agrinier, 1964; Green and Lowe, 1967; Lee, 1969）。グァテマラ高地のカミナルフユでは、数多くの発掘調査が、建造物を含む地点で行われた。発掘調査で得られた土器資料から編年が組み立てられている。最も古いとされるアレバロ期の資料は少ないが、グァテマラ高地では初めての土器になる。ラス・チャルカス期はグァテマラ高地に限られる。ラス・マハダス期は、グァテマラ盆地に限られる。プロビデンシア期は、コマルが出現し、太平洋岸にまで広がる。ベルベナ、アレナル期には、太平洋岸とマヤ中部低地にも広く分布する。サンタ・クララ期は、先古典期終末とされ、グァテマラ盆地に限られる（Hatch, 1997; Shibata, 1995; Shook y Hatch, 1999）。

　マヤ中部低地：マヤ中部低地では、1965年に土器編年を検討する会議が開かれた。各土器

編年を比較し、マヤ中部低地全体の編年をまとめている（Willey, et al., 1967）。ここでは、先古典期中期から居住されたベリーズ北部のクエヨからこの地域の土器編年を考える。マヤ中部低地で最古の土器が出土している。小さな神殿を持つ集落遺跡で、層位的に検出された遺構と遺物から編年が組まれている。スワジ期は他に比較できる資料が無いが、マニのセノーテで出土した土器と似ている。ブラデン期には、北部ベリーズの他、ペテン地域のシェ期と関連がみられる。マモン期は、広い範囲で同じ要素がみられる。チカネル期には、マヤ中部低地全体で同じ特徴が多くみられる（Hammond, ed., 1991）。

　マヤ北部：マニなどで先古典期前期とされる土器が示されているが、他に比較する資料が無い（Brainerd, 1951, 1958; Matheny and Berge, 1971）。ジビルチャルトゥンでは、マヤ北部で一番古い時期の遺構遺物が出土している。建造物の建設時期、土器などから編年を示している。ナバンチェ期は、カンペチェ（ベカン遺跡）やベリーズ北部と類似点がみられる。コムチェン期、シュクルル期は、カンペチェやペテンとの類似点がみられる（Andrews IV and Andrews V, 1980）。

第4節　先古典期におけるメソアメリカ各地方の文化

　メソアメリカにおいて、先スペイン期は古インディオ期、古期、先古典期、古典期、後古典期とわかれ、各時期にさまざまな文化が栄えそして衰退していった。最初に、現在の先古典期における既成のイメージをまとめる。次に、各地方の先古典期文化に関する調査成果から、先古典期前期、中期、後期を検討する。

第1項　先古典期文化

　2000年に出版された雑誌 Arqueología Mexicana で、先古典期前期（紀元前2500-1200年）、先古典期中期（紀元前1200-400年）、先古典期後期（紀元前400-紀元後150/200年）についてまとめている。各時期で執筆者が異なるが、一つの先古典期の姿を示している。以下に、先古典期前期・中期・後期の順にまとめる。

　先古典期前期：農耕による定住への移行がタマウリパス、メキシコ中央部で始まる。集落は数軒の住居から成り、違いはみられない。住居の形は地方で異なっている。貯蔵穴がみられる。また、埋葬は床下や廃棄された貯蔵穴に埋められた。自給自足経済であるが、遠隔地より運ばれてきたものもある。先古典期前期の初めは、集落の大きさも同じであったが、徐々

に差がみられるようになる。オアハカでは、大きな集落の周りを小さな集落群が囲むようになる。また、住居にも違いがみられる。粘土を焼いて利用することも始められる。最も古い粘土を焼いたものは土偶で紀元前2300年に相当し、土器は紀元前1900年頃のエスピリディオン期（オアハカ）と紀元前1750年頃のカパチャ期（ハリスコ、コリマ州）が最も古い。チアパス州では、これら二つの土器とは異なり、非常に精緻な土器がバラ期（紀元前1600-1400年）につくられ始める。先古典期前期末（紀元前1400-1200年）には、土器の相違から2つの様式にメソアメリカ全体が分かれる。この時期に、土偶がつくられ始める。テワカンでは、殆どが女性である（García-B., 2000）。

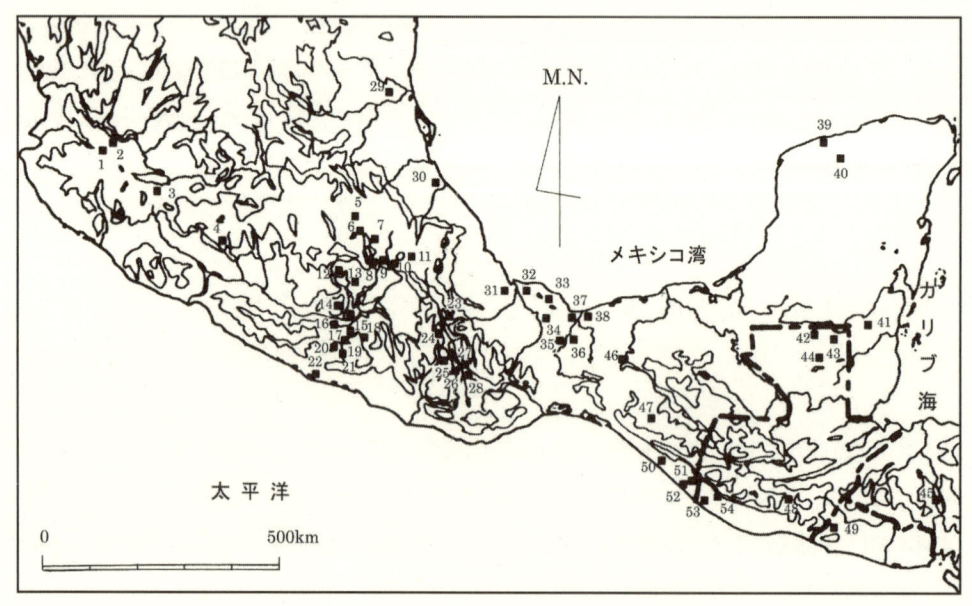

図2．メソアメリカ先古典期遺跡分布図

メキシコ西部：1．テウチトラン、2．ウィチラパ、3．エル・オペニョ、4．チュピクアロ
メキシコ中央部：5．テオティワカン、6．メキシコ盆地遺跡群（トラティルコ、エル・アルボリヨ、サカテンコ、ティコマン、クィクィルコ、ソアピルコ、トラパコヤ）、7．トラランカレカ、8．テティンパ、9．ソティテカトル、10．チョルーラ、11．アマルカン、12．グァルピータ、13．チャルカツィンゴ
ゲレロ州：14．アトプラ、15．テオパンティクアニトラン、16．ソチパラ、17．オストティトラン、18．カカワシキ、19．フストラワカ、20．チルパンシンゴ、21．テピラ、22．プエルト・マルケス
オアハカ：23．テワカン、24．モンテ・ネグロ、25．ユクイタ、26．ティエラス・ラルガス、27．サン・ホセ・モゴテ、28．モンテ・アルバン
メキシコ湾岸：29．アルタミラノ、30．サンタ・ルイサ、31．ラ・モハラ、32．トレス・サポテス、33．マタカパン、34．ヤノ・デ・ヒカラ、35．サン・ロレンソ、36．エル・マナティ、37．セロ・デ・ラス・メサス、38．ラ・ベンタ
マヤ：39．ジビルチャルトゥン、40．マニ、41．クエヨ、42．エル・ミラドール、43．サン・バルトロ、44．ワシャクトゥン、45．ヤルメラ、46．チアパ・デ・コルソ、47．パドレ・ピエドラ、48．カミナルフユ、49．チャルチュアパ、50．チャンチュート、51．イサパ、52．パソ・デ・ラ・アマダ、53．ラ・ブランカ、54．タカリク・アバフ

序章　メソアメリカ先古典期文化研究と方法

　先古典期中期：建築の更新が始められる。自然地形を改変し、テラスをつくり、計画に従って、大きな建造物がつくられる。先古典期中期末に向かって、ピラミッド基壇がつくられるようになる。また、メソアメリカで初めて記念碑的な石彫文化が開花する。紀元前1千年紀にオルメカ様式の巨石人頭像、祭壇、石碑がメキシコ湾岸で出現する。これらの石彫には、特殊な建造物に関連する石彫もある。マヤとオアハカで石碑などに浮彫りされるが、オアハカでは文字もみられる。土器については、メキシコ湾岸、オアハカ、ゲレロ州〜モレロス州、メキシコ盆地で、異なる土器伝統がみられる。在地の材料を使った日常的な土器と精製土器がある。紀元前1200-900年には、メキシコ盆地からメソアメリカ南端にかけて、装飾文様（彫刻文、刻文、細刻線文）が施された土器、白縁黒色土器（焼成を異ならせる技法）がみられる。一方、マヤでは、シェ式（低地南西部）とマモン式土器（高地からユカタン半島）がみられる。マモン期には初めての多彩文土器がつくられる。また、先古典期中期は水利施設やテラスをつくるなど土地の改変により、経済基盤がより強固になり、人口も増えた。一方、メソアメリカ全域に、より洗練されたオルメカ様式が広がる。また、特別な供物などにより儀礼が行われた。交易若しくは交換により、遠隔地のもの（土器、黒曜石、ヒスイ、貝）が運び込まれた（González, 2000）。

　先古典期後期：最近の調査により、以前考えられていたよりも発展していた社会であったことが分かってきている。オルメカ文化の中心、ラ・ベンタが紀元前400年に崩壊した。また、紀元後200年頃、メソアメリカで最も重要な帝国としてテオティワカンが出現した。この時期までに、モンテ・アルバン、チョルーラ、テオティワカンなどで初めて都市をつくりだした。近隣との抗争が顕在化し、城壁、堀や戦勝首級が出現した。先古典期後期に発展し栄えた都市は、古典期になると放棄された。メソアメリカはテワンテペック地峡とベラクルス州南部を結ぶ線で東西に分けられる。メソアメリカ東部では、タバスコ州〜チアパス州地域の影響力が減少した。グリハルバ流域では、大きな集落が放棄され、新しい集落が出現した。紀元前200-100年頃、低地マヤの集団がチアパス州西部に向けて移民した。中心となるチアパ・デ・コルソもその影響を受けた。エル・ミラドールは、先古典期後期で最も大きな都市となった[8]。紀元前300-200年頃には、低地で初めての国をつくり、紀元前100-紀元後100年には絶頂期に達し、広い地域に支配と影響力を及ぼした。先古典期後期には、少なくとも4つの美術様式がみられる。イサパ様式では、石碑・祭壇、物語的な浮彫りがみられる。エル・ミラドール盆地からグァテマラ高地では、長期暦の最も古い日付がみられる。マヤ様式に特徴的な縦位柱状文字列が出現する。一方、太った石像が、グァテマラ、エル・サルバドルの太平洋側にみられる。先古典期後期後半には、カミナルフユが数々の建造物と記念碑的石彫を

---

[8] この時期の他の都市（モンテ・アルバン、テオティワカン）にもみられる、都市計画があった。天文観察の施設もあった可能性がある。

伴い、最盛期となる。また、王墓もつくられた。カミナルフユ、エル・ミラドールなどは、破壊を受け先古典期末若しくは古典期初めに放棄される。ベラクルス州メキシコ湾岸では、トレス・サポテス以外は不明な点が多い。ここでは、オルメカ様式に起源がある浮彫りをつくり続ける。セロ・デ・ラス・メサス、ラ・モハラではオルメカ様式後期の可能性がある。メソアメリカ西部では、テオティワカンとモンテ・アルバンの他に、ユクイタ、モンテ・ネグロのような、より小さな都市が出現した。モンテ・アルバンは、この時期には都市国家に成長した。サポテカ族は初期の文字大系を獲得し、征服文字、暦文字やダンサンテ様式の石彫がつくられる。テオティワカンは、紀元前200-100年に出現した。月と太陽のピラミッドの建設が始まり、この時期に太陽のピラミッドは現在の規模に達した。また、新しい建設時期に人身犠牲が捧げられた。クィクィルコ、トラパコヤはテオティワカンに先行しつくられた。先古典期中後期には、プエブラ～トラスカラが最も人口が稠密で、20以上の都市（トラランカレカ、アマルカン、チョルーラ他）があった。切石を使い、色漆喰で仕上げが施され、初めてタルー・タブレロ様式が出現した。テオティワカンとチョルーラが平衡して発展し、他は縮小するか集落程度になってしまった。メキシコ盆地とプエブラ～トラスカラでは、メキシコ西部からの影響が埋葬にみられる。この時期、南と北にメソアメリカの領域が広がった。中心となる都市の周りに人口が集中し、集約的農耕が行われるようになる。メソアメリカ西部には、いくつかの例はあるが、王や支配者を示す記念碑的な石彫がない。メソアメリカ東部では土偶が都市の出現とともに無くなるが、西部では使われ続ける。石造建造物が一般的になる。巨大建造物、記念碑的石彫、玉座、王墓で、権力を誇示している。しかし、紀元後200年頃、先古典期後期の繁栄は突然終末を迎える（Clark and Hansen, 2000）。

　以上をまとめると、土器製作の始まりは、先古典期前期の紀元前2000年前後になる。先古典期中期には、自然地形を改変し、大きな建造物、水利施設・テラスをつくる。文字の使用そして石彫文化が始まり、遠隔地より交易によってヒスイ、黒曜石、貝、土器などがはこびこまれる。先古典期後期には、オルメカ文化の影響が弱まり、各地の中心となる様々な遺跡が都市として発展していった時期である。そして、古典期に重要な役割を担うテオティワカンが出現する。それ以外にも、多くの都市が出現する。

第2項　メソアメリカ各地方の先古典期文化調査

　以下では、現在までの先古典期文化の調査研究成果を、各地方別に述べる。各地方では、主要となる遺跡を中心に検討する。

序章　メソアメリカ先古典期文化研究と方法

1．メキシコ西部

　メキシコ西部を、オルメカ文化との関連がみられるゲレロ州とそれ以外の地域に分けて検討する。

　ゲレロ州以外のメキシコ西部：先古典期前期では、カパチャ期の遺跡が、コリマ、ハリスコ、ナヤリ州にみられ、主に海岸地帯に遺跡が立地している。埋葬は知られているが、住居址などについてはわかっていない。一方、竪坑墓はエル・オペニョが最も古く、紀元前1500年とされる。遺物はカパチャ期の土器と類似している（Baus, 1989; Weigand and Beekman, 1998）。その後、竪坑墓文化はアレナル期まで続く（Mountjoy, 1989）。先古典期前期に属するエル・オペニョなどでは、単純に穴が掘られて造られる竪坑墓もあるが、竪坑墓の上に基壇が造られることもある。次のサン・フェリッペ期はあまりよくわかっていないが、徐々にチャパラ湖周辺に竪坑墓文化が広がっていった。一方、アレナル期には、円形の中庭を囲むように基壇が配置される。また、2km径の居住区が7-10kmぐらい離れたところにあり、幾つかの居住区に分かれている。竪坑墓は、円形建造物内か近接した部分より検出されることが多い。また、最大で5室の墓室を持つ竪坑墓がみつかっている。竪坑墓は主に竪坑の深さによって3類に分けられており、4m以上（複数の墓室）＝記念碑的、2-4m＝半記念碑的、2m以下＝非記念碑的（ブーツ状）に分類されている。前者2類は儀礼的円形区画と関連しているが、非記念碑的な類型はそれ以外の地区から検出されている。それ以外ウィチラパでは、中庭を中心に十字形に配列された基壇4基のうち、南の基壇中央から竪坑墓が検出されている。約8mの深さに墓室の入り口があり、北と南に墓室がみつかった。北側に3体、南側に2体埋葬されていた。副葬品は、多数の土器、土偶、貝製品（首飾り、鼻飾り、貝輪、ほら貝など）、ヒスイ製品（ビーズ、小像、耳飾）、石斧、メタテ、石製品（粘板岩製円盤、石英製ビーズ）、網代などが出土している。遺物と関連する炭化物の年代測定から先古典期後期とされる。他の竪坑墓からは、黒曜石製品、トルコ石製品も出土している（Ramos y Mesta, 1996; Mesta and Ramos, 1998）。

　ゲレロ州：先古典期前期に、テオパンティクアニトランで、土製建造物がつくられる。その後、オルメカ様式のジャガーが浮彫りされた石彫がつくられた。この石彫は、半地下式広場の四隅に置かれた。その後、建造物に拡張部分がつくられる（Martínez, 1986）。先古典期中期には、オルメカ文化の影響がみられる。オストティトラン、フストラワカ、カカワシキでは洞穴に多彩色の壁画がみられる。また、テピラには、オルメカ文化の特徴を持つ岩刻画がある（Villela, 1989）。チルパンシンゴでは、マヤの擬似アーチを持つ墓室が検出された。擬似アーチとしては最も古い（Reyna y Martínez, 1989）。先古典期後期の様相はよく分かっていない。

2．メキシコ中央部

　コアペスコ期には、メキシコ湾岸のオルメカ文化の影響がみられる。コアペスコ期からアヨトラ期かけては、メキシコ盆地のチャルコ～ソチミルコ湖周辺に遺跡が限られ、テオティワカン盆地には遺跡が無い。アヨトラ期にオルメカの影響がみられるが、マナンティアル期になるとその影響は消える。また、オアハカと太平洋側とは、何らかの関連がみられるが、メキシコ湾岸とは直接的関連がみられない。トラティルコでは、土製建造物がたてられ[9]、埋葬や貯蔵穴などが検出されている。埋葬は400以上出土し、階層差がみられる。トラティルコはアヨトラ～マナンティアル期に相当する。マナンティアル期には、テスココ、テオティワカン地域で遺跡が増加し、チャルコ～ソチミルコ湖地域で遺跡が減少する。この時期、トラパコヤでは、石を使った建造物がつくられた。ボンバ、エル・アルボリヨ、ラ・パストラ前期には、メキシコ盆地西・南部において引き続き遺跡数が増大する。ラ・パストラ後期からクアウテペック期には、遺跡数がやや減少する。マナンティアル期以降、チャルコ湖において水位低下が起こったとされる。これによって、クィクィルコが発展し、円形ピラミッド基壇などの建造物がつくられた（Niederberger, 2000; Serra P., 1994; Tolstoy, 1975, 1978; Tolstoy and Paradis, 1970; Tolstoy et al., 1977）。先古典期後期、テティンパでは、タルー・タブレロ式の建造物がつくられていた。また、住居には、部屋の隅には竈を持つ場合もある。また、住居の周りには、畑が広がっていた。しかし、住居が取り囲む中庭には、畑は無い（Urñuela, et al., 1998, 2001）。一方、トラスカラ地域では、ソティテカトルは先古典期中期（紀元前750-350年）に建設が始められ、先古典期後期（紀元前350-紀元後100年）に完成し、紀元後100年前後に放棄された。渦巻状ピラミッド、方形ピラミッドも建設された（Serra, et al., 2001）。一方、栽培植物は、マナンティアル期若しくはそれよりも早く、トウモロコシ、マメ、カボチャなどが検出されているが、野生種のイネ科植物の種子も多く出土している（McClung, et al., 1986; Reyna y González, 1978; Smith and Tolstoy, 1981）。このため、農耕と採集は並立していたか、若しくは採集が優先していたことも考えられる。また、メキシコ盆地では古期より湖の魚なども獲っていた（Niederberger, 1976, 1979; Reyna y González, 1978）。

　チャルカツィンゴでは、アマテ期に川原石が葺かれる建造物がつくられる。バランカ期には、殆どのテラスが造成される。また、球戯場らしい並行する建造物が一部と住居らしい川原石の基礎部分が検出された。埋葬は石室が無く、伸展葬である。ヒスイ製品、土器が副葬される。カンテラ期には、石が葺かれる建造物が多数つくられる。この時期に多くの石彫がつくられた。埋葬はこの時期は伸展葬が多く、土器、ヒスイ製品と共に床下に埋葬される[10]。

---

[9] トラパコヤにも土製建造物があったとされる（Niederberger, 2000）

[10] 口にヒスイが入れられることもある。ジャガー人間の像もある。二重環香炉、小型壺が高位の人に副葬し、

竪穴石室などもあり、社会的差異もみられる。先古典期後期の埋葬は屈葬が多い (Grove, 1984; Grove, ed., 1987)。また、モレロス州では、先古典期中後期（紀元前 850-450 年）に属する洞穴より、栽培植物を含む多くの植物遺存体が出土している (Sánchez, et al., 1998; Morett, et al., 1999)。

3．オアハカ

集落遺跡の発掘などで様相が分かっているオアハカ盆地を中心に述べる。

古期の洞穴遺跡でも居住が見られるが、先古典期前期のエスピリディオン期には、土壁片が出土しており、定住が始まったことを示している。ティエラス・ラルガス期には、西側に貯蔵穴をもつ土壁の建物がたてられる。また、西偏 8 度の基線を持つ公的建造物が方形基壇の上にたてられる。この建造物は、幾度か塗りかえられた漆喰の床面を持つ。埋葬は単葬で伸展葬であるが、数例の座葬がある。サン・ホセ期には、ピラミッド基壇[11]、石彫もつくられる。埋葬は伏臥伸展葬が多く、夫婦葬もみられる。また、口にヒスイを含ませている例が多くみられる。頭蓋変工もみられ、社会の階層分化が始まる。また、遠隔交易も始まっている[12]。グァダルーペ期には、ピラミッド基壇が大きくされる。複数の埋葬が増え、夫婦葬や家族葬があったとされる。プロン地域では大規模なダムがつくられた[13]。ロサリオ期には、土地の改変を行い、大きな建造物がたてられる。また、初めて円形建造物（アドベブロック）がつくられるなど、他の建造物もつくられる。そして、文字が浮彫りされた石彫がつくられる。一方、焼土片が多量に出土しており、他からの攻撃を受けた痕跡と考えている。多くの遺跡が放棄される。埋葬は前室を持つ石室の墳墓がつくられる。モンテ・アルバン I 期にはモンテ・アルバンが活動を開始する。また、オアハカ盆地では遺跡数が多くなり、防御に適した場所に立地した遺跡が多くなる。ダンサンテ様式の石彫がみられる。文字が縦位 2 列で表現される。水路網がオアハカ盆地につくられる。モンテ・アルバン II 期になると、オアハカ盆地はモンテ・アルバンを中心に国に成長する。高位の人物たちは、漆喰で仕上げられるアドベブロックの邸宅に住んでいた。また、I 字型球戯場が初めてつくられる。墳墓は十字形のアーチ状墓室を持ち、家族の構成員が後に追葬された。コウモリのヒスイ製モザイク仮面、ヒスイ製小石像も副葬された (Marcus and Flannery, 1996)。一方、経済基盤については、栽培種のトウモロコシ、アボガド、マメなどが出土しており、農耕が始まっていた (Ford, 1976; Smith, 1981)。また、組織的に犬を屠殺していたとされる (Marcus and Flannery, 1996)。

ヒスイ製品は高貴さを示さない。
[11] 初めて、アドベブロックが建造物に使われた。
[12] サン・ホセ・モゴテでは、磁鉄鉱、赤鉄鉱、チタン鉄鉱が大量に出土した。しかし、近くに鉱脈は発見されていない (Marcus and Flannery, 1996)。
[13] 他にも、ダムや水路が報告されている。

4．メキシコ湾岸

パヌコ地域、ベラクルス州中央部、ベラクルス州南部～タバスコ州と3地域に分けて述べていく。

パヌコ流域：ワステカとして知られている。先古典期前期プハル期は、埋葬、敲き締められた床面（平面形が円形若しくは楕円形）、炉などが検出されている。土器、淡水産貝、鹿、イノシシ、アルマジロの骨、魚骨などが出土している。タンパオン期は、オルメカ文化の影響がみられ、小基壇の上に住居をつくるようになる。この時期、メキシコ中央部、ベラクルス州南部、チアパス州の影響を強く受ける。タンツアン期になると、漆喰で床面を仕上げる。また、石器には黒曜石製のものが多くなる。獣骨が減り、農耕への依存度が高くなる（Merino and García, 1987, 1989, 2002）。パボン期には、若干の土壁片が出土しており、何らかの住居があった可能性がある。アギラル期には、住居址の床面らしい遺構が検出されている。チラ期には、円形若しくは楕円形の住居址、柱穴、土壁片が出土している。この時期、円錐台状基壇がつくられた。エル・プリスコ期には、更に多くの建造物がつくられた（Ekholm, 1944; MacNeish, et al., 1954）。

ベラクルス中央部：ラウダル期は、チアパスのバラ期の土器の特徴を持ち、遺跡の立地も似ている。オヒテ期に初めて基壇をつくる（Wilkerson, 1973, 1981）。

ベラクルス州南部～タバスコ州：エル・マナティでは、先古典期前期マナティA期（紀元前1600-1500年）よりゴム球が出土し、マナティB期（紀元前1500-1200年以降）に石斧の供物などを行うようになる。また、チチャラス期以降にオルメカ様式の木彫が出土している。ゴム球も出土しているが、紀元前1200年以前は15cm径であったが、この時期以降（マカヤル期）25cm径になる。球技方法の相違があった（Ortiz y Rodríguez, 1994, 2000）。オルメカの中心的遺跡サン・ロレンソでは、オホチ期は土器でしか確認されないが、バヒオ期には記念碑的な建造物がつくられ始める。チチャラス期には、新しい要素が多く、調査者は他からの移住者と考えている。オルメカ的な要素がメソアメリカの他の地域に先駆けて出現する。サン・ロレンソ期には、記念碑的石彫がつくられ、水路がつくられる。ナカステ期には、破壊活動が盛んに行われ、土器には新しい要素が現れる。パランガナ期には、活動がサン・ロレンソに限られ、殆ど活動が見られない。レンプラス期はテノチティトランに限られ、土器しか出土していない。非常に限られた活動しかなかった（Coe and Diehl, 1980）。また、チタン鉄鉱、磁鉄鉱、黒曜石などが交易されていた（Cyphers y Castro, 1996）。ヤノ・デ・ヒカラでは、オルメカ様式の石彫がつくられた工房跡と推定できる資料が出土している

(Gillespie, 1996)。一方、ラ・ベンタ[14]では、先古典期前期バリ期には、土器などが出土し、住居に関連する遺構が見つかっている。ラ・ベンタ期前期には、建築複合がつくられ始める。ラ・ベンタ後期には大きな建造物もつくられる（Rust and Sharer, 1988）。土製建造物が多くつくられ、規模も大きくなる。また、土中への奉献物も多く、大規模である。蛇紋岩のブロックで、ジャガーのモザイクをつくり、土中に埋めた。また、玄武岩の石柱で石室をつくった墳墓がつくられた（González, 1997）。先古典期中期とされる文字がラ・ベンタのサン・アンドレス地区で出土しており、メキシコ湾岸の文字の起源がさかのぼる可能性がある（Pohl, et al., 2002）。トレス・サポテスでは、ラ・ベンタ崩壊後、先古典期後期に建造物の建設が始まり、古典期に続いていった。また、石彫などに、オルメカの伝統が引継がれた（Pool, 2000）。生業については、マタカパンでは、先古典期前期（紀元前1400-1200年）の畝状遺構が火山灰の下より検出されている。しかし、栽培されていた植物は不明である。他に、建造物、フラスコ状ピット、ゴミ捨て場が検出されている（Santley, 1992）。先古典期中期、ラ・ベンタにおいてバリ期の包含層より炭化したトウモロコシが出土しているが、農耕の実態は不明である（Rust and Leyden, 1994）。先古典期後期、トレス・サポテス近くのベスアパンでは、フラスコ状貯蔵穴、畝状遺構も検出されている（Pool, 1997）。

5．マヤ

　メソアメリカ南東部太平洋側（太平洋岸＋高地）、マヤ中部低地、マヤ北部に分けて述べていく。

　メソアメリカ南東部太平洋側太平洋岸：パソ・デ・ラ・アマダでは、ロコナ期に属する大型楕円形土製建造物がつくられた。トウモロコシ、マメなどが出土している（Blake, et al., 1992; Blake y Feddema, 1991）。また、メソアメリカで最も早いロコナ期の球戯場が検出されている（Hill, et al., 1998）。マサタン地域では、先古典期中期コンチャス期、ラ・ブランカは前時期から発展し、オルメカ様式の石彫も出土している。また、柱穴、炉などが検出され、動植物遺存体がごみ穴から出土している（Love, 1990）。一方、タカリク・アバフでは、オルメカ様式の石彫が多く出土している。先古典期後期に属する日付を持つ石彫が出土しており、マヤ様式とされる（Graham y Benson, 1990; Clark, 1990）。イサパにおいては、オコス期からホコタル期は土器で確認されるのみだが、ドゥエンデ期には建造物の建設が始まる。エスカロン期には大きな建造物がつくられ始める。フロンテラ期には、石彫がつくられると共に建造物の範囲と規模が大きくなる。ギジェン期はイサパ遺跡の最盛期となる。建築活動と石彫作成がもっとも盛んになり、規模が大きくなる。ハト期には、多くの埋葬はみられるが、

---

[14] 地形学からラ・ベンタ周辺の変化を分析した研究がある。ラ・ベンタに居住が始まった頃、遺跡はトナラ川河口に位置していた。また、孤立しており、洪水や沼沢地の拡大がみられた（Jiménez, 1990）。

建築活動は停止する[15]。イスタパ期には、F群以外に主要な部分での建築活動はまったく無くなる（Lowe, et al., 1982）。

　メソアメリカ南東部太平洋側高地：チアパス高地では、コトラ期の建造物は若干の痕跡がみられる。ディリ期には、建設活動が確認される。埋葬は伸展葬である。エスカレラ期には、チアパ・デ・コルソなどでピラミッド神殿などの建造物がつくられる。埋葬は床下が主であるが、ゴミ捨て場にもみられる。建物と関連して南北方向に伸展葬で埋められる。顔の部分に土器が被せられるなど、土器が副葬される。この時期、この地域最初の球戯場がつくられた。フランセサ・グァナカステ期には、墓と建造物が関連付けられるようになる。ヒスイ製品など副葬品も豊かになる。竪穴式石室を持つ墳墓もつくられる。埋葬は建造物に関連し、伸展葬で東西方向に埋められている。また、穴を開けた土器が頭部に被せられる。朱が埋葬に伴う場合がある。オルコネス期には石碑など石彫がみられ、建造物なども階層分化が進む。埋葬は朱で被うことが一般的になる。イストモ期は最も広く活動範囲が広がった。埋葬は、建造物と関連し、伸展葬で副葬品は少なくなっている。また、二次葬もみられる（Agrinier, 1964; Lee, 1969; Lowe, 1977）。

　カミナルフユでは、アレバロ期より居住されていた。ラス・チャルカス期には、貯蔵穴や土壁の住居があった。また、フラスコ状貯蔵穴より、トウモロコシ、アボガド、マメ、カカオなどの栽培植物と子供の埋葬が出土している。きのこ石、"PEDESTAL"石彫もつくられた。土製建造物がつくられるようになった。ラス・マハダス期は、グァテマラ盆地に限られる。浮彫りされた玄武岩石柱、メキシコ湾岸オルメカとの関連がみられるヒスイ製品などがある。プロビデンシア期は"PEDESTAL"石彫、きのこ石がつくられた。ベルベナ・アレナル期は、土製建造物が立ち並ぶ都市となり、王墓と考えられるような規模の墓も建造物内部につくられた。大規模な水路もつくられた。また、炉を持つ住居も検出されている。文字も浮き彫りされ、様々な石彫がつくられた。グァテマラ高地から太平洋岸そしてエル・サルバドルとの関係が顕著である。サンタ・クララ期は、建造物など活動が減少した（Barrientos Q., 2000; Cheek, 1977; Michels, 1979a, b; Sanders and Michels, 1969, 1973; Shook and Kidder, 1952）。チアパ・デ・コルソ 2 号石碑は確認された中では長期暦最古の日付を持っている。エル・サルバドルにおいては、先古典期後期、畑の畝が検出されている（Earnest, 1976）。

　マヤ中部低地：クエヨは、小さな神殿を持つ集落遺跡で、層位的に検出された遺構と遺物が検出される。スワジ期では、中庭を囲む低い基壇が確認される。小石を積上げ、漆喰で仕上げをしている。ブラデン期は、中庭に面する建造物の数が増える。住居用基壇に伸展葬、屈葬、座葬の一次葬の他、二次葬もみられる。頭部に被せられる土器、ヒスイ製品などの副

---

[15] 30号マウンドのアクロポリスに低い小さな建造物がつくられる以外は何もつくられなかった。

葬品がある。頭蓋変工もみられるが、高貴さを示していない。人身犠牲らしい埋葬もある。マモン期は、古い建造物の上に新しい建造物をつくった。伸展葬が多く、貝製品、土器、ヒスイなどの副葬品がみられる。意図的な頭蓋変工もみられる。建造物に関連して人身犠牲がみられる。チカネル期には、古い建造物を破壊し燃やして中庭を埋め、新しい床面をつくる。この建造物を覆うように、新しい建造物をつくっている。石碑も立てられる。また、石灰岩の切石を使うようになる。供物が、石碑、建造物に捧げられる。埋葬は石灰岩質の石層の上に埋められ、石室もつくられる。座葬が多く、屈葬、伸展葬などのほかに、頭骨のみの埋葬もみられる。二次葬も多く、複数の人身犠牲も行われる。頭部に被せられる土器、ヒスイ製品、貝骨製品などが副葬される。トウモロコシ、マメなどが出土している（Hammond, ed., 1991）。一方、ワシャクトゥンでは、マモン期に属するピラミッド神殿がつくられていた。ピラミッド側面には大きな仮面装飾がつくられている。先古典期後期、ペテン地域では、エル・ミラドールにおいて、アクロポリスやピラミッド神殿をつくっていた。70m高の建造物、色漆喰が施された石灰岩の切石がみられる。大きな基壇の上に神殿を乗せた建造物を初めてつくった。色漆喰の大きな仮面装飾が、神殿正面につくられた（Hansen, 1990; Howell and Copeland, 1989）。サン・バルトロでは、先古典期後期に属するオルメカ文化の影響を受けた壁画がみつかっている（Saturno, et al., 2005）。

　マヤ北部：ジビルチャルトゥンでは、ナバンチェ期に自然石を積上げた上に、石灰のモルタルを塗り、漆喰で仕上げられた低い基壇の上に石で作られる壁に泥漆喰（外）と漆喰（内）で仕上げされる建造物がつくられる。建造物前面の隅は丸くなっている。また、中心となる建造物群ができる。建造物に関連して、この時期より供物がみられる。埋葬は、建造物と関連している。すべて、二次葬で甕棺葬もある。また、副葬品は土器である。コムチェン期には、ナバンチェ期の基壇の高さに床面がかさ上げされ、新しい建造物が古い建造物の上につくられる。埋葬は、建造物の基線上にあり、伸展葬と屈葬がみられる。建造物に対する人身犠牲もみられる。ヒスイ、土製品、貝製品などが副葬される。シュクルル期には、ナバンチェ期の基壇の高さまでかさ上げされ、手摺部分もつくられ[16]、建造物も規模が大きくなり、基壇の数が多くなる。壁は、やや整形された石を、石灰のモルタルで積上げ、漆喰で仕上げる。建造物に関連して埋葬される。一次葬と二次葬があり、屈葬がみられる。甕棺葬、L字状石室を持つ墳墓がある（Andrews IV and Andrews V, 1980）。

第3項　先古典期文化研究の現状

---

[16] 手摺部分はペテン地域では形成期に起源があり、チアパ・デ・コルソではオルコネス期にみられる（Andrews IV and Andrews V, 1980）。

先古典期研究において、現在明らかになっている点と問題点を以下に示す。土器編年、都市、集落、生業、建造物、石彫、文字などに分けて検討する。

　土器編年については、出土土器とC14年代測定による研究が行われている。ソアピルコではソアピルコ期の土偶が知られている。また、最古の土器については、プエルト・マルケスで紀元前2000年以前の年代が示されている。しかし、この2事例ともその後続く様相が明らかでない。現時点で確実な最古の土器は、オアハカのプロン期とエスピリディオン期の土器若しくは西部メキシコのカパチャ期の土器となる。メソアメリカ南東部太平洋側で良質な土器がバラ期につくられると、メキシコ湾岸まで影響を与える。マヤ北部は先古典期前期については、起源が不明である。先古典期前期後半、メキシコ湾岸ではサン・ロレンソ期にオルメカ様式が広がる。この様式は、メキシコ西部以外の全メソアメリカ地域に影響を与える[17]。また、マヤ北中部にはその影響が及んでいない。先古典期後期になると土器は各地域で独自の発展をする。チュピクアロ様式はメキシコ中央部まで広がり、メキシコ西部は初めて他のメソアメリカ地方と関連を持った。以上、土器からみると、先古典期前期、メキシコ西部とマヤ北中部を除いて、相互に関連している。最古の土器ついては、不明な点が多い。メキシコ西部は先古典期後期まで独自の発展をする。また、先古典期中期には、オルメカ様式が広域に広がる。しかし、先古典期後期には、各地方で独自の発展をするが、隣接地域とは互いに影響を与えている。また、土器編年では、墓や供物などから出土した精製土器が多く、粗製土器の様相が分からない。精製土器と粗製土器との比較分析が必要である。

　集落と都市について、先古典期後期に都市はテオティワカンの出現と共に発展した。そして、テオティワカンはメソアメリカ最大の都市になる。集落については、先古典期前期からみられる。メキシコ西部では埋葬以外について良く分かっていない。オアハカでは、この時期に集落の一部があきらかになっており、貯蔵穴を持つ住居が検出されている。メキシコ湾岸やマヤでも住居址や貯蔵穴などが検出されている。しかし、大型建造物がつくられるのは、メソアメリカ南東部太平洋側で楕円形土製建造物が初めてとなる。規模では劣るが、ほぼ同時期にメキシコ西部、オアハカ、メキシコ湾岸、ゲレロ州でも公的な建造物がつくられる。そして、先古典期中期、メキシコ湾岸でオルメカ文化が栄え、大規模な造成が行われる。計画された基線に従って建造物が配置され、広大な面積を占めるようになる。また、この基線はオアハカでも採用されており、支配者層間での何らかの関係も考えられる。この時期、これらの大集落と関連する小集落や耕地との関係はあきらかになっていない。先古典期後期になると、テオティワカン、モンテ・アルバン、カミナルフユ、エル・ミラドールなどの大規模な建造物を伴う都市がつくられる。メキシコ中央部のテティンパは、神殿を中心とする集

---

[17] メキシコ西部で、Sunburstといわれる文様が、オルメカ文化の特徴であるサン・アンドレス・十字文に似ているとしている（Mountjoy, 1989）。一部のみであり今後の検討を要する。

落では、中庭を取り囲むように住居があり、その周りに畑が広がっている。そして、テオティワカンが成立する頃に、都市がつくられ始められる。しかし、その周辺にある集落や耕地との相互関係は不明である。

建造物については、先古典期前期には土製建造物しかみられない[18]。しかし、先古典期中期になると、石造建造物が出現する。土製建造物が継続してつくられるメキシコ湾岸、メソアメリカ南東部太平洋側以外では、以後石造建造物が主流となる。また、マヤ地方で古典期に盛行する擬似アーチは、先古典期中期、ゲレロ州の事例が最も早い。

球戯場については、先古典期前期にメソアメリカ南東部太平洋側でつくられたとされる。先古典期後期になると、オアハカではⅠ字型球戯場がつくられる。しかし、先古典期前期から先古典期中期に至る球戯場の発展段階などについては分かっていない。一方、ゴム製球はメキシコ湾岸で先古典期前期よりみられるが、先古典期中期は規格が大きくなっている。この時期に球技方法が変わった可能性がある。

石彫については、先古典期中期、メキシコ湾岸で始めて記念碑的な石彫がつくられる。その影響はメソアメリカ南東部太平洋側などに広がる。先古典期後期には、各地域で特有な石彫様式が盛行する。壁画については、先古典期中期、ゲレロ州の洞穴に描かれている。以降、壁画は建造物の内部にも描かれるようになる。

メソアメリカにおける文字は、オアハカで始まった。しかし、メキシコ湾岸が起源の可能性もある。長期暦についてみると、先古典期後期になると、最古の日付がメソアメリカ南東部太平洋側高地で記録される。その後、メキシコ湾岸やメソアメリカ南東部太平洋側に広がっている。また、長期暦の最初の日付は紀元前3114年である理由は明らかになっておらず、今後の研究成果が俟たれる。

生業については、古期より先古典期に至る栽培植物の発展過程が、タマウリパスとテワカン・オアハカで研究が進められた。先古典期前期、メキシコ湾岸では、畑が検出されているが、栽培された植物は不明である。先古典期中期、メキシコ中央部、オアハカ、メソアメリカ南東部太平洋側ではカボチャ、トウモロコシ、マメなどの栽培植物が出土している。先古典期後期、遺構から見ると、メキシコ中央部、メキシコ湾岸、メソアメリカ南東部太平洋側高地では、畑をつくり農耕を行っていたことは確実である。また、メキシコ盆地、メソアメリカ南東部太平洋側、メキシコ湾岸では、古期より先古典期にかけて、魚骨、鱗や貝などが出土しており、海若しくは湖の資源を利用していた。狩猟については、先古典期前期から獣骨が出土しているが、具体的な実態については究明されていない。

埋葬については、メキシコ西部では竪坑墓が先古典期前期より後期までつくられる。ゲレ

---

[18] エル・オペニョでは、竪坑墓に関連する建造物は石造であり、注意を要する（Weigand and Beekman, 1998）。

ロ州では、先古典期中期に擬似アーチをもつ墓室の墳墓、フラスコ状ピットなどの埋葬がみられる。しかし、先古典期前後期については不明な点が多い。メキシコ中央部では、先古典期前中期においては伸展葬で階層差がみられる。しかし、先古典期後期の状況は良く分かっていない。オアハカでは、先古典期前期は伸展葬が多く階層差も無いが、先古典期中期には複数の埋葬若しくは集団墓地がみられる。埋葬には社会的差異も伺える。先古典期後期には石室を持つ墳墓がつくられた。メキシコ湾岸では、埋葬が殆どみられずその全容は不明である。マヤでは、北部はあまりよく分かっていない。中部低地では、先古典期中期より建造物の床面に埋葬され、人身犠牲も行われる。先古典期後期には、石室もつくられた。メソアメリカ南東部太平洋側高地では先古典期前期、伸展葬が一般的にみられ、先古典期中期には建造物と関連して副葬品とともに葬られた墳墓もみられ、先古典期後期には朱を埋葬に被せることが一般的になる。一方、人身犠牲と考えられる埋葬も、先古典期前期より、メキシコ中央部、メキシコ湾岸、マヤなどでみられる。

第4項　先古典期文化研究における問題点

　先古典期文化は以前考えられていたよりも進んでいたことが明らかになりつつあり、形成期若しくは先古典期という用語は相応しくない。また、オルメカ文化の起源と終焉、先古典期後期文化の突然の終末など明らかにすべき問題点は多い（Grove and Joyce, 1999; Sharer and Grove, 1989）。最後に、先古典期文化研究に於ける問題点を時期別に示す。
　先古典期前期は、全容が判明している遺跡は少なく、今まで調査研究が行われていない地域も考慮する必要がある。集落については、部分的に調査されており、不明な点が多い。先古典期前期始めの土器は、C14年代に振り回されている傾向がある。各地方文化の土器を比較研究し、相互の関連を見直すべきである。生業に関する考古学的資料は少なく、当時の自然環境の復元、動・植物相の変化、農耕・狩猟・漁撈・採集にかかわる道具の同定など、間接的な研究方法からも取組むことが重要である。埋葬は、事例が少ないため、階層・地域間で比較研究する必要がある。また、メソアメリカの各地方間の関連も明らかにすべきである。
　先古典期中期は、オルメカ文化に研究の中心があり、それ以外の文化については理解が浅い。また、オルメカ文化の定義については曖昧さがあり、石彫、土器、建造物など並行する時期の文化との関係から明らかにする必要がある。集落については、建造物の配置など計画されたところもある。建造物も石造建造物が主流になるが、その発生と発展については全メソアメリカ的視点から比較研究する必要がある。また、球戯場の起源と変遷についても、先古典期前期からの発展過程が明らかでない。生業に関しては、不明な部分が多い。
　先古典期後期は、各地で大きな建造物を伴う都市がつくられ、独自の発展がみられる。ま

た、メキシコ中央部、オアハカ、メソアメリカ南東部太平洋側などでは、耕地の畝部分が明らかになり、水路も検出されているが、その全容については不明な点が多い。メキシコ中央部では集落と耕地との関係もみえている。しかし、都市とそれを取り巻く集落との関係は不明な点が多い。石彫については、各地域で特徴的な様式がみえる。

　一方、考古学調査については、各地方では中心となる遺跡中心で、しかもその中心部分に調査が偏っている。このため、中心と周辺部との関連が明らかになっていない。今後は周辺部の調査などから、都市と周辺地域との関係を研究する必要がある。先古典期文化においては各要素についての資料が少ないことが多く、各要素についての研究はさまざまな視点からの深化が必要である。

第5節　先古典期文化研究の目的と方法

　先古典期文化では、オルメカ文化が強調されている。しかし、オルメカ文化の実態については不明な点が多く、メソアメリカ先古典期文化も理解しにくくなっている。先古典期研究では、オルメカ文化研究と先古典期研究を分離することが重要である。先古典期文化の正しい理解のために、本論では先古典期文化を、主に建造物、生業から考察する。これらの研究に基づいて、先古典期の権力と信仰についても論じる。一方、オルメカ文化の特徴を2つ挙げると、オルメカ様式石彫と土製建造物である。建造物に関してはメソアメリカ最初の記念碑的建造物である土製建造物に焦点を当てて考察する。また、メソアメリカを支えた生業からも先古典期文化の特質を解明する。そして、土製建造物と生業の研究を中心にし、今まで行った石彫に関する研究（伊藤、1996、1998a, b, c, 1999、2001b、2002、2003、2004a, c）を参考にしながら、先古典期文化の特徴を解明する。最後に、本論の各論を総合し、先古典期文化の特徴を解明する。また、従来、集落若しくは都市の中心部分である建造物や石彫が中心に調査研究されてきた。本論では、先古典期の集落と都市を含めた相互関係を復元することも目的とする。以下では建造物、生業、石彫に関する研究方法を説明する。また、権力と信仰については、建造物、石彫、生業についての研究を基礎にして、考察を進める。

1．建造物の研究

　先古典期における建造物については、初期の建造物に関する研究がみられない。先古典期前期、土製建造物が先行してつくられた。その後、石造建造物がつくられている。しかし、土製建造物から石造建造物に至る過程や石造建造物の発展段階もよく分かっていない。また、

先古典期における土製建造物の実態についても不明な点が多い。先古典期の建造物に関しては、メソアメリカで最初につくられた土製建造物の時期的な変遷と発展段階をみることが重要である。また、石造建造物への変化を理解するには、石造そして土製建造物を含めた先古典期の建築史を詳細に検討し、その時期変遷を明らかにすることが重要である。本論では、メソアメリカ全域での土製建造物を、新大陸全域での土製建造物を分析し、メソアメリカの初期建造物の実態を解明する。一方、メソアメリカで最初に大きな建造物が造られたメソアメリカ南東部太平洋側では、先古典期から後古典期にかけての建造物に関する調査が多く行われている。他地域では特定の時期若しくは場所に建造物に関する考古学資料が偏っている。このため、メソアメリカ南東部太平洋側における先古典期から後古典期までの建造物史研究を基礎として、他の地域と比較してより具体的な建造物の発展史を解明できる可能性が高い。この地域での先スペイン期建造物の発展史を、建築材の時期的変遷から考察する。また、土以外に先古典期から使われた建築材には軽石がある。伝統的に使用された建築材の使用方法の変遷を分析し、メソアメリカに於ける建築材へのこだわりを考察する。最後に、これらの研究の成果を基にして、メソアメリカ先古典期建造物の特質を明らかにする。

2．生業の研究

　先古典期の生業研究では、実証的な考古学的研究がなく、民族学的研究などをとりいれて研究されてきた。本論では、考古学調査によって出土した遺構・遺物から、先古典期の生業を明らかにすることを目的とする。耕地に関連する遺構、植物遺存体、貯蔵穴、動物表現の見られる遺物から考察を進める。ところで、確実に先古典期と確認された農耕に関連する遺構は殆ど無いため、先スペイン期と報告される遺構（耕地、水路、ダムなど）から先古典期の農耕を行った場所を考察する。また、古期から、栽培された植物は確認されている。タマウリパス州やオアハカ州などの調査から、古期から先古典期に至る栽培植物発展史が、解明されてきている。しかし、先古典期における栽培植物を含む有用植物利用の実態については不明な点が多い。本論では、古期から先古典期までに出土した植物遺存体を集成し、先古典期における有用植物の特徴を解明する。こうして得られる有用植物は貯蔵された。本論では、先古典期からみられるフラスコ状貯蔵穴から、先古典期有用植物利用の実態を貯蔵と言う視点から分析する。最後に、先古典期における農耕若しくは有用植物利用の実態を論じる。一方、先古典期における動物遺存体などの動物利用に関する資料は少ない。本論では、出土遺物に表現される動物から先スペイン期における動物を分析し、先古典期における動物利用の可能性を考察する。これらの研究から、先古典期における生業を解明する。

3．石彫の研究

先古典期の石彫研究では、オルメカ様式石彫に研究の比重が傾いている。しかし、石彫研究では、オルメカ様式石彫のみでなく、メソアメリカ全域での石彫を扱うことが重要である。メソアメリカ全域での先古典期から後古典期までの石彫研究を基礎にして、先古典期における石彫文化を明らかに出来る。そして、オルメカ文化の石彫ついても、先古典期石彫文化における正しい位置づけが可能となる。一方、メソアメリカでは先古典期から後古典期までの石彫がみられる地域は限られている。今まで行ってきた石彫研究で、先古典期から後古典期まで石彫製作が行われたメソアメリカ南東部太平洋側で、各時期の石彫の特徴を解明してきた。そして、オルメカ様式石彫の特徴を明らかにし、メソアメリカ南東部太平洋側石彫文化との比較から先古典期における石彫の特質を解明することも目的とした。メソアメリカ南東部太平洋側では、先古典期から後古典期までの先スペイン期石彫文化の変遷を考察してきた。この研究では、様式に拘らず、地域的な特徴が表れる器形に重点を置き、各時期に特徴的な形の石彫を選択して、その時期的な特徴を解明してきた。そして、特徴的な石彫の分布と時期的な変遷から、先古典期石彫文化の特徴を解明することを目的としてきた。先古典期の石彫については、オルメカ文化で始めてつくられはじめた。オルメカ様式石彫研究は、最も特徴的な巨大石彫若しくは図像学に研究の比重が傾いている。しかし、オルメカ様式石彫が、メソアメリカでどのような発展をしていったのかは解明されていない部分が多い。オルメカ様式石彫研究の現状を認識するために、オルメカ文化自体を解明する必要がある。このため、オルメカ文化研究史を概観し、オルメカ文化理解の現状を再確認する研究を行ってきた。そして、オルメカ様式石彫を集成し、器形、技法、表現される内容などから分析し、オルメカ文化の石彫の特徴を明らかにする研究を行った。一方、メソアメリカ先古典期文化において、オルメカ様式石彫と他の様式若しくは他地域の石彫との関係は明確ではない。このため、各地域での石彫の発展を明らかにし、オルメカ文化における石彫との関係を解明する必要がある。本論では、今までの研究成果を基にして、オルメカ様式石彫とメソアメリカ南東部太平洋側の先古典期石彫文化との比較を通して、メソアメリカ先古典期石彫文化の特徴を論じる。

4．権力と信仰の研究

　メソアメリカでの権力と信仰については、建造物、石彫、生業に関する研究を踏まえて考察する。先古典期における玉座からみた王権の起源、メソアメリカ南東部太平洋側の権力と抗争、先古典期における信仰から検討する。そして、メソアメリカ先古典期文化における、権力と信仰の特質を明らかにする。先古典期メソアメリカでは、建造物や玉座などに権力が反映される。また、先古典期中期から玉座と考えられる石彫が出土している。テーブル状祭壇と四脚付テーブル状台座が相当する。この玉座と考えられる考古学資料のメソアメリカでの分布、時期変遷とその意味を分析し、メソアメリカでの王権を論じる。一方、メソアメリ

カ南東部太平洋側では、先古典期において最も発展したと考えられる都市遺跡カミナルフユがある。この都市において、支配者の権力が表現される建造物や記念碑的な石彫から先古典期から後古典期までの権力と抗争を考察する。最も権力が反映される建造物の変遷史、そして、こうした建造物と関連がある記念碑的石彫である石碑、四脚付テーブル状台座の地域的分布と変遷を分析する。最後に、メソアメリカ南東部太平洋側における権力と抗争の歴史を論じる。先古典期における信仰については、オルメカ文化に特徴的なジャガー信仰を考察し、メソアメリカ先古典期における精神文化の特徴を明らかにする。以上の各論を総合して、メソアメリカ先古典期文化の権力と信仰の特質を論じる。

5．先古典期文化の特徴

　最後に、建造物、石彫、生業、権力と信仰に関する研究から、先古典期文化の特質を明らかにする。また、これらの研究から、先古典期における集落と都市との相互関係を復元する。そして、先古典期に続く古典期文化へ継続された要素と断絶した要素を明らかにし、先古典期文化が担ったメソアメリカ文明における役割を論じる。そして、先古典期文化研究の現状から今後の研究課題とその展望を検討する。

第1章　メソアメリカ先古典期の建造物

第1節　先スペイン期の都市の特徴

　メソアメリカの都市について、サンダースとウェブスターが論じている。メソアメリカにおいて、都市というよりは中心となる場所という意味でセンターという用語を使っている。都市は比較的大きく密集し不均質な共同体としているが、直接、メソアメリカに適応できないため、都市としての機能を儀礼、行政、商業と分けて分析をしている。また、非常勤の専門化という点からもメソアメリカの都市を論じている。儀礼という観点からは、コパン遺跡の例などから儀礼に対する施設は整備されている。また、テノチティトランやテオティワカンの例から行政的にも発達している。しかし、商業的には16世紀のナコ遺跡の例があるが、あまり発達していない。基本的にはメソアメリカの諸都市は農耕に頼っており、商業的というより儀礼そして行政的に発展したといえる。道具が木と石に限られ、輸送も人力が基本となっているために、食糧、商品作物、工芸品が混ざった経済であった。そして、国家も小規模であり、いろいろな物が混ざり発展したとしている（Sanders & Webster, 1988）。文献資料から中心となる都市と従属的な集落とを分けている。そして、マヤ地方におけるセンターを"真の都市"と"人の住まない儀礼センター"との中間と位置づけている[1]（Sanders & Webster, 2001）。

　一方、メソアメリカ初期の都市を、クラークはラ・ベンタ、モンテ・アルバン、チアパ・デ・コルソという代表的な初期都市から考察している。先古典期中期には、都市が創設される時期である。その始まりより、都市は基準に従って計画されており、儀礼センターは建造物の集合体で限られた空間と居住区を持つとしている。また、都市間の類似性は相互に関連があり、都市計画は世界軸を象徴的に表現しているとしている（Clark, 2001）。

　ところで、メソアメリカでは先古典期より方位を意識していたことが考古学資料から確認される。例えば、建造物や都市の基線に沿って供物などが捧げられ、墳墓も建造物の基線上

---

[1] マヤ地方の代表的な大都市であるティカルは、密集した大人口を持っているとし、支配層と農民層に単純に分けられない。灌漑農耕に依拠し、宗教が発展に寄与した都市であったとしている研究者もいる（Haviland, 1970）。しかし、マヤ地方で都市があったかどうかについては肯定と否定の論があり、解決していない。

につくられた。また、球戯場では宇宙観を反映しており、メソアメリカ全域でつくられている。一方、方位と密接な関連がある天文観測等に使われた施設もある。例えば、マヤ地方ではチェチェン・イッツアのドーム状施設が天文観測に使われ、メキシコ中央部ではショチカルコでドーム状の部屋頂部の穴が天文観測に利用された。また、計画的に配置された建造物を太陽などの観測に利用した都市もあった。先古典期前期に、大規模な建造物が建てられ始めるが、どれだけ方位を意識してつくられたかは不明である。しかし、先古典期中期になると、メキシコ湾岸、オアハカ、メキシコ中央部、マヤ地方では、決まった基線に従って建造物がつくられた。例えば、メキシコ湾岸の代表的遺跡ラ・ベンタとオアハカの大遺跡サン・ホセ・モゴーテでは、西偏 8°の基線に従って建造物が配置されてつくられた。メキシコ湾岸とオアハカ地方では、磁鉄鉱などの交易が盛んで、それに伴って文字、暦などの文化的な交流があったことが考えられる。先古典期後期には、代表的な都市モンテ・アルバンでは、南北を基線として都市がつくられた。しかし、J 建造物は西偏 17°の基線を持ち、平石が載る狭い通路があり、天文観測と関連があるとされる。メソアメリカ南東部太平洋側の中心であるカミナルフユでは基線に合わせて都市がつくられている。古典期に繁栄を迎えるテオティワカンでは、メソアメリカで本格的に計画的に都市がつくられた。そして、古典期、後古典期には、テオティワカンと同じ基線を用いた都市などがみられる。

　メソアメリカでは計画的に都市がつくられる。それは先古典期に起源があるが、その実像は不明な点が多い。また、先古典期前期の建造物は土製が多いが、多くのメソアメリカの建造物は石造に変化していく。以下では、先古典期最初の建造物である土製建造物をメソアメリカ全域で検討し、先古典期建造物の特徴を考察する。また、比較的建造物の調査が進んでいるメソアメリカ南東部太平洋側で時期的な変遷を分析し、先古典期建造物の特徴を明らかにしていきたい。以下、最初に、研究が進んでいるマヤ古典期の建築様式を説明し、メソアメリカの建築技法を確認する。第二に、メソアメリカ最初の建築である土製建造物から先古典期の建造物の特徴をみていく。第三に、メソアメリカ南東部太平洋側の建造物について先古典期から後古典期までの建造物を考察していく。最後に、メソアメリカにおける特定の建築材に関するこだわりを軽石から論じる。

第 2 節　メソアメリカにおける建築技法

　メソアメリカにおいては、メキシコ中央部、メキシコ湾岸、オアハカ、マヤ、そして、メキシコ西部ではさまざまな建築技法がみられる。メキシコ中央部では、テオティワカンで代

表されるタルー・タブレロ様式がみられる。この建築様式はメソアメリカ全域に広がっている。一方、マヤ地方ではさまざまな建築様式がみられる。以下、マヤ地方の建築様式を紹介し、メソアメリカの建築について説明する。

第1項　マヤ地方の建築様式

アンドリュースによると、古典期後期にマヤでは9様式みられる（図3）。南東、ペテン中央部、ウスマシンタ、北西、リオ・ベック、チェネス、プウク、北西平原、海岸東部に分かれる（Andrews, 1995）。南東様式はコパンに代表され、厚い壁、階段状天井、正面に組み込まれた石彫[2]が特徴である。ペテン中央部様式は、ティカルに代表され、高い屋根飾り、厚い壁、狭い部屋、擬似アーチ状屋根、建造物正面にある漆喰製仮面がみられる。ウスマシンタ様式では、ヤシュチランが代表である。斜面の上にある神殿が多くみられ、厚い壁、高い天井、扶け壁、二重壁で石枠に付加された漆喰装飾（正面上部、屋根飾り）、文字列と人物が浮彫りされる楣石が特徴である[3]。北西様式は、パレンケで代表され、小規模だがピラミッド基壇に神殿が乗る。神殿の部屋は、広い入口、大きく高い天井で、奥の部屋には重要な日付と支配者が彫られる。人物と文字の漆喰装飾が施されたわき柱、神・人物などの漆喰装飾がみられる二重壁の屋根飾りや棟飾りがある。リオ・ベック様式は、神殿両脇にある左右対称の塔が特徴である。塔は、ピラミッドを模している。チェネス様式は、リオ・ベック様式のように正面が3分割され、入口の回りと正面上部に表現される動物の仮面、漆喰装飾があったと考えられる中央張出部上の多数の石の凹凸、大きな鼻の仮面が付けられる角と人物立像列装飾のある単壁の屋根飾りが特徴である。プウク様式は、オシュキントック、ウシュマルで代表される。早期には、荒く整形されたブロック、擬似アーチ、厚く塗られた漆喰仕上げが特徴である。後期は、コンクリート仕上げの上に綺麗に整形された石が置かれる。正面上部にはモザイク状に幾何学文が石彫で表現され、入口と角に表現される大鼻の仮面装飾がある。また、多数の部屋を持つ神殿が特徴である。北西平原様式は、チチェン・イッツアが代表となる。プウク後期様式と同じ建築もあるが、非常に左右対称なチチェン‐トルテカ様式もみられる。羽毛のある蛇の斜壁、蛇の柱、アトランテ、列柱などが特徴である。海岸東部様式は、後古典期に相当し、トゥルムが代表的である。壁を巡る壁画、蛇の柱などが特徴である。

マヤ古典期の各地域では自己主張をするように様々な建築様式がみられる。しかし、古典期の建築様式で、先古典期にその起源がある要素もみられる。

---

[2] 人物や大きな動物などの大きな石彫が、建造物上部に組み込まれている。また、文字列も浮彫りされている例もある。
[3] 壁は荒く整形され切り石や平石でつくられるために、厚い漆喰で仕上げられている。

図３．マヤ古典期後期建築様式分布図（Andrews, 1995 を改変）

第2項　先古典期における建築様式

　一方、先古典期においては、鮮明な建築様式はみられない。これは、土製建造物が多いことと、メソアメリカでは建造物を古い建造物に被せて新しい建造物がつくられるために、先古典期の建造物が、現在残っている建築遺構を一見すると無い様にみえるためである。

　しかし、ゲレロ州ではマヤ地方で古典期に盛行する擬似アーチが、先古典期中期に初めて出現する。エル・ミラドールでは古典期に繁栄したティカルなどでみられるアクロポリスが、先古典期中期末につくられた。また、基線に従ってつくられる建造物が、先古典期前期、少なくともメキシコ湾岸、オアハカでみられる。また、切石でつくられる石造建造物が、ゲレロ州、メキシコ湾岸、マヤ、オアハカで確認される。階段横の斜壁につくられる漆喰仮面装飾が、先古典期にマヤでみられる。川原石など加工されていない石でつくられる石造建造物は、メキシコ西部、ゲレロ州、メキシコ中央部、オアハカ、マヤで、先古典期中期からみられる。円形建造物がつくられるのも先古典期が初めとなる。しかし、明確に確認できる建築様式でつくられた建造物はみられない。

　次節では、先古典期に特徴的な土製建造物、そして、メソアメリカ南東部太平洋側の建築様式若しくは建築材からメソアメリカの建造物を考察する。

第3節　先古典期の初期建造物－土製建造物について－

　メソアメリカでは土製建造物は先古典期前期から後古典期までつくられ続けた。メキシコ湾岸とメソアメリカ南東部太平洋側が圧倒的に多いが、オアハカ、メキシコ中央部でもみられる。オアハカ、メキシコ中央部では先古典期前期‐中期に限られる。以下、この建造物の特徴をまとめる（Andrews, 1989; Coe, 1965; Coe and Diehl, 1980; Demarest, 1986; Di Peso, 1966; Drucker, 1943a, b, 1952 ; Drucker, et al., 1959; Fagan, 1995; Flannery, et al., 1981; Garcia Cook, 1984, Guevara Sánchez, 1993; Kelly, 1971; Margain, 1971; Martínez Donjuán, 1986; Marguina, 1951; Weiant, 1943）。

　最初に、メソアメリカ南東部太平洋側以外のメソアメリカ地域、次に、メソアメリカ南東部太平洋側の土製建造物をみる。次に、アメリカ大陸における土製建造物と比較する。メソアメリカと共にアメリカ大陸の高文化地域であるアンデス地域とメソアメリカの北で栄えた北米インディアン諸文化における土製建造物をみていく。

第1項 メソアメリカ

　メソアメリカ南東部太平洋側以外のメソアメリカ地域において、土製建造物の建築材としては若干石、砂が混じる場合があるが、粘土、土、粘質土、砂質粘土が主である。古典期に最盛期を迎えるコマルカルコでは素焼きレンガ以前の建造物がアドベ・ブロックであったとされる。また、テオティワカンなどでは建物の一部分に使用されていた。メソアメリカ北部では、紀元後300年頃、アドベ・ブロックを使用した建造物がチャルチウィテスでつくられていた。また、後古典期にはアドベでつくられた祭壇があった。メキシコ湾岸のコマルカルコとその周辺では素焼きレンガの建造物がつくられた。この建造物は漆喰仕上げがされた土製建造物の上につくられていた。この地域では、土製建造物が先行した後、レンガの建造物がつくられていた。しかし、このレンガの建造物の起源は不明とされる。

図4．メソアメリカにおける土製建造物分布図

メソアメリカ南東部太平洋側：1. サン・イシドロ、2. サン・アントニオ、3. ミラドール、4. チアパ・デ・コルソ、5. サンタ・ロサ、6. サンタ・クルス、7. ロス・シミエントス、8. トナラ（イグレシア・ビエハ）、9. ツツクリ、10. イサパ、11. アルタミラ、12. パソ・デ・ラ・アマダ、13. サン・ニコラス、14. サンタ・レティシア、15. チャルチュアパ、16. ホヤ・デ・セレン、17. サン・アンドレス、18. シワタン、19. クスカトラン、20. ケレパ 21. ロス・ヤニトス
その他：a. チャルチウィテス、b. ラス・フローレス、c. エル・エバノ、d. クィクィルコ、e. トラランカレカ、f. テオパンティクアニトラン、g. ウイッツォ、h. サン・ホセ・モゴーテ、i. サント・ドミンゴ・トマルテペック、j. セロ・デ・ラ・メサス、k. トレス・サポテス、l. サン・ロレンソ、m. ラ・ベンタ、n. コマルカルコ

第1章　メソアメリカ先古典期の建造物

仕上げも殆どが粘土などを材料とした泥漆喰であるが、サン・ホセ・モゴーテ（先古典期）、セロ・デ・ラス・メサス（古典期以降）、ラス・フローレス（後古典期）では漆喰が使われている。ラ・ベンタでは良質の石ブロックが土の上に並んでいた。これは石造建造物といえるかもしれないが、土製建造物の仕上げとして石ブロックを貼り付けたとも考えられる。

建造物の平面形は大半が方形である。しかし、ワステカのラス・フローレスとエル・エバノやメキシコ中央部のクィクィルコでは円形若しくは楕円形の基壇であった。ワステカでは伝統的に円形の建造物が多いがメキシコ中央部などでは少ない。クィクィルコ円形ピラミッドの起源はメキシコ中央部以外に求める必要もある。

上の建造物は殆ど残っていないが、土壁や柱穴の痕跡が残っている事例もある。このため、土壁などの朽ちやすい材質でつくられていた可能性がある。また、建造物の基線はメキシコ湾岸のラ・ベンタ、オアハカのサン・ホセ・モゴーテでN-W8°が確認されている。

次に、メソアメリカ南東部太平洋側の土製建造物をみていく。太平洋岸では、先古典期には主に土で建造物がつくられた。高地のカミナルフユでは、先古典期中期から古典期中期まで石は全く使われずに土、粘土、砂で建造物がつくられていた。土はタルペタテという黄褐色で非常に固い火山灰起源の土が使われた。同様の土製建造物はカミナルフユの周辺、その北側のマヤ中部低地に至る斜面と太平洋岸に至る斜面に広がる。また、タルペタテ以外の粘土や土でつくられた土製建造物は、グァテマラ高地からエル・サルバドルにも広がっている。基壇上の建造物については組織痕の残る焼土塊が出土しているため、土壁の建造物であった可能性がある。一方、太平洋岸では、アドベ・ブロックが使われた事例は無い。先古典期後期になるとチアパス高地でアドベ・ブロックが建造物に使用され始めた。エル・サルバドルでは先古典期後期からアドベ・ブロックが使われた。また、先古典期前期より、土製建造物の仕上げについては泥漆喰が使われており、数層になる事例もある。定期的若しくは必要に応じて塗り重ねられたと考えられる。補修、儀礼等の理由が考えられる。草や松葉などが混ぜられた泥漆喰もあった。先古典期前期の土製建造物は楕円形基壇であった。先古典期前期の建造物は少ないため、これが特殊な事例か分析していく必要がある。先古典期中期には太平洋岸において階段状方形基壇もみられる。高地では、低い方形の建造物が多い。また、タカリク・アバフなどでは土の球戯場があったとされる。カミナルフユでは、階段状方形基壇もあるが、低い基壇もみられる。エル・サルバドルでは低い方形基壇と階段状方形基壇があった。先古典期後期には、太平洋岸やカミナルフユでは高い階段状方形基壇があった。太平洋岸やカミナルフユを中心とした高地では、先古典期より土製建造物をつくり続けた。先古典期の建造物の基線については、N-E 19-21°がチアパ・デ・コルソ、イサパやグァテマラ高地北斜面で適用されている。しかし、それぞれの遺跡では固有の建造物を持っており、一つの遺跡から広がったとは考えにくい。カミナルフユとエル・サルバドルでは同じ基線が使わ

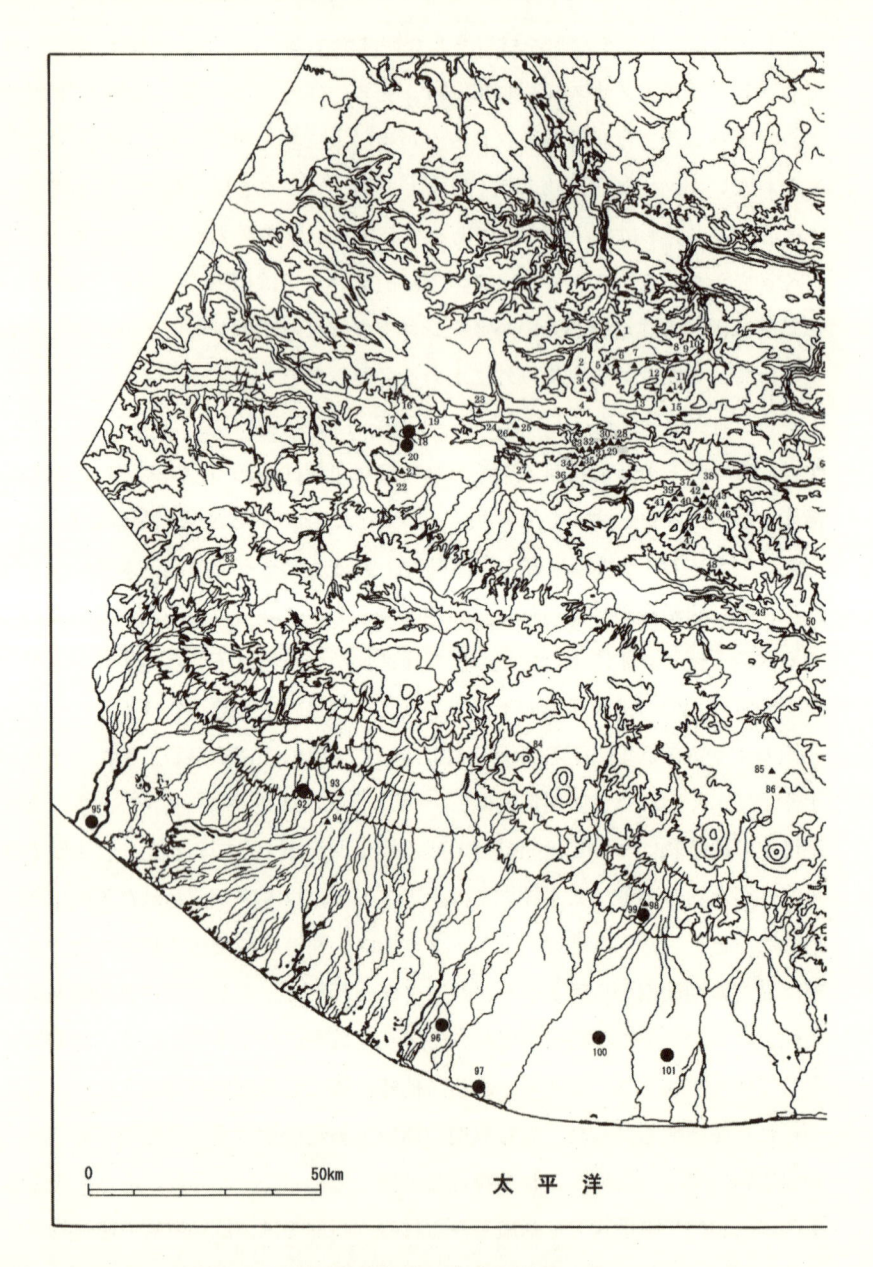

図5. メソアメリカ南東部太平洋側建築遺構出土遺跡地図（グァテマラ）

1. ウイル、2. ベトナム、3. ネバフ、4. ティシュチュン、5. プライ、6. オンカップ、7. ビカベバル、8. エル・ティグレ、9. ツィクアイ、10. サン・フランシスコ・デル・ノルテ、11. ムチル、12. ツチョク、13. アチッツ、14. カキシャイ、15. チパル、16. ピオル、17. チコル、18. サクレウ、19. シェテナン、20. カンボテ、21. プカル、22. クカル、23. ウイチタン、24. チャルチタン、25. ショルチュン、26. チチョチェ、27. コミタンシヨ、28. シェカタロフ、29. チュティナミット、30. チュンチュン、31. チュティクスティオクス、32. ショルパコル、33. リオ・ブランコ、34. ショルチュン、35. パコット、36. パンツァク、37. ラ・イグレシア、38. ロス・シミエントス、39. シェポン、40. ショルハ・アルト、41. ショルハ・バハ、42. サクラック、43. パツァック、44. ヤノ・グランデ、45. ラ・ラグニタ、46. ロス・セリートス-チホフ、47. シャバッフ、48. サクアルパ、49. ラグナ・セカ、50. ミシュコ・ビエホ、51. チュイティナミット、52. ピチェック、53. カユップ、

第1章　メソアメリカ先古典期の建造物

● ＝土製建造物出土遺跡
▲ ＝土製建造物以外の建造物出土遺跡

54. チチェン、55. チクシャブ、56. サンタ・エレーナ、57. サカフ、58. バルパライソ、59. チンチヤ、60. プエブロ・ビエホ、61. ロス・エンクエントロス、62. カウイナル、63. サン・ハシント、64. セアカル、65. チホロン、66. エスペランシータ、67. カンチュナック、68. サン・ファン、69. ロス・ピノス、70. ツァルカン、71. ラス・コンチャス、72. エル・トラピチート、73. ロス・マンガレス、74. サンタ・カタリナ、75. エル・ポルトン、76. サン・ロレンソ、77. パチャルン、78. ラス・トゥナス、79. サント・ドミンゴ、80. エル・カカオ、81. シババフ、82. ラ・ラグネタ、83. タフムルコ、84. チュイティナミット、85. チタク・ツァック、86. サンタ・ロサ、87. カミナルフユ、88. サン・カルロス、89. ソラノ、90. フルタル、91. メヒカノス、92. タカリク・アバフ、93. サンタ・エリサ・パカコ、94. フラメンコ、95. ラ・ビクトリア、96. シン・カベサス、97. テコハテ、98. エル・バウル、99. ビルバオ、100. マリナラ、101. バルベルタ、102. チキウイタン、103. ロス・セリートス

れている。これは、土器などの類似点から考えると、相互に関連があった可能性がある。カミナルフユに代表されるメソアメリカ南東部太平洋側では長期間建造物が主として土でつくられた。また、クレブラと呼ばれる長い土製建造物もあった。これは、メソアメリカでは他に類のない長い土の構築物であった。

第2項　メソアメリカ以外の古代アメリカ土製建造物

1．北米地域とメキシコ北部

　ファガンによると、北米の諸文化では以下の土製建造物がある（Fagan, 1995）。アメリカ合衆国のポバーティ・ポイントでは高さ3mの平行する半円弧形土製マウンド6基がある。時期は紀元前1700‐700年であるが、その用途は不明とされる。ウッドランドでは紀元前500年以降に埋葬用土製マウンドがつくられた。また、こうした土製マウンドはラブラドールでは、紀元前5600年頃始まったとされる。一方、紀元後1500年頃のアデナ文化後期には埋葬をする習慣は無くなり、手の込んだマウンドがつくられるようになる。紀元前200年‐紀元後400年のホープウエル文化では多数の土製マウンドが整然と並ぶ複合体がつくられている。オハイオのホープウエル文化では382mの長さをもつサーペント・マウンドがある。また、メソアメリカの後古典期に相当する時期に、カホキアなどでは広範囲にマウンドが多数つくられている。同時期、メソアメリカの北側から北米の南西部ではカサ・グランデ、パキメ（カサス・グランデス）などアドベでつくられた部屋構造の建造物がみられる。

2．アンデス地域

　アンデス地域では以下のような土製建造物がある。古期上層（紀元前2500‐1500年）では粘土でつくられた住居址がある。形成期上層（〜紀元前100年）の中部海岸や南海岸では半円形、トウモロコシ形、河原石形、長方形のアドベなどでつくられた建造物がある。ガイナソ文化（紀元前300‐紀元後300年）では大小の様々な形（球形、歯形、半球形）のアドベでつくられた建造物の後に、型入れのアドベでつくられた建造物が現れる。モチェ文化（紀元後100‐800年）ではピラミッド状建造物などの建造物の複合体が、アドベでつくられている。リマ文化（紀元後200‐800年）ではアドベ・ブロックでつくられたピラミッド状建造物などがみられる。ナスカ文化（紀元後100‐800年）でも大神殿などの建造物が型入れアドベでつくられた。他にも、チムー王国などで土製建造物がつくられた（ルンブレラス, 1977; 関, 1997）。

第3項　メソアメリカと他地域の土製建造物

　土製建造物は、当初築き固めた土製建造物が多かったが、時代が下るとアドベ・ブロックの建造物が増える。また、メソアメリカより北の地域の土製建造物と比較すると、類似点はある。ポバーティ・ポイントの半円弧形の土製建造物はオルメカ文化と同時期である。また、長い土製建造物という点ではカミナルフユのクレブラと似ているが、それ以外類似点はあまり無い。しかし、アンデス地域にはいろいろな形のアドベ若しくは型入れアドベの土製建造物が主流である。メキシコ湾岸の2地方とウッドランド諸文化では築き固めた土製建造物が多い。また、土製建造物の用途については、メキシコ湾岸の2地方やアンデス地域では神殿などの用途が考えられ、ウッドランドでは埋葬用が多い。一方、ウッドランドではホープウエルには埋葬と関連づけられる非常に長い土製建造物がある。また、カホキアなどでは土製建造物の建築複合体がみられる。以上の点から、メソアメリカ南東部太平洋側の土製建造物はメキシコ湾岸の2地方と類似点が多く、ウッドランド地域と若干の類似点がある。しかし、アンデス地域の土製建造物とは類似点があまり無い。メソアメリカの土製建造物は、他の地域との共通点が無く、独自の建築物である。

　また、メソアメリカ南東部太平洋側において、土製建造物は先古典期前期に始まる。この建造物は大型住居という方がいいかもしれないが、神殿などの初現形態である可能性もある。メソアメリカの他地方ではオアハカやメキシコ中央部で土製建造物がみられる。しかし、これらの地方では石造建造物が出現すると、その後は土製建造物がつくられなくなる。一方、メソアメリカ南東部太平洋側では先古典期前期に土製建造物がつくられ、その後も土製建造物はつくられ続けた。この地域では、土製建造物ではなく石造建造物が主流になるのは古典期後期からで、高地に多い。一方、古典期後期‐後古典期に、グァテマラ高地のサクレウやサン・ファンなどでは、アドベ・ブロックをつかった建造物もある。メソアメリカ南東端のエル・サルバドルではアドベ・ブロックなどの土製建造物が古典期後期まで続いている。一方、ワステカを含むメキシコ湾岸では土製建造物が、先古典期中期から後古典期まであった。こうした状況を考えると、メキシコ湾岸の2地域とメソアメリカ南東部太平洋側では同様の状況が考えられる。また、両地域では、石碑には同じモチーフがみられ、球戯に関連したユーゴ、アチャ、パルマといった小石彫も出土している。こうしたことから両地域の密接な関係が考えられる。しかし、古典期後期のメキシコ湾岸ではアドベ・ブロックからレンガに変化するが、エル・サルバドルでは平石若しくは石ブロックが主流になる。また、メソアメリカ南東部太平洋側の中心であるカミナルフユでは一時期的断絶はあるが古典期後期まで土製建造物が主流となっているために、メソアメリカでは古典期後期に土製建造物の転機が訪れるといえる。

表2. メソアメリカ土製建造物（メソアメリカ南東部太平洋側以外）

遺跡名　　遺構	時期	方向軸	基壇 建築材 土	粘質土	粘土	砂質粘土	アドベ	アドベ・ブロック	素焼きレンガ	砂	石	仕上げ 粘土	粘質土	砂質土	漆喰	石	その他 斜壁	中央のブロック状部分	垂直壁	手摺状部分
チャルチウイテス																				
1号建造物	後古典期	-						X												
トラランカレカ																				
	先古典期後期	-	O					X			O				O		O		O	O
クィクィルコ																				
	先古典期後期	-			X													O		
テオパンティクアニトラン																				
A地区	先古典期前期	N-E 15°			X								O								O
サン・ホセ・モゴテ																				
16号建造物	先古典期前期	-						X								O					
ウイッソ																				
2号基壇	先古典期中期	N-W 8°	X					O			O										
サント・ドミンゴ・トマルテペック																				
12号建造物	先古典期中期	N-W 8°						X			O										
ラス・フロレス																				
	後古典期	N-E 25°	X												O					O
エル・エバノ																				
	先古典期中期	-			X																
セロ・デ・ラス・メサス																				
16号建造物	古典期〜	-			X											O					
30号建造物	古典期〜	-		X								O									
33号建造物	古典期〜	-			X							O									
41号建造物	古典期〜	-	X													O					
トレス・サポテス																				
Eマウンド	先古典期中期〜	-			X																
Aマウンド	先古典期中期〜	-	O																		
32号マウンド	先古典期中期〜	-			O													O			
24号建造物	先古典期中期〜	-		O																	
サン・ロレンソ																				
C2-10マウンド	先古典期中期	-			O																
C3-8マウンド	先古典期後期	-	O		O																
TE-ST.2	後古典期	-			X														O		
C3-1マウンド	後古典期	-	O		X																
B2-1マウンド	後古典期	-			O																
コマルカルコ																				
I号神殿	古典期後期	-	O					X							O						
III号神殿	古典期後期	-	O					X							O						O
IV号神殿	古典期後期	-																			
V号神殿	古典期後期	-														O					
VI号神殿	古典期後期	-						X							O			O		
VII神殿	古典期後期	-						X							O			O		O
宮殿	古典期後期	-						X							O					
II号神殿	-	-	O												O					
ラ・ベンタ																				
A-3マウンド	先古典期中期	N-W 8°		O			O			O		O						O		
S-C基壇	先古典期中期	N-W 8°		O	X				O					O					O		
儀礼広場	先古典期中期	N-W 8°		O			O														
南西基壇	先古典期中期	N-W 8°		O			X							O							
A-5基壇	先古典期中期	N-W 8°		O						O	O										
A-2基壇	先古典期中期	N-W 8°		O	O									O					O		
北東基壇	先古典期中期	N-W 8°		X										O			O				
北西基壇	先古典期中期	N-W 8°		X										O			O				

*Xは主たる建築材として使われているもの。

第 1 章　メソアメリカ先古典期の建造物

上部の建造物 土壁	素焼きレンガ	大きさ [長さ × 幅 × 高さ (m)]	建築様式若しくは建造物の形
		－ × － × －	方形
		35 × 30 × 5	方形、タルー・タブレロ様式
		135 × 135 × －	円形
		32 × 26 × 1.0	方形
○		－ × － × －	方形
		－ × － × －	－
		－ × － × －	－
		32 × 28 × －	楕円形
		27 × 27 × －	円形
		1.8 × 0.33 × －	－
		－ × － × 0.76	－
		－ × － × －	－
		－ × － × －	－
		－ × － × －	－
		－ × － × －	－
		－ × － × －	方形、階段状
		－ × － × －	－
		－ × － × －	－
		－ × － × －	階段状
		－ × － × －	階段状
		－ × － × －	－
		－ × － × －	－
	○	15 × 9 × －	方形
	○	10 × 6.08 × 7	方形、6段
		－ × － × －	方形
		－ × － × －	方形
		8.82 × 5.17 × 0.91	方形、4段
		12.77 × 8.52 × －	方形、4段
		68.61 × 8.21 × －	方形
		－ × － × －	
		－ × － × －	－
		－ × － × －	方形
		－ × － × －	方形
		－ × － × －	方形
		－ × － × －	方形
		－ × － × －	方形
		－ × － × －	方形
		－ × － × －	方形

51

第4節　メソアメリカ南東部太平洋側の建造物

　メソアメリカ南東部太平洋側では、メソアメリカにおける他地域とは異なり、建造物には様々なものが使われていた。この地域では先古典期より主に土でつくられた建造物が多いが、石でつくられた建造物も多くみられる。しかし、メソアメリカ南東部太平洋側において、石の建造物は古典期後期若しくは後古典期まで待たないと主流にならない。一方、隣接するオアハカ地方では先古典期前期に土の建造物が出現するが、モンテ・アルバンが栄え始めると共に主に土でつくられた建造物は無くなる。メキシコ中央部においてもクィクィルコ若しくはテオティワカンが栄え始めるころには、石の建造物になってしまう。こうした現象はメソアメリカの他地方でもみられる。本節は、第一に、土製建造物が長期間にわたってつくられたメソアメリカ南東部太平洋側の建造物研究史を検討した後、建造物を構成する建築材からこの地域の建造物を分析する。次に、建築材からみたメソアメリカ南東部太平洋側の建造物の特徴を考察する。

第1項　メソアメリカ南東部太平洋側建造物調査史

　メソアメリカ南東部太平洋側の建造物については、チアパス高地のチアパ・デ・コルソ、グァテマラ高地のカミナルフユなどでは個々の遺跡で特定時期の建造物研究はあるが（Lowe, et al., 1960; Kidder, et al., 1946）、地域全体の建造物を扱っている研究は非常に少ない。その中で、スミスはグァテマラ高地全域の建造物について調査を行い、各遺跡の建造物の特徴を記し（Smith, 1955）、グァテマラ高地建造物の時期的な特質を解明している（Smith, 1965）。この研究では、立地、建築材、建造物部分などに分けて考察を進めている。立地については先古典期から古典期にかけて開けた地が多く、後古典期になると切り立った断崖の上が多くなるとされる。建築材について、先古典期は土、粘土などが多く使われ、古典期から後古典期には石が多い。また、建造物の様式等についても若干の考察を行っているが、一部を除き時期的な特徴は明確になっていない。今までの研究では、一遺跡若しくは一部地域の建造物は研究されているが、メソアメリカ南東部太平洋側全域を網羅する建造物研究はない。スミスはグァテマラ高地全域の建造物を扱っているが、発掘調査による資料が少ない。一方、グァテマラ高地を研究対象としているために古典期後期 - 後古典期に資料が偏っている。また、高地全域を対象にするならば、グァテマラ高地だけではなく同じ地域に属するチアパス高地

とエル・サルバドルに広げる必要がある。太平洋側でも新しい発掘資料が増加している。このうちには先古典期前期の建造物も含まれる。以上のことを考慮すると、新しい発掘資料を加え、メソアメリカ南東部太平洋側の高地から太平洋岸に至る全域の建造物を分析することが重要である。本節では、この地域にみられる建造物の起源とその系譜を明確にし、建造物変遷史を解明する。

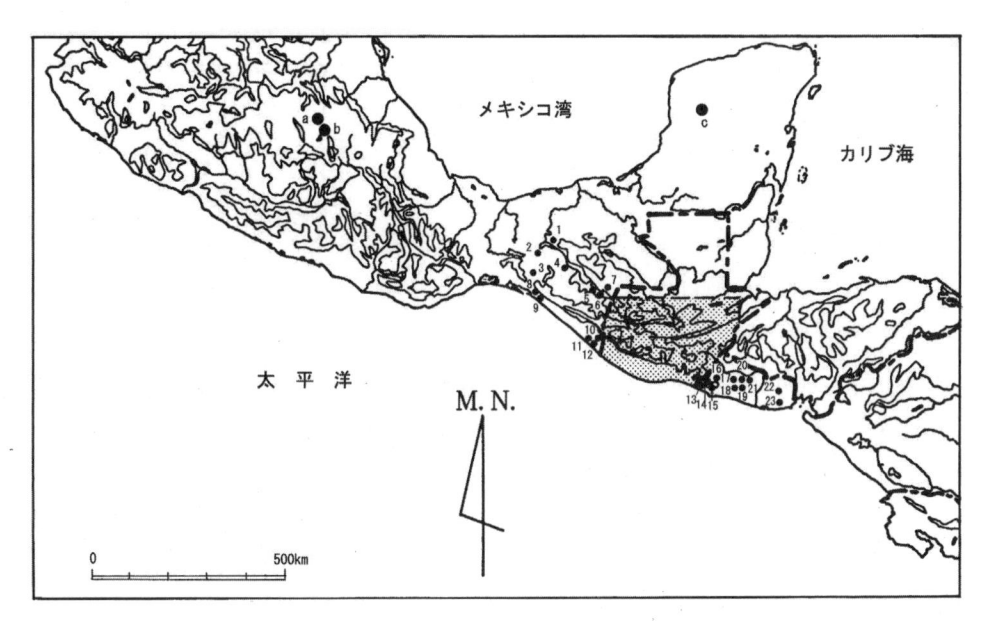

図6．メソアメリカ南東部太平洋側建築遺構出土遺跡と関連する遺跡の分布図

メキシコ：1. サン・イシドロ、 2. サン・アントニオ．3. ミラドール、 4. チアパ・デ・コルソ、5. サンタ・ロサ、6. サンタ・クルス、 7. ロス・シミエントス、 8. トナラ（イグレシア・ビエハ）、9. ツツクリ、 10. イサパ、 11. アルタミラ、 12. パソ・デ・ラ・アマダ、
エル・サルバドル：13. カラ・スシア、14. サン・ニコラス、15. サンタ・レティシア、16. チャルチュアパ、17. ホヤ・デ・セレン、18. サン・アンドレス、19. クスカトラン、20. シワタン、21. ロス・フローレス、22. ケレパ、23. ロス・ヤニトス
その他：a. トゥーラ、b. テオティワカン、 c. ウシュマル
＊グァテマラについては、図5（第1章第3節）を参照。

第2項　建造物を構成する材料

この地域にかなりの数がある土の建造物は浸食が激しく建造物全体が残る事例が少ない。また、トレンチ発掘なども多いことから建造物全体の様式まで分析することは難しい。このため、建造物を構成している材料を中心にメソアメリカ南東部太平洋側の建造物の歴史を考察する。また、様式などの建造物の特徴についてもその各部分が確認できる事例については検討を加える。

メソアメリカ南東部太平洋側とはメキシコのチアパス州テワンテペック地峡からエル・サルバドルまでの範囲で、太平洋岸から高地までである。高地は、スミスの定義に従って、標高500m以上の地域とする（図5,6）。

　メソアメリカ南東部太平洋側を高地と太平洋岸に分けて考察する。グァテマラ高地の中心となるカミナルフユに関しては調査が多いため、別に検討する。また、メソアメリカ南東端に位置するエル・サルバドルも別にする。以下、太平洋岸、カミナルフユ、チアパス‐グァテマラ高地、エル・サルバドルという順に分析をしていく。上の建造物は残っていない事例が多いが、建造物は基壇とその上の建造物に分ける。

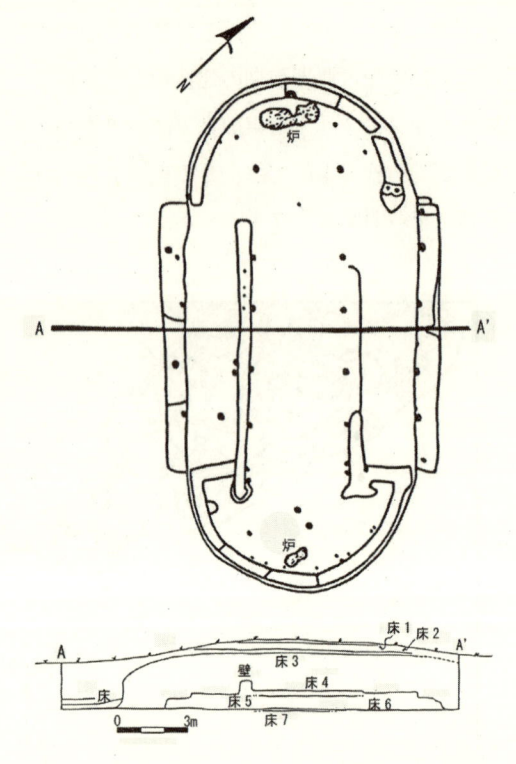

図7．パソ・デ・ラ・アマダで検出された建造物（Blake, et al., 1991, fig.5 を改変）

1．太平洋岸

　先古典期前期から後古典期までの建築遺構が確認されている。以下、調査報告に基づいて各時期における建築遺構の特徴をまとめる（Arroyo, 1993; Blake, et al., 1991; Bove, et al., 1993; Chinchilla, 1998; Coe, 1961; Estrada, et al., 1997; Ferdon, 1953; Garcia, 1997; Green, et al., 1967; Lee, 1970; Lowe, et al., 1982; McDonald, 1983; Medrano, 1996; Parsons, 1967, 1969; Ponciano, 1993; Sanchez, 1995; Schieber, 1994; Thompson, 1948; Whitley, 1989）。

　先古典期前期：パソ・デ・ラ・アマダ、チキウイタンで確認されている。粘土、砂を使って建造物をつくっている。パソ・デ・ラ・アマダでは基線はN-E 42°である。仕上げは明らかではないが、白い薄層が確認されている。また、30（径）×70（深）cmの柱穴が検出されている（図7）。テコハテでは床面のみしか検出されていない。ラ・ビクトリアでは土の建造物の一部と思われる部分があるが、詳細は不明である。

　先古典期中期：ツツクリ、イサパで確認されている。土、粘土、砂、石が使用されていた。石と粘土を使い、外壁をつくっている。ツツクリではN-E 38°、イサパではN-E 20°の基線に従って建造物がつくられている。

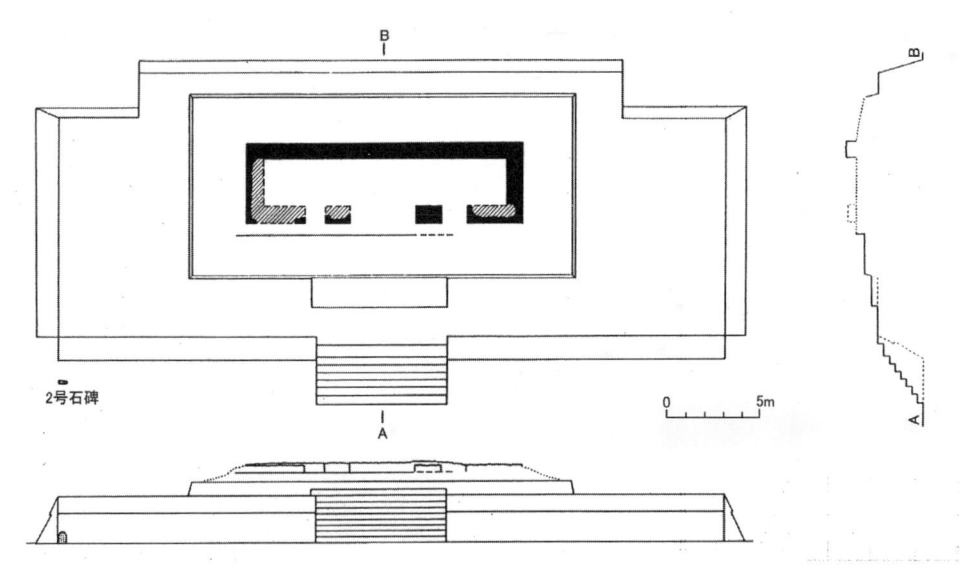

第1章 メソアメリカ先古典期の建造物

図8. トナラ C-10 建造物 (Ferdon, 1953, fig.9 を改変)

　先古典期後期：イサパ、シン・カベサス、バルベルタ、ビルバオで確認されている。土、粘土、砂、石、火山灰、軽石、平石が使われていた。基壇の中心部分は土が主となっている事例が多い。石列でつくられた外壁をもつ基壇が確認されている。仕上げは石灰若しくは漆喰である。また、平石で階段部分がつくられる基壇があった。しかし、多くは土だけ若しくは土を主につかった基壇である。基壇上の建造物の痕跡として柱穴が検出される基壇もある。イサパではN-E 20°の基線を持つ。

　古典期前期：イサパ、バルベルタ、マリナラで建造物が検出されている。平石、土、軽石、火山灰、川原石で基壇がつくられていた。多くの基壇では仕上げの痕跡が検出されていないため、外壁がどのようになっていたか不明である。階段と外壁が平石でつくられ、漆喰で仕上げをしている基壇がある。川原石を泥で積み上げた基壇もある。また、赤彩の痕跡がある基壇もある。何れの遺跡でも、N-E 20°の基線に従って建造物がつくられている。

　古典期中期：ビルバオで検出されている。平石、土、川原石、砂利などで建造物がつくられている。粘土若しくは泥漆喰で仕上げがされている。川原石で覆われる基壇もある。建造物は、N-E 19°若しくはN-E 30°の基線に従ってつくられていた。

　古典期後期：エル・バウル、ビルバオにおいて確認されている。土、粘土、川原石、石ブロック、平石などで建造物がつくられている。中心部分は土でつくられるが、壁は石でつくられる。平石の壁では外側に平らな面を出している。川原石で覆われる基壇がある。エル・バウルでは石ブロックでつくられた建造物がある。この建造物はモルタルで仕上げられた後、

55

更に漆喰で上塗りがされている。建造物はN-E 17-30°そしてN-W 2-5°の基線に従ってつくられていた。

　古典期末 - 征服期：3例のみ報告されている。サンタ・エリサ・パカコ、ロス・セリートスで検出されている。土と石でつくられているということ以外は不明である。

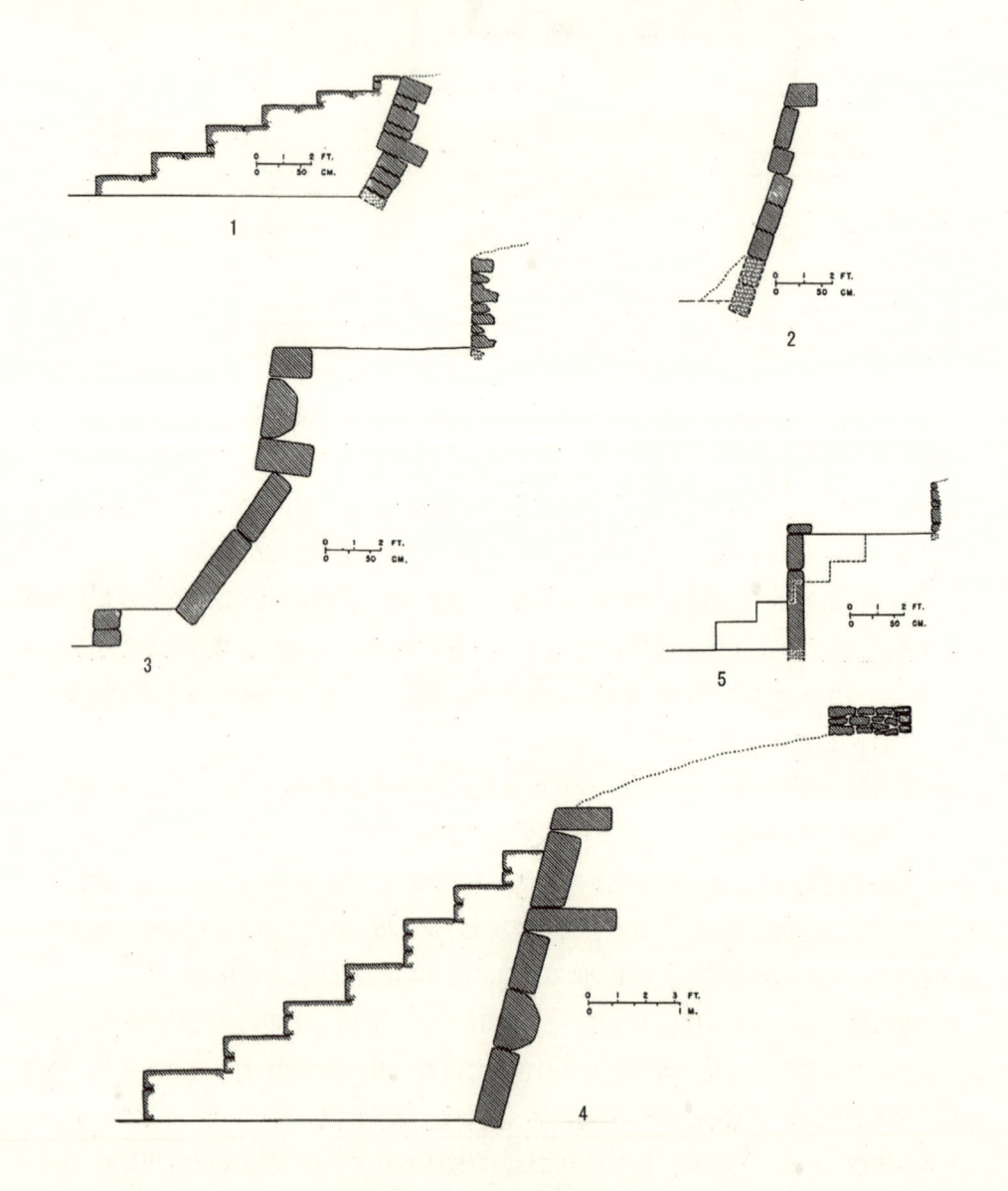

図9．トナラの建造物断面図

1. D-12 建造物、2. B-3 建造物、3. A-1 建造物、4. D-2 建造物、5. A-2 建造物 (Ferdon, 1953, fig. 1, 3, 7, 12, 14 を改変)

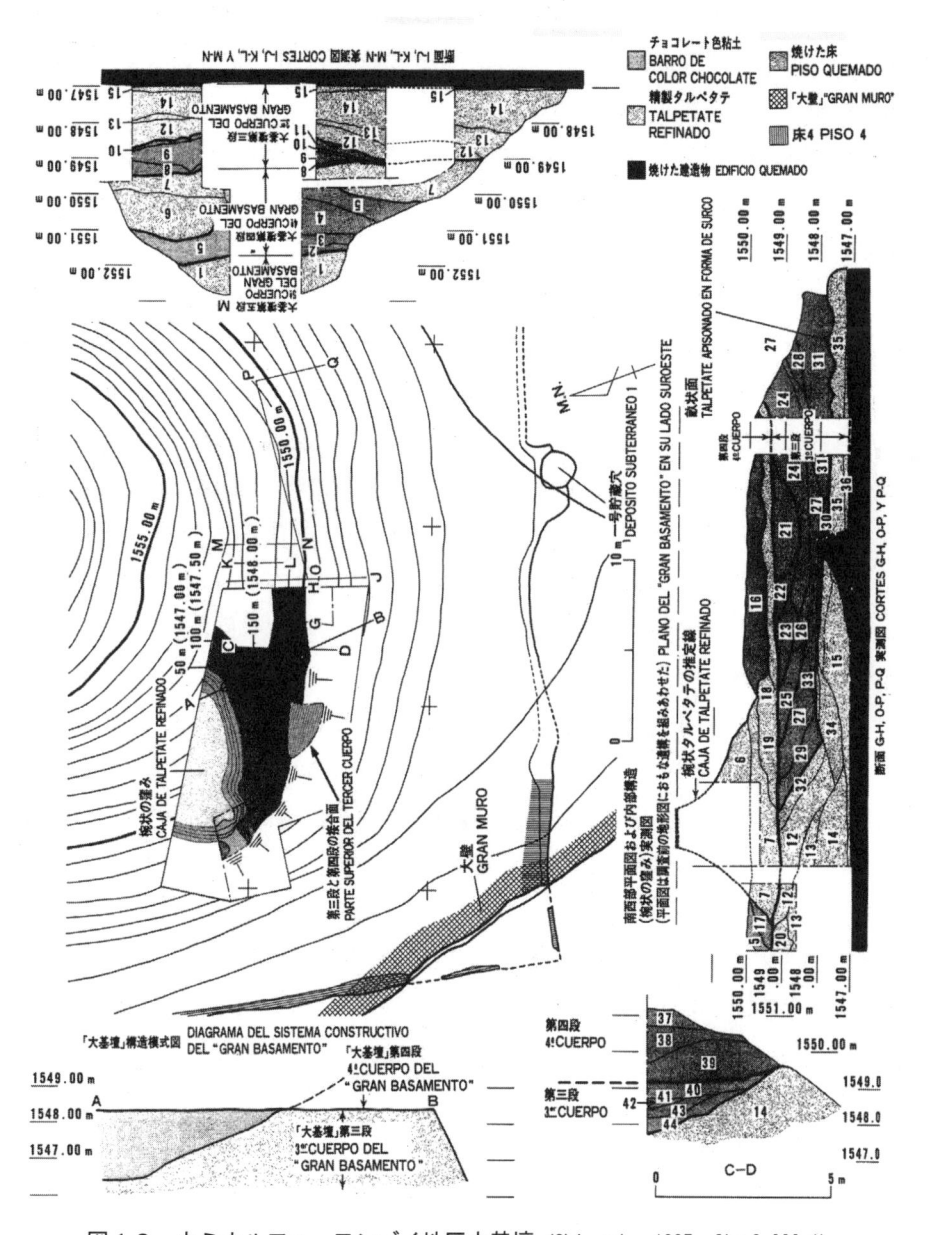

図１０．カミナルフユ　モンゴイ地区大基壇 (Ohi, ed., 1995, fig.2-III-1)

２．カミナルフユ

　カミナルフユでは先古典期中期から後古典期までの建造物がみられる。ここではカミナルフユの建造物を考察した後に、その周辺地域の建造物について検討を加える。以下、報告に基づき、時期別に建造物の特徴をまとめる (Austin, 1969; Ball, 1973; Bebrich, 1969;　Bebrich, et al., 1973; Berlin, 1952; Brown, 1973; Cardenas, 1969; Cheek, 1977; De Leon, 1996; Escobedo, et al., 1996; Kidder, et al., 1946; Kirsch, 1973; López, et al., 1992; Martinez, et al., 1996; Reynolds, et al., 1973; Roman, 1990; Shook, 1952; Shook, et al., 1952; Shook , et al., 1942; Suasnávar, et al., 1992; Webster, 1973）。

先古典期中期：カミナルフユでは先古典期中期の建造物が一番早い時期の建造物である。

マウンドA-IV-2； A-V-11, 16； A-VI-1； B-V-3, 5, 9,16とモンゴイ地区の焼けた建造物で確認された。その建造物は主にタルペタテ、粘土、砂からできており、夫々が交じり合った層や単独の層が重なっている。これらの建造物の基壇は平面形が確認できるものは総て方形であった。B-V-5では3段であった。これらの基壇の上には何らかの建造物が立っていたものと推定されるが、遺構として残っているものが無い。一方、こうした基壇と関連して組織痕の残っている焼土塊が出土していることと、柱穴が基壇の上面から検出されていることから土壁を持つ建造物がたっていた可能性がある。焼けた建造物の壁はN-E 13°の基線に従ってつくられていた。焼けた建造物の仕上げは泥漆喰であった。B-V-5では3段の方形基壇からタルペタテ塊でつくられた方形部分が基壇の基部から張り出している。B-V-3では基壇の1つの側面にタルペタテ塊が列を成し階段状に並んでいる。この部分に階段をタルペタテ塊でつくっていた可能性が高い。

先古典期後期：マウンドA-IV-1；B-II-1；B-III-1；B-IV-6；B-V-4, 6, 8, 14, 15；D-III-13（図11.4）；E-III-3、パランガナ地区、モンゴイ地区（図10）において建造物を検出した。建造物はタルペタテ、粘土、砂などを主としている。この時期も、建造物の構造をみると夫々が交じり合った層や単独の層が重なって建造物をつくっている。モンゴイ地区とチャイ地区での発掘から、以下に建造物の構造を復元してみる。最初にタルペタテを主に使って碗状になる容器を作り、その中に粘土を中心とする土を入れ、基壇をつくる。こうした土の容器を積み重ねることにより高い基壇をつくっている。タルペタテや粘土などで基壇の仕上げをしていることも明らかになった。

基壇の上の建造物は殆ど残っていなかった。しかし、カミナルフユでは基壇に関連して焼土片が出土し、基壇の上面から柱穴も検出されている。こうした事を考慮すると、上に立てられた建造物は柱と土壁を持つ建造物である可能性が高い。大半の建造物の基線はN-E 13-18°とN-E 25-30°に分かれている。D-III-13のM建造物には階段の上部にブロック状遺構が確認され、白、赤の彩色もみられる。また、B-III-1では赤、緑、黒、E-III-3では黒、橙赤、赤、青緑の彩色が確認された。

古典期中期：マウンドB-III-2, 3, 4, 5；B-V-10, 11, 14, 15, 16；F-VI-1, 2とパランガナ地区でみられる。タルペタテ、粘土、砂の他にアドベ・ブロック、軽石、平石が使われる。建造物の構造はタルペタテ、粘土などで建造物の中心部分を作り、軽石若しくは軽石ブロックで外壁を整え、仕上げにモルタルを施している。アドベ・ブロックの大きさは35×40×15 cm、

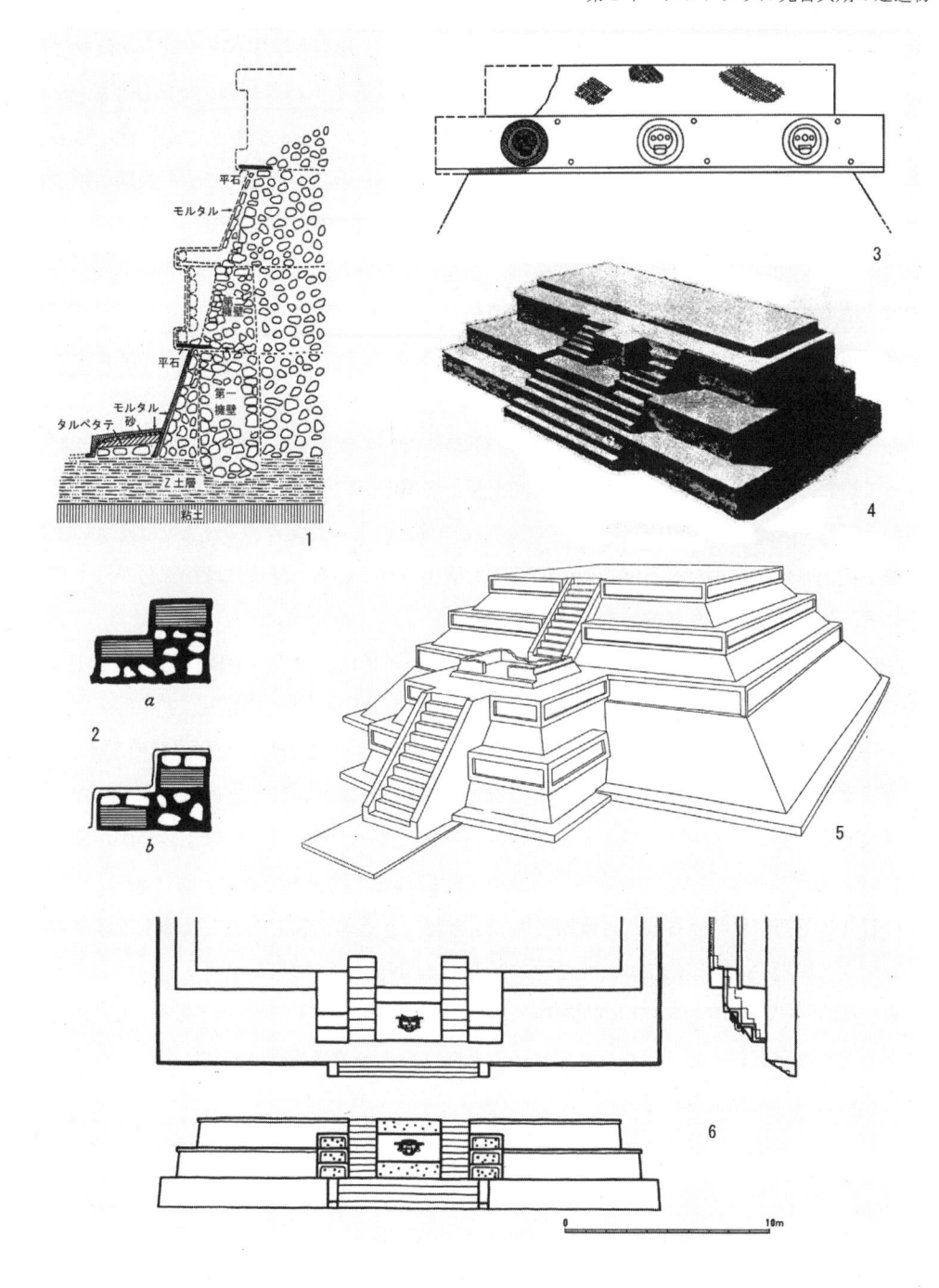

第1章　メソアメリカ先古典期の建造物

図11．カミナルフユの建造物

1. A-7建造物、2. B-4建造物階段部分断面図（白=軽石．横線=アドベ・ブロック）、3. A-5建造物（縦線=緑．格子=赤）、4. マウンドD-III-13. M建造物、5. B-4建造物、6. チャイ神殿建造物1復元図（Berlin, 1952, fig. 4、 Ohi, ed., 1995, fig. 4-5、 Kidder, et al., 1946, fig. 7, 10, 15, 113を改変）

85×25×15 cmである。大きなアドベ・ブロックは階段に、小さなアドベ・ブロックは壁に使われていた。軽石はブロック状に整形されていたものもある。パランガナ地区D-2建造物の階段には川原石の裏込めがしてあった。仕上げにはモルタルが使われ始めるが、泥漆喰も引き続き使用された。赤、緑、黄、ピンク、白の彩色がみられる。C-II-4では古典期中期における初めての建造物はモルタルで仕上げられているが、古典期中期3期のうち最終期の建造物では粘土や泥漆喰の事例もある。他では、粗雑なモルタルになる場合もある。マウンドAでは垂直壁の基壇から斜壁＋張出し部＋垂直壁（図11.3）に変わり、そしてタルー・タブレロ式（図11.1）に変化をしたが、マウンドB（図11.2, 5）では斜壁一段のものからタルー・タブレロ式に変化した。

　基壇上の建造物はマウンドB-V-15のSTR. C-2aにおいて軽石と泥漆喰でできた壁の一部が残っていた。マウンドC-II-4のSTR. Iでは土壁と部屋内部のベッド状の遺構が検出された。この土壁は35×22×15 cmのアドベ・ブロックでつくられていた。マウンドAでは基壇の上に土壁が検出された。また、基壇上面には柱穴も検出されている。階段には袖部分がつくられている。建築に使われた基線はN-E 24-30°である。

　古典期後期：パランガナ地区、コティオ地区、チャイ地区、マウンドB-IV-4, 9 ; C-II-4 ; A-V-11 ; A-VI-1において確認されている。タルペタテ、粘土、砂、川原石、アドベ・ブロックを使用している。確認された中では、パランガナ地区において川原石などの石列とアドベ・ブロックを組み合わせて建造物を作っている事例がある。また、仕上げはモルタルでなく、泥漆喰のみである。赤、青、緑、黄色の彩色がみられた。チャイ地区では土製装飾が施された斜壁と黒曜石の装飾がある枠の付いた垂直壁を持つ建造物がみられた（図11.6）。マウンドC-II-4の STR. Rは軽石列が古典期後期でも確認できる建造物である。基壇上の建造物は確認できていない。建築に使われた基線はN-E 27°とN-E 16°である。

　後古典期：A-VI-6では後古典期前期の建造物が1例報告されているのみである。土の建造物である可能性が高い。カミナルフユでは後古典期になると遺構遺物は非常に少なくなる。今後の資料の増加が期待される。

　カミナルフユ周辺地域：ソラノ、フルタル、サン・カルロス、サンタ・ロサ、チタク・ツァックにおいて建造物が見られる。時期的には先古典期中期から後古典期前期までである（Brown, 1977; Martinez, et al., 1998; Robinson, 1993, 1994）。

　先古典期中期にはサン・カルロスで粘土、砂、タルペタテでつくられた建造物が確認された。先古典期後期にはソラノにおいて建造物が確認されているが、粘土でつくられたとされている。古典期前期にはフルタルにおいて粘土などでつくられた建造物が報告されている。古典期中期には粘土、砂、タルペタテの他にアドベ・ブロック、軽石ブロック、石ブロック、平石などが使われるようになり、モルタルで仕上げられる。軽石のブロックは大小があり、

軽石小ブロックは12×12×12 cmと報告される。軽石ブロックは外壁に使われ、軽石の小ブロックは平石の上にのせられタブレロ部分をつくる際に使われた。凝灰岩ブロックは40×20×17 cmで、階段部分をつくる際に使われた。アドベ・ブロックの大きさは35×25×15 cmで外壁の基礎に使用された。基壇の中心部分は粘土、砂、タルペタテ、軽石を主としているが、外壁は軽石塊、軽石ブロック、アドベ・ブロックと粘土などで壁をつくり、最後にモルタルで仕上げをしている。平石はタルー・タブレロ式建造物のタブレロをタルーにのせる部分に使われていた。一方、タルー・タブレロ式だけでなく、斜壁と垂直壁のみからなる建造物もある。古典期後期になると粘土、タルペタテ、軽石、タルペタテ・ブロック、軽石ブロックなどで建造物がつくられている。仕上げは不明である。後古典期前期はフルタルでのみ確認されており、粘土と軽石塊でつくられていた。後古典期後期はチタク・ツァックで確認されており、中心部はタルペタテ塊と黄色土でできており、平石で壁をつくり、最後は泥漆喰で仕上げられていた。床面には白漆喰が残っているため、泥漆喰を施した後白漆喰で仕上げた可能性も考えられる。また、基壇上の建造物は確認されていない。

3．メソアメリカ南東部太平洋側高地：チアパス高地 - グァテマラ高地

この地域では先古典期中期から後古典期後期までの建造物が確認されている。以下、調査報告に基づいて時期毎に建造物の特徴をまとめる[4]（Arnauld, 1986; Agrinier, 1969, 1970, 1975a, b; Delgado, 1965; Dutton, et al., 1943; Hicks, et al., 1960; Ichon, 1992; Lothrop, 1933; Lowe, 1962; Lowe, et al., 1960; Mason, 1960; Peterson, 1963; Rivero T., 1987; Sanders, 1961; Sharer, et al., 1987; Smith, 1955; Smith, et al., 1951; Wauchope, 1948; Woodbury, et al., 1953）。

先古典期中期：ミラドール、チアパ・デ・コルソ（図12.1, 2, 13.1）、タカリク・アバフ、ラス・トゥナス、ロス・マンガレスの3遺跡で建造物が確認されている。また、チアパ・デ・コルソでは先古典期前期の建造物がある可能性もあるが、確認されていない。

チアパ・デ・コルソ、タカリク・アバフでは中心部に土を使っている。外壁には石を使っているが、仕上げの痕跡はみられない。一方、ミラドールとタカリク・アバフでは土の建造物が確認されている。グァテマラ高地のラス・トゥナス、ロス・マンガレスでは火山灰、粘土、土、石、砂利が使われている。ロス・マンガレスでは擁壁に石が使われているが、外壁には石が使用されていない。構造としては土、粘土、火山灰を使って建造物をつくっている。また、ロス・マンガレスでは大きな平石を利用して墓をつくっているが、基壇には使われていない。仕上げには泥漆喰や粘土が使われていた。建築に使用された基線はチアパ・デ・コルソではN-E 20°、ラス・トゥナスではN-E 10-30°である。

---

[4] また、チアパス高地の間に流れるグリハルバ川沿いの標高500m以下のサン・アントニオ、サン・イシドロ、サンタ・ロサはここに含める。

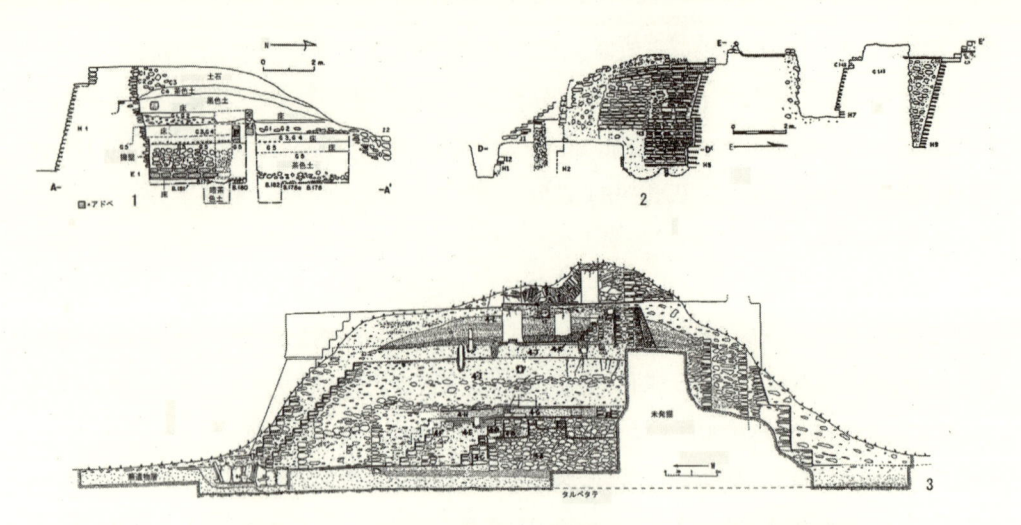

図１２．メソアメリカ南東部太平洋側高地における建造物断面図

1. チアパ・デ・コルソ1a号マウンド断面図、2. チアパ・デ・コルソ1号マウンド断面図、3. サクレウ4号建造物断面図（Agrinier, 1975, fig.6、Lowe, et al., 1960, fig.17、Woodburry, et al., 1953, fig.10 を改変）

先古典期後期：ミラドール、サン・イシドロ、チアパ・デ・コルソ、サンタ・ロサ、サカフ、エル・ポルトン、ラス・トゥナス、ロス・マンガレスで確認されている。

ミラドール、サン・イシドロ、チアパ・デ・コルソ、サンタ・ロサでは石、割石、石ブロック、アドベ・ブロックなどが使われ、仕上げには泥漆喰、モルタル、漆喰が使用されていた。この時期に石造建造物がつくられ始める。斜壁と垂直壁を組み合せた建造物がみられる。一つの建造物壁面には漆喰装飾が施されていた。仕上げは漆喰が多いが、石灰や泥漆喰の場合もある。モルタルも1例あった。泥漆喰の上に漆喰を施す場合もあった。石ブロックは石灰岩よりできていた。また、壁は赤彩されている事例もある。ラス・トゥナス、エル・ポルトン、ロス・マンガレス、サカフでは粘土、土、タルペタテ、火山灰などで建造物がつくられている。また、砂利も利用されている。仕上げは泥漆喰若しくは粘土である。垂直壁のみで斜壁は建造物に適用されていない。建造物はチアパ・デ・コルソ、サンタ・ロサ、エル・ポルトン、ラス・トゥナスではN-E 19-21°、サン・イシドロではN-E 35°とN-E 45°の基線に従っている。

古典期前期：サン・イシドロ、ミラドール、チアパ・デ・コルソ、サンタ・ロサ、サクレウ、ネバフにおいて確認できる。

平石、割石、石ブロック、タルペタテ、火山灰、砂利などでつくられている。基壇の中心部分は土、粘土などでつくられ、外壁は割石や平石を土で積み上げている。仕上げは殆どが漆喰であるが、サクレウの1つの建造物ではタルペタテと火山灰を混ぜたもので仕上げをしている。サクレウでは階段にブロック状の張出しをつけていた。チアパ・デ・コルソ、ネバ

第1章　メソアメリカ先古典期の建造物

フなどでは、階段の両端につけられる手摺状の袖部が観察できる。サクレウでは袖上部が垂直壁になっている。平面形円形の基壇が確認された。サン・イシドロではN-E 35°、チアパ・デ・コルソ、サンタ・ロサ、ネバフではN-E 19-21°の基線を持つことが確認された。

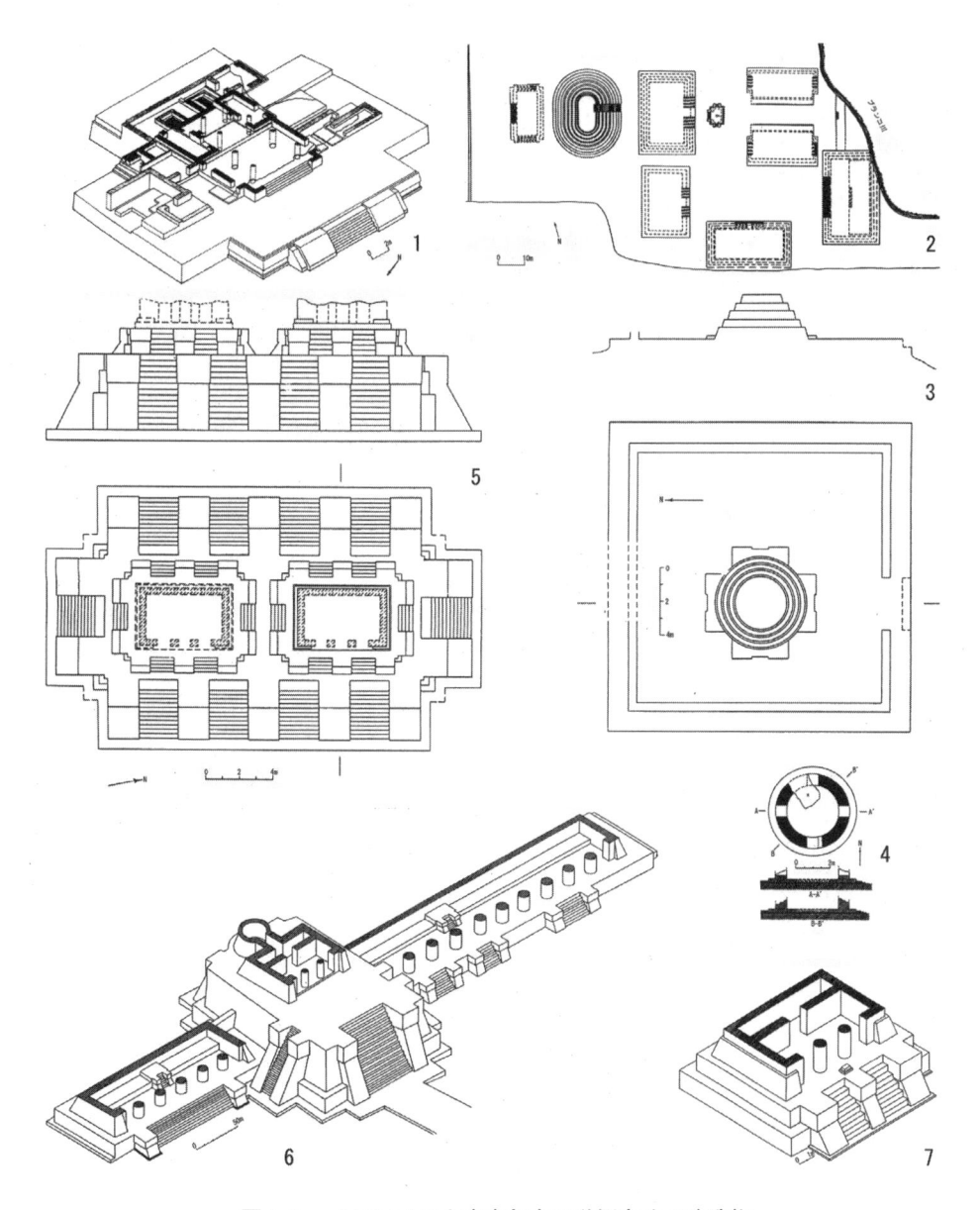

図13．メソアメリカ南東部太平洋側高地の建造物

1. チアパ・デ・コルソ 5-H1 建造物、2. ショルチュン平面図、3. カユップ D-1 建造物、4. ショルパコル 6号建造物、5. カユップ A-2 建造物、6. サクレウ 4 号建造物、7. サクレウ 17 号建造物（Lowe, 1962, fig. 2、Smith, 1955, fig. 71, 76a, 104, 108a、Woodburry, 1953, fig. 9, 26 を改変）

古典期後期：サン・イシドロ、ロス・シミエントス、サン・アントニオ、サクレウ、サクアルパ、ネバフ、ロス・セリートス、チホッフ、ロス・マンガレスにおいて建造物が確認された。

平石、石ブロック、川原石、割石、粘土、土などが使われていた。建造物の中心部分は土などでつくられる場合が多いが、平石を積み上げてつくられた基壇もあった。壁は平石、石ブロック、川原石を土で積み上げていた。泥漆喰や粘土の事例もあるが、仕上げは漆喰が多い。壁に赤彩の痕跡もみられた。階段中央にブロック状部分を持つ基壇がある。上部で垂直壁になる階段の袖の事例もある。平面円形の基壇もある。建築に関する基線は東偏や西偏がありその度合いも様々で、余り統一性はない。

後古典期前期：タフムルコ、サクレウ（図12.3；13.6, 7）、サクアルパ、ロス・セリートスで確認されている。

平石、石ブロック、粘土、タルペタテなどで建造物はつくられた。中心部分は土などでつくられるが、壁は石を泥などで積み上げていた。サクレウではアドベ・ブロックの建造物が一基確認された。また、アドベ・ブロックの大きさは40×30×15 cmで、壁をつくるために使われた。サクアルパで使われていた切石は20×24 cmの大きさで、外壁をつくっていた。仕上げは泥漆喰の割合が多くなり、漆喰仕上げの割合が減っている。また、泥漆喰の上に漆喰の薄層を施す事例、漆喰の上に泥漆喰を施す事例もあった。基壇とその上の建造物の外壁を漆喰で、内壁を泥漆喰で施す事例も確認された。他にも、壁に赤彩された痕跡も確認されている。薄い平石を壁面に貼る事例も1例あった。階段にブロック状部分、袖が確認される事例もある。建造物の基線はサクアルパではN-E 30°であったが、サクレウでは様々な基線が使われていたようである。

後古典期後期：サクレウ（図12.3）において建造物が確認されている。

平石、割石、川原石、土などで建造物はつくられている。建造物の中心部分は土を主体としている場合が多いが、石を使う場合もある。平石などの石を泥で積み上げて外壁をつくっている。漆喰の仕上げが多いが、泥漆喰の事例もある。これらの仕上げには2層になっている事例も確認されている。階段には中央のブロック状部分や袖部分を持つ事例があった。サクレウでは建造物に様々な基線が使われていたようである。

4．メソアメリカ南東端：エル・サルバドル

この地域では先古典期中期から後古典期までの建造物が確認されている。以下、調査報告に基づいて、建造物の特徴をまとめる（Andrews, 1976; Boggs, 1943, 1945, 1967; Bruhns, 1980; Demarest, 1986; Fowler, 1977; Kelley, 1988; Longyear, 1944; Navarrete, 1972; Sharer, ed., 1987; Sheets, 1983; Velásquez, 1997）。

先古典期中期：サンタ・レティシアとチャルチュアパで確認されている。土を中心部分に入れ、外側を石で整えている事例がみられる。他の事例では土が建造物に使用されていたとわかるのみである。しかし、壁の仕上げについての情報はない。

先古典期後期：サン・ニコラス、チャルチュアパ、アシエンダ・ロス・フローレス、ケレパで確認されている。

建築材は土、石、川原石、アドベ・ブロック、砂利である。粘土と砂を互層にする場合、土と川原石が混じる層が中心となる場合が確認されている。アドベ・ブロックは部分的に集中した部分があったと報告されているのみで、詳細は不明である。砂利は階段部分に使われていた。仕上げは泥漆喰が確認されている。泥漆喰には草が混じっている場合があり、混和材として草が使われた可能性がある。また、アシエンダ・ロス・フローレスでは円形基壇の一部が検出されている。基線はチャルチュアパではN-E 8°とN-E 13°が確認されている。

古典期前期：ケレパとホヤ・デ・セレンで確認されている。

ケレパでは土、粘土、石が使用されている。石は平たいブロックである。しかし、ホヤ・デ・セレンでは土のみである。ケレパでは土と川原石で基壇の中心部分をつくり、壁は平たい石ブロックでつくられていた。また、基壇には平たい石ブロックで階段若しくは斜道がつけられた。一方、ホヤ・デ・セレンでは、土の建造物ばかりである。径の小さな竹状のもので格子をつくり、それを基礎にして土壁をつくっている事例と、土を固めて壁をつくる事例が確認された。N-E 5°とN-W 4.5°の基線がある。

古典期中期：チャルチュアパで確認された。

土、石が中心となる建築材である。所々、基壇内部でブロック状に石を擁壁として使用している。また、仕上げの前に石を使って壁を整え、モルタルで仕上げている。N-E 13°とN-E 16°が基線である。

古典期後期：タスマル、サン・アンドレス、ヤニト、ケレパで確認されている。

建造物は平石、アドベ・ブロック、軽石ブロック、石ブロック、タルペタテ、火山灰、軽石などからつくられている。タスマルとサン・アンドレスではアドベ・ブロックで建造物がつくられ、前者はモルタルで後者は漆喰で仕上げがしてある。アドベ・ブロックの大きさは、前者では37×37×15若しくは24×27×15 cmで、後者では67-73×32×17 cmであった。ヤニトでは石、石ブロック若しくは軽石ブロックでつくられた外壁を持ち、その内側には土や火山灰が詰められている。サン・アンドレスでも石ブロックでつくられた階段状方形基壇があるケレパでは石混じりの土を石壁の中に入れている。壁は平たい石ブロックでつくられていた。前の時期のより大きな切石を再利用しているところもある。基線はチャルチュアパでN-E 10°、サン・アンドレスでN-E 20°、ケレパでN-E 2-5°、7-9°、12-13°である。

後古典期：チャルチュアパ、シワタン、クスカトランである。

これらの遺跡では平石、土、石が建築に使われていた。壁は平石若しくは石ブロックで構築され、その内部は土と石が入れられていた。ペナテ地区でN-E12°とN-E 14°が確認されている。

第3項　建築材からみたメソアメリカ南東部太平洋側の建造物の特徴

　最後に、メソアメリカ南東部太平洋側の建造物について建築材別にまとめる。土、火山灰、砂、アドベ・ブロック、石の順に考察していく。また、建造物の壁に施された仕上げ、建造物の形と建造物がつくられるときに使われた基線についても時期毎にみていく。
　土：太平洋岸では、先古典期前期から建造物に土が使用されている。カミナルフユでは、先古典期中期から石は全く使われずに土、粘土、砂で建造物がつくられていた。タルペタテという黄褐色で非常に固い火山灰起源の土が使われている。同様の土の建造物はカミナルフユの周辺、北のマヤ中部低地に至る斜面と太平洋岸に至る斜面に広がる。また、タルペタテではないが、土でつくられた建造物はグァテマラ高地からエル・サルバドルに広がっている。土は石が外壁に使われるようになっても壁の内側を詰めるために使われていた。
　火山灰若しくは砂：エル・サルバドルでは古典期後期に石の外壁をつくった後に火山灰を内側に詰めてつくっている建造物がある。また、砂や火山灰は先古典期前期より、建築材の一つとして使われていた。
　アドベ・ブロック：太平洋岸では、事例が無い。先古典期後期になるとチアパス高地でアドベ・ブロックが建造物に使用された。一方、カミナルフユでは古典期中期-後期に使用されていた。大小のものがあり、大きなアドベ・ブロックは階段を、小さなアドベ・ブロックは壁をつくるために使われていた。エル・サルバドルでも先古典期後期からアドベ・ブロックが使われ、古典期後期には主にアドベ・ブロックでつくられた建造物もある。
　石：石が壁などに使われる建造物は、メソアメリカ南東部太平洋側全域で先古典期中期より出現する。太平洋岸では川原石、高地では川原石や平石などが使われている。石ブロックは高地で先古典期後期に始まる。カミナルフユとその周辺では、古典期前期若しくは中期には軽石ブロックがタルー・タブレロ式建造物と共に出現する。カミナルフユでは古典期後期になると若干の建造物では軽石ブロックが使われているが、大部分の建造物では軽石ブロックを始めとする石は殆ど使われなくなる。古典期後期になると、先古典期後期に部分的に使用され始めた平石と石ブロックは太平洋岸や高地では多くの建造物で外壁にも使用される。また、エル・サルバドルでは平石の他に軽石ブロックや石ブロックでつくられた建造物がみられる。グァテマラ高地では、チホルンなどできれいに仕上げられた石ブロックがみられる。エル・サルバドルでは平たい石ブロックでつくられたランパがみられる。このタイプのラン

パはグァテマラ高地にもみられる。一方、石ブロックのなかには非常に大きな石ブロックを使う例が、トナラ（図8,9）、メヒカノス、セアカルなどにみられる。トナラやメヒカノスでは一辺が 1m を超す石ブロックが建造物につかわれ、セアカルでは良質の石ブロック（1.86×0.48×0.42 m）が広場の側壁に使われていた。時期については何れも不明であるが、表採土器は古典期後期が多い。後古典期には石ブロックと平石の建造物が高地の大半でみられる。この時期、太平洋岸には石で基礎がつくられた住居址があるのみである。先古典期後期、エル・サルバドルでは砂利が階段部分に使われている場合がある。

　仕上げ：先古典期前期より、土でつくられた建造物についてはエル・サルバドルの例を除くと総て泥漆喰が使われており、泥漆喰が数層になっている事例もある。このために、定期的若しくは必要に応じて塗り重ねられたと思われる。これは、補修、儀礼等などの理由が考えられるが、更に検討を重ねる必要がある。泥漆喰には草が混ぜられる事例もあった。石の建造物では先古典期後期より漆喰若しくはモルタルで仕上げられる事例が多いが、泥漆喰の事例もみられる。後古典期には漆喰と泥漆喰が内壁と外壁とで分けられて施される事例がある。また、泥漆喰と漆喰が組み合わされる事例も見られる。

　建造物の形：方形が多い。先古典期前期の建造物は楕円形の基壇が確認されている。唯一であり、これが特殊な事例かどうかを分析していく必要がある。先古典期中期には太平洋岸において階段状方形基壇もみられる。高地では、低い方形の建造物が多い。また、土の球戯場があったとされる。カミナルフユでは、階段状方形基壇もみられるが、低い基壇もみられる。エル・サルバドルでは低い方形基壇と階段状方形基壇があった可能性が高い。先古典期後期、太平洋岸では背の高い階段状方形基壇があった。カミナルフユでは階段状方形基壇があった。高地では、斜壁と垂直壁を組み合わせた方形基壇もみられる。こうした建造物には、漆喰装飾が垂直壁に施された事例がある。アシエンダ・ロス・フローレスでは先古典期後期に円形と思われる基壇が検出されている。円形基壇は他にも時期は古典期以降になるが、ロス・シミエントス、ショルパコヤなどにみられる（図13.3, 4）。ロス・シミエントスでは円形の石列のみであるが、ショルパコヤでは数段になる基壇があるとされる（図13.4）。また、ウシュマルの楕円形ピラミッド（魔法使いのピラミッド）と似る建造物がみられる（図13.2）。

　古典期前期‐中期、太平洋岸では方形基壇が作られる。数段になる場合と低い基壇の場合がある。階段に袖がつけられる基壇もある。赤彩された基壇もみられる。カミナルフユでは基壇は斜壁＋張出し部＋垂直壁の方形基壇から、タルー・タブレロ式の建造物に変化した。また、その周辺地域でもタルー・タブレロ式建造物が出現している。高地では、階段状方形基壇の階段中央にブロック状張出し部分や上部が垂直壁になる階段の袖部分がみられる。高地でもタルー・タブレロ式建造物が確認されている。エル・サルバドルでは、土の大型住居が検出されている。また、斜道若しくは階段がつけられる階段状方形基壇がある。古典期後

期、太平洋岸では方形基壇がつくられる。袖がつく階段を持つ基壇もある。カミナルフユでは方形基壇がみられる。階段には袖部と中央に泥漆喰装飾が付けられる事例もある。高地では、斜壁、垂直壁や張出部を組み合わせる建造物もみられる（図 13.1）。中央にブロック状部分や袖がつく階段を持つ基壇も多くみられる。上の建造物には祭壇がつけられた事例もある（図 13.7）。エル・サルバドルでは階段状方形基壇がみられる。

　後古典期、太平洋岸やカミナルフユとその周辺で建造物は検出されているが、その形は不明である。高地では、階段状方形基壇で階段中央にブロック状張出し部分、上部が垂直壁になる階段の袖部分がみられる。また、階段をいくつにも分ける上部が垂直壁になる袖部と同じ斜壁が階段に付けられる事例もある。上の建造物の内壁3辺にベンチ状部分がつく事例や基壇上の建造物にある部屋の奥などに祭壇がつくられる事例もある。エル・サルバドルでは、方形基壇がある。また、カユップでは双子の神殿が確認されている（図 13.5）。

　建造物の基線：先古典期前期では、太平洋岸で N-E 42°が唯一確認されている。先古典期中期‐後期には、太平洋岸、高地そしてエル・サルバドルで異なる基線を使っていたようである。しかし、一遺跡内では大体同じ基線を使っていた。このなかで、太平洋岸とグァテマラ高地では同じ基線を持つ事例があり、カミナルフユとエル・サルバドルでも同じ基線を持つ事例があった。古典期前期‐中期には、それぞれ様々な基線を各遺跡で使っていたようであるが、一遺跡内では大体同じ基線を使っていた。しかし、古典期後期若しくは後古典期になると様々な基線が使われるようになり、同じ遺跡内でも異なる基線が使われる事例が多くなる。

第4項　小結

　メソアメリカ南東部太平洋側では以上みてきたように様々な建造物がある。以下、この地域の建造物の歴史で特徴的なことを検討し、本節をまとめたい。

　最初に、建造物全体についてまとめる。先古典期より、太平洋岸やカミナルフユを中心とした高地では伝統的に土の建造物をつくり続けた。古典期中期には、カミナルフユを中心とした地域では石やモルタルを使ったテオティワカンのタルー・タブレロ式建造物に変化した。しかし、古典期中期に途絶えたかにみえた土の建造物が、古典期後期になるとカミナルフユでは再びつくられる。仕上げも粗雑なモルタルや泥漆喰になり、タルー・タブレロ式建造物の影響から抜け出し昔の伝統が復活したと考えられる。一方、カミナルフユでは、後古典期には一つの例外を除き建造物はつくられていない。高地では、古典期後期から後古典期に、断崖を利用してピラミッド神殿をつくり、都市をつくった。大半は、平石を利用して建造物がつくられる。その数は非常に多くなる。

第 1 章　メソアメリカ先古典期の建造物

　メソアメリカ南東部太平洋側の建造物史のなかで、建造物の大きな変化はテオティワカン勢力によるタルー・タブレロ式建造物に変化するときと、古典期後期 – 後古典期になる時期に平石が主たる建築材になるときである。このなかで、古典期後期 – 後古典期の平石が主に使われるようになるのは、グァテマラ高地の先古典期後期に徐々に平石を建造物に使う方向を受け継いだものであったろうか、それともメソアメリカの他地方からの影響であったのかは不明である。しかし、メキシコ西部地方などでは平石を使った建造物が存在することを考えると、メソアメリカ北部からの影響ということも考えられる。

　次に特徴的な建築材について検討する。メキシコ中央部のテオティワカンの影響は古典期前期 – 中期にカミナルフユを中心とした地域にみられる。カミナルフユとその周辺ではテオティワカンのタルー・タブレロ式建造物をつくるために、軽石ブロックとモルタルが使われるようになる。軽石ブロックはテオティワカンをはじめとするメソアメリカの他地方ではみられない建築材である。タルー・タブレロ式建造物のために、カミナルフユで考案された可能性がある。その後、古典期後期にはカミナルフユでは土の建造物が復活するが、一部で軽石ブロックも使われ続けた。

　石ブロックはメソアメリカ南東部太平洋側では先古典期後期に高地で使われるようになる。しかし、メソアメリカでは他にも石造建造物が盛んにつくられる地域があるため、今後メソアメリカの他地方とも比較し、その起源を探る必要がある。また、トナラ、メヒカノスなどにみられる巨石建造物は何処からきたのか。また、アドベ・ブロックは他の地域でも先古典期より使われており、他の地域との関係を分析する必要がある。

　火山灰が石の外壁の中に詰められている建造物がある。この場合、火山灰は建造物内部の湿度を一定に保持する役割を持つ可能性がある。

　建造物の基線については、先古典期チアパ・デ・コルソの N-E 19-21°がイサパやグァテマラ高地北斜面でも適用されている。この共通点は、それぞれの遺跡では固有の建造物を持っている為に、チアパ・デ・コルソ勢力の広がりからきているとは考えにくい。また、古典期後期から後古典期にかけて高地では一遺跡内で同じ基線を持つことが一般的ではなくなる。これは断崖の上にたてられた事情もあるかもしれない。

　最後に、建造物をつくる過程を考える。モタグァ川沿いにあるラス・ティナハスには完成した建造物以外に、石の集積がみられる。これらの石の集積は建造物の大きさぐらいになるものもある。また、ここは征服期まで続いた遺跡であることから、こうした石の集積は建造物をつくる途中で放棄されたといわれる。これらのうち、13 号建造物といわれる方形になる石の集積には中心に丸い川原石があり、その周りには平石が置かれてあった。また、ここの建造物は外壁が平石でつくられており、その内部は土と川原石でつくられている。他の完成した建造物と比較すると、これらの石の集積は建造物の建築途中の段階である。これから建

造物をつくる過程を考えると、内部の土と川原石を積み上げるのと同時若しくはある程度積み上げた段階で外壁となる平石も積み上げて、高い基壇は築かれたと考えられる。

第5節　メソアメリカにおける特殊な建築材（軽石）

　メソアメリカの大半では、建造物に石が使われていた。メソアメリカ南東部太平洋側の重要な都市遺跡であるカミナルフユで、古典期中期に軽石を重要な建築材として使い始めた。古典期後期には、再び、大半で土製建造物がつくられた。しかし、少数の建造物で、重要な建築材として軽石が使われた。本節では、メソアメリカ南東部太平洋側で軽石が使われた建造物について検討する。

第1項　軽石が使用された建造物

　メソアメリカ南東部太平洋側では少なくとも先古典期中期より軽石が建築材として使われ始めた。古典期中期には重要な建築材として軽石が使われた。この場合には、先古典期中期のように粒子状ではなくブロックが使われた。テオティワカン様式の建築に、平石と共に使われた。
　以下では、メソアメリカ南東部太平洋側で軽石が初めて使われたカミナルフユ、そして、当該地域を高地と太平洋岸に分けて、壁材と充填材に焦点を当てて検討する（図14、表3）。

1．カミナルフユ
　先古典期中後期に、粒子状の軽石を建築材として土製建造物に使った。
　テオティワカン様式の建造物の前には、張出し部を持つ建造物がつくられた。この張り出し部を持つ建造物とテオティワカン様式の建造物では平石で張出し部分を支えるという特徴を持つが、充填材が前者では土であり後者では軽石ブロックであった。
　古典期中期には、軽石ブロックでテオティワカン式のタルー・タブレロ式建造物がつくられた（図 15.3, 4）。一般に、軽石の壁を軽石と土で充填し、モルタルで仕上げをした。しかし、古典期中期末には、マウンド C-II-4 の E 建造物（4a期）の軽石ブロックの壁は、タルペタテ、土と少量の軽石で充填された。また、数基の建造物では、軽石ブロックや自然の軽石列が検出された（Ball, 1973; Berlin, 1952; Cheek, 1977; Kidder, et al., 1946; Webster, 1973）。
　古典期後期には、単なる軽石列が検出された。しかし、建造物の形は不明であった（Cheek,

1977)。また、ラ・グランハの球戯場では、壁はアドベや軽石のブロックで充填された。

２．グァテマラ高地

　カミナルフユ近くの2遺跡で、軽石を建築材としてつかったテオティワカン様式の建造物がある。ソラノでは、古典期中期につくられた。早期には不定形の軽石で、後期には軽石ブロックが使われた。このように、建築技法が洗練された。軽石の壁は、土と軽石で充填された（図15.5）。

　フルタルでは、古典期中期にテオティワカン様式のタルー・タブレロ式建造物で軽石ブロックが使われた。軽石の壁はタルペタテ、土、粘土などで充填された。古典期後期から後古典期には、もっと粗雑な軽石が壁材に使われた。壁は粘土、タルペタテ、軽石などが充填された。ここでは、粘土、軽石やタルペタテのブロックで球戯場がつくられた。これらの建造物は泥漆喰で仕上げがなされた（Brown, 1977）。

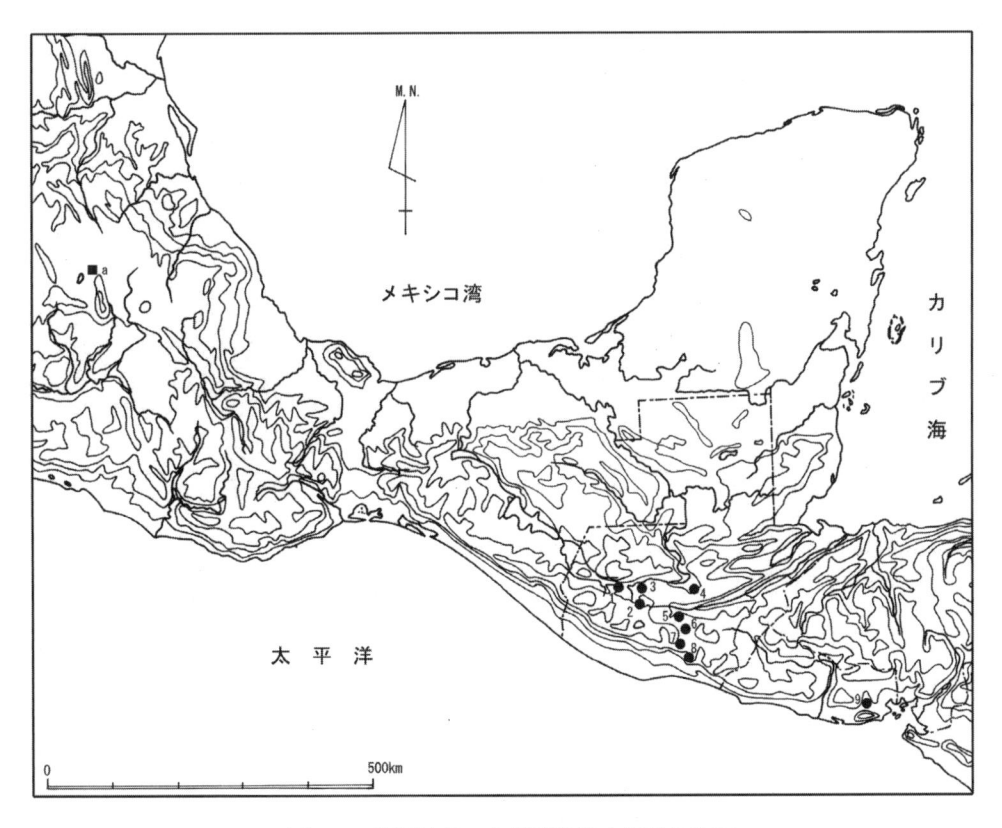

図１４．軽石を使った建造物出土遺跡分布図

1. ショルパコル、2. ロス・シミエントス－チュストゥン、3. チュストゥン2、4. ロス・エンクエントロス、5. ミシュコ・ビエホ、6. カミナルフユ、7. ソラノ、8. フルタル、9. ロス・ヤニトス；a. テオティワカン

ショルパコルでは、軽石が壁材と充填材として使われた。また、仕上げの痕跡はみられなかった。ミシュコ・ビエホでは、平石の壁は、軽石、土、火成岩や火山灰で充填された（Smith, 1955）。

　ロス・シミエントス-チュストゥンでは、後古典期、B-3-4 建造物の壁は凝灰岩や軽石ブロックでつくられ、砂と軽石で充填された（図15.2）。この建造物の近くには、機能は不明であるが、小板石（軽石）で漏斗形の遺構がつくられていた（Ichon, 1993）。

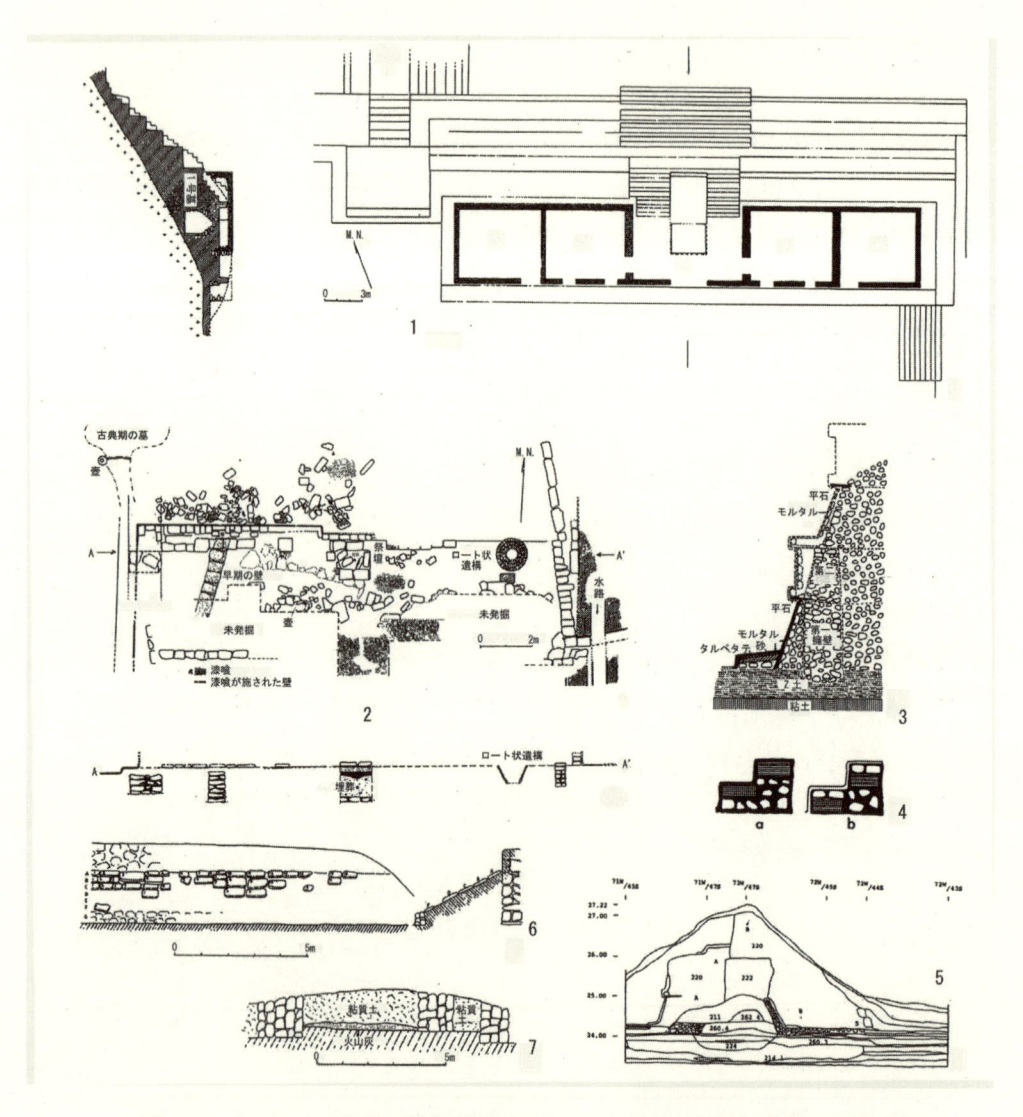

図１５．メソアメリカ南東部太平洋側で出土した建築材に軽石を使った建造物

1. ロス・エンクエントロス A-1 建造物（Ichon, et al., 1982）、2. ロス・シミエントス-チュストゥン B-3-4 建造物（Ichon, 1993）、3, 4. カミナルフユ A マウンド（Kidder, et al., 1946）、5. ソラノ（Brown, 1977）、6, 7. ロス・ヤニトス球戯場・7号建造物（Longyear, 1944）

チュストゥン2の1号建造物では、後古典期、凝灰岩の4列の上に軽石ブロックの擁壁がつくられた。この基壇の上には、アドベの壁がつくられ、漆喰で仕上げが施された（Ichon, 1993）。ロス・エンクエントロスでは、後古典期前期に、興味深い建造物がつくられた。A-1建造物の中央に石のブロックがつくられ、上の部分が軽石で充填された（図 15.2； Ichon, 1979; Ichon, et al., 1982）。

3．エル・サルバドル

古典期後期、ロス・ヤニトスでは軽石ブロックでつくられた建造物数基がある。球戯場の斜壁では大きく薄い軽石ブロックが上部に置かれていた（図 15.6）。充填材は火山灰と軽石であった。10号建造物では粗製の軽石ブロックで壁がつくられ、火山灰の上に粘質土が充填されていた（図 15.7）。7号建造物では不定形の軽石で壁がつくられ、土が充填された（Longyear, 1944）。

4．太平洋岸

主に軽石でつくられた建造物は無い。しかし、バルベルタでは粒子状の軽石が建材として使われていた（Bove, et al., 1993）。

第2項　軽石の壁と充填材

古典期中期、メソアメリカ南東部太平洋側では軽石ブロックで壁をつくり始め、建築において大きな変化が起こった。カミナルフユとその周辺では、テオティワカン様式のタルー・タブレロ建築が軽石ブロックを用いてつくられた。カミナルフユの周辺部では、最初は不定形の軽石が使われたが、後には軽石ブロックが利用された。最後には粗製の軽石が使われた。ソラノでは、最初に軽石を使う技術が入り、その後に在地の技術を使ってタルー・タブレロ式建築法が完成されたようである。後に、建造物の質は落ちてしまった。

この様式の建造物があるメソアメリカの他地域では、軽石ブロックは使われなかった。地域ごとに、在地の技術を使って、この建築様式が採用された可能性が考えられる。エル・サルバドルでは、古典期中期、建造物に軽石ブロックが使われなかった。しかし、古典期後期には軽石でつくられた建造物がみられる。

軽石の壁に対する充填材は3種類ある。
　　① 粘土、軽石、タルペタテ（カミナルフユとその周辺）
　　② 軽石、砂若しくは火山灰（高地とエル・サルバドル）
　　③ 粘質土（エル・サルバドル）

表3．軽石を使った建造物

遺跡・遺構	時期	方向	土	タルペタテ	砂質土	粘土	砂質粘土	アドベ	アドベ・ブロック
カミナルフユ									
D-Ⅲ-13マウンドN建造物	先古典期後期	N-E 16°	X						
パランガナD2建造物	古典期中期	N-E 27° 55″		O					
パランガナL.P. E1建造物	古典期中期	N-E 27° 55″					O		
パランガナL.P. E2建造物	古典期中期	N-E 27° 55″		O		O			O
パランガナL.P. E3建造物	古典期中期	N-E 27° 55″		O	O				
パランガナU1期	古典期中期	N-E 27° 55″		O		O			
B-V-10マウンド	古典期中期	-	O					O	
B-V-11マウンド	古典期中期	N-E 30°	O					X	O
B-V-14マウンドB-2建造物	古典期中期	N-E 30°	O						
B-V-15マウンドC-2建造物	古典期中期	N-E 30°	O	X		X			
C-Ⅱ-4マウンドE建造物	古典期中期	N-E 27° 55″			O	O			
C-Ⅱ-4マウンドJ建造物	古典期中期	N-E 27° 55″							
C-Ⅱ-4マウンドC建造物	古典期中期	N-E 27° 55″		X		O			
ラ・グランハ	古典期中期	-							X
AマウンドA-7建造物	古典期中期	N-E 25°	O						
BマウンドB-4建造物	古典期中期	N-E 24°	O	O	X		O		
BマウンドB-5建造物	古典期中期	N-E 24°	O	O		O			
パランガナC3建造物	古典期中期								
パランガナLP.E4建造物	古典期後期	N-E 27° 55″	O			O			X
C-Ⅱ-4マウンドR建造物	古典期後期	N-E 27° 55″	O						
ソラノ									
I(b)マウンド	古典期中期	-		O		O			O
I(a)マウンド	古典期中期	-				O			
Ⅱ(b)マウンド	古典期中期	N-E 21°			O				
Ⅱ(a)マウンド	古典期中期	N-E 21°		O					
Ⅲ(b)マウンド	古典期中期	N-E 21°			O				
Ⅲ(a)マウンド	古典期中期	N-E 21°				O			
Vマウンド	-	N-E 21°		O		O			O
XXVマウンド	-	N-E 21°			O				
フルタル									
I(d,e,f)マウンド	古典期中期	N-E 21°		O		O	O		
I-cマウンド	古典期中期	N-E 21°							
Ⅱ-bマウンド	古典期中期	N-E 21°				O			
Ⅶ-fマウンド	古典期中期	N-E 21°		O		O			
Ⅶ-eマウンド	古典期中期	N-E 21°				O			
Ⅶ-dマウンド	古典期中期	N-E 21°		X		O			
Ⅶ-cマウンド	古典期中期	N-E 21°		O		O			X
V-dマウンド	古典期中期	N-E 21°							
XXXI-dマウンド	古典期中期	N-E 21°							
XVマウンド	古典期中期	N-E 21°							
Ⅶ-bマウンド	古典期後期	N-E 21°	O	O		X			
V-cマウンド	古典期後期	N-E 21°							O
Ⅶ-aマウンド	後古典期前期	N-E 21°							
球戯場	-	N-E 21°							O
ショルパコル									
-	-	0°	O					O	
ロス・シミエントス（キチェ）									
B-3-4建造物	後古典期	N-E 0°							
ミシュコ・ビエホ									
B10建造物	-	-							
B6建造物	-	-	O						
C'1建造物	-	-	O						
C7,8建造物	-	-							
ロス・エンクエントロス									
A-1建造物	後古典期前期	N-E 22°							
ヤニトス									
球戯場	古典期後期	N-E 4°						O	
7号建造物（上部）	古典期後期	-						O	
7号建造物（下部）	古典期後期	-							
10号建造物	古典期後期	N-W 4°			O				

第1章 メソアメリカ先古典期の建造物

| 基壇素材 |||||||| 仕上げ |||| その他 ||||||| 建造物(上部) || 建築様式若しくは形 |
火山灰	砂	軽石	石	川原石	平石	石のブロック	粘土	漆喰	石灰	モルタル	斜壁	垂直壁	張出部(上部)	張出部(下部)	手摺(側部)	手摺(中央)	ブロック状部分	土壁	柱穴	
		X										O			O					方形
		X		O								O	O	O	O					タルー・タブレロ式
		X			O							O	O	O	O					タルー・タブレロ式、1段
							Px					O	O							方形
		X										O	O	O	O		O			タルー・タブレロ式、1段
		X		O										?						-
		O																		-
		O																		方形
		O			O		Px										O			方形
		O	O																	方形
		O			O		Px				O	O	O	O						タルー・タブレロ式、1段
							Px				O	O	O	O						タルー・タブレロ式
		O		O																方形、2段
							Px				O									球戯場
		X	O		O				O		O	O	O	O	O					タルー・タブレロ式、3段
O		X	O		O		Px	O	O		O	O	O							タルー・タブレロ式、3段
O		X	X		O		Px	O	O		O	O	O							タルー・タブレロ式、3段
		O	O																	-
		X		O															O	方形
		O	O																	方形
		O					Px													方形
							Px				O									方形
		X									O	O								タルー・タブレロ式
				O			Px				O			O						タルー・タブレロ式
				O			Px				O									タルー・タブレロ式
		O																		-
		X																		-
				O			Px				O									-
		O					Px													-
		O																		-
							Px													-
		X																		-
		O																		-
		X																		-
		O					Px													-
		X																		-
							Px													-
		X																		-
		O																		-
							P													-
		X																		-
							P													-
		O	X		X			O												-
	O	B	X					X	O			O								-
O		O																		方形
		O	O																	方形
		O	O										O	O						方形
O		O																		方形
		O	X				O									O				方形、6段
						Px		O												-
						Px		O												-
						Px														-
O						Px														-

75

軽石の壁に対する特別な充填材はみられない。①の充填材は古典期中期に使われ、軽石は壁材として、粘土の代わりに建造物の湿度を保つために使われた可能性がある。古典期後期、②、③の充填材が使われ始めた。②の充填材では、軽石は建造物内部の排水のために機能していた可能性がある。③は建造物の湿度を保つために使われた可能性がある。しかし、この仮説は科学的に実証する必要がある。

　一方、メソアメリカ南東部太平洋側では平石の壁を軽石のみか、軽石が混合された充填材がしばしば使われた。ミシュコ・ビエホでは、平石の壁と軽石の充填材で建造物がつくられた。ロス・エンクエントロスでは中央部分だけが軽石で充填された。A-1建造物などの建造物は他の充填材が使われた。

第3項　小結

　メソアメリカ南東部太平洋側では、先古典期中期に、建造物をつくるために粒子状軽石が使われ始めた。古典期中期、カミナルフユとその周辺では軽石ブロックでテオティワカンのタルー・タブレロ式建造物がつくられた。メソアメリカの他地方では使われておらず、カミナルフユで最初に軽石ブロックがタルー・タブレロ式建造物のために使われ始めた可能性が高い。

　しかし、古典期後期、多くの地域で軽石よりも硬い石を使うようになると、軽石は使わなくなる。例外はあるが、テオティワカン崩壊後の古典期後期、カミナルフユでは土製建造物が軽石の建造物に取って代わるが、エル・サルバドルでは軽石が建造物に使われ続けている。エル・サルバドルでは、タルー・タブレロ式建造物がつくられた古典期中期には軽石ブロックが使われなかったが、古典期後期には使われている。軽石ブロックがカミナルフユ特有の建築材と考えるならば、カミナルフユが没落した後にカミナルフユにいた人々がエル・サルバドルに移動した可能性もある。後古典期、軽石を使った建造物は姿を消す。しかし、ロス・エンクエントロスでは、中央部分が軽石で充填される。イチョンに拠れば、軽石の利用は儀礼的な意味があるという (Ichon, 1979)。墳墓を埋める建築材として土や石よりも重量を減少させる効果がある。古典期後期そして後古典期にはメソアメリカ南東部太平洋側では平石の建造物が多くなるが、アドベ・ブロックや土で造られた建造物がある。サクレウでは石造建造物が殆どであるが、土製建造物もある (Woodbury, et al., 1953)。古典期後期から後古典期には何かを記念するために、儀礼的に前時期の建築法で建造物をつくった可能性が考えられる。

第2章 メソアメリカ先古典期における生業

第1節 遺構からみた農耕

　メソアメリカにおける考古学調査は、都市しかもその中心に比重が置かれてきた。都市をささえた集落は、部分的にしか分かっていない。また、メソアメリカの人々を養った耕地については、年代も含めて不明な点が多い。一方、メソアメリカの南端にあるエル・サルバドルでは、イロパンゴ火山灰に埋もれたチャルチュアパなどの先古典期後期の畝状遺構、ラグーナ・カルデラ火山灰に埋もれたホヤ・デ・セレンで検出された古典期後期の畑などがあり、当時の耕地が保存されている。

　本節では、第一にチャルチュアパのカサ・ブランカ地区考古学調査で検出された畝状遺構を検討する。次に、メソアメリカの他地域で出土した農耕に関する遺構と比較する。そして、都市・集落・耕地で構成される古代メソアメリカ社会のなかで、その意味を検討する。最後に、チャルチュアパ カサ・ブランカ地区で検出された畝状遺構をメソアメリカ耕地研究という枠の中で考察し、農耕と関係のある遺構研究に対する問題点を検討する。

第1項　チャルチュアパ　カサ・ブランカ地区における調査

　チャルチュアパはメソアメリカの南東端に位置している。2000〜2002年にカサ・ブランカ地区で考古学調査を行った（図16）。以下、今までの調査内容と今回の調査結果をまとめる。

1．今までの調査概要

　チャルチュアパは、ボッグスが初めて考古学調査を実施した。1942年にタスマル地区で2つのピラミッド基壇（B1-1, B1-2）を発掘した。その後、1954年、1967-1970年、1977年、1978年などにアメリカ合衆国の調査隊が考古学調査をした（Boggs, 1944; Coe, 1955; Fowler, 1984; Sharer, ed., 1978）。その結果、150基前後の建造物があることが分かった。また、カサ・ブランカ、エル・トラピチェ、タスマル、ラス・ビクトリアスなどと地区名がつけられている。

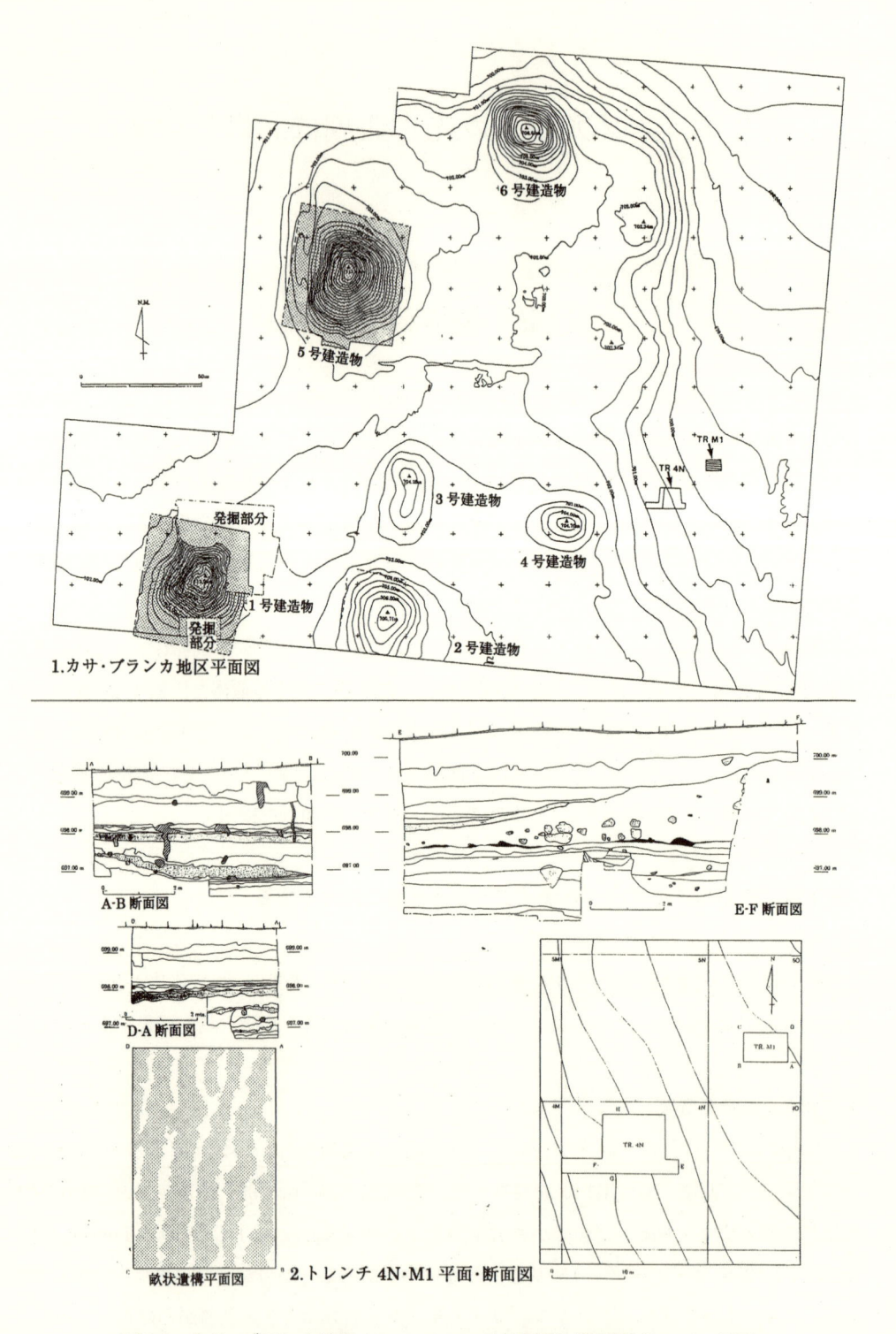

図16. カサ・ブランカ地区(チャルチュアパ)平面図・断面図(Ito, ed., 2004)

1996年には京都外国語大学を中心としてカサ・ブランカ地区で試掘調査を開始した。1997‐2000年は、1,2,5号建造物で考古学調査を行った（Ohi, 2000）。

2000年には、CONCULTURA（国立文化芸術審議会）文化遺産局が、カサ・ブランカ地区内の遺跡資料館建設予定地において事前調査を行った（図16:TR. M1）。この発掘によって、イロパンゴ火山灰に埋もれた畑部分と推定される畝状遺構を検出した（Shibata, et al., 2002）。

２．2000年‐2002年の調査

チャルチュアパカサ・ブランカ地区4Nトレンチで考古学調査を行った（図16:TR. 4N）。

調査結果は以下の通りである。建設時期は2段階あった。一番早い時期に関連して、土こう、石段などが出土した。最初の床面を埋めるときに、数ヶ所、供物を置いた。この時期は大きな建造物もなかった。次に、焼土が集中する層まで土が堆積する。この場合の堆積は人為的であった。そして、この焼土集中部分では、焼土片が広がっていた。そして、建造物を載せる大きな基壇を造成した。この時期に建造物群が載る上部とその周辺にある畑（下部）を基壇端の傾斜部分で区別した。また、この傾斜部分を造る時には、土留めとして部分的に石で擁壁をつくった。この大きな基壇の造成後に、その上にピラミッド基壇をつくり、神殿を建設した。以上の出来事は先古典期後期に起った。チャルチュアパに神殿群を中心とした都市が成立した。この都市建設後、先古典期後期末に、イロパンゴ火山が噴火し、チャルチュアパは放棄された。その後、古典期後期になると、前からあったピラミッド神殿基壇を覆って新たに神殿が造られた。チャルチュアパでは、都市の中心が先古典期から古典期後期までは北から南へ移動し、後古典期には分散した。

層位は上から表土層、褐色土層、イロパンゴ火山灰層の順で、その下に傾斜部分を形成する土層があった。この傾斜部分が平坦になる部分の土層断面で、畝が一部確認できた。畝は、幅が25‐90cmで深さが平均約5cmであった。この畝部分では栽培された植物の痕跡は検出できなかった。この傾斜部分の性質を考える。地形測量図から、このあたりは他と比較すると傾斜がきつくなっている。等高線の表す高低と同じ方向に傾斜部分が検出された。更に、チャルチュアパ全体の地形図をみると、カサ・ブランカ地区内にある6基の建造物が建っている範囲で北へ向かって方形に他より高い部分が張り出している。この東端部分が傾斜部分になり、建造物6基をのせる大きな基壇があった。この基壇は畝とともに一気につくったと考えられ、大きな基壇と畝は同じ土であった。また、前時期の土とは異なるために他から持ってこられた可能性が高い。

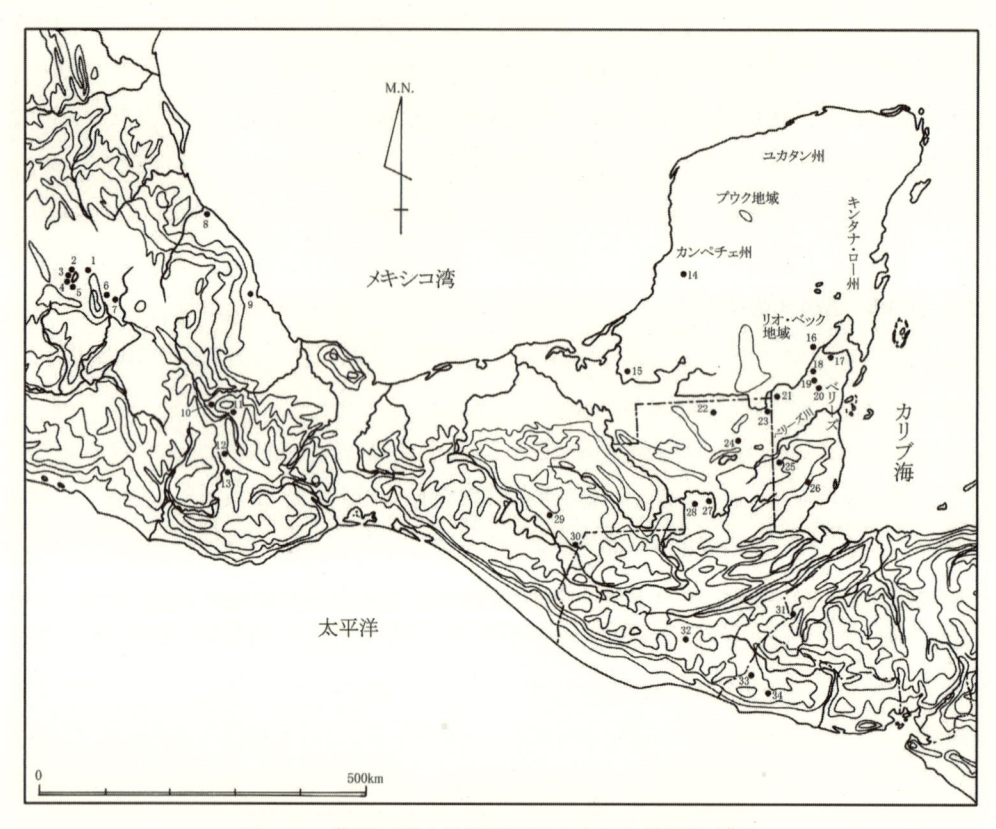

図17．農耕に関する遺構が検出された遺跡分布図

1. テオティワカン、2. サンタ・クララ・ハロストック、3. サカテンコ、4. クィクィルコ、5. ソチミルコ、6. テティンパ、7. アマルカン、8. サンタ・ルイサ、9. 中央ベラクルス、10. テワカン、11. カニャダ・デ・クイカトラン、12. モンテ・アルバン、13. ミトラ、14. エズナ、15. カンデラリア、16. バホ・モンロイ、17. セロス、18. アルビオン地域、19. プルトザー地域、20. ラマナイ、21. ラ・ミルパ、22. ミラドール、23. キナル、24. ティカル、25. カヨ地域、26. カラコル、27. セイバル、28. ペテシュバトゥン地域、29. アグアカテナンゴ、30. ラガルテロ、31. コパン、32. カミナルフユ、33. チャルチュアパ、34. ホヤ・デ・セレン

第2項　メソアメリカにおける耕地に関する研究

　メソアメリカの各地方における耕地に関する研究をまとめる。以下、メソアメリカ各地方での耕地に関する調査を各地方で中心となる遺跡との関係から概観する（図17）。
　メキシコ中央部の代表的な都市遺跡であるテオティワカンではピラミッド神殿や集合住宅などがみつかっている。その周辺地域には、灌漑施設の痕跡はあるがテオティワカンが機能していた時期に使用されていたかは確定できない。また、近くのテスココ湖などにみられるチナンパとテオティワカンとの関係は実証的に研究されていない。オアハカの中心となるモンテ・アルバンについては、神殿群や城壁は調査されているが、同時期の灌漑施設や耕地についてはあまり分かっていない（Marcus and Flannery, 1996）。メキシコ湾岸でもエル・タ

第2章 メソアメリカ先古典期における生業

ヒンなどの都市がみられるが、周辺地域の耕地などは不明な点が多い。マヤでは、エル・ミラドール、ナクベ、カミナルフユなどの都市がある。しかし、農耕に関連する遺構は時期を含めて、あまり分かっていない。一方、メキシコ西部では耕地については全く分かっていない（Bell, 1971; Chadwick, 1971; Kelly, 1971; Meighan, 1971）。

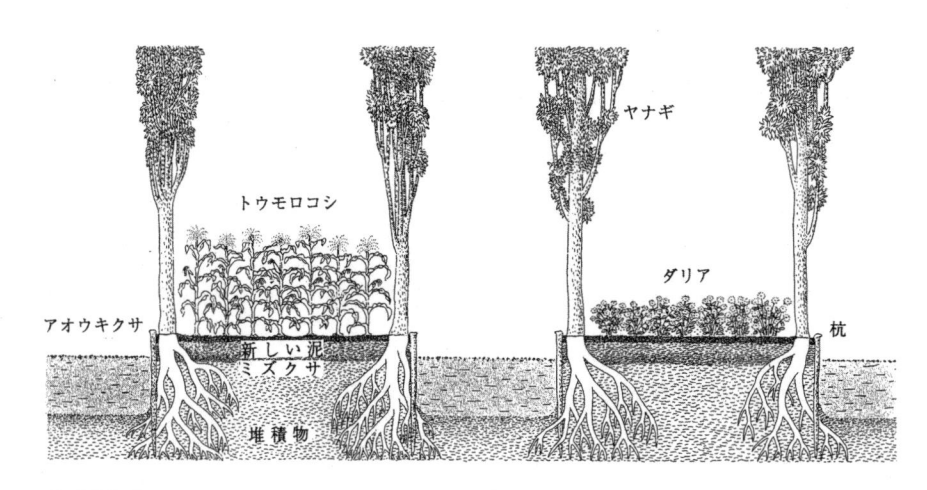

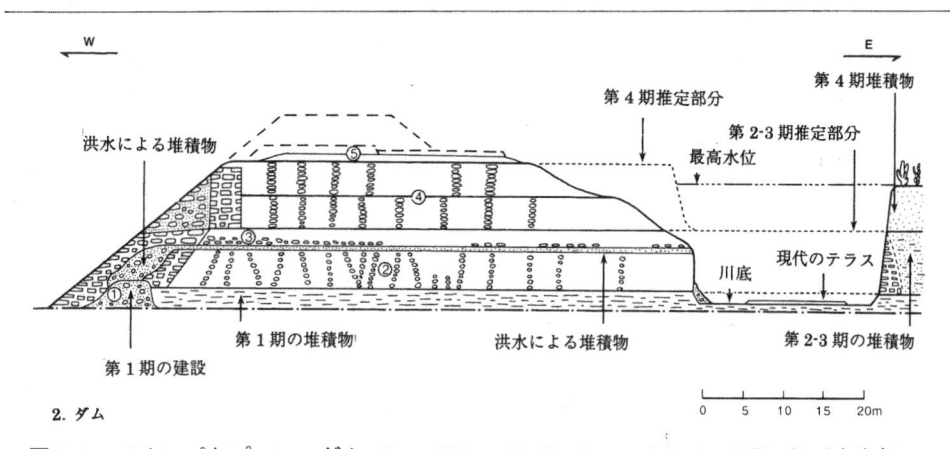

図18．チナンパとプロン・ダム（Coe, 1964, p.94; Woodbury and Neely, 1972, fig.8を改変）

次に、チャルチュアパが属するマヤでの農耕に関連する遺構研究についてみていく。マヤでは、マヤの崩壊と関連づけて、焼畑が営まれたとされてきた。しかし、1970年代になり集約的農耕に関連するとされる水路がみつかり、単純に焼畑のみでは経済基盤が説明できなくなってきていた[1]。1978年には"Pre-Hispanic Maya Agriculture"と題する本が出版され、それまでのマヤ農耕に対する成果がまとめられている（Harrison and Turner ed., 1978）。そこで

---
[1] 人口圧で焼畑からチナンパのような集約農耕が変化したとし、マヤ古典期の崩壊も説明するように試みている（Harrison, 1977）。

81

は、焼畑以外にさまざまな農法があることを示し、マヤの経済基盤が焼畑以外の集約的農法によるとしている。このなかには、農耕用排水路に非常に古い年代を与える研究（Hammond, 1978）、主にラモンの実を食べていたと考える研究[2]（Puleston, 1978）、農耕の発展段階を復元する研究（Turner and Harrison, 1978; Wiseman, 1978）がある。マヤ農耕に関する問題点として、焼畑以外の農法を明らかにし、先スペイン期の土地利用を明らかにする必要があるとしている（Turner and Harrison, 1978）。1982年には"Maya Subsistence"と題される本が出版された（Flannery, ed., 1982）。このなかでは、マヤの経済基盤である農耕を、最新の考古学調査から検討している。トウモロコシ以外の主食と考えられる果実や商品作物も研究対象とされ、土壌学、実験考古学から古代マヤの農耕について検討されている。その後は、さまざまな地域で発見された水路、階段状畑、ダムが報告されている。1996年、マヤの環境の多様性や異質さを認識し、農耕や環境に関する新しい研究をまとめた"Managed Mosaic"が出版された（Fedick, ed., 1996）。一方、最近では耕地を都市などと共に考慮に入れ、古代の環境や景観自体を研究する方向もみられる（Dunnings, et al., 1999; Scarborough, 1994）。また、さまざまな環境復元に関する研究もされている（Lentz, ed., 2000）。

第3項 メソアメリカで検出された耕地に関する遺構

ここでは、メソアメリカの耕地全般についてに考察する[3]。耕地については、多くの調査研究があるが、時期決定に関しては難しい（Donkin, 1979）。メキシコ中央部においては、様々な形態の耕地がある。メキシコ湾岸では水路がみつかっている。オアハカではダム、水路などが報告されている。マヤでは水路、畝状遺構、貯水池などがみられる。メキシコ西部の耕地については、全く分かっていない。

以下、階段状の構築物が残っている階段状畑、水路などが良く残っている浮島状の畑であるチナンパ、マヤにおける主要な経済基盤と考えられている焼畑を最初にみていく。次に、農耕に関連する遺構若しくは施設をみる。高低差のある並行する部分が確認される畝状遺構、溝状部分が確認される排水用若しくは灌漑用水路[4]、堤状若しくは壁状遺構が残るダム、たて穴状遺構が確認される井戸、大きなくぼんだ部分がある貯水池が確認されている（表9）。

---

[2] トウモロコシはエリートだけが食べることができ、地下にある大きなフラスコ状施設であるチュルトゥンをラモン貯蔵用の施設と考えている。一方、根茎類はトウモロコシより重要であるとしている研究もある（Bronson, 1966）。また、椰子の実利用は非常に重要であると考える研究者もいる（MeKillop, 1996）。このように、根茎類や果実をraised fieldの作物と考える研究者もいる（Puleston, 1977）。

[3] ユカタン半島では石囲いされたか、されていない石の間に最大2mの深さに及ぶrejolladaと呼ばれる場所がある。ここに果樹や果樹を植えて、その実を収穫する農法である。大規模に行われている農法ではないため、ここでは扱わない（Kepecs, et al., 1996）。

[4] 一般にraised fieldといわれているものである。実際に、農作物が植えられた部分については、報告されていないので、ここでは水路として扱う。

1．階段状畑

メキシコ中央部においては、サカテンコ、ティコマン、アコルワなどにおいて階段状畑があった可能性がある。遺構としては石などで階段状につくられたテラスが確認される（Aguilar, 1988; Donkin, 1979; Evans, 1989; Fowler, 1987; McClung, 2000; Palerm, 1961; Sanders, et al., 1979; Wolf & Palerm, 1955）。

メキシコ湾岸においても、古典期とされる階段状畑がみられるとされる（Wilkerson, 1980）。

マヤ中部、リオ・ベック、プウク地域などでは、古典期後期とされる薄い土壌層を浸食から守る階段状畑がみられる。堤状施設で泥を集めて使っていたとしている（Donkin, 1979; Dunning, 1996, 1999; Dunnning & Beach, 1994; Fedick, 1994, 1996a,b; Healy, et al., 1983; Healy, et al., 1980; Turner, 1974）。また、ナクベでは、先古典期中期にさかのぼる階段状畑の可能性が指摘されている（Martínez, et al., 1999）。また、メソアメリカ南東部太平洋側、チアパス高地には階段状畑があった可能性もある（Guzmán, 1962）。

2．チナンパ

メキシコ中央部、マヤ中部低地などには、水路（排水用）を持つ耕地、チナンパがある（図18）。チナンパは浅い湖や沼沢地で木杭で囲った部分に草類を敷き、泥を積み上げて造成した耕地である。その起源は先古典期後期若しくは中期にさかのぼる可能性がある。沼沢地若しくは湖岸や湖中にあり、遺構としては、水路が確認される（Armillas, 1971; Avila L., 1991; Coe, 1964; Denevan, 1970; Palerm, 1958; Siemens and Puleston, 1972; West and Armillas, 1950）。

3．焼畑

マヤについては、従来、焼畑による農耕が営まれていたと考えられてきた（Cowgill, 1962）。しかし、畝状遺構、水路などが発見されてきており、焼畑以外の農法が考えられている。休耕期の短い農法を取っていたことを想定するなど、より集約性の高い焼畑も検討されている（Rice, 1978）。しかし、遺構として確認されているものはなく、民族資料から想定されている。

4．畝状遺構

メキシコ中央部とメソアメリカ南東端エル・サルバドルにみられる。畝状の高まりが確認される遺構である。

メキシコ中央部の火山灰に埋もれたテティンパは、比較的広域にわたって、住居と耕地が検出された集落である。ここでは畝状遺構が広範囲に確認されている（Plunket and Uruñuela, 1998）。

表4. 農耕に関する遺構

遺跡名若しくは地域、場所	時期	階段状	石壁	堤状	ダム	チナンパ	焼畑	畝状	窪地	排水水路	灌漑水路	井戸	ため池
アコルワ	後古典期	○	×	×	×	×	×	×	×	×	×	×	×
トラヒンガ	古典期～後古典期	×	×	×	○	×	×	×	×	×	○	×	×
マラビヤ	テオティワカン期以後	×	×	×	×	×	×	×	×	×	○	×	×
オアハカ地区	先古典期後期	×	×	×	×	×	×	×	×	×	○	×	×
セロ・ゴルド	後古典期	○	×	×	×	×	×	×	×	×	×	×	×
サンタ・クララ・コアテイトラン	先古典期中期	×	×	×	×	×	×	×	×	×	○	×	×
サカテンコ、ティコマン	先古典期中・後期	○	×	×	×	×	×	×	×	×	×	×	×
クィクィルコ	先古典期後期	×	×	×	×	×	×	×	×	×	△	×	×
エル・ペドレガル	後古典期	○	×	×	○	×	×	×	×	×	○	×	×
ソチミルコ	先古典期～	×	×	×	×	○	×	×	×	×	×	×	×
テティンパ	先古典期後期	×	×	×	×	×	×	○	×	×	×	×	×
アマルカン	先古典期	○	×	×	○	×	×	×	×	×	○	×	○
サンタ・ルイサ	古典期前期	○	×	×	×	×	×	×	×	△	△	×	×
トレス・ボカス, サンタ・エレナ	—	×	×	×	×	×	×	×	×	△	△	×	×
中央ベラクルス	古典期	○	×	×	×	×	×	×	×	△	△	×	×
マタ・デ・チレ、エル・ヤグアル	先古典期後期～古典期前期	×	×	×	×	×	×	×	×	△	△	×	×
ブロン(テワカン)	先古典期中期	×	×	×	○	×	×	×	×	×	×	×	×
カニャダ・デ・クイカトラン	先古典期後期～古典期	×	×	×	×	×	×	×	×	×	○	×	×
ショショコトラン	先古典期後期	×	×	×	○	×	×	×	×	×	○	×	×
モンテ・アルバン	先古典期後期～古典期	×	○	×	○	×	×	×	×	×	○	×	×
ミトラ近郊	先古典期中期	×	×	×	×	×	×	×	×	×	×	○	×
イエルベ・エル・アグァ	先古典期後期～	×	×	×	×	×	×	×	×	×	○	×	×
北部ユカタン	—	×	×	×	×	×	×	×	○	×	×	×	×
プウク地域	—	○	○	×	×	×	×	×	×	×	×	×	×
リオ・ベック地域	古典期後期	○	×	×	○	×	×	×	×	×	×	×	×
カンペチェ、キンタナ・ロー	—	×	○	×	×	×	×	×	×	△	△	×	×
エズナ	—	×	×	×	×	×	×	×	×	×	×	×	×
カンデラリア	後古典期	×	×	×	×	×	×	×	×	△	×	×	×
バホ・モロコイ	古典期後期	×	×	×	×	×	×	×	×	△	×	×	×
北部ベリーズ	先古典期後期	×	×	×	×	×	×	×	×	△	×	×	×
セロス	先古典期後期	×	×	×	×	×	×	×	×	△	×	×	×
サン・アントニオ、サンタ・クルス、ラガルト	先古典期後期～古典期	×	×	×	×	×	×	×	×	△	×	×	×
アルビオン・アイランド地域	先古典期	×	×	×	×	×	×	×	×	△	×	×	×
ダグラス地域	先古典期	×	×	×	×	×	×	×	×	△	×	×	×
ノムル(南ダグラス地域)	古典期後期～後古典期	×	×	×	×	×	×	×	×	△	×	×	×
プルトーザー	先古典期	×	×	×	×	×	×	×	×	△	×	×	×
カショブ	—	×	×	×	×	×	×	×	×	△	×	×	×
ラマナイ	—	×	×	×	×	×	×	×	×	△	×	×	×
ラ・ミルパ	古典期後期	×	×	×	×	×	×	×	×	×	×	×	○
ミラドール	—	×	×	×	×	×	×	×	×	△	×	×	○
キナル	—	×	×	×	×	×	×	×	×	×	×	×	○
ティカル	—	×	×	×	×	×	×	×	×	×	×	×	○
ベリーズ川上流域	古典期後期	○	×	×	○	×	×	×	×	×	×	×	×
カヨ地区(ベリーズ)	—	○	×	×	○	×	×	×	×	×	×	×	×
カラコル	古典期	○	×	×	×	×	×	×	×	×	×	×	×
セイバル	—	×	×	×	×	×	×	×	×	△	×	×	×
ペテシュバトゥン	—	○	×	×	×	×	×	×	×	△	×	×	×
タマリンディ	古典期後期	○	×	×	○	×	×	×	×	×	×	×	○
コパン	古典期後期	×	×	×	○	×	×	×	×	×	×	×	×
アグアカテナンゴ	—	○	×	×	×	×	×	×	×	×	×	×	×
ラガルテロ、チアパス	古典期後期	×	×	×	○	×	×	×	×	×	×	×	×
カミナルフユ	先古典期後期	×	×	×	×	×	×	×	×	×	○	×	×
チャルチュアパ	先古典期後期	×	×	×	×	×	×	○	×	×	×	×	×
ホヤ・デ・セレン	古典期前期	×	×	×	×	×	×	○	×	×	×	×	×

メソアメリカ南東端では3遺跡の事例がある。ホヤ・デ・セレンはラグーナ・カルデラ火山の火山灰で埋もれたマヤ古典期後期の集落跡である。畑の遺構より、トウモロコシ、インゲンマメ、リュウゼツラン、グアヤバ、カカオやトウガラシがみつかっている[5]（Cobos and Sheets, 1997; Sheets, ed., 2002; Zier, 1992）。先古典期後期のイロパンゴ火山灰に覆われた耕地がセロン・グランデで報告されている（Earnest, Jr., 1976）。また、チャルチュアパ カサ・ブランカ地区でも検出されている。

5．水路

大小の溝状遺構がメキシコ中央部、オアハカ、メキシコ湾岸、マヤで確認されている。しかし、マヤ中部低地やメキシコ湾岸で確認される水路はチナンパの可能性がある。

メキシコ中央部では、灌漑水路が検出されており、出現は古典期前期とされるが、先古典期前期までさかのぼる可能性を示している（Adams, et al., 1981; Armillas, et al., 1956; Evans, 1989; Fowler, 1987; Millon, 1954, 1957; Nicholas, et al., 1991; Nichols, 1982, 1988; Palerm, 1961; Sanders, et al., 1979; Sanders and Santley, 1977）。サンタ・クララ・ハロストックでは近くにある遺跡から出土する遺物から、テオティワカンと並行する時期とされる。

オアハカでは、プロン地区やシュシュコトラン地区において灌漑用水路がダムからのびているとされる（O'brien, et al., 1982; Woodbury and Neely, 1972）。モンテ・アルバン地区、クイカトラン地区などにおいても水路がみつかっている[6]（Neely, 1967; O'Brien et al, 1980; Spencer and Redman, 1997）。

メキシコ湾岸では、沼沢地において水路を持つ耕地を、その痕跡から想定している。年代は水路の方向から古典期前期若しくは先古典期後期にさかのぼるとしている（Harrison, 1996; Schmidt, 1980; Siemens, 1980, 1983a, b, 1996, 1998; Siemens, 1985; Siemens, et al., 1988; Sluyter and Siemens, 1992; Wilkerson, 1980, 1983）。

マヤ中部低地にある沼沢地帯、カンデラリア地域などに水路が確認され先古典期前期若しくは後期にさかのぼる可能性が指摘されている[7]（Adams, 1980; Adams, et al., 1981; Antonine, et al., 1982; Harrison, 1982; Hammond, et al., 1985; Kirke, 1980; Lambert & Arnason, 1983; Matheny, 1976, 1978; Mathney and Gurr, 1973; Phol and Bloom, 1996; Pope et al, 1996; Pope and Dahlin, 1989; Scarborough, 1983a, b, 1994; Scarborough, et al., 1995; Siemens, 1982; Turner, 1983; Turner and Harrison, 1981, 1983）。また、セロスなどでは堰きとめられた水路からの水を使った農耕を想定している（Mathney, 1982; Freidel and Scarborough, 1982）。メソアメリカ南東

5　10-20cm高の畝がみられる。
6　イエルベ・エル・アグアでは塩づくりのための水路という可能性も示されている（Hewitt, et al., 1987）。
7　水路を使って、貯漁場を設けていたと考える研究者もいる（Thompson, 1974）。

部太平洋側、カミナルフユでは、規模の大きい水路がみつかっているが、耕地との関係は実証的に研究されていない（Barrientos, 2000）。

6．ダム

河川などに残る堤状遺構や壁状遺構が確認される。

オアハカについては、先古典期にさかのぼる大規模なダム（図18）があったとされる。また、メソアメリカの他地方でもダムが報告されている[8]（Donkin, 1979; Flannery, et al., 1967; Marcus and Flannery, 1996; O'Brien, et al., 1982; Palerm, 1961; Woodbury and Neely, 1972）。

マヤ中部低地では、コパンやベリーズにおいて容量20‐300m³のダムがあるが、農耕用というよりも多くは家庭用水ということが考えられる[9]（Healy, 1983; Maththney, 1982; Turner and Johnson, 1979）。また、階段状畑に付随して小規模なダムがあり、土壌の流出を防ぐためとされる（Beach, et al., 1997; Fedick, 1994; Healy, 1983; Turner, 1974）。

7．井戸

オアハカでは井戸からとった水で農耕をしていた可能性を示している。土器片より先古典期前期としている[10]（Flannery, et al., 1967）。

8．貯水池

メキシコ中央部では、水路に流す水を貯める池がアマルカンより報告されている（Fowler, 1987）。

マヤ中部低地、ラ・ミルパ、キナル、ティカルなどでみられる。雨水を一箇所に集め、貯蔵する池である（図19）。しかし、その貯めた水を供給する方法は分かっていない[11]（Scarborough, 1995, 1996; Scarborough and Gallopin, 1991）。タマリンディトでは、ダムにより水を貯め貯水池としている（Beach, et al., 1997）。

9．遺構からみた農耕

以上のことを考慮すると、農耕に関連付けられる遺構については、個々に関してはさまざまな報告がみられる。しかし、これら遺構での発掘調査が少なく、具体的な層位や関連する遺物・遺構に関する情報が殆どないため、年代など曖昧な点が多い。しかし、メキシコ中央

---

[8] 表採資料から、耕地は50ヘクタールとショショコトランで推定されている（Mason, et al., 1977）。しかし、発掘調査などにより実証的に研究はされていない。
[9] このダムの貯水部分で貝を採って、食糧の一部にしていたとしている。
[10] 灌漑用水、階段状畑などはこの後に起こったとしている。また、マヤ中部低地などに井戸状遺構が検出されている（Mathney, 1982）。しかし、農耕との関連が不明なため、本稿では扱わない。
[11] 壺などで水を運び、耕地に撒いていたと考える研究者もいる。

第2章 メソアメリカ先古典期における生業

部のテティンパやメソアメリカ南東部端のホヤ・デ・セレンでは、年代が分かる火山灰に埋もれた畝状遺構若しくは畑が検出されている。部分的に集落と耕地との関係が分かっている。

チャルチュアパ　カサ・ブランカ地区では、検出した畝の高さはエル・サルバドルで検出された他の畝状遺構の高さに比較して低い。種まき前の畝というよりもそれ以前かあるいは畑自体放置されていたか、若しくは休耕地であった可能性もある。また、部分的に都市と耕地の関係がみられるが、都市全体との関係は不明である。

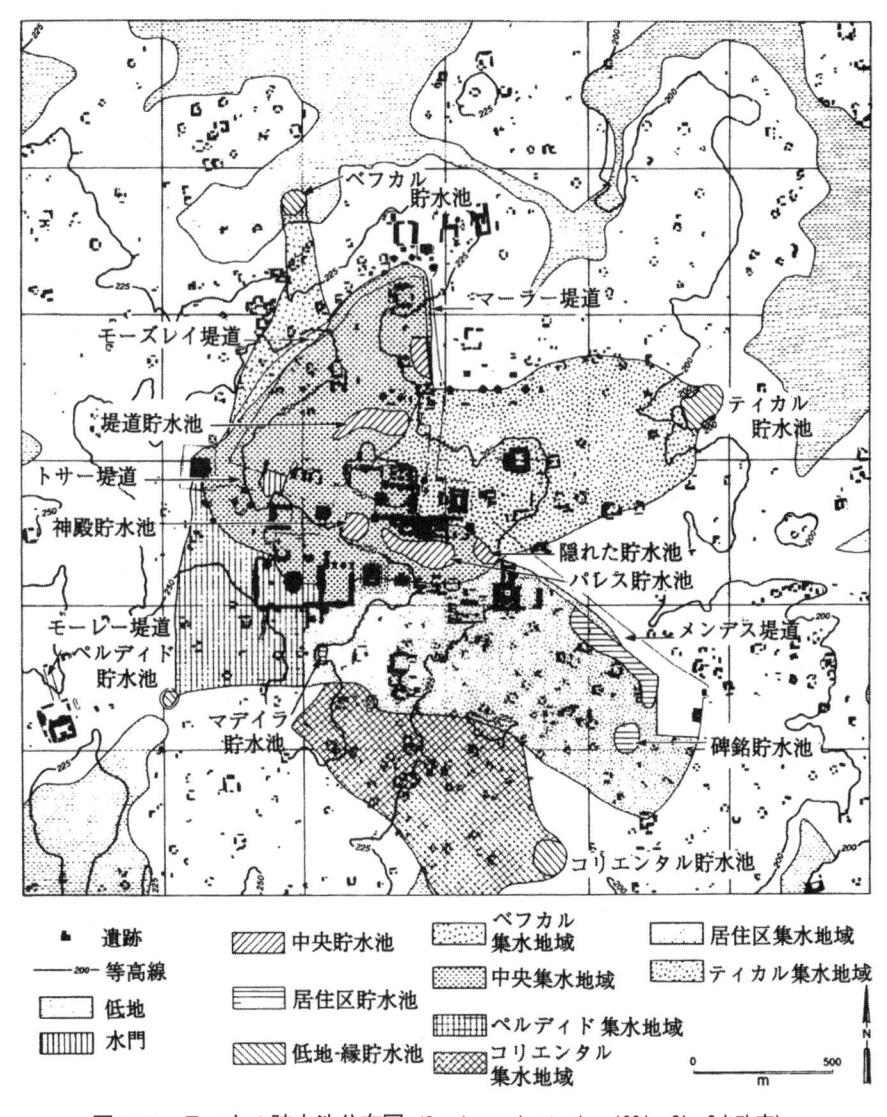

図19．ティカル貯水池分布図（Scarborough, et al., 1991, fig.2を改変）

第4項　チャルチュアパからみた都市と集落と耕地

　ここでは、カサ・ブランカ地区を含むチャルチュアパとその周辺の考古資料から、先古典期後期の都市と集落と耕地を検討する。

　最初にカサ・ブランカ地区で、都市に関する遺構をみる。先古典期後期、固い床面をつくる。その後、一段低い部分をつくる。ここでは、石段を使い、上り下りしていたと考えられる。1ないし2度、床面をかさ上げする。この時期には、それほど大きな土木工事をしていない。次に、大きな基壇を造成し、少なくとも6基の建造物をその上に建設する。地形測量図の傾斜部分などから、大きな基壇は240×220mぐらいの大きさであったと考えられる。また、前時期（先古典期中期）の中心は北に位置するエル・トラピチェ地区にあった。この地区のE3-1建造物で増改築が進んでいた頃、カサ・ブランカ地区には大きな基壇やその上に載る建造物群はまだ建設されていなかった。先古典期後期、エル・トラピチェ地区からカサ・ブランカ地区へと、南に、建造物の建設若しくは都市化が進んだ。チャルチュアパでは、他から持ってきた土で造成した。以上から、先古典期後期以降、大規模な造成へと向かい、チャルチュアパは南に拡大し、都市へと成長していった。

　次に、チャルチュアパにおける耕地について検討する。カサ・ブランカ地区では、大きな基壇下には、畝をもった遺構がM1と4Nトレンチより検出されている[12]。この畝の層位をみると建造物がのる大きな基壇の土層と同じである。造成に伴って、耕地の土地改良も行っていた可能性がある。この耕地が、周辺へと広がっていたのか、家庭用菜園[13]のような僅かな面積を占有するだけなのか、他に用途があるのかは不明である。また、栽培されていた作物についてはわかっていない[14]。一方、セロン・グランデの事例を考慮すると、都市の周辺には、耕地が広がっていた可能性は考えられる。

　大きな基壇の上下では使用目的が分かれ、神殿と耕地の空間があった可能性が考えられる。従って、チャルチュアパでは中心部には、大きな基壇にのるピラミッド神殿群があり、周りには耕地が広がる風景が想定できる。つまり、用途に従って空間を規定し、チャルチュアパは拡大していった。しかし、都市と耕地の間にあると考えられる集落については、発掘調査例もなく分かっていない。

---

[12] 通常の畝より小さく、休耕地、耕す前の耕地、放棄された耕地といった可能性がある。
[13] 儀礼用につくられる作物がつくられた可能性も考えられる。
[14] 花粉分析では、畝が形成される土層からトウモロコシの花粉が1粒検出されている（Ito, 2004）。しかし、その上と下の層からは、栽培植物の花粉が検出されていない。この1粒のみでは判断できないが、トウモロコシがこの畝状遺構で栽培されていた可能性はある。

第5項　小結

　カサ・ブランカ地区の畝状遺構は灌漑水路がめぐらされた耕地の一部である可能性があるが、現在までチャルチュアパでは灌漑用水路は検出されていない。あるいは天水に頼る農耕ということも考えられる。このため、具体的にチャルチュアパにおける農耕の姿は描くことが出来ない。また、神殿近くのM1トレンチ以外では畝状遺構が同じ層位で確認できない部分もあり、この畝状遺構は神殿に属する家庭用菜園であったことも考えられる。一方、畝が他の遺跡検出の畝よりも低いことを考慮すると休耕地である可能性もある。チャルチュアパでは、この時期の農耕を明らかにするためには、灌漑用水路、ダムなど具体的に農耕に関連する遺構の有無を確認することが重要である。

　メソアメリカでは、部分的に農耕に関わる遺構が明らかにされてきた。しかし、その年代は表面採集から得られた遺物から推定されることが多い。このために、実際の年代とは異なる可能性がある。また、発掘調査が行われた遺構も少ない。一方、水路で出土した遺物若しくは炭化物から年代を決定していることも多い。このために、先スペイン期の農耕については年代も含めて明確になっていない。

　メキシコ中央部テティンパでは、集落と畑が火山灰に覆われて出土したために、一時期の耕地と集落との関係が判明した。ここでは、中庭を持つ集合住宅と耕地が組み合わさっている景観が復元できる。しかし、テオティワカンでは、都市と周辺を取り巻く集落との関係は実証的に研究されていない。

　以上のことを考慮すると、同時期と認定できる火山灰に埋もれた畑や住居址群をもつ遺跡は古代メソアメリカ社会を研究する上で重要である。今後は、同時期と認定する方法を確立すると共に、集落や耕地との関係も発掘資料から明らかにし、古代メソアメリカの景観を解明する必要がある。また、耕地特有の遺物・遺構を比較研究し、都市・集落・耕地の関連を明確にし、具体的に相互の関係を解明する必要がある。一方、ここでは取り上げなかったが、家庭菜園が先スペイン期農耕若しくは古代メソアメリカ社会における役割も考慮する必要がある。そして、農耕研究の一部として耕地に関する遺構研究をし、都市や集落との関係から耕地をメソアメリカ社会の一要素として位置付ける必要がある。

　ところで、先古典期後期、テティンパでは地下のフラスコ状ピットから、地上の貯蔵用施設クエスコマテへという食糧貯蔵の形態変化が起こった。テオティワカンの都市文化の影響下に入っていくなかで、集落の景観も変わった可能性がある。チャルチュアパでも、先古典期後期、都市化に伴ってその景観は大きく変わっていった。各地方での発展の様相は、今後、資料が増えるとともに、再検討する必要がある。

第2節　遺跡出土の植物遺存体

　メソアメリカにおいて最初の記念碑的な建造物をつくったのはオルメカ文化である。しかし、有用植物は、オルメカ文化以前に栽培化された。また、オルメカ文化の遺物には、栽培化された植物に関連した図像がみられる。例えば、メキシコ中央部のチャルカツィンゴにおいては、近くの岩山に多くの浮彫りがみられる。そのなかに、カボチャの茎と葉を表現したものがある。また、雨雲から雨粒が落ちている下に植物があり、その下にジャガーの口で表現された洞穴から気を表す渦巻きが噴出している。これは、豊穣を祈る浮彫りとされている（Grove, ed., 1987）。一方、トウモロコシと解釈できる表現はさまざまなオルメカ文化の遺跡でみられる。しかし、このオルメカ文化が栄えた先古典期中期の農耕については具体的な姿は判明していない。また、耕地に関する調査は散発的にみられるが、時期が確定している事例は少ない。一方、先古典期とされる耕地も検証が必要である。

　メソアメリカでは、旧大陸にない固有の栽培植物が多数みられる。古期に属するメキシコの洞穴遺跡調査では、タマウリパス州の洞穴遺跡、プエブラ州テワカン地域の5洞穴、オアハカ州ギラ・ナキス洞穴から植物遺存体が出土している。これらの考古遺物を基礎資料として、野生植物から栽培化に至る過程が明らかにされてきた（Byers, ed., 1967; Flannery, ed., 1986; Kaplan & MacNeish, 1960; MacNeish, 1958; MacNeish, ed., 1972; Whitaker, et al., 1957）。これらの調査により、トウモロコシ、マメ、カボチャなどのメソアメリカにおける栽培植物発展史が研究されてきた（Cutler & Whitaker, 1961; Kaplan, 1965, 1967, 1981; MacNeish & Eubanks, 2000; Long, et al., 1989; Smith, 1997a, b）。

　一方、先古典期における有用植物に関する研究は、植物遺存体出土遺跡の寡少さにより、メソアメリカ全域で利用された植物に関する研究は進んでいない。また、メソアメリカの母文明とされるオルメカの主要遺跡であるサン・ロレンソ、ラ・ベンタでは植物遺存体は殆ど出土していない。メソアメリカにおける植物遺存体については、洞穴遺跡、乾燥地帯の遺跡などで出土量が多い。しかし、多くは、各遺跡の植物遺存体出土例が示されるのみである。マヤなどでは出土例は限られているが、湿地帯などでは植物遺存体が比較的残りやすい。また、花粉分析などにより、環境を復元する研究はされているが、栽培植物に関する分析は少ない。

　このような状況を考慮すると、植物遺存体の出土状況などを検討し、現在の調査研究状況を把握し、現時点での問題点を整理する必要がある。そして、今後の先古典期植物利用史研究の指針としたい。

第2章　メソアメリカ先古典期における生業

図２０．　植物遺存体が出土した遺跡と地域（古期 - 先古典期）

1.タマウリマス山地、2.タマウリパス南西部、3.ロマ・トレモテ、4.メキシコ中央部南側　（テレモト - トラルテンコ、ソアピルコ）、5.ネクスパ、6.テワカン地域、7.ラ・コヨトラ、8.ファブリカ・サン・ホセ、9.サント・ドミンゴ・トマルテペック、10.ギラ・ナッキス、11.ラ・ベンタ、12.セロス、13.クエヨ、14.ドン・マルティン、15.マサタン地域、16.サリーナス・ラ・ブランカ、17.シン・カベサス、18.カミナルフユ、19.サンタ・レティシア

第1項　植物遺存体が出土した遺跡

　ここでは、植物遺存体が出土している古期から先古典期に属する遺跡を扱う。メソアメリカにおいて植物遺存体が出土している遺跡と地域は、15遺跡と4地域ある（図20）。メキシコ中央部、メキシコ湾岸、オアハカ、マヤに出土例があるが、メキシコ西部にはない。以下に、各遺跡・地域と植物遺存体出土例を説明する[15]（表10）。

1．タマウリパス地域
　季節的に利用されたとされる洞穴遺跡から植物遺体が出土している。ディアブロ、ラ・ペラ、ノガレスなどの洞穴があるタマウリパス山地とロメロ、バレンゼラ、オホ・デ・アグア

---

[15] 植物は、基本的に、和名を使用する。表では学名と俗名を併記するが、和名がない場合には現地名をカタカナ表記する。

洞穴があるタマウリパス南西地区がある。古期から先古典期の植物遺存体が出土している。

(1) タマウリパス山地

ラ・ペラ期（紀元前3000 - 2200年）にはトウモロコシ、マメ、カボチャ、ラグーナ期（紀元前500 - 1年）にはトウモロコシ、マメ、カボチャ、マニオクが出土している（MacNeish, 1958）。

(2) タマウリパス南西地区

インフィエルニヨ期（紀元前7000 - 5000年）にはカボチャ、ヒョウタン、マメ、トウガラシ、オカンポ期（紀元前5000 - 3000）にはカボチャ、ヒョウタン、フラコ期（紀元前2200 - 1800年）にはカボチャ、ヒョウタン、トウモロコシ、ヒモゲイトウ、トウガラシ、ゲラ期（紀元前1800 - 1400年）にはカボチャ、ヒョウタン、マメ、ヒモゲイトウ、トウモロコシ、メサ・デ・グアヘ期（紀元前1400 - 500年）にはマメ、カボチャ、ヒョウタン、ヒモゲイトウ、トウガラシ、ヒマワリが出土している（Cutler & Whitaker, 1961; Kaplan & MacNeish, 1960; Smith, 1997b; Whitaker, et al., 1957）。

2．メキシコ中央部

(1) ロマ・トレモテ

ハルトカン湖近くにある。多数のフラスコ状ピットが検出されている集落遺跡である。先古典期（紀元前1500 - 100年）、フラスコ状ピットから植物遺存体が出土している。トウモロコシ、ヒモゲイトウ、ケアリタソウ、ホオズキ、ヒマワリ、トウガラシ、ウチワサボテンなどがみられるが、マメ、カボチャは殆ど出土していない。また、同じ遺構より、魚骨、鱗、エビ、動物骨も多く出土している（Reyna & González, 1978）。

(2) エル・アルボリヨ

テスココ湖岸に面して立地している。植物遺存体は、包含層より、トウモロコシ、マメ、ノパルが出土している。ボンバ期である（Smith & Tolstoy, 1981）。

(3) テレモト - トラルテンコ

メキシコ中央部に位置する。2つの大きな同時期の遺跡、クィクィルコとトラパコヤの間に立地している。先古典期後期（紀元前400 - 200年）に属する。遺跡はチャルコ - ソチミルコ湖岸に面し、小さなマウンドが数基あり、住居用とされる。出土遺物より、農耕よりも湖の資源に依存しているとされる。また、マウンド1近くには、船着場の遺構が検出されており、調査者は作物を運び出すところであった可能性を指摘している（McClung de T., et al., 1986; Serra P., 1980; Serra P. & Sugiura, 1979）。

マウンド8：炉や壁に関連して植物遺体が出土している。トウモロコシ、マメ、ヒモゲイトウなどが出土している。トウモロコシ以外は野生種である。

マウンド9：炉が多数検出されたが、住居址は出土しなかった。植物遺存体が詰まった壺が出土した。マメが多く、炉に近いところから出土した。他に、トウモロコシ、ヒモゲイトウ、カプリンなどが出土している。

マウンド1：トウモロコシ、マメ、ヒモゲイトウが他と比較すると非常に多く出土した。これらは籠や土器に入っていた。

（4）サンタ・カタリナ

メキシコ中央部に位置する。2つの大きな遺跡、クィクィルコとトラパコヤの間に立地している。植物遺存体は、殆どがピットより出土している（Smith & Tolstoy, 1981）。

マナンティアル期：ピットよりトウモロコシ、マメが出土している。

ボンバ期：ピットよりトウモロコシ、マメ、ノパルが出土している。

他に、ケアリタソウ、アザミゲシが出土しているが、出土位置は不明である。

（5）ソアピルコ

チャルコ湖岸のトラパコヤ近くに位置する。

プラヤ期（紀元前6000‐4500年）には炉跡から、ヒモゲイトウ、ケアリタソウ、ホオズキ、野生米、テオシンテが出土している。ソアピルコ期（紀元前3000‐2200年）にはヒモゲイトウ、ホオズキ、トウガラシ、チャヨーテ、カボチャが出土している[16]。いずれの時期にも、魚骨、動物骨が多く出土した（Niederberger, 1979）。

（6）コアペスコ

イスタシワトル山斜面に立地している。ピットよりトウモロコシ、マメが出土している（Smith & Tolstoy, 1981）。

（7）ネクスパ

クアウトラ川とアマクサック川が合流する河岸段丘の端に立地している。住居址と埋葬が出土している集落遺跡である。

先古典期前・中期（紀元前1200‐900年）の植物遺存体が2点出土している。モンビンノキの実は低い壁の下より、トウモロコシは包含層より出土した（Grove, 1974）。

3．オアハカ

A：テワカン地域

テワカン峡谷にある洞穴遺跡（エル・リエゴ、サン・マルコス、コスカトラン、プロン、アベハス）と集落遺跡（クアチルコ、ラ・コヨテラ）から植物遺存体が出土している（Cutler & Whitaker, 1967; Kaplan, 1967; Long, et al., 1989; Mangelsdorf, et al., 1967; Smith, 1967）。

---

[16] ソアピルコ期は他に事例がないために、問題があるかもしれない。

表5．出土植物遺存体

遺跡			タマウリパス山地		タマウリパス南西部					ロマ・トレモテ	エル・アルボリヨ	テトラモルテンコ	サンタ・カタリナ		ソアピルコ	コアペスコ	ネクスパ			
時期			ラ・ペラ	ラグナ	インフィエルニョ	オカンポ	フラコ	ゲラ	メサ・デ・グァヘ	パルミヤ	先古典期	ボンバ	先古典期後期	マナンティアル	ボンバ	プラヤ	ソアピルコ	コアペスコ	先古典期前・中期	アフレアード	エル・リエゴ	コスカトラン
学名	俗名																					
ソテツ科(Cycadaceae)	Dioon edule	ディオン・エドゥレ	O	O																		O
マツ科(Pinaceae)	Pinus sp.	ピノン																				
クルミ科(Juglandaceae)	Juglans cf. major	Black walnut																				
ブナ科(Fagaceae)	Prosopis sp.																					
	Prosopis juliflora	メスキテ																		O	O	O
	Quercus	コナラ属																				O
ニレ科(Ulmaceae)	Ulmaceae	ニレ科																				
	Celtis sp.	榎の実																				
クワ科(Moraceae)	Ficus sp.	イチジク																				
クスノキ科(Lauraceae)	Persa americana	アボガド											O						O	O	O
ムクロジ科(Sapindaceae)	Cardospermum sp.	ふうせんかずら																				
タデ科(Polygonaceae)	Polygonum	タデ科							O													
ザクロソウ科(Molluginaceae)	Mollugo sp.	くるまばざくろそう							O													
スベリヒユ科(Portulacaceae)	Portulaca sp.	スベリヒユ									O				O		O						
アカザ科(Chenopodiaceae)	Chenopodium	アカザ科									O			O		O						
	Chenopodium ambrosioides	ケアリタソウ																				
ヒユ科(Amaranthaceae)	Amaranthus sp.	ヒユ科				O		O	O	O						O				O	O	O
	Amaranthus paniculatus leucocapus	ヒモゲイトウ								O						O						
サボテン科(Cactaceae)	Cactaceae	サボテン科	O								O											
	Opuntia sp.	ウチワサボテン	O	O	O	O					O	O			O					O	O	O
	Echinocactus sp.	エキノカクトゥス																					
	Mammillaria sp.	マミラリア																					
オトギリソウ科(Guttiferae)	Mammea americana	マメイ																					
バラ科(Rosaceae)	Prunus capuli	カプリン											O										
マメ科(Leguminosae, Fabaceae)	Arachis hypogaea	ラッカセイ																					
	Canavalia sp.	タチナタマメ																					
	Crotalaria sp.	チピル																					
	Hymenaea courbaril L.	カピノル																					
	Inga sp.	パカイ																					
	Leucaena esculenta	グアヘ																			O	O	
	Phaseolus sp.	マメ科								O												
	Phaseolus acutifolius	タパリービーン																					
	Phaseolus coccineus	ベニバナインゲン				O	O	O	O	O						O						
	Phaseolus lunatus	アオイマメ								O					O								
	Phaseolus vulgaris	インゲンマメ	O			O	O	O	O	O	O	O	O				O					O
トウダイグサ科(Euphorbiaceae)	Manihot sp.	マニオク																					
	Manihot dulcis	マニオク			O				O														
ミカン科(Rutaceae)	Casimiroa edulis	白サポーテ																					O
	Casimiroa sapota	マタサノ																					
キントラノオ科(Malpighiaceae)	Malpighia sp.	Nanche																					
	Byrsonima sp.	ナンス																					
	Byrsonima bucidifolia	キントラノオ科																					
ウルシ科(Anacardiaceae)	Cyrtocarpa procera	チュパンディヨ																			O	O	O
	Spondias mombin	ホコーテ																				O	O
	Spondias purpurea	モンビンノキ																	O				
アオギリ科(Sterculiaceae)	Theobroma cacao	カカオ																					
トケイソウ科(Passifloraceae)	Passiflora sp.	パッション・フルーツ																					
ウリ科(Cucurbitaceae)	Cucurbita sp.	ウリ科					O								O	O						O
	Apodanthera buraeavii Cogn.	コヨーテメロン																					
	Cucurbita argyrosperma(C.mixta)	ミクスタカボチャ				O			O												△		
	Cucurbita fica	フィカカボチャ			O																		
	Cucurbita foetidissima	野生種				O	O	O	O	O											O		
	Cucurbita moschata	モシュカータカボチャ						O	O														
	Cucurbita pepo	ペポカボチャ	O	O	O	O	O	O	O			O											
	Lagenaria sicerabita	ヒョウタン				O	O	O	O	O													
	Sechium edule	チャヨーテ															O						
フトモモ科(Myrtaceae)	Psidium guayava	グアバ																					
アカテツ科(Sapotaceae)	Bumelia laetevirens	テンピストレ																					
	Sideroxylon cf. tempisque	コサウイコ																				O	O
	Calocarpum mammosum	マメイ																					
	Chrysophyllum sp.	カイニト																					
カキノキ科(Ebenaceae)	Diospyros digyna	黒サポーテ																					O
ムラサキ科(Boraginaceae)	Cordia Boissieri	アナカイウイタ	O	O																			
	Cordia dodecandra	シャムガキ																					
シソ科(Labiatae)	Salvia	チア									O												
ナス科(Solanaceae)	Solananceae	ナス科									O												
	Capsicum sp.	トウガラシ属				O	O	O	O	O		O										
	Capsicum annuum	トウガラシ									O					O					O	O	
	Physalis sp.	ホオズキ									O					O	O						
	Solanum sp.	イヌホウズキ									O												
ノウゼンカツラ科(Bignoniaceae)	Crescentia alata	ヒョウタンノキ																					
	Crescentia cujete L.	ヒョウタンノキ																					
キク科(Compositae)	Helianthus annuus	ヒマワリ							O	O	O												
リュウゼツラン科(Agavaceae)	Agave	リュウゼツラン科	O	O							O											O	O
	Yucca periculosa	ユッカ																					
イネ科(Gramineae)	Zizaniopsis	野性米									O												
	Setaria cf. macrostachya	エノコログサ属									O											O	O
	Zea mays	トウモロコシ	O		O		O	O	O	O		O											
ヤシ科(Palmae)	Arcocomia mexicana	アメリカアブラヤシ																					O

テワカン						クアチルコ	ラ・コヨテラ		ファブリカ・サン・ホセ			サント・ドミンゴ・トマルテペック					ギラ・ナキス	エル・マナティ	ラ・ベンタ	ジビルチャルトゥン	セロス		クェヨ				バートン・ラミ	マサタン	サリナス・ラ・ブランカ	シンカペサス	ドン・マルティン	カミナルフユ		サンタ・レティシア	カイナック
アベハス	ブロン	アハルパン	サンタ・マリア	パロ・ブランコ	ベンタ・サラーダ	サンタ・マリア	ペルディド	ロマス	ティエラス・ラルガス	グアダループ	ロサリオ	ティエラス・ラルガス	サン・ホセ前期	ロサリオ	モンテ・アルバンIa	モンテ・アルバンIc	モンテ・アルバンII	アフレアード	マナティA	パリ	オルメカ期	先古典期後期	先古典期後期	スワジー	ブラデン	ロペス・マモン	ココス・チカネル	先古典期中期	先古典期前期	クアドロ	クルセロ	先古典期後期	ラス・チャルカス・プロビデンシアス	先古典期後期	チュル	カイナック
o		o	o															o																		
o		o	o	o														o														o				
																								o	o		o				o					
o		o	o	o	o	o	o	o	o	o	o	o	o	o	o	o	△						o	o		o		o			o		o	o		
												o																			o					
				o							o	o	o	o																	o					
o		o	o	o							o	o																			o					
o		o	o	o	o		o				o							o																		
					△																															
o		o	o																	o					o		o					o				
										o																										
o		o	o	o		o				o								o					o	o	o	o		o								
o		o		o									o	o																						
			o		o																															
o		o	o	o							o		o	o	o							o														
o		o	o	o								o	o																							
																										o	o	o	o	o						
																										o	o	o	o	o						
o	o		o	o																																
o			o	o	o			o											o				o		o									o		
																									o			o								
o			o	o																			o		o					△						
o			o	o											o																					
				o	o																															
				o	o																															
o			o	o	o													o							o						△					
				o																												o				
			o	o																							o	o							o	
o			o	o	o	o	o																		o											
																													o							
																																	o			
o			o	o	o													o					o		o							o				
				o	o																					o										
																														o					o	
				o	o																									o					o	
o	o		o	o				o		o		o		o			o																			
	o	o																																		
o			o	o	o																			o	o				o	o	o				o
o			o	o	o	o	o	o															o													

（1）エル・リエゴ、サン・マルコス、コスカトラン、プロン、アベハス洞穴

　植物遺存体は洞穴の包含層より出土している。以下、各時期の出土植物遺存体を示す。

　アフレアード期（紀元前10000 - 6800年）：アボカド、メスキテ、チュパンディヤが出土している。

　エル・リエゴ期（紀元前6800 - 5000年）：アボカド、トウガラシ、ホコーテ、グアヘ、メスキテ、ポチョテ、リュウゼツラン他が出土している。

　コスカトラン期（紀元前5000 - 3500年）：カボチャ、トウモロコシ、マメ、アメリカアブラヤシ、アボカド、ホコーテ、ヒモゲイトウ他が出土している。

　アベハス期（紀元前3500 - 2300年）：カボチャ、トウモロコシ、マメ、アメリカアブラヤシ、アボカド、ホコーテ、ヒモゲイトウ他が出土している。

　プロン期（紀元前2300 - 1500年）：トウモロコシ、アメリカアブラヤシ他が出土している。

　アハルパン期（紀元前1500 - 850年）：トウモロコシ、カボチャ、アメリカアブラヤシ他が出土している。

　サンタ・マリア期（紀元前850 - 150年）：トウモロコシ、カボチャ、マメ、トウガラシ、ホオズキが出土している。

（2）クアチルコ

　先古典期中期から先古典期後期（紀元前500 - 紀元後250年）の集落遺跡である。中庭を囲むように並ぶ建造物群がみられる。その周辺の発掘から得た土壌資料から植物遺体が検出されている。アメリカアブラヤシ、黒サポーテ、トウモロコシ、アボカド、トウガラシ、ケアリタソウが出土している（Drennan, 1976; Drennan, ed., 1979; Smith, 1979）。

（3）ラ・コヨテラ

　丘の上にある主要建造物群と麓にある集落部分からなる遺跡である。植物遺存体は、ゴミ捨て場とされる遺構から出土している（Smith, 1979; Spencer & Redmond, 1997）。

　ペルディド期（紀元前600 - 200年）：1号住居炉跡よりトウモロコシが出土している（Spencer, 1982）。トウモロコシ、アボカド、アメリカアブラヤシ、黒サポーテがゴミ捨て場とされる遺構より出土している。

　ロマス期（紀元前200 - 紀元後200年）：41号住居の近くにあるゴミ捨て場とされる遺構内より、アメリカアブラヤシ、黒サポーテ、ホコーテ、グアヘ、サボテンが出土している。

B：オアハカ盆地

（1）ファブリカ・サン・ホセ

　この時期の大遺跡サン・ホセ・モゴーテ近くの集落遺跡である。住居祉、埋葬、フラスコ状ピット、ピットから植物遺存体が出土している（Drennan, ed., 1976; Ford, 1976）。

ティエラス・ラルガス期（紀元前1400 - 1150年）：炉跡よりトウモロコシ、アボカドが出土している。

　グアダルーペ前期（紀元前850 - 700年）：炉跡よりトウモロコシ、包含層よりアボカドが出土している。

　グアダルーペ後期（紀元前700 - 550年）：炉跡よりトウモロコシ、ゴミ捨て場よりトウモロコシ、アボカド、チピル、包含層よりアボカド、白サポーテが出土している[17]。フラスコ状ピット内の壺形土器より、トウモロコシが出土している。

　ロサリオ期（紀元前550 - 450年）：炉跡、フラスコ状ピットからトウモロコシ、ピットよりトウモロコシとマメ、包含層よりトウモロコシ、アボカド、白サポーテが出土している。また、フラスコ状ピット内の壺形土器内よりトウモロコシが出土している。

（2）サント・ドミンゴ・トマルテペック

　オアハカ盆地の東トラコルラ地区、山麓にあり、サラード川北の河岸段丘に立地している。集落遺跡である。マウンド4基が確認されている。フラスコ状ピット、炉跡、ピット、箱状遺構[18]、住居の床面、埋葬から植物遺体が出土している（Smith, 1981; Whalen, ed., 1981）。

　ティエラス・ラルガス期（紀元前1400 - 1150年）：フラスコ状ピットからトウモロコシ、アボカド、マメ、ケアリタソウ、リュウゼツラン、スベリヒユ、ヒモゲイトウ、ピットからトウモロコシ、アボカド、マメ、ケアリタソウ、サボテン、リュウゼツランが出土している。

　サン・ホセ期前期（紀元前1150 - 1000年）：住居址よりトウモロコシ、ケアリタソウ、ヒモゲイトウ、リュウゼツラン、フラスコ状ピットよりトウモロコシ、アボカド、マメ、ケアリタソウ、ヒモゲイトウ、リュウゼツラン、箱状遺構よりトウモロコシ、アボカド、ケアリタソウ、アザミゲシ、リュウゼツランが出土している。

　ロサリオ期（紀元前700 - 500年）：炉跡よりトウモロコシ、ケアリタソウ、リュウゼツラン、フラスコ状ピットよりトウモロコシ、アボカド、マメ、スベリヒユ、リュウゼツラン、ピットよりトウモロコシが出土している。

　モンテ・アルバンIa期（紀元前500 - 300年）：フラスコ状ピットよりトウモロコシ、マメ、ピットよりトウモロコシ、リュウゼツラン、埋葬よりアボカドが出土している。

　モンテ・アルバンIc期（紀元前300 - 100年）：フラスコ状ピットよりトウモロコシ、ケアリタソウ、炉跡よりトウモロコシ、リュウゼツランが出土している。

　モンテ・アルバンII期（紀元前100 - 紀元後100年）：フラスコ状ピットよりトウモロコシが出土している。

（3）ギラ・ナッキス

---

[17] ピットは焼土などが含まれ、炉としても使われていたとされる。
[18] 住居祉内にあり、なにかを貯蔵する施設である可能性がある。

ミトラ川より山側に入った崖部分にある洞穴遺跡である。洞穴から植物遺体が出土している。ピニョン、カボチャ、マメ、アボカド、リュウゼツラン、ドングリ、榎の実、グアヘが出土している。アフレアード期（紀元前8750 - 6670年）に相当するとされる（Flannery, 1986; Flannery, ed., 1986; Kaplan, 1986; Smith, 1986; Smith, 1997a, b; Whitaker & Cutler, 1986）。

4．メキシコ湾岸
（1）ラ・ベンタ

トナラ川がメキシコ湾に注ぐ地域にあり、沖積堤防上にある。先古典期中期、オルメカ文化に属する大遺跡である。土製基壇が立ち並ぶ中心地域から外れた地点で、土壌資料が採集された。植物遺存体はこの土壌資料より得られたものである。

バリ期（紀元前2250 - 1750年）の包含層より、炭化したトウモロコシが出土している[19]（Rust & Leyden, 1994）。また、オルメカ期（紀元前1000年頃）には、トウモロコシ、マメ、ヤシノミが出土している（Raab, et al., 2000）。

5．マヤ
（1）セロス

カリブ海に面する海岸に立地している。先古典期後期のピラミッド神殿を中心とする遺跡で、中心部分周辺には水路が廻っている。中心となるピラミッド神殿、水路などで、考古学調査が行われた。

先古典期後期（紀元前400 - 紀元後250年）の土壌資料から出土している。ゴミ捨て場とされる遺構より、マメ、カボチャが出土している。その他に、包含層からトウモロコシ、アメリカアブラヤシ、ナンス、カカオ、シャムガキ、ワノが出土している（Crane, 1986; Robertson & Freidel, 1986）。

（2）クエヨ

リオ・オンド川の支流近くに、立地している。先古典期前期から先古典期後期までの遺跡である。多数の建造物から成る。

植物遺存体は先古典期後期（紀元前400 - 紀元後250年）のチュルトゥンから、トウモロコシ、マメ、カボチャ、アボカド、ナンス、マメイ、パッションフルーツが出土している（Hammond, ed., 1991; Miksicek, 1991）。

また、包含層より植物遺存体が出土している。以下、時期毎に出土植物遺存体を記す。

スワジー期（紀元前1200 - 900年）：ナンス、アメリカアブラヤシ、トウガラシ、マメイ、

---

[19] 慎重を要する。試掘坑のみであり、検証が必要である。

カボチャ、マメ、ホコーテ、トウモロコシ、カピノルが出土している。

　ブラデン期（紀元前900‐700年）：ナンス、アメリカアブラヤシ、カボチャ、マメ、トウモロコシ、カピノルが出土している。

　ロペス‐マモン期（紀元前700‐400年）：アメリカアブラヤシ、ナンス、マメイ、トウガラシ、カボチャ、アボカド、マメ、トウモロコシが出土している。

　ココス‐チカネル期（紀元前400‐紀元後250年）：アメリカアブラヤシ、ナンス、マメイ、パッションフルーツ、カボチャ、マメ、ホコーテ、トウモロコシが出土している。

（3）ドン・マルティン

　チアパス高地を流れるグリハルバ川の河岸段丘に位置している。5基のマウンドを中心とする遺跡である。植物遺存体は、先古典期後期（紀元前200‐紀元後200年）に属する2基のフラスコ状ピット内から、動物骨などとともに出土している。トウモロコシ、マメ、トウガラシ、アメリカアブラヤシ、ヒマワリ、ケアリタソウ、榎の実などが出土している（Martínez, 1978）。

（4）マサタン地域（アキレス・セルダン、チロ）

　ナランホ川が太平洋に注ぐ河口周辺の沼沢地にある遺跡である。

　バラ‐チェルラ期（紀元前1550‐1000年）に相当する層より出土した。トウモロコシ、マメが出土している（Blake, et al., 1992）。

（5）サリーナス・ラ・ブランカ

　グァテマラ高地から流れる川が太平洋に注ぐ河口近くに位置する。2基のマウンドを中心とする遺跡である。先古典期前期から先古典期後期までの遺物が出土している。

　クワドロス期（紀元前1000‐850年）の層より、トウモロコシ、アボカド、ホコーテの種子の痕跡が検出されている（Coe & Flannery, 1967）。

（6）シン・カベサス

　太平洋岸、ナワラテ川とマドレ・ビエハ川の間に位置している。土製建造物が数基ある。F-4マウンドの発掘より採集された土壌資料から検出された。トウモロコシ、グアバとクルミが出土している。クルセロ期（紀元前300‐紀元後250年）の包含層より出土したとされる（Gumerman IV, 1989; Whitley & Beauty, ed., 1989）。

（7）カミナルフユ

　グァテマラ高地、エルミタ盆地にある。先古典期前期から古典期後期の都市遺跡である。

　先古典期中期（紀元前900‐200年）：フラスコ状ピットより、トウモロコシの軸、果物の種子が出土している（Borhegyi, 1972; Shook, 1949, 1950）。

　先古典期後期（紀元前300‐紀元後300年）：建造物なども増え、メソアメリカ南東部太平洋側最大の都市となる。モンゴイ地区、大基壇に属する床面直上よりアボカドの種子が出土している（Alvarado, 2001）。

（8）サンタ・レティシア

　エル・サルバドルのイサルコ山中腹にある。3基のマウンドを中心とし、住居用基壇なども検出されている。

　チュル期（紀元前400‐100年）：炉状遺構の近く、ゴミ捨て場とされる遺構より、トウモロコシ、アボカド、マメイ、ホコーテが出土している。フラスコ状ピット内より、ヒマワリ、トウモロコシ、ホコーテが出土している

　カイナック期前期（紀元前100‐紀元後100年）：テラスの充填材から出土している（Demarest, 1986; Miksicek, 1986）。

第2項　メソアメリカにおける植物遺存体

　メソアメリカで出土している植物遺存体についてまとめる。第一に、メソアメリカで重要な作物であるカボチャ、トウモロコシ、マメについて、次にそれ以外の有用植物について検討する。最後に、先古典期における植物遺存体の事例を検討する。

　カボチャについては、タマウリパス南西部の洞穴遺跡で栽培化された過程がみられる。ペポカボチャ、ヒョウタンは紀元前4500‐4000年頃に栽培化された。ミクスタカボチャは紀元前4000‐3000年頃、モスタチャカボチャは紀元前1400‐400年頃に栽培種がみられる[20]（Cutler & Whitaker, 1961; Smith, 1997a, b）。

　トウモロコシについては、テワカン地域で栽培化されたとされる（MacNeish & Eubanks, 2000）。テワカンのコスカトラン洞穴では、メソアメリカで最も古いトウモロコシ（紀元前3500年）が出土している（Long, et al., 1989）。しかし、後の時期と比べるとトウモロコシは小さく、実際に大きな人口を養えたのかどうかは疑問である。今後、トウモロコシの大きさを栽培化当時から現在のトウモロコシの大きさに至る過程を各時期毎に検討することが重要である。

　メソアメリカにおけるマメについては、テワカン地域でコスカトラン期にインゲンマメの栽培種が最初にみられる。また、マメが重要性を増すのは先古典期とされる（Kaplan, 1965, 1981）。

　次に、それ以外の有用植物について検討する。

　イネ科エノコログサ属種子については、タマウリパス（オカンポ期）やテワカン（エル・リエゴ期）で主要な食料とされている（Callen, 1967）。また、ロマ・トレモテでは、やはりイネ科の種子（野性米）が重要な役割を果たしていたとされる。

---

[20] ギラ・ナキスのデータよりペポカボチャが栽培化された年代は、紀元前7‐8000年にさかのぼる可能性がある（Smith, 1997a, b）。

また、ヒモゲイトウはパロ・ブランコ期に大量に貯蔵穴より出土しており、その重要性が確認される。テワカンでは、グアヘ（エル・リエゴ期）、ケアリタソウ（アフレアド期）も重要な植物とされる。ソアピルコ（プラヤ期）でも、ケアリタソウの種子が植物食の中心とされる。また、ホオズキも重要な植物であった。

アボカドはエル・リエゴ期より出土しており、栽培種とされる（Smith, 1967）。

アメリカアブラヤシは、その果肉が食べられていた（Meighan, 1996）。また、油の生産に重要であるとされ、酒の原材料として使われた可能性もある[21]。ギラ・ナッキスでは、榎の実は酒造用としての可能性も考えられている（Flannery, ed., 1986）。

最後に、先古典期の出土例をまとめる。最も多い植物遺存体の出土例は、トウモロコシである。二番目に多く出土しているのはアボカドである。また、マメも多く出土している。マメの中ではインゲンマメが最も多く、テパリービーンとベニバナインゲンも出土している。カボチャも出土例が多く、そのなかではペポカボチャが最も多い。これら以外で重要な有用植物は、アメリカアブラヤシ、リュウゼツラン、ケアリタソウ、ホコーテ、トウガラシの順に多くみられる。また、ヒョウタン、グアヘ、マメイ、黒サポーテ、白サポーテ、コサウイコ、ホオズキも比較的多く出土している。一方、カカオも1遺跡で出土している[22]。

先古典期、栽培化された植物（トウモロコシ、マメ、カボチャ）が大きな比重を占めつつあった。しかし、先古典期以前に重要な役割を担っていた、ケアリタソウ、ヒモゲイトウなどの採集植物は、依然として出土している。先古典期、農耕と採集は共存していた。

第3項　植物遺存体が出土した遺物・遺構

ここでは、植物遺存体が出土している遺物・遺構について検討する。幾つかの事例では、植物遺存体の出土状態が不明なことがある。また、包含層より出土しているとしか分からない事例もある。以下、出土状況が明らかな事例からその意味を検討する。

古期から先古典期にかけては、タマウリパス山地、タマウリパス南西部、テワカン地域、ギラ・ナッキスでは、季節的に利用されたとされる洞穴内より、植物遺存体が出土している。しかし、この場合には、有用植物の季節的な偏りを考慮する必要がある。

フラスコ状ピットでは、先古典期前期以降、植物遺存体が出土している。この遺構は、貯蔵穴として利用され、最終的にはゴミ捨て場になったとされる。つまり、出土遺物は貯蔵さ

---

[21] 栽培されていた可能性をラ・コヨテラでは指摘しているが、栽培植物でないとする研究者もいる（Martínez, 1978）。
[22] バートン・ラミでカカオらしい種子が出土しているとされる（Willey, et al., 1965）

れていたものか、ゴミである可能性が考えられる。また、埋める際の供物の可能性も考えられる（伊藤、1997）。

　住居内では、炉跡や住居址床面より出土事例が知られている。炉跡の近くにマメが多く詰まった壺が出土している。食事に関連して置かれていた可能性がある。

　住居址外では、土器片などが捨てられたと考えられるゴミ捨て場より出土事例がある。植物遺存体はゴミとして捨てられた可能性が高い。

　船着場とされる遺構近くより出土していた。この場合には貢物、交易などで運搬するために置かれていた可能性が考えられる。

　テレモト-トラルテンコでは、籠や土器内より植物遺存体が出土している。この場合には運搬、貯蔵という可能性が考えられる。

　以上より、出土している植物遺存体は貯蔵、運搬、料理、ゴミといった性格を持つ。

第4項　先古典期の耕地と都市化

　ここでは、メソアメリカで都市が出現する先古典期に、重要となってくる栽培植物を生産した耕地について検討する。

　先古典期、当時の人口を支える多量のトウモロコシなどの栽培植物を生産するに足る耕地面積を確保していたのだろうか。エル・サルバドルのセロン・グランデではイロパンゴ火山灰に埋もれていた先古典期後期の畑が出土している（Earnest, 1976）。こうした畑がピラミッド神殿を中心とする部分の周辺に広がっていると考えられるならば、ある程度の栽培植物の生産量がみこめる。しかし、その実態は明瞭になっていない。

　一方、メソアメリカでは先古典期中期頃より大規模な造成をしている。これは大きな建造物群をつくるためだけなのであろうか。メキシコ湾岸ではオルメカ文化のサン・ロレンソなど主要遺跡は沼沢地に立地している。また、建造物が載る造成したテラス下の斜面では実際に農耕が行われていた可能性が考えられる。先古典期前期では水が豊富にある沼沢地などに立地している遺跡がある。そこでは沼沢地を造成して建造物群を載せるためのテラスをつくっていたのであろうか。また、同時に、栽培植物のために耕地をつくっていたのであろうか。

　ところで、チャルチュアパでは、カサ・ブランカ地区において大きな造成を行っていた。先古典期後期、建造物6基を載せる大基壇をつくった。この大基壇とその下につくられる畑を構成している土層は同じ土であった。つまり、一方で大きな基壇をつくり、他方で同じ土で耕地を造成していた可能性が高い。都市の中心部分をつくるのと同時に、そこの人口を支える経済基盤の整備も同時に行っていた。単純に、ピラミッド神殿を建てる大基壇を造成するのではなく、都市計画に基づいて、耕地と都市の中心部分をつくった可能性がある。

メソアメリカでは、主に、遺跡の中心となる大建造物群のみを調査してきた。しかし、神殿などの建設をするのと同時に耕地をつくっているのも事実である。従って、記念碑的な建造物をつくるのと、経済基盤である農耕のための場所をつくるのとではどちらが先であったのか、若しくは同時であったのかを調査することが必要である。そして、これらの調査から先古典期社会発展の原因が解明できる可能性がある。

第5項　先古典期有用植物利用史研究の問題点

　先古典期、トウモロコシ、カボチャ、マメといった栽培植物を利用していた。しかし、先古典期以前に採集していたエノコログサ、グアヘ、ケアリタソウ、ヒモゲイトウといった植物も、相変わらず利用されていた。これは、まだ、栽培植物が量質ともに、メソアメリカで十分であったとはいい難いのである。もし十分に食糧を確保していたならば、食物以外の可能性を考慮する必要がある。一方、アメリカアブラヤシ、リュウゼツラン、ウチワサボテンなどは実際に栽培化されていたかについては、再検討する必要がある。
　ところで、ホヤ・デ・セレンでは住居址の近くに家庭菜園のような、トウモロコシやサボテンの畑がある。この遺跡は古典期に属するが、こうした家庭菜園が先古典期にもあり、耕地でつくる作物とは違った意味を持つこともあると考えられる。従って、有用植物の利用を耕地、家庭菜園、採集といった観点から総合的に復元することが必要である。
　次に、出土遺構から植物遺存体をみていく。炉跡、住居祉、若しくは壺等から出土している植物遺存体から、植物を手に入れてからの姿が分析できる。炉跡近くで出土している植物遺存体が詰まった壺は、煮炊きして食べていた可能性が高いことを示している。フラスコ状ピット内出土植物遺存体からは、トウモロコシなどを貯蔵していたことを示している。また、この遺構は最後にはゴミ捨て場として利用されたとされる。また、トウモロコシの軸や、食べかすである食事の残りなどを捨てたことも考えられる。しかし、フラスコ状ピットを埋める際に儀礼的に供え物をすることも考えられるため、供物の一部である可能性もある。埋葬から出土している植物遺存体はアボカドだけで、墓の副葬品若しくは供物としての可能性が考えられる。ゴミ捨て場とされる遺構から出土する植物遺存体は、人に利用された後の姿を間接的に示している。
　一方、ゴミ捨て場で殆ど出土していない植物にマメがある。これは、そのマメ自体を食べてしまうからである可能性が考えられる。逆に、アボカドの種は利用せずに捨ててしまうために、残りやすいことが考えられる。また、アボカドの種子は大きく非常に硬いため、植物遺存体として残りやすいことが考えられる。カボチャの種は炒って食べることも知られる。

ヒマワリの種も食べられていたと考えられる。こうしたことから、考古学資料として出土する植物遺存体は、その利用可能な部分と遺物として残る部分からも考える必要がある。

第6項　小結

　先古典期の生業を復元するには、有用植物利用とは別に、狩猟と共に漁撈も考慮する必要がある。メソアメリカ南東部太平洋側にあるマサタン地区では、安定元素分析によりトウモロコシの栽培化と共に生業の比重が農耕に傾いていたのではなく、どちらかといえば海産資源を利用することがより重要であったとされる[23]（Blake, et al., 1992; Chisholm, et al., 1982）。また、ロマ・トレモテ、テレモト‐トラルテンコ、ソアピルコでは、植物遺存体と共に多量の魚骨と鱗が出土している。メキシコ中央部では栽培植物より湖資源を利用していたとされる。しかし、先古典期における漁撈の実態は未だ解明されていない。また、先古典期における狩猟についても、具体的な姿は不明である。つまり、生業については不明な点が多く、先古典期文化の鮮明な姿がなかなか現れてこない。

　テワカンではコスカトラン期になると劇的にC4若しくはCAM植物に頼るようになったとされる（Farnsworth, et al., 1985）。しかし、植物の採集と農耕についても、どれをどのように利用していたのかは不明である。植物遺存体以外の出土遺物からも採集と農耕を間接的に調査研究する必要がある。従って、先古典期の採集・農耕について、どのような道具が必要かを見直すことが必要である。また、食べ物として利用する際には調理方法などに必要な道具、日常土器、石器などから復元する必要がある。また、同様に、狩猟、漁撈などについても、必要な道具などを遺物から復元し、先古典期における生業全体の姿を解明する必要がある。

　最後に、洞穴、集落、都市では、出土植物遺存体の種類が異なる可能性がある。植物利用は都市がつくられるようになる先古典期では、少なくとも、都市の中心部と周辺地域の集落、そして、洞穴の場合とを検討する必要がある。つまり、主に消費するのみの都市部、生産と消費をする集落部分、そして、季節的に利用された洞穴ということを考慮する必要がある。また、湖の近く、海岸の近く、内陸部ということで立地条件が異なる遺跡を検討する必要がある。

　先古典期における生業は不明なことが多い。しかし、具体的な資料を積み重ねることにより、より鮮明な先古典期社会が明らかになると考える。

---

[23] 熱帯ではコラーゲンの劣化が起こりやすい。そして、C：N比率が高い場合には分析の信頼性が低くなるとし、問題があるとしている（Ambrose & Norr, 1992）。また、クエヨ近くにある都市遺跡ラマナイでは先古典期には食料の50%をトウモロコシに頼っていたとしている（White & Schwarz, 1989）。

第3節　遺跡出土のフラスコ状貯蔵穴

　メソアメリカにおいて、フラスコ状ピットはその形から釣鐘状ピット（Bell-shaped pit：Winter, 1974; Flannery, et al., 1976, etc.）、円錐形若しくはびん状ピット（Conical or bottle-shaped pit：Porter, 1953, etc.）、円錐形遺構（Formación troncocónica：Piña Chan, 1958; García y Rodriguez, 1975, etc. 若しくは Pozo troncocónico：Aufdermauer, 1970; Walter, 1970, etc.）、と呼ばれてきた。また、壺形（土壙墓）と報告されている例もある（Jar-shaped Burial：Kidder, et al., 1946）。

　その用途や機能についても、いろいろな説が提示されてきた。このなかでは、フラスコ状ピットを貯蔵穴とする説が一般的である（Kidder, et al., 1946; Aufdermauer, 1970; Whalen, 1981; Schmidt, 1990）。また、フラナリーはフラスコ状ピットがオアハカの一家族のトウモロコシ一年分を蓄えられる容積を持っていることから貯蔵穴と考え、ピット内の出土遺物から最終的にゴミ捨て場若しくは墓として使用されたとしている（Flannery, et al., 1976）。このように、貯蔵穴として機能しなくなったときに、ゴミ捨て場や埋葬に転用されたとする説は他の学者からも提出されている（Walter, 1970; Demarest, 1986; Martínez, 1989）。また、ボウレギは、形状、大きさそして機能がチュルトゥンに似ているとし貯蔵穴としての可能性が最も高いとする一方で、蒸気風呂、粘土や火山灰の採掘としての用途も考え、黴が生えたときにゴミなどとともに埋め戻し、しばしば簡単な埋葬にも使われたとしている（Borehgyi, 1965, 1972）。ベルナルもチュルトゥン（水の貯蔵に使用された）としての可能性を論じている（Bernal, 1948-49）。ドレナンは壁面や底面の焼け跡から炉としての役割を考えている（Drennan, 1976）。メキシコ西部では、この地方に集中する竪坑墓の一形態としてフラスコ状墓壙になる例も報告されている（Tumba de Tiro; Cabrera, 1986; Galván Villegas, 1991）。

　ところで、粘土や火山灰の採掘用ならば、フラスコ状に掘り込む必要はなく、採掘に適した形にすればよい。蒸気風呂や炉であれば穴を深くする必要もない。ゴミ捨て場ならば、ゴミが入るようにすればよく、口を小さくし入れ難くする必要はない。しかし、二次的にゴミ捨て場とされた可能性はある。このように、諸説いろいろあるが、各地方若しくは各遺跡での事例から考察をしているため、個々の事例にとらわれすぎていることが考えられる。以上のことを考慮すると、広い地域でフラスコ状ピットの事例を収集し、比較分析する必要がある。本節ではメソアメリカ全域のフラスコ状ピットの出土例を、層位、出土状態、出土遺物などから検討し、その用途や機能などについて考察する。

第1項　メソアメリカ出土のフラスコ状ピット

　メソアメリカ地域では、フラスコ状ピットと類似した遺構が検出されている。

　ユカタン半島を中心としたマヤ北部ではチュルトゥンと呼ばれる遺構がある。これは、地表面から地山を掘り込み、主に水の貯蔵をするためにつくられた貯蔵倉である。貯蔵倉上部の一部を石で築造したり、漆喰を塗ったりする場合が多い。その口の部分に環状の石を置くこともある。この貯蔵倉の形がフラスコ状になるチュルトゥンもある。時期は先古典まで遡る可能性がある（Zapata y Lorelei, 1989）。

　竪坑墓は地表面から竪坑を掘りその先に墓室をつくる形態の墓である。メキシコ西部を中心に分布し、先古典期中期までさかのぼる。フラスコ状になる竪坑墓もある（Galván, 1991）。

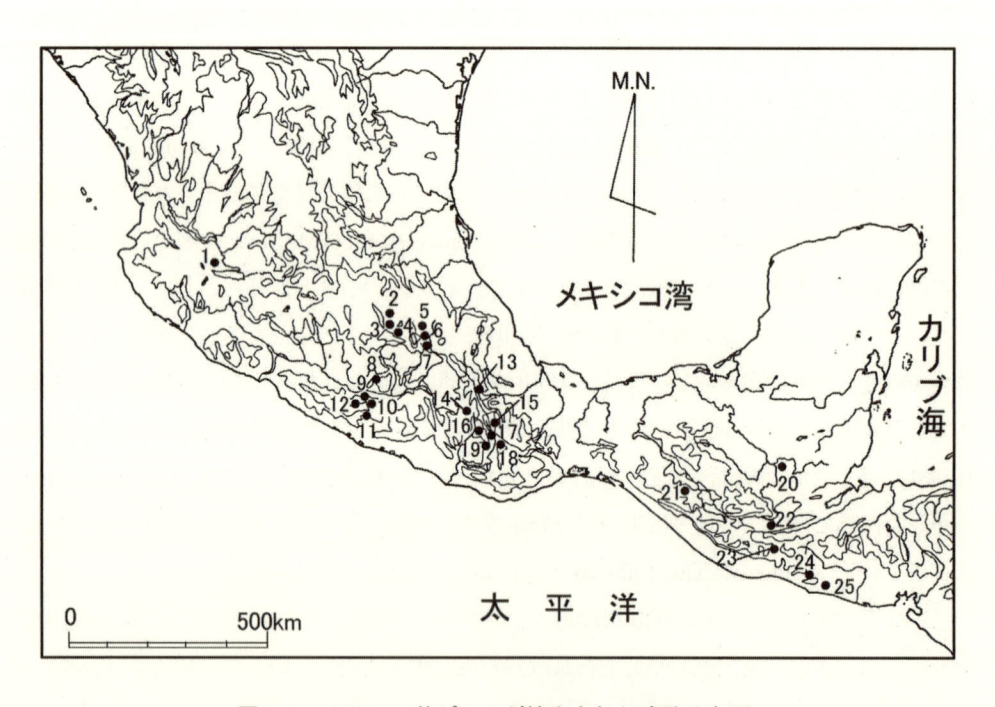

図２１．フラスコ状ピットが検出された遺跡分布図

1.アテマハック、2.ロマ・トレモテ、3.トラティルコ、4.トラパコヤ、5.モヨツィンゴ、6.アカテペック、7.グァルピタ・ラス・ダリアス、8.コクラ、9.ラ・クエバ上、10.ショチパラ、11.チルパンシンゴ、12.エル・クレブレアド、13.アハルパン、14.コイストラワカ、15.サン・マテオ・エトラトンゴ、16.ファブリカ・サン・ホセ、17.ティエラス・ラルガス、18.サント・ドミンゴ・トマルテペック、19.モンテ・アルバン、20.アルタル・デ・サクリフィシオス、21.ドン・マルティン、22.ロス・マンガレス、23.カミナルフユ、24.サンタ・レティシア、25.エル・カンビオ

チュルトゥンや竪坑墓のように、フラスコ状ピットと類似している遺構もあるが、本論では主に水の貯蔵に使われ石などで構築されたフラスコ状のチュルトゥンは除外し、地表面から掘り込まれた、底部に最大径があり口部分に近いほど径が小さくなる掘り込みをフラスコ状ピットとする。また、メキシコ西部でフラスコ状に掘られた竪坑墓は、本論ではフラスコ状ピットとして扱う。

今日までに、メソアメリカにおいてフラスコ状ピットはメキシコ湾岸を除く25遺跡で検出された（図21）。以下、事例数の多いメソアメリカ南東部太平洋側のカミナルフユを中心にして、メソアメリカ全域のフラスコ状ピットを対象として考察を進めていく。

第2項　カミナルフユ出土フラスコ状ピット

未報告の事例もあるが、フラスコ状ピットは26例報告されている。

土壙墓A／マウンドA（F-VI-1）（古典期前期）‐図22.1

粘土、砂そしてタルペタテ（黄褐色で非常に粒子が細かく乾燥すると非常に固い土）を掘り込んでいた。A-I墓により大半が壊されていた。底部から焼石と土器片が、その上の水を含む層の上から頭骨が出土した。また、この遺構の埋土は堅く締まっていた（Kidder, et al., 1946）。

フラスコ状ピット／A-IV-1区（先古典期後期）

3基検出された。埋葬、石彫、土器、黒曜石製ナイフが出土した（Suasnavar y Flores, 1992）。

ビン状ピット／ラス・マハダス（A-IV-2,3地区）

地山を掘り込んでつくられた。埋葬人骨の上より印章が出土した。他にも、33点の印章と土器10点、亀甲、メタテが出土した（Ericastilla, 2001）。

円錐形遺構／マウンドA-V-6、10、11間の基壇（古典期前期）‐図22.2

基壇そして砂層を掘り込んでいた。土器や摩耗した石器の破片が出土した（Escobedo et al., 1996）。

26号遺構／マウンドB-V-9（古典期中期）‐図22.3

マウンドB-V-9の南側で粘土層とタルペタテ層を掘り込んだフラスコ状ピットが検出された。座葬の成人骨が検出され、その近くで土器2点が出土した。他に黒曜石剥片1点や少量の土器片が出土した。ピットの埋土と次の時期の建造物を構成する土が同じであった（Webster, 1973）。

埋葬／C-IV-1マウンド

先古典期中期のマウンドに掘り込まれた遺構である。埋葬が出土している（Roman, 1990）。

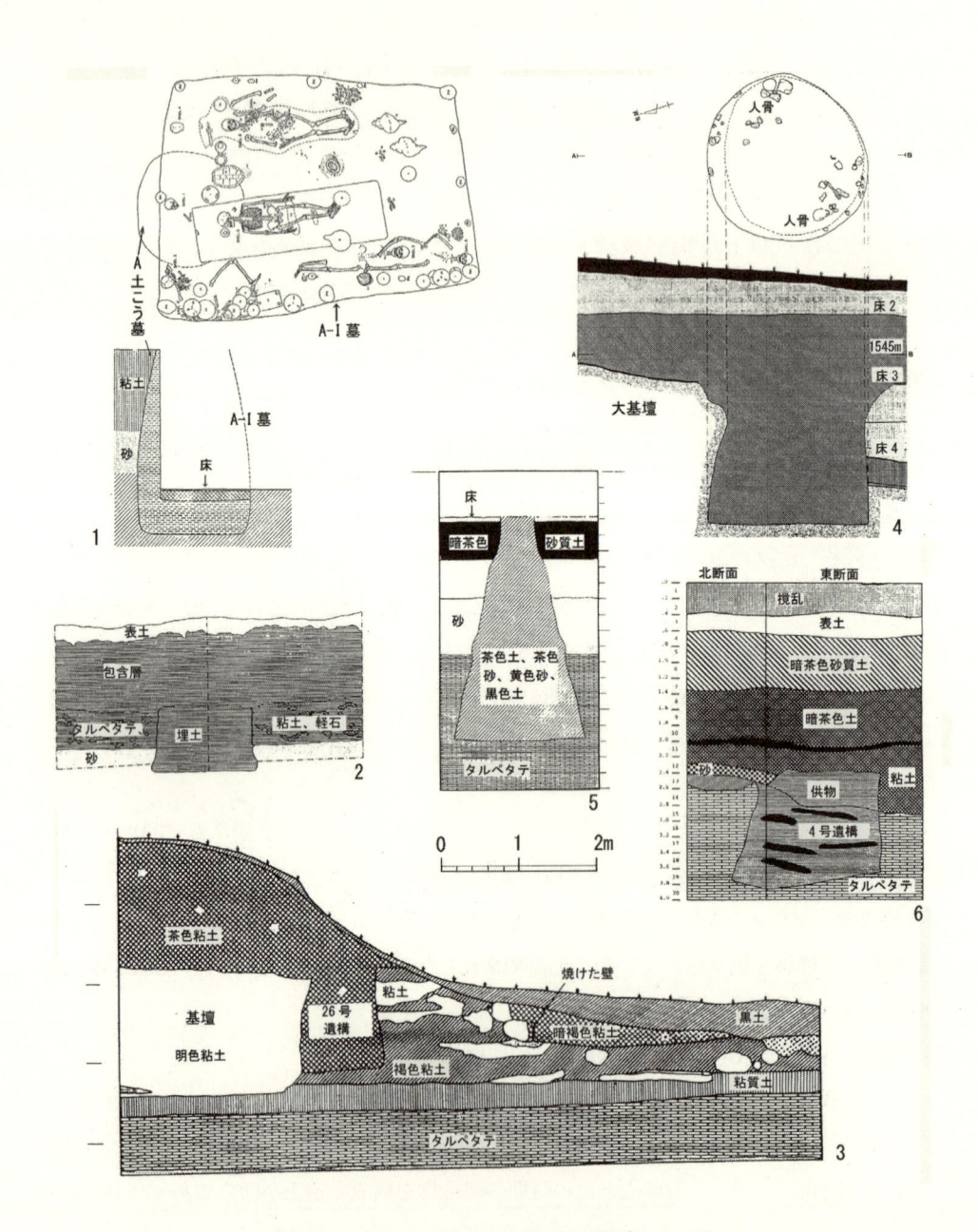

図22. カミナルフユのフラスコ状ピット (1)

1. マウンドA土壙墓A、2. マウンド A-V-6, 10, 11間の基壇の円錐形遺構、3. マウンドB-V-926号遺構、4. モンゴイ地区1号貯蔵穴、5. 46-23-072 区2号遺構、6. 46-33-087 区4号遺構
 (Kidder et al., 1946, fig. 17, 18; Escobedo et al., 1996, fig. 5; Webster, 1973, fig. 6; 大井、1995, fig. 2-IV-8; Fitting, 1979, fig. 2, 85 を改変)

一号貯蔵穴／モンゴイ地区（先古典期後期）－図22.4

　大基壇に属する床3を掘り込んでいた。底部から出土した二個体の頭骨片と上腕骨片には副葬品はない。ほかに、小型土器1点と土器片、環状石製品の破片、メタテやマノの破片、黒曜石、そして、自然石が出土した。貯蔵穴内出土土器片とこの遺構が掘り込まれた床3上の供物に含まれた土器片が同一個体であることから、貯蔵穴が埋められたのは床3を埋めて床2をつくった時期と考えられる（大井、1995）。

釣鐘状ピット／46-22-175区（先古典期後期）

　黄灰色粘土層を堀込んでいた。完形土器2点など土器の集積が検出された（Fitting, 1979）。

2号遺構／46-23-072区（先古典期後期）－図22.5

　火山灰土、砂そしてタルペタテ層を掘り込んでいた。底部から約50cm上で炭化物の薄い層があり、その下に焼けた獣骨の集中がみられた。炭化物層の上に4個の大きな石があった。この付近から大きな黒曜石製石刃数点、ヒスイ製ビーズ1点、小型石斧1点、雲母、細工のされた軽石、土偶数点、完形土器数点が出土した（Price, 1979）。

Cピット／46-32-238区（先古典期後期）

　ピット群（3基以上）のうちの一つで、赤茶色粘土、茶色砂層を掘り込んでいた。遺物も多く出土した（Fitting, 1979）。

4号遺構／46-33-087区（先古典期後期）－図22.6

　タルペタテを掘り込んでいた。土偶や香炉の破片など遺物が多量に出土した。復元可能な土器も多い。人の足の骨が土器のなかより、頭骨がピット東隅から出土した。また、このピットの上で黒曜石製石刃が数点出土した（Fitting, 1979）。

2号遺構／46-33-056区（先古典期後期）－図23.1

　砂層とタルペタテ層を堀込んでいた。土器片、香炉、土偶、そして、人の顎骨が出土した。（Fitting, 1979）。

テクン・ウマン像前貯蔵穴（先古典期中期）－図23.2

　茶褐色粘土、明褐色土、軽石層を掘り込んでいた。底部から壮年（20－40歳）男性の頭骨片、土器片、メタテの破片、黒曜石、焼土、板状玄武岩が出土した（大井、1995）。

びん状遺構／クレブラの南150m（先古典期後期）－図23.3

粘土と土、砂、タルペタテ層を掘り込んでいた。香炉などの土器、土偶、素面の石碑、黒曜石他の破片が出土した（Ortega et.al., 1996）。

びん状ピット7基／ラス・チャルカス地区（先古典期前期）

　石器、骨製品、土偶、印章や黒曜石などの破片や焼土、動植物遺存体や二次埋葬が出土した。3号と4号ピットから土鈴各1点が出土した（Borhegyi, 1965）。

表6．フラスコ状ピット

遺跡・遺構	堀り込んだ層	ピット内の土	内面	焼跡	人骨	出土遺物、その他
カミナルフユ						
マウンドA						
土壙墓A	粘土、砂、タルペタテ	堅緻な土	×	×	Ⅱ	土器、焼石
マウンドA-Ⅳ-1						
フラスコ状ピット3基	砂	−	×	×	Ⅰ	土器、黒曜石、石彫、
マウンドA-Ⅳ-2,3						
フラスコ状ピット	−	タルペタテ	×	×	Ⅰ	土器、印章
マウンドA-Ⅴ-6,10,11						
円錐形遺構	基壇、砂	茶色粘土	×	×	×	土器、黒曜石
マウンドB-Ⅴ-9						
26号遺構	粘土、タルペタテ	後の建造物用土	×	×	Ⅰ	土器、黒曜石
マウンドC-Ⅳ-1						
埋葬	砂、タルペタテ	−	×	×	○	土器
モンゴイ地区						
1号貯蔵穴	タルペタテ	床2の土	×	×	Ⅱ	土器、黒曜石、マノ、メタテ、自然石、石製品
46-22-175区						
釣鐘状ピット	黄灰色粘土	灰茶色粘質土	×	×	×	土器
46-23-072区						
2号遺構	砂質土、砂、タルペタテ	−	×	×	×	土器、黒曜石、土偶、獣骨、ヒスイ、石斧、雲母
46-32-238区						
Cピット	赤茶粘土、茶色砂	−	×	×	×	
46-33-087区						
4号遺構	タルペタテ	−	×	×	Ⅱ	土器、土偶、黒曜石
46-33-056区						
2号遺構	砂、タルペタテ	−	×	×	Ⅱ	土器、土偶
テクン・ウマン像前						
貯蔵穴	茶褐色粘土、明褐色土、軽石	茶褐色粘質土	×	×	Ⅱ	土器、黒曜石、メタテ、焼土、平石
クレブラの南150m						
びん状遺構	粘土、土、砂、タルペタテ	−	×	×	×	土器、黒曜石、土偶、石碑
ラス・チャルカス地区						
びん状ピット7基	白火山灰	暗褐色土	×	×	Ⅰ、Ⅱ	土器、黒曜石、メタテ、マノ、土偶、骨製品、動植物遺存体、石彫、印章、土笛、土鈴
ロサリオ地区						
AT729区	タルペタテ	−	×	×	×	−
AT702区	砂	−	×	×	Ⅰ	
AT692区	粘土	−	×	×	×	
マヤ南部						
ドン・マルティン						
8号遺構	粘質土、地山	−	漆喰	×	Ⅰ、Ⅱ	土器、メタテ、貝製品、骨製品、土製品、焼土、
19号遺構	粘質土、地山	−	漆喰	×	×	動植物遺存体
ラス・ビクトリア						
Z-2,Z-7遺構	タルペタテ	−	−	−	−	供物
ロス・マンガレス						
7号遺構	砂利土、黄色粘土	−	×	×	Ⅱ	土器、メタテ、マノ、土偶、印章、ビーズ、土壁
サンタ・レティシア						
釣鐘状ピット/8-1	赤黄色粘土（地山?）	−	×	×	×	土器(20以上の完形)、黒曜石、メタテ、植物遺存体
釣鐘状ピット/8-2	赤黄色粘土（地山?）	−	×	×	×	土器、黒曜石、メタテ、マノ、植物遺存体、土製品
釣鐘状ピット/8-3	赤黄色粘土（地山?）	−	×	×	×	土器
エル・カンビオ						
1号遺構	白土、赤黄色粘土	−	×	×	○	○
2号遺構	−	−	−	−	−	○
7、10、11号遺構	−	−	−	−	−	−
マヤ中部						
ティカル						
33号埋葬	地山	−	−	−	○	土器
アルタル・デ・サクリフィシオス						
26号マウンド、1)	暗灰色砂質土、黄色粘土、明褐色土、地山	砂＋粘土	×	×	×	土器、石列
2)	−	−	×	壁	Ⅱ	土器、石器、骨製ビーズ、焼土
B-Ⅱ 建造物	明色粘土	−	×	×	Ⅰ	土器、魚の歯、アルマジロ甲羅、巻貝、赤石、骨片
オアハカ地方						
アハルパン	粘土	黄茶、赤茶、白灰、茶色土	×	×	Ⅰ	土偶、メタテ、マノ、平石、石製鉢、赤鉄鉱
クアチルコ	地山(黄色粘土)	−	−	−	−	
コイストラワカ 1)	地山(多孔質)	−	×	×	○	土器、石製品
2)	地山(多孔質)	−	×	×	×	

第2章 メソアメリカ先古典期における生業

遺跡・遺構	堀り込んだ層	ピット内の土	内面	焼跡	人骨	出土遺物、その他
ユクイタ						
M-1、1号遺構	地山（石灰岩）	空虚	泥	×	×	Endequeの円形蓋
M-3、1号遺構	地山（石灰岩）	―	―	×	○	土器、人骨、土器片
M-6、12号遺構	―	―	―	×	×	土器、黒曜石ナイフ
M-6、16号遺構	―	―	―	×	×	アドベ列、土器
サン・マテオ・エトラトンゴ						
1号遺構	地山（石灰岩）	良質の茶色土	×	×	Ⅰ	土器、焼石
2号遺構	茶色土、地山	―	×	×	Ⅰ、Ⅱ	土器、焼石、灰、炭化物
3-1号遺構	地山（石灰岩）	白土	×	×	Ⅰ	土器、動物遺存体、貝
3-2号遺構	地山（石灰岩）	白土	×	×	―	土器、動物遺存体
3-3号遺構	地山（石灰岩）	白土	―	―	―	
エトラトンゴ						
EA区29号遺構	地山	―	―	―	―	印章、土偶、炭化物
U23区3号遺構	地山	ローム	―	―	―	土器、犬埋葬、土製品、貝、炭化物
EA区7号遺構	地山	―	石灰	―	Ⅰ	土器、貝製品、アドベブロック
ファブリカ・サン・ホセ						
3号ピット/42号遺構	―	―	壁・底	×	×	
17号遺構	黄色粘土、茶色砂質土、岩盤	―	×	壁	×	土器、焼土
4号遺構	?、岩盤	―	×	×	×	土器、植物遺存体
16号遺構	―	―	×	壁・底	×	焼石、植物遺存体
1号遺構	?、岩盤	砂	×	×	×	植物遺存体
2号ピット/19号遺構	―	―	×	×	×	土器、植物遺存体
サント・ドミンゴ・トマルテペック						
7号遺構	―	―	×	×	×	焼土、動植物遺体
102号遺構	―	―	×	×	×	
109号遺構	―	―	×	×	×	土偶、石器、貝製品、雲母、動植物遺存体
50号遺構	―	―	×	×	×	黒曜石、土偶、動植物遺存体
79号遺構	―	―	×	×	×	土器、石器、動植物遺存体
ティエラス・ラルガス						
75号遺構	―	―	×	×	×	亀甲、骨針
86号遺構	―	―	×	×	×	焼土、植物遺存体
116号遺構	―	―	×	×	×	焼土、動物遺存体
117号遺構	―	―	×	×	Ⅰ	焼土、植物遺存体
197号遺構	―	―	×	×	Ⅰ	
134、142、196号遺構	―	―	―	―	×	
モンテ・アルバン	―	―	―	―	―	土器、黒曜石、メタテ、マノ、土偶、石器、貝製品
メキシコ中央部						
ロマ・トレモテ（90基）	―	―	―	―	―	植物遺存体、?
トラティルコ	―	暗色土	研磨	×	―	土器、黒曜石、メタテ、土偶、ガラガラ、土笛、動植物遺存体、平石
トラパコヤ	石灰岩	―	―	―	―	土器
モヨツィンゴ（集中）	―	―	―	―	―	土器、黒曜石、土偶、骨、植物遺存体
アカテペック（集中）	―	―	―	―	Ⅰ	土偶、メタテ、マノ、植物遺存体
グァルピタ・ラス・ダリアス						
1号遺構	―	―	土壁	○	―	―
3号遺構	―	―	土壁	―	―	石蓋?
3A号遺構	―	―	―	―	―	○
4号遺構	石灰岩	―	土壁	壁・底	―	マンモスの臼歯
メキシコ西部地方						
ゲレロ州						
Co-11、コクラ						
円錐形竪坑墓	―	×	―	×	?	土器、土偶、骨片、蓋?
ラ・クエバ上	表土、地山	×	―	×	×	石積、蓋
Zo-035、ショチパラ						
2号遺構	黄色粘土、砂利、地山	土、砂利	―	×	Ⅱ	土器、敷石
チルパンシンゴ						
1)びん状貯蔵穴2基	―	×	―	―	―	
2)円錐形墓	地山	灰色土、茶黄色土	×	×	Ⅰ、Ⅱ	土器、土偶
3)円錐形ピット3基	―	―	―	―	―	
4)円錐形墓/複数	―	―	×	×	Ⅰ、Ⅱ	土器、黒曜石、石斧、石製品、石盤、貝製品
エル・クレブレアド	表土、地山	×	×	×	×	石積、蓋
ハリスコ州						
アテマハック						
2号竪坑墓	―	―	×	×	Ⅰ	土器

○=有　×=無　Ⅰ=一次埋葬　Ⅱ=2次埋葬
下線=底若しくは底近く出土　灰色=ピット上部若しくは直上　斜体=ピット内中程で出土

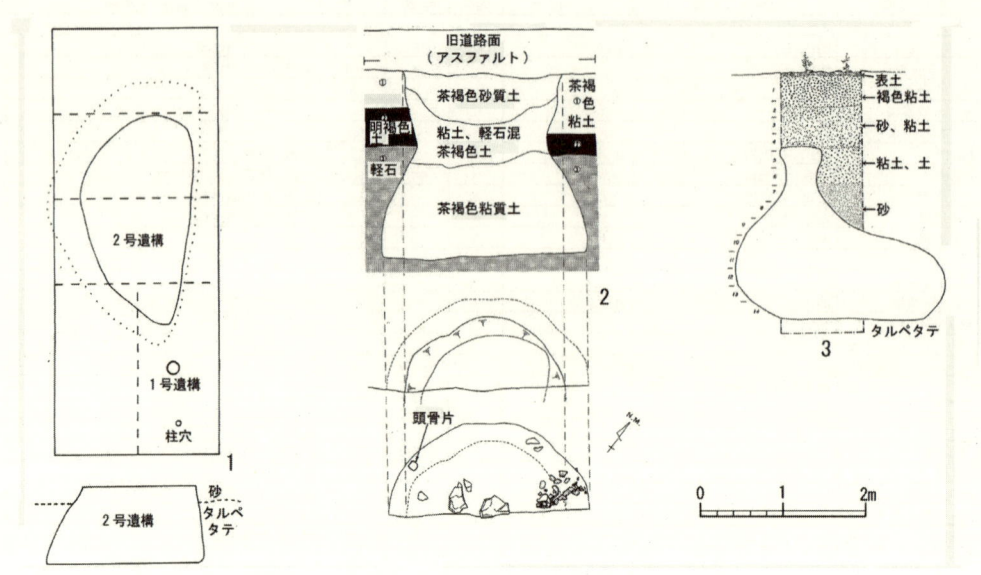

図23．カミナルフユのフラスコ状ピット（2）

1. 46-33-056区2号遺構、2. テクン・ウマン像前貯蔵穴、3. クレブラの南150mのびん状遺構(Fitting, 1979, fig.84;大井、1995, fig.3-3; Ortega et al., 1996, fig.9を改変)

ピット底部から副葬品のない十代後半の仰臥伸展葬の人骨が検出され、この人骨の上から香炉などの土器、炭化物、動植物遺存体、メタテ、マノ、骨製品、土偶等の破片が出土した事例もある（Borhegyi, 1965）。

フラスコ状ピット／ロサリオ地区（先古典期中期）

3基検出された。埋葬が出土した（Jacobo, 1992）。

カミナルフユのフラスコ状ピットは5例を除き主要な建造物から離れた地点で検出された。また、18例中7例が粘土や土の層から地山であるタルペタテまで掘り込んでいた。他は粘土層を掘り込んだ1例を除き、水を溜めるには不適当な砂層や火山灰層を掘り込んでいた。また、ピットの内壁に手は加えられていないため、水の貯蔵（チュルトゥン）には不向きである。

フラスコ状ピットの埋土は自然堆積したのではなく、一度に埋め戻した状況が窺える。例えば、1号貯蔵穴／モンゴイ地区は新たに床をつくる際に、26号遺構／マウンドB-V-9では次の建造物をつくる際に埋め戻された。また、土壙墓A／マウンドAでは埋土は固い土であったと報告されており、フラスコ状ピットは一挙に埋め戻され場合によっては地固めしたと考えられる。

出土位置が不明な事例、ピット内部中程で出土した1事例とピット直上で出土した1事例を除くと、フラスコ状ピットは底部若しくはその近くで遺物が集中しており、意図的に底に物

を置いたことが分かる。出土遺物は土器、マノ、メタテ、黒曜石、土偶、環状石製品、焼石、石斧、土製印章、土鈴、土笛、骨製品、玄武岩の平石、石彫、石碑、動植物遺存体などだが、破片の割合も高い。

　人骨は、ピット内中程から出土した1事例と出土層位が不明な事例を除くと、ピットの底から出土した。人骨は二次埋葬が多く、顎骨、頭骨や手足の長い骨の割合が高い。これらの人骨には副葬品が伴わない。一方、一次埋葬は2事例あり、十代後半と成人であった。1例は副葬品がなく、もう1例は人骨近くより土器2点が出土している。後者のフラスコ状ピットは、次の建造物をつくる際に埋め戻された。ところで、モンゴイ地区では新しい建造物をつくる際に古い建造物上に生贄をした。その人骨の近くより土器2点が出土したが、頭部が離れ上半身と下半身が分かれおり、副葬品というよりは生贄と同様に新しい建造物をたてる際の供物と考えられる（大井、1995）。以上のことを考慮すると、ピットの底で出土した二次埋葬の人骨は、埋葬されたものとするよりは人身犠牲と考えた方がよい。モンゴイ地区では、新しく建造物をつくる際と床を更新する際に床や水路上に人骨、土器、黒曜石（多くは石刃）、ヒスイ製品、土製品などを供物として置いていた。供物は完形品が大半を占めるが破片も供物として置かれた（大井、1995）。このようなことを考慮すると、26号遺構／マウンドB-V-9の一次埋葬人骨も建築行為などに対する生贄若しくは供物と考えられ、建造物近くのフラスコ状ピットは建造物の更新の際にその底に供物が置かれ丁重に埋め戻されたと考えられる。

第3項　メソアメリカ地域におけるフラスコ状ピット

　メソアメリカ南東部太平洋側（カミナルフユを除く）では5遺跡（12事例）[24]、マヤ中部では2遺跡（4事例）[25]、オアハカでは10遺跡（37事例）、メキシコ中央部では6遺跡（166事例以上）、メキシコ西部6遺跡（12事例）でフラスコ状ピットが検出されている。以下、各地方のフラスコ状ピットの検出例を示す。

1．メソアメリカ南東部太平洋側
（1）ドン・マルティン
8号遺構、19号遺構（先古典期後期）‐図24.1,2

---

[24] チュスカップでは、石蓋を持つフラスコ状ピットが検出されているが、出土遺物が何もない。また、近くに何も遺構・遺物が出土していない（Smith, 1955）。時期と詳細がわからないため、ここでは取り上げない。
[25] ティカル（ムンド・ペルディド地区）で検出された5C-8チュルトゥンは、フラスコ状であり、下部は地山を掘り込んでいるようである。この遺構は、フラスコ状ピットとチュルトゥンを結びつける資料となる可能性がある（Laporte y Valdés, 1993）。カンペチェではアグアカタルでは貯水用チュルトゥンとされる遺構が先古典期後期若しくは古典期後期と報告されているが、これがフラスコ状ピットとできるかは不明である（Matheny, 1970）。

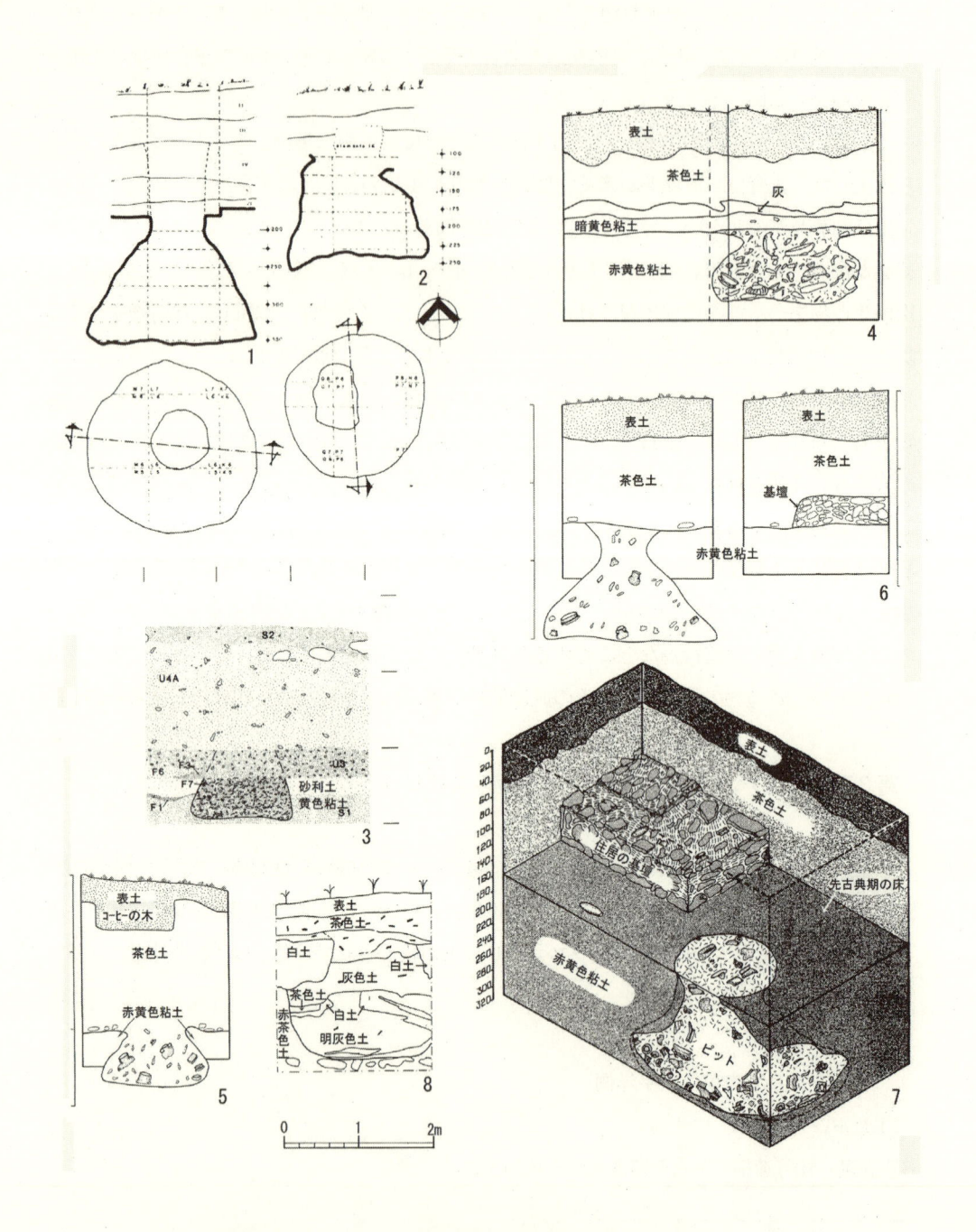

図24. メソアメリカ南東部太平洋側のフラスコ状ピット

1. ドン・マルティン8号遺構、2. 同左19号遺構、3. ロス・マンガレス7号遺構、4. サンタ・レティシア8-1区釣鐘状ピット、5. 8同左-2区釣鐘状ピット、6. 同左8-3区釣鐘状ピット、7. 同左釣鐘状ピット復元図、8. エル・カンビオ1号遺構 以上、原図（Martínez, 1989, fig.3; Sharer et al., 1987; Demarest, 1986, fig.29-32; Chandler, 1983, fig.6-6）を改変。

内側に漆喰が塗られたフラスコ状ピット2基が検出された。このピットは粘質土から地山まで掘り込まれていた。多量の土器が出土し、そのうち1/4はほぼ完形であった。貝製品、骨製品、土製品、焼土、河原石、すり石、動植物遺存体が出土している。8号遺構の底部から一次埋葬と二次埋葬の人骨が出土した（Martínez, 1989）。

（2）ラス・ビクトリアス

2基、検出された。先古典期とされる（Ciudad y Iglesia, 1995）。

（3）ロス・マンガレス

7号遺構（先古典期中期）

砂利土、そして黄色粘土層を掘り込んでいた。土器、土製印章、ビーズ、のほかに、土偶、黒曜石、マノ、メタテ、人骨、貝、土壁の破片が出土した。このピットが掘られた床面には先古典期後期の建造物が建てられていたと報告されている（Sharer and Sedat, 1987）。

（4）サンタ・レティシア

釣鐘状ピット／8-1区（先古典期中期） - 図24.3

赤黄色粘土層を堀込んでいた。植物遺存体、メタテ、黒曜石、土器片が出土した。また、20以上の完形若しくは復元可能な土器が出土した（Demarest, 1986）。

釣鐘状ピット／8-2区（先古典期中期） - 図24.4

固い赤黄色粘土層を掘り込んでいた。土器、黒曜石、マノ、メタテや土製品の破片が出土した。

釣鐘状ピット／8-3区（先古典期中期） - 図24.5,6

固い赤黄色粘土層を掘り込んでいた。土器片などが出土した。

（5）エル・カンビオ

1号遺構（先古典期） - 図24.7

白砂、赤黄色粘土を掘り込んでいた。人骨らしい骨片など遺物が多く出土した。

2号遺構（先古典期後期）

遺物は少なかった。

7号遺構（古典期後期）

詳細不明。

10、11号遺構（時期不明）

詳細不明（Chandler, 1983）。

2．マヤ中部

（1）ティカル

33号埋葬（古典期前期）

岩盤を掘り込んでつくられた。成人骨と土器1点が出土した（Haviland, 1985）。
（2）アルタル・デ・サクリフィシオス
釣鐘状ピット2基／26号マウンド（先古典期後期）
1）暗灰色砂質土、黄色粘土、明茶色砂質土そして地山を掘り込んでいた。遺物は少ない。太鼓形土器、壺形土器が出土し、底部では並んだ石灰岩3個が検出された。 - 図25.1
2）フリント剥片、カルシウムのほか、土器片が多量に出土し、多くの壺形土器が出土した。埋土中で炭化物や焼土が層を成していた。壁面には部分的に焼け跡があった。また、底部上20‐40cmで2個体分（成人女性、子供）の散乱した人骨が出土した。
釣鐘状ピット／B-Ⅱ建造物（先古典期中期） - 図25.2
　明色粘土を掘り込んでいた。一次伸展葬の子供の骨が底部近くで検出された（125号墓）。この人骨に関連してアルマジロの甲羅、魚の歯、壺形土器片が出土した。このピット内からは他に巻貝、赤色石、骨片、焼けた土器が出土した（Smith, 1972）。

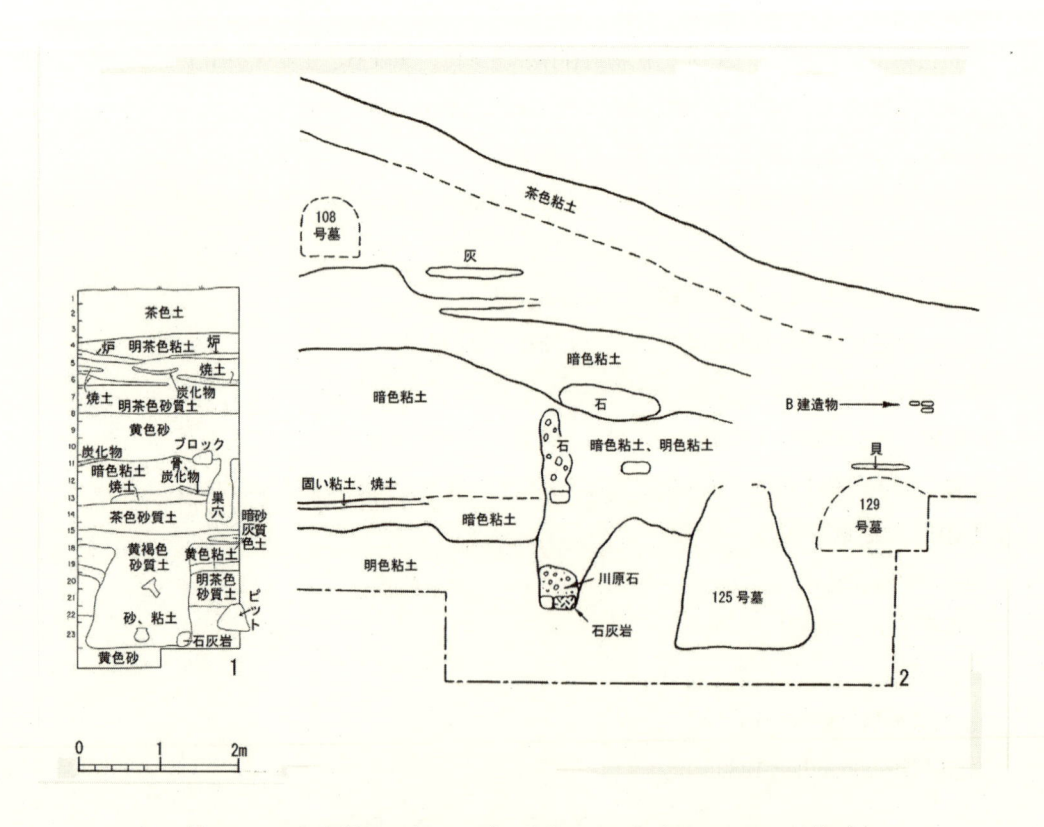

図25. マヤ中部アルタル・デ・サクリフィシオスのフラスコ状ピット

1. 26号マウンド釣鐘状ピット、2. B-Ⅱ建造物釣鐘状ピット（Smith, 1972, fig.33.b, 52.cを改変）

第2章　メソアメリカ先古典期における生業

3．オアハカ

（1）アハルパン（先古典期前期）- 図26.1

釣鐘状ピット。粘土層を掘り込んでいた。底では平石で区画された部分に屈葬人骨が出土した。その足元には赤鉄鉱の入った石製鉢があった。また、人骨の目線上に土偶があり、その足に凭れるようにマノが出土した。その土偶の足元から人骨の区画まで炭化物が広がっていた。埋土は茶色土、白い灰、そして茶色土であった（MacNeish and Peterson, 1972）。

（2）クアチルコ（先古典期中後期）

2m（深さ）×0.80 - 1.90m（径）の大きなフラスコ状ピットが検出された（Drennan, 1976）。

（3）コイストラワカ（後古典期）- 図26.2

チュルトゥン2基と報告されている。多孔質の岩盤を掘り込んでいた。1基は遺物が何もなかった。もう1基は人骨、土器、石製品が出土した（Bernal, 1948-49）。

（4）ユクイタ

M1区1号遺構（先古典期後期）

石灰岩の円形蓋があった。内部は泥漆喰が塗られていたが、空であった。土器が出土した。

M3区1号遺構（先古典期後期）

石、アドベ列、土偶、人骨、土器片が出土した。

M6区12号遺構（先古典期後期）

黒曜石製ナイフ、土器5点が出土した。

M6区16号遺構（先古典期後期）

アドベと石灰岩の列が検出された。炭化物と土器1点が出土した（Robles, 1988）。

（5）サン・マテオ・エトラトンゴ

1号遺構（先古典期中期）- 図26.3

漆喰の床を壊し、地山（石灰岩層）を掘り込んでつくられたフラスコ状ピットである。二次埋葬の2号人骨（3個体分の中年男性の顎骨を含む）の下で1号遺構が検出された。底部より約10cmのところで一次埋葬屈葬の6号人骨を検出した。なお、この人骨は頭蓋変形を受けた10代後半の女性であった。ほかに焼石や土器片が出土した。

2号遺構（先古典期中期）- 図26.4

床面を壊してつくられた。底部で検出された3号人骨は21才以下の男性で二次埋葬であった。その上方の2号人骨は5 - 6才の男性の右側臥葬で、さらに上方の1号人骨は4 - 5才の男性の右側臥葬であった。1号人骨上に土器3点が置かれていた。ほかに、土器片、焼石、炭化物が出土した。

3-1号遺構（先古典期中期）

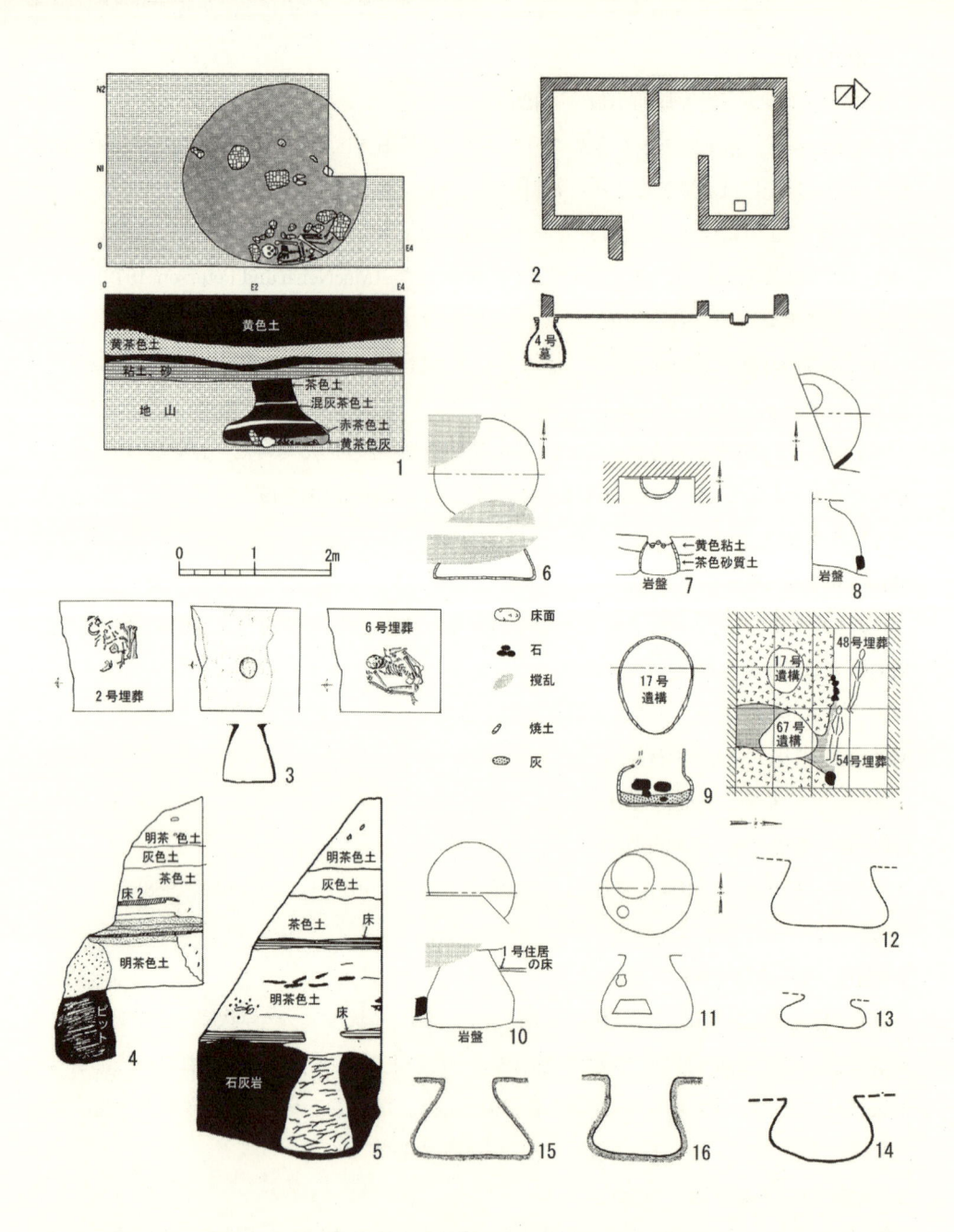

図26. オアハカのフラスコ状ピット（1）

1. アハルパン、2. コイストラワカ4号墓、3. サン・マテオ・エトラトンゴ1号遺構、4. 同2号遺構、5. 同3-2号遺構、6. ファブリカ・サン・ホセEG-2区3号ピット42号遺構、7. 同LG-7区17号遺構、8. 同LG-7区4号遺構、9. 同R-1区16号遺構、10. 同R-8区1号遺構、11. 同R-9区2号ピット19号遺構、12. サント・ドミンゴ・トマルテペックTL-1区7号遺構、13. 同TL-1区102号遺構、14. 同ESJ-1区109号遺構、15. 同R-2区50号遺構、16. 同Ia-3区79号遺構 (MacNeish et al., 1972, fig.63; Bernal, 1948-49, pl.1; Zárate, 1987, fig5-8, 13; Drennan, 1976, fig.51, 57, 62, 64, 68, 70; Whalen, ed., 1981, fig.7.a, b, 9, 17, 22を改変)

床面を壊してつくられた。貝類、動物遺存体や土器片が出土した。また、底部から右側臥屈葬の8号人骨と壺1点を検出した。頭蓋変形を受けた中年男性であった。

3-2号遺構（先古典期中期） - 図26.5

　土器片、鳥骨が出土した。

3-3号遺構（先古典期中期）

　未発掘（Zárate, 1987）。

（6）エトラトンゴ

EA2区、29号遺構（先古典期前期）

　炭化物が多量に出土した。印章や土偶も出土した。

U.23区3号遺構（先古典期前期）

　2層に分かれ、上層から炭化物、焼土片が出土した。下層からは、犬の埋葬、黒曜石、雲母、貝製品、土製品、メタテが出土した。

EA2区、7号遺構（先古典期中期）

　内部に石灰が施されていた。3体の埋葬の上に、数個の土器とアドベブロックが出土した。7号遺構を埋め、漆喰で遺構への象徴的入口をつくったとされる（Blomster, 2004）。

（7）ファブリカ・サン・ホセ

42号遺構／3号ピット／EG-2区（先古典期中期） - 図26.6

　側壁が赤く焼けており、底部は黒くなっていた。ピット上部は壊れていた。

17号遺構／LG-4区（先古典期中期） - 図26.7

　5号住居の北側で、黄色粘土層、茶色砂質土層そして岩床を掘り込んでいた。側壁は焼けて赤くなっていた。出土遺物は少なく、土器片、焼土などが出土した。

4号遺構／LG-7区（先古典期中期） - 図26.8

　岩盤まで掘り込まれていた。土器片などが出土した。このうち、内側にカルシウムの線があった壺形土器1点からトウモロコシ粒が検出された。

16号遺構／R-1区（先古典期中期） - 図26.9

　底部には灰が層を成し、側壁が焼けていた。火で割れた石、トウモロコシ粒などが出土した。

1号遺構／R-8区（先古典期中期） - 図26.10

　1号住居の床面を壊し岩盤まで掘り込んでいた。その口部分は壊れていた。埋土は柔らかい砂である。トウモロコシ粒が出土した。

19号遺構／2号ピット／R-9区（先古典期中期） - 図26.11

　完形土器6点、人骨製錐、人骨製品の破片、鹿角が出土している。また、壺形土器のなかからトウモロコシ粒が出土した（Drennan, 1976）。

（8）サント・ドミンゴ・トマルテペック

7号遺構／TL-1区（先古典期前期） - 図26.12

　多量の石器のほかに焼壁片、動物遺存体、トウモロコシが出土した。

102号遺構／TL-1区（先古典期前期） - 図26.13

　詳細不明。

109号遺構／ESJ-1区（先古典期前期） - 図26.14

　石器、土偶、貝製品、雲母などが出土した。また、多量のトウモロコシ粒を含む植物遺存体や多量の鹿骨片を含む動物遺存体も検出された。

50号遺構／R-2区（先古典期中期） - 図26.15

　土偶片、黒曜石などの石器、動植物遺存体が出土した。

79号遺構／Ia-3区（先古典期中期） - 図26.16

　土器、剥片、動植物遺存体が出土した（Whalen, 1981）。

（9）ティエラス・ラルガス

75、86、116、117、134、142、196、197号遺構（先古典期） - 図27.1

　住居址の近くに集中してフラスコ状ピットが検出された。普通のゴミ以外に、以下のような遺物が出土した。75号遺構：骨針、亀甲、86号遺構：焼壁片、植物遺存体、116号遺構：焼壁片、鳥骨、117号遺構：トウモロコシ軸、焼壁片。また、117号遺構からは40歳以上の成人男子の仰臥伸展葬（34号墓）、197号遺構では成人女子の腹臥伸展葬（38号墓）の人骨が出土した（Flannery, et al., 1976）。

　他にも、先古典期中期の住居址内でフラスコ状ピット1基が図示されている（Flannery and Winter, 1976）。

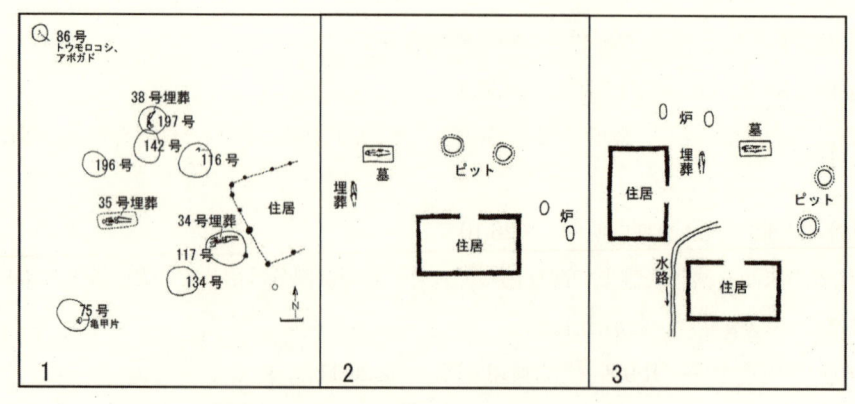

図27．オアハカのフラスコ状ピット（2）

1.ティエラス・ラルガス、2, 3.モンテ・アルバン（Winter, 1976, fig. 2.8; Winter, 1974, fig.2を改変）

（10）モンテ・アルバン（先古典期中期）‐図27.2,3

　住居址の近くで検出された。容量は0.50‐2.60㎥で、平均すると1.70㎥であった。オアハカの他遺跡と同様で、マノ、メタテ、チャート剥片、黒曜石石刃、土偶、貝製品や土器などが出土した（Winter, 1974）。

4．メキシコ中央部

（1）ロマ・トレモテ（先古典期）

　フラスコ状ピットを90基検出した。ピット内出土の植物遺存体の分析結果のみで、層位、他の遺物などは不明である。トウモロコシとインゲンマメが多かった（Reyna y Gonzalez, 1978）。

（2）トラティルコ（先古典期）‐図28.1

　数基のフラスコ状ピットが検出された。メタテ破片、土偶、ガラガラ、土笛、黒曜石や土器片が出土した（Porter, 1953）。

　フラスコ状ピット約32基を検出した。数基のみ調査を行った。ピットの内側は磨かれていた。土偶破片、動物遺存体、炭化物、平石や土器片が出土した。埋土は暗色土であった（Piña Chan, 1958）。

　フラスコ状ピット37基を検出した。土偶、土器、メタテ、骨角器、動植物遺存体が出土した（Ochoa, 1989）。

（3）トラパコヤ（先古典期中期）‐図28.3

　フラスコ状ピット1基。石灰岩層を掘り込んでいた（Barba de Piña Chan, 1980）。

（4）モヨツィンゴ（先古典期前期）‐図28.4

　フラスコ状ピットは集中しており重なり合う場合もあった。土器、土偶、黒曜石、骨、植物遺存体などの破片が出土した（Aufdermauer, 1970）。

（5）アカテペック（先古典期後期）‐図28.2

　フラスコ状ピットが集中して検出された。ピット内よりマノやメタテの破片が出土した。22号フラスコ状ピットから土偶（完形1破片9）、トウモロコシ軸が出土した。人骨はフラスコ状ピット内より座葬（若しくは屈葬）が2体、伸展葬が1体、フラスコ状ピットの上から座葬が1体検出された。副葬品はなかった。ほかに、ピット内で2個の臼歯が離れて出土した（Walter, 1970）。

（6）グァルピタ・ラス・ダリアス（先古典期）

　フラスコ状ピット7基のほか3号遺構と3A号遺構間に小型フラスコ状ピットも検出された（Walter, 1970）。

121

図28. メキシコ中央部のフラスコ状ピット

1. トラティルコ、2. アカテペック、3. トラパコヤ、4. モヨツィンゴ、5. ヴァルピタ・ラス・ダリアス4号遺構（Piña Chan, 1958, fig. 2; Walter, 1976; Barba de Piña Chan, 1980, lam. 1; Aufdermauer, 1970, pl. 1; García y Rodríguez, 1975, fig. 23を改変）

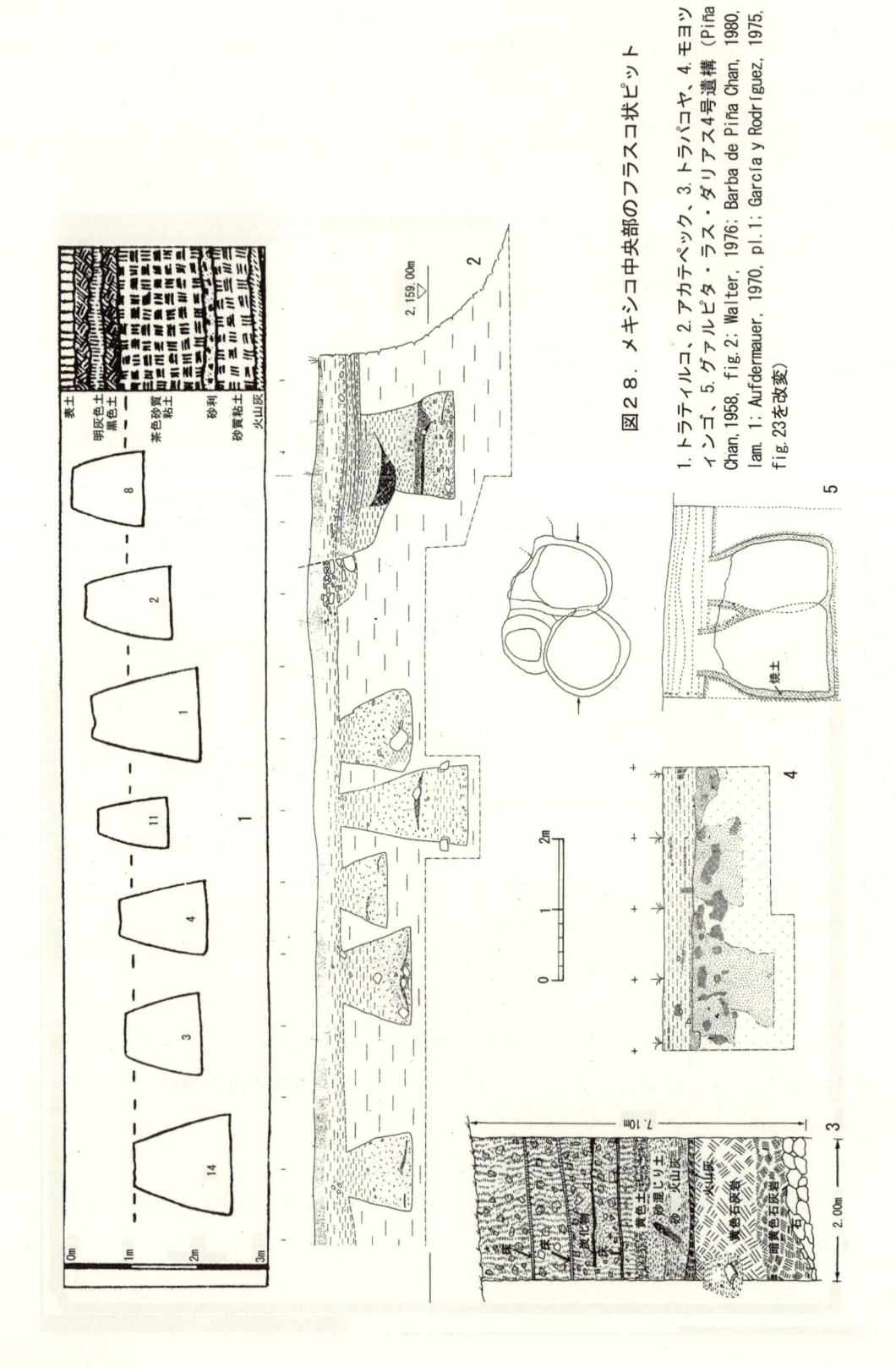

1, 3号遺構

　フラスコ状ピットの内面に土壁がつくられていたが、焼けた状態で検出された。1号遺構ではマンモスの臼歯が、3号遺構ではピットの括れ部分で一面が平らな石が出土した。

4号遺構 - 図28.5

　フラスコ状ピット3基が重なり合っていた。内側に焼けた土壁が検出された。

5．メキシコ西部

A：ゲレロ州

（1）Co-11、コクラ

円錐形竪坑墓（先古典期）‐図29.3

　盗掘されていたが、骨片、土器や土偶の破片が出土した。また、こうした竪坑墓には粗製の円盤状の蓋がつけられた（Cabrera, 1986）。

（2）ラ・クエバ上（時期不明）‐図29.4

　地山を掘り込んでいた。円盤状の石蓋があった。遺物は出土しなかったが、内部は湿気があった（Schmidt, 1976）。

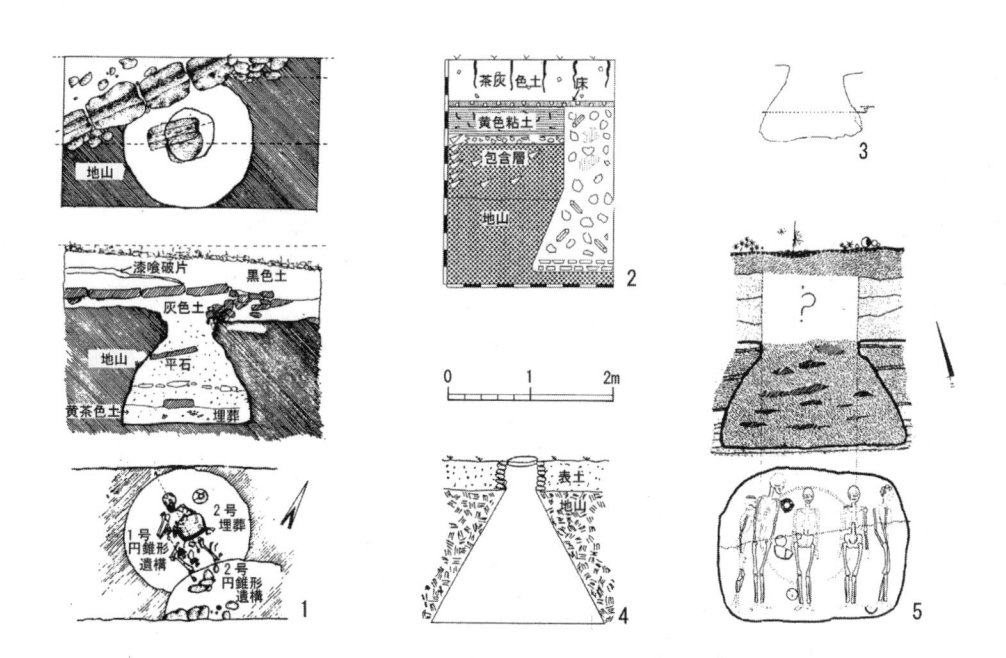

図29．メキシコ西部のフラスコ状ピット

1. チルパンシンゴ、2. Zo-035（チチトランテペック）2号遺構、3. Co-11、4. ラ・クエバ上、5. アテマハック2号竪坑墓（Martínez, 1990, fig. 2, 3; Schmidt, 1990, fig. 19; Cabrera, 1986, lam. 1; Schmidt, 1976, fig. 13; Galván, 1991, lam. 55を改変）

（3）Zo-035（チチトランテペック）、ショチパラ

2号遺構（先古典期後期）‐図29.2

　4号半地下式中庭で検出された。黄色粘土、砂利、地山を掘り込んでいた。フラスコ状ピット括れ部分の2箇所で人骨の集積がみられた。その集積から三脚土器が出土した。また、底部には平石が敷いてあった（Schmidt, 1990）。

（4）チルパンシンゴ

1）盗掘にあったと思われる空のびん状貯蔵穴2基をみつけた（Schmidt, 1977）。

2）土木作業中に、地山に掘り込まれた円錐形墓がみつかった。底部で上に石が乗せられた仰臥伸展葬の成人骨が検出された。また、人骨の近くより古典期の完形土器が出土した。同じ土壙内の中程より二次埋葬の成人骨が出土した。この人骨近くより先古典期の土偶が出土した。また、出土した遺物はいろいろな時期のものが混じっていた。埋土は灰色土、茶黄色土であった（Martínez, 1990）。‐図29.1

3）前記円錐形墓が検出された地区では他に3基の円錐形ピットを検出した。出土遺物は古典期に属する（Martínez, 1990）。

4）10体以上の一次埋葬と二次埋葬の人骨が出土した。多くは成人であるが、二次埋葬のなかには子供の骨もあった。ほかに、黒曜石製石刃、石斧、円盤状石、ミガキ石、貝製首飾り、貝が出土し、完形の土器もあった（Goncen, 1986）。

（5）エル・クレブレアド（時期不明）

　ラ・クエバ上のフラスコ状ピットと同じ遺構が検出された。テコマテなどの土器が内部より出土したといわれる（Schmidt, 1990）。

B：ハリスコ州

（1）アテマハック

2号竪坑墓（先古典期中期‐古典期前期）‐図29.5

　フラスコ状の土壙を持つ竪坑墓1基が検出された。一次埋葬の5個体の人骨が出土した。土器が副葬されていた（Galván, 1991）。

6．まとめ

　遺跡における出土位置が不明な事例、遺跡内の主要な建造物に関連している4事例を除くと、フラスコ状ピットは住居址若しくはその近辺で検出された。また、メキシコ中央部では、フラスコ状ピットが一箇所に集中して検出され、重なり合うこともあった。この事実は、フラスコ状ピットを掘ったり埋めたりしたことが繰り返されたことを示唆している。それ以外では、遺跡内の主要な建造物や半地下式広場に関連して検出された。

フラスコ状ピットは粘土や砂の層から地山までか、地山を直接掘り込んでいた。メキシコ中央部の内壁に壁土が塗られていた3つの事例、壁を磨いているトラティルコの事例やメソアメリカ南東部太平洋側の漆喰で仕上げがしてあった2つの事例以外はピットの内面に手が加えられていなかった。こうした内面の仕上げは、チュルトゥンの構造を思い起こさせるが、一般的ではない。また、ゲレロ州で検出された空のフラスコ状ピット内部では湿気が多かったことを考慮すると、内側の漆喰や土壁は土中の水分のピット内への侵入阻止のためであった可能性も考えられる。

　ピットの埋土に関する報告は少ないが、オアハカでは地山（石灰岩）と同じ白土や良質の土若しくは砂で、一挙に埋め戻していた。逆に、内部が空であった事例がゲレロ州で報告されている。遺物は3つの事例を除き出土位置の判明しているものは全てピットの底で出土した。土器、メタテ、黒曜石、動植物遺存体、焼土などで大半が破片である。

　オアハカでは砂で埋められたピットの主な遺物はトウモロコシである。また、メキシコ中央部のフラスコ状ピット群の植物遺存体はトウモロコシやインゲンマメが中心であり、フラスコ状ピットはトウモロコシやインゲンマメなどの貯蔵に使われた可能性が高い。オアハカではピット内の壺形土器からトウモロコシが出土しており、壺などの容器に貯蔵したことも考えられる。また、オアハカではカルシウムの線が内側にあった壺形土器からもトウモロコシ粒が出土しており、トルティヤなどのトウモロコシを使った料理の下拵えだったかもしれない。

　ピット直上から検出された1つの事例、複数の人骨が集中してピット中程で出土した2つの事例と出土位置不明の事例を除くと、人骨はピットの底から出土した。二次埋葬では、離れ離れの臼歯、複数の頭骨、手足の骨などがあるが副葬品はない。他に、複数の一次埋葬を重ねその上に土器を置いている事例、埋葬人骨の上に様々な破片を置いた事例がある。一次埋葬人骨にも副葬品は殆どないことも考えると、フラスコ状ピットに人を単純に埋葬したのではない可能性が高い。このなかで、ゲレロ州の事例では半地下式広場の真中に位置するフラスコ状ピットから人骨の集積が検出されており、ある種の儀礼を行っていたことが考えられる。人身犠牲、食人の儀礼などがあったのだろうか。一方、明らかに副葬品とわかるのはアテマハックの竪坑墓のみである。この事例はメキシコ西部の竪坑墓の事例と埋葬形態が同じであり、竪坑墓の一形態と考えられるが、特殊な事例である。

　マヤ中部ではピットの内側に焼け跡があったり、ピット内部中程で炭化物などが層を成している部分があった。オアハカやメキシコ中央部では内壁や底部が焼けている事例があった。これらの事実からフラスコ状ピット内で火を使っていたことがわかる。また、オアハカでは底部で灰や炭化物の層が検出された事例や炭化物の広がりに関連して土偶や埋葬が検出された事例も報告されており、火を使った儀礼を行っていたことを示唆している。

第4項　小結

　フラスコ状ピットはメキシコ西部からメキシコ中央部、オアハカ、北部を除くマヤに範囲が及んでおり、時期的には先古典期前期から後古典期までの事例が知られている。しかし、先古典期しかも中期と後期が大部分を占めている。また、地域的にはメキシコ中央部、オアハカ、メソアメリカ南東部太平洋側が多い。大多数のフラスコ状ピットは砂層や土層を掘り込んでいた。また、出土遺物からトウモロコシやインゲンマメなどの貯蔵に使用された可能性が最も高い。

　一方、カミナルフユではフラスコ状ピットから石彫の破片が出土している。しかし、マヤキチェの聖典『ポポル・ヴフ』などによれば石彫は神像とされ、石彫を破片だといってゴミとして捨てる事は普通には考えられない（レシーノス、1977）。現代のマヤ社会では、マシモンやサン・シモンの儀式に設けられる祭壇に、拾い集められた石製品の破片や河原石などを供えることが行われている（桜井、1993）。カミナルフユでは人骨の破片、土器片、メタテやマノの破片、黒曜石など、ほぼ同じ組み合わせである事から意図的に貯蔵穴のなかに納められた物と考え、どのようなものでも使用を止めるときにその物に対して感謝若しくは敬意を表現する精神はよく理解できると説明されている（大井、1995）。このように考えるならば、石彫の破片も供物として貯蔵穴に納められ丁重に埋められたと考えられる。

　また、マヤ中部ではピット底部で石灰岩を並べていたり、カミナルフユではピットの底で平石がまとまって検出されたり、オアハカでは一次埋葬を区画するために平石が置かれたり、メキシコ西部ではピット底部に平石で敷石をしたりした事例がある。一方、現在でもグァテマラのマヤ村落サンティアゴ・アティトランでは、聖ミゲルや聖アンドレスの衣装を洗濯する一抱えある平石がコフラディア（信徒集団）の家にあったことが報告されている（桜井、1993）。こうした事実からピットの底から出土する平石には、特別な意味があったと推定できる。

　カミナルフユでは建造物をつくったり、床を更新する際に、供物を床面に置いていた。また、供物はフラスコ状ピットの底にも置かれていた。これらの供物には副葬品のない一次埋葬や二次埋葬も含まれていた。一方、他の地域でもピットの底から遺物が出土しており、カミナルフユと同様に供物を置きピットを埋め戻していた可能性が高い。

　カミナルフユでは獣骨や炭化物の集積がピットのなかから検出され、その上には4個の石があった。また、その近辺では黒曜石石刃などの供物も出土しており、炉などで獣骨若しくは獣肉を焼くような儀礼を行っていた可能性がある。また、マヤ中部のフラスコ状ピット内部中程で検出された焼土と炭化物の層やオアハカの側壁や底部が焼けていたフラスコ状ピット

も考慮すると、フラスコ状ピットの底か埋める途中に火を使った儀礼が行われたことが考えられる。

最後に、フラスコ状ピットは諸先学が論じてきたように、貯蔵穴である可能性が高い。また、従来フラスコ状ピットは単純に二次的なゴミ捨て場や埋葬に転用されたと考えられてきたが、単純に転用されたのではなく供物を置いたり土偶などの儀礼をした後にフラスコ状ピットは丁重に埋め戻されたと考えられる。このため、ピット内から出土した土器、マノ、メタテ、黒曜石などの破片や動植物遺存体もゴミなどではなく、供物であった可能性が高い。また、検出された人骨は殆ど副葬品を伴っておらず、人身犠牲に由来すると考えられる。

一方、ワステカを含むメキシコ湾岸ではフラスコ状ピットの検出例はない。しかし、フラスコ状ピットの検出例の多い先古典期には、これらの地域でも同じ文化が栄えていた。また、調査の中心はピラミッド神殿であるため、住居址などは発掘されていない。このように考えると、住居址が期待される地区の調査をすることによりフラスコ状ピットは検出される可能性がある。今後フラスコ状ピットの事例が増加する事を期待する。

第4節　考古資料に表現される動物

メソアメリカでは、様々な動物が神話などにおいて神と関連付けられる。また、絵文書などにも動物が描かれている。一方、従来、遺物遺構に表現される動物を安易に後古典期若しくは植民地時代の資料を取り入れ、歴史的な系譜を辿ること無く、単純に絵文書などと比較をする研究が多い。時代が離れているにもかかわらず、類似するものを単純に結び付ける傾向がある（伊藤、1988）。

以上を考慮すると、文献資料による研究を実施する前に、考古学資料にみられる動物表現を詳細に分析することが重要である。本節では、先古典期前期より発展したメソアメリカ南東部太平洋側の考古学的資料から、遺物遺構に表現される動物の時期変遷を辿る。

第1項　動物が表現される遺物

メソアメリカ南東部太平洋側は高地と太平洋岸に分かれ、74遺跡から動物を表現する遺物・遺構が報告されている（Agrinier, 1964, 1970, 1975a, 1983; Andrews, 1976; Ball, 1980; Berlo, 1989; Brown, 1977; Bruhns, 1980; Castillo, 1996; Ceja, 1985; Cheek, 1977; Ciudad, 1984; Cobos and Sheets, 1997; Coe, 1961; Culbert, 1965; De León, 1996; Demarest, 1986; Dutton and Hobbs, 1943; Ferdon, 1953; Feldman and Walters, ed., 1980; Green and Lowe, 1967; Ichon, 1977, 1979, 1992; Ichon et Arnauld, 1986; Ichon, et al., 1988; Ichon, et al., 1981; Ichon et Grignon, 1981, Ichon, et al., 1983; Ichon et Hatch, 1982; Ichon, et Viel, 1984; Kelley, 1988; Kidder, et al., 1946; Kirsch, 1973; Lee, 1969, 1970; Longyear, 1944; Lothrop, 1933, 1936; Lowe, 1962; Lowe and Agrinier, 1960; Lowe, et al., 1982; Lowe, 1998; Mason, 1960; McDonald, 1983; Navarrete, 1966, 1976; Navarrete, et al., 1993; Navarrete y Luján, 1993 ; Norman, 1973, 1976; Orrego, 1990; Parsons, 1967, 1969, 1986; Peterson, 1963; Piña and Navarrete, 1967; Sanders, 1961; Sharer, ed., 1978; Sharer and Sedat, 1987; Sheets, 1992; Sheets, et al., 1993; Shook and Kidder, 1952; Smith, 1955; Smith and Kidder, 1943, 1951; Smith, 1952; Tejeda, 1947; Thompson, 1948; Voorhies, 1976; Wauchope, 1948, 1975; Wauchope, et al., 1989; Woodbury and Neely, 1953）。材質には、石、土、貝、骨、金属がある。表現される動物は、ジャガー、蛇、鳥、蛙、鰐、猿、ピソーテ、魚、コヨーテ、兎、ペッカリー、鹿、亀、蝙蝠、アルマジロ、貝、栗鼠、テペスクイントレ、七面鳥、イグアナ、犬がある。以下、材質別に動物に関連する遺物を出土状況と共に考察する。動物が表現される遺物の材質には石、漆喰、土、貝、骨、金属がある。

１．石

　丸彫り、浮彫り、線刻、壁画で動物が表現される。
　（１）丸彫りの石彫：記念物的石彫と小型石彫がある。
１）記念物的石彫

　立ち上がるジャガーは、高地から太平洋岸までの5遺跡で5点ある（図32.1-3）。このうち、ツツクリ7号記念物は頭部を欠く。座るジャガーは完形が2遺跡2点、頭部を欠くジャガーは高地から太平洋岸にかけて5遺跡5点ある。タカリク・アバフでは建造物（先古典期後期）前に完形のジャガーがある。口内に浮彫りが施されるジャガー頭部石像は、太平洋岸を中心に3遺跡3点ある（図32.11）。イサパでは建造物（先古典期後期）前にある。ジャガー頭部破片は太平洋岸で1点ある。ジャガー形象祭壇は3遺跡で3点ある。他に、グァテマラ高地では2遺跡3点のジャガーがある。他の動物の特徴を併せ持つジャガーは、太平洋岸2遺跡で4点出土している。サンタ・クララではジャガー頭部巨石像1点がある（図32.4）。
　とぐろを巻く蛇が2遺跡で2点ある（図32.6）。カラ・スシアではホゾで繋げられる蛇が1点ある（図32.5）。蛇の石製U字管は2遺跡で2点ある（図32.10）。イサパの球戯場（古典期後期）端では、2号玉座と共に蛇形象横ホゾ付石彫が出土している。エル・バウルでは建造物（古典期後期）前に蛇頭部石彫が出土している。また、サン・イシドロでは、爬虫類とされる頭部1点が建造物（古典期後期）階段の一部として、もう1点は建造物（古典期後期）階段一段目に

ある。蛇を形象している可能性がある。カミナルフユでは首に蛇を巻きつけた人物石像が建造物前にある。

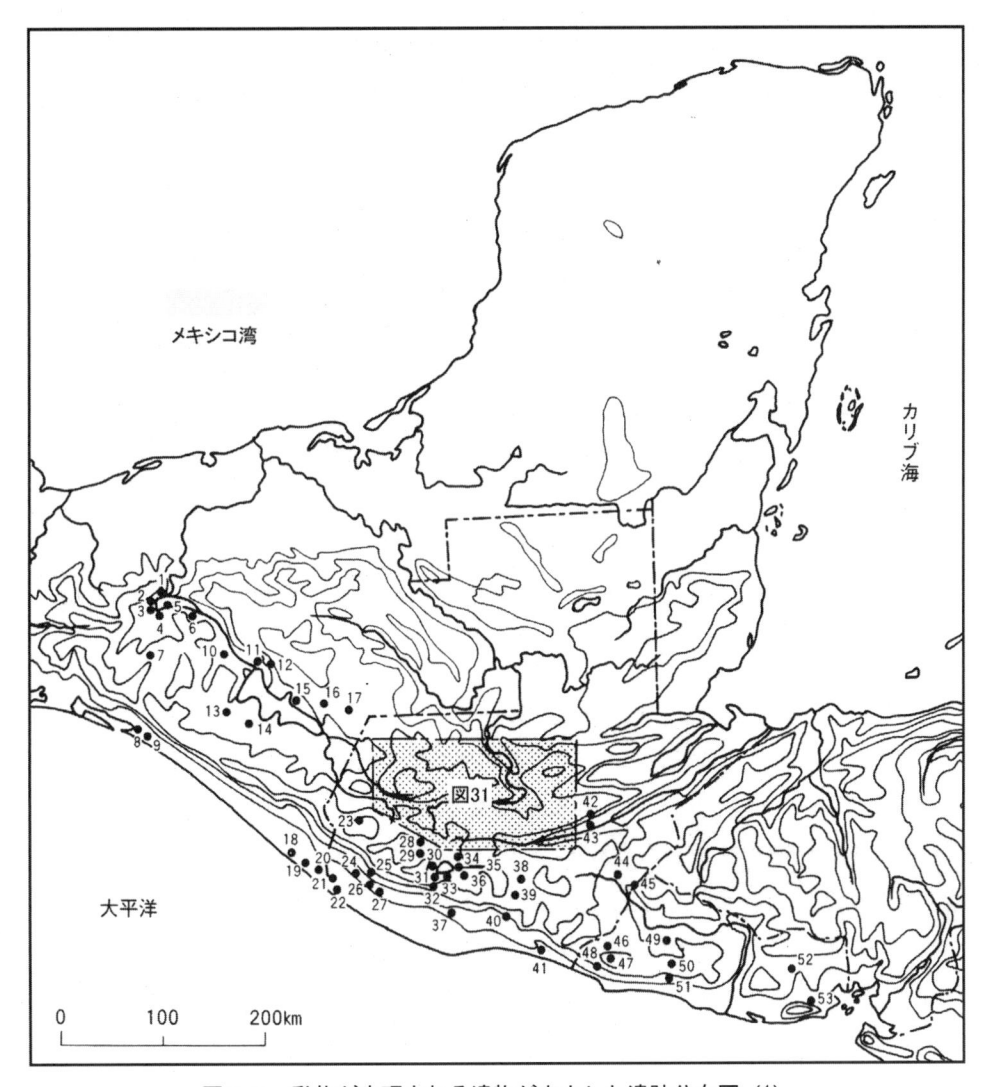

図30. 動物が表現される遺物が出土した遺跡分布図（1）

1. ロムロ・カルサーダ、2. ロペス・マテオス、3. チンツル、4. トルトゥゲーロ、5. マリタノ、6. サン・イシドロ、7. ミラドール、8. トナラ、9. ツツクリ、10. チアパ・デ・コルソ、11. サンタ・クルス、12. セロ・エカテペック、13. セロ・ナランホ、14. パドレ・ピエドラ、15. サンタ・ロサ、16. テナン・ロサリオ、17. チンクルティック、18. チャンチュート、19. パソ・デ・ラ・アマダ、20. イサパ、21. ロス・リモネス、22. ラ・ビクトリア、23. タフムルコ、24. タカリク・アバフ、25. アンブルゴ、26. サン・ラファエル・パナン、27. サン・アントニオ、28. アグア・ティビア、29. サルカハ、30. サン・フアン・ラグナ、31. チュイティナミット、32. パチワック、33. チュクムック、34. イシムチェ、35. チリフユ、36. パツン、37. コツマルワパ地域：エル・バウル、ビルバオ、パロ・ベルデ、エル・カスティヨ、ロス・タロス、38. カミナルフユ、39. ソラノ、40. サバナ・グランデ、41. サンタ・クララ、42. サン・アグスティン・アカサグァストラン、43. グアイタン、44. アスンシオン・ミタ、45. グイハ、46. チャルチュアパ、47. サンタ・レティシア、48. カラ・スシア、49. シワタン、50. ホヤ・デ・セレン、51. サン・アンドレス、52. ケレパ、53. ロス・ヤニトス

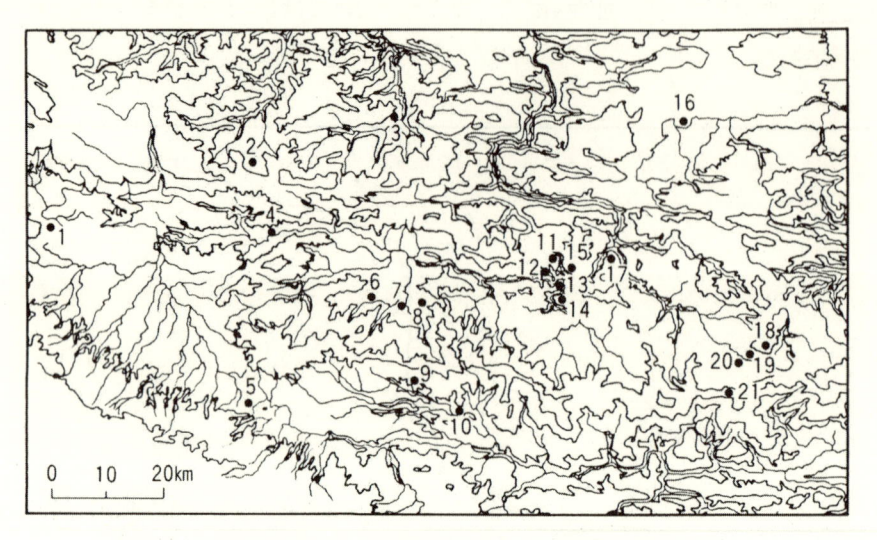

図３１．動物が表現される遺物が出土した遺跡分布図（2）

1. サクレウ、2. ネバフ、3. ツィクアイ、4. チュティスティオックス、5. サンタ・クルス・キチェ、6. サン・アンドレス・サフカバフ、7. ラ・ラグニータ、8. ロス・セリトス・チホフ、9. サクアルパ、10. ホヤバフ、11. ロス・エンクエントロス、12. チトマックス、13. エル・ホコーテ、14. サン・フアン・ラス・ベガス、15. チクルス、16. チポック、17. カウイナル、18. ロス・マンガレス、19. エル・ポルトン、20. エル・モリーノ、21. シババフ

　蛙は、太平洋岸を中心として5遺跡で12点ある（図32.8,13）。1点は鉢状である。イサパでは総て石碑の前から、タカリク・アバフでは円形祭壇の上と建造物の前より各1点出土している。タカリク・アバフの2点とイサパの2点は先古典期後期である。サバナ・グランデでは、蛙とジャガーの特徴を持つ石像1点がある。

　蟹形象祭壇は太平洋岸の2遺跡で2点ある。このうち、イサパでは石碑前にある（図32.7）。タカリク・アバフでは、梟と鰐の石像各1点が建造物（先古典期後期）前にある。猿は太平洋岸を中心として、4遺跡で4点ある（図32.12）。頭部破片3点、頭部鉢状容器1点である。コツマルワパの2遺跡ではジャガー、蛇、鰐の特徴を持つ石像各1点がある。他に、爬虫類形象石製鉢1点、嘴内に人物頭部がある金剛インコ頭部1点がある。7点は表現している動物が不明である。このうち1点の背には窪みがあり（図32.9）、他の1点はドーナツ状になる。カミナルフユでは、建造物（古典期前期）に動物形象祭壇が組み込まれる。

2）小型石彫

　高地の3遺跡では鹿、蛇などの頭部石彫4点が出土している。ロス・セリートスでは破片2点が建造物（古典期後期）基部で供物とされる。カミナルフユではジャガー形象きのこ石1点が副葬品（先古典期後期）、ピソーテ形象きのこ石破片が建造物（古典期中期）直上の供物と

第2章　メソアメリカ先古典期における生業

される。人物に背負われた猿とピソーテの小石彫は他の石彫と共に供物（先古典期後期）とされる。他に、ジャガーの足1点、猿頭部破片1点がある。

　ケレパでは建造物近くの切石下から鳥形象パルマ1点、猿形象石斧1点が供物（古典期後期）とされる（図33.1,2）。4遺跡でコスタ・リカ様式動物形象メタテがあり、1点は女性の副葬品（後古典期）である。蛙など動物形象小型石皿は副葬品（先古典期後期）と供物（図33.3、古典期前期）とされる。カミナルフユでは鳥とジャガーを象った石製容器が副葬品（先古典期後期）とされる。先古典期後期‐古典期前期、グァテマラ高地4遺跡では、ジャガー、猿、鳥、魚などのヒスイ製ビーズが副葬品とされる（図33.4-9）。カミナルフユでは、鳥の頭飾りを着けた人物のヒスイ製ビーズもある（図33.9）。

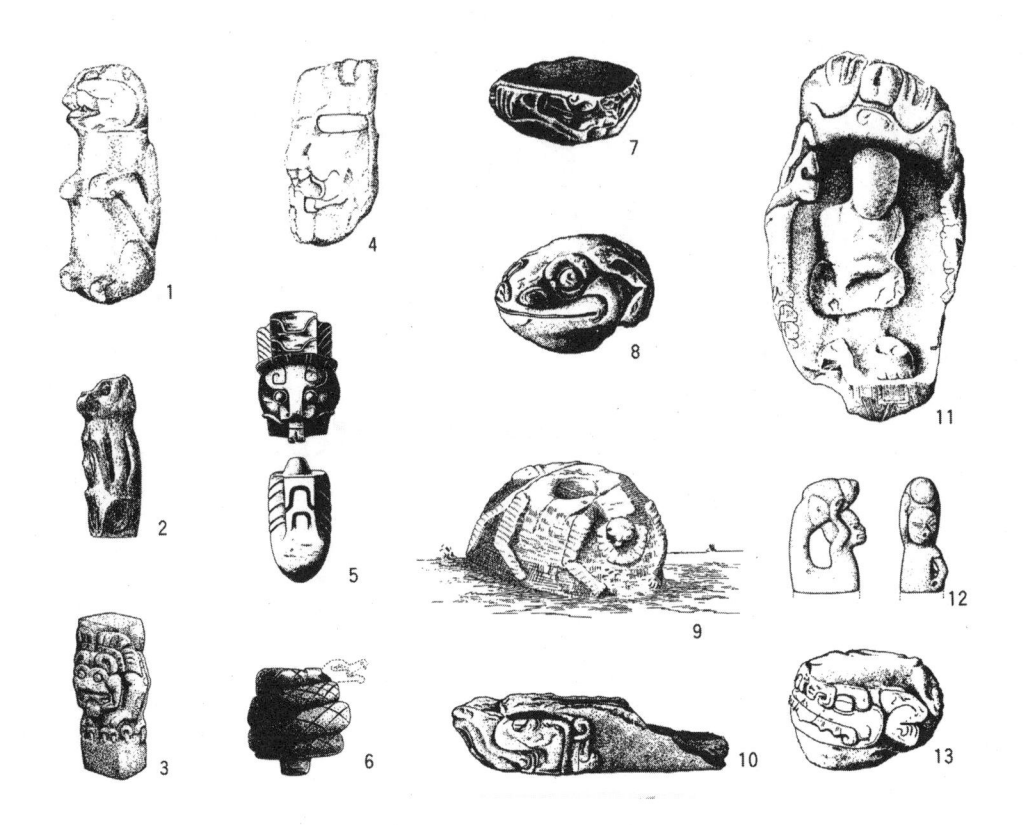

図32．動物が表現される丸彫り石彫

1.アンブルゴ出土（Parsons, 1986）、2.タフムルコ出土（Tejeda, 1947）、3.ロペス・マテオ出土（Piña Chan, et al., 1967）、4.サンタ・クララ出土（Parsons, 1986）、5,6カラ・スシア出土（Lothrop, 1933）、7,8,10,11,13.イサパ出土（Lowe, et al., 1982）、9.パチワク出土（Lothrop, 1933）、12.ロムロ・カルサーダ出土（Piña Chan, et al., 1967）

（2）浮彫りされた石彫

チュイティナミットではテラス3段目にある自然石にジャガーと他の動物が表現される。カミナルフユ10号石碑（四脚付テーブル状台座）にはジャガーの文字がある。イサパ12号石碑では吊り下げられたジャガーの下で二人の人物が上を見る（図34.1）。同21号石碑では動物の頭飾りの人物が首級を挙げ、ジャガー形象輿に人物がのる（図34.3）。同27号記念物（先古典期後期）では様式化された動物の上にある木の前に立つ人物に対してジャガーが立ちあがる（図34.2）。同39号石碑と1号記念物には自然石と粗く整形された石にジャガーらしい動物が表現される。エル・バウル27号記念物では倒れて手に球を持つ人物の脇にジャガーのマスクをかぶる人物が両手で球を持っている。ケレパでは大きな鉢状石製容器側面に様式化されたジャガーの顔が繰返される。

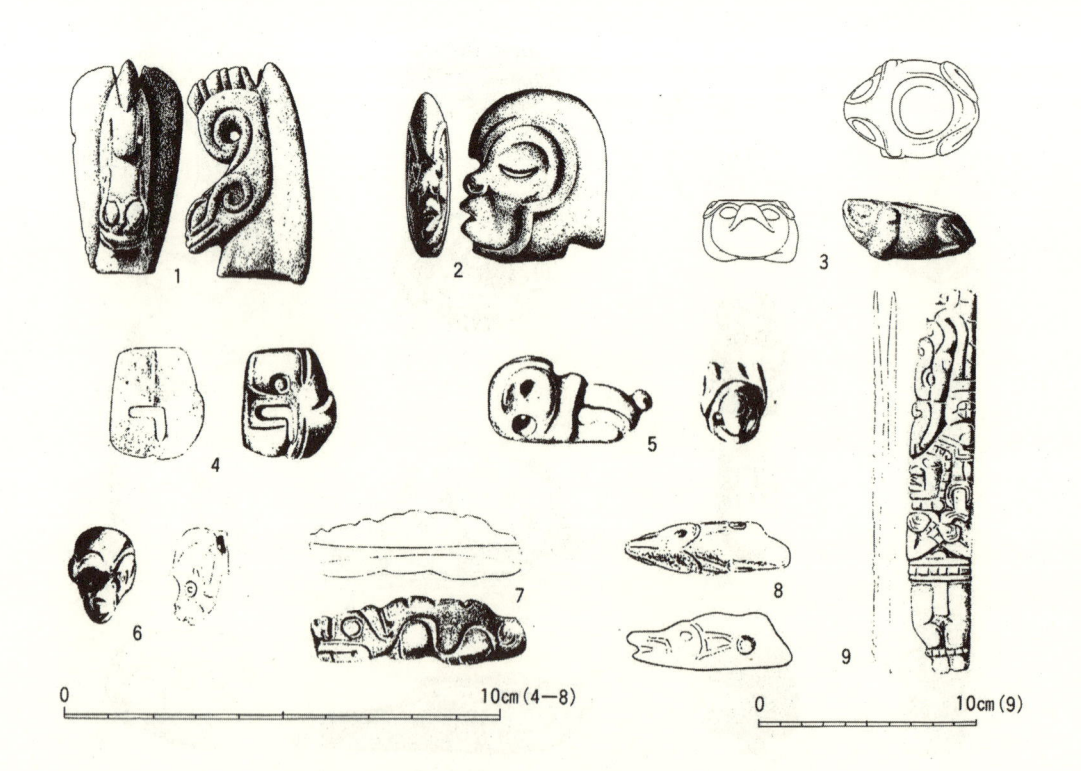

図３３．動物が表現される小型石彫、ヒスイ製品

小型石彫：1,2.ケレパ出土（Andrews, 1976）、3.カミナルフユ出土（Kidder, et al., 1946）
ヒスイ製品：4,5,6.サクレウ出土（Woodbury, et al., 1953）、7,9.カミナルフユ出土（Kidder, et al., 1946）、8.ネバフ出土（Smith, et al., 1951）

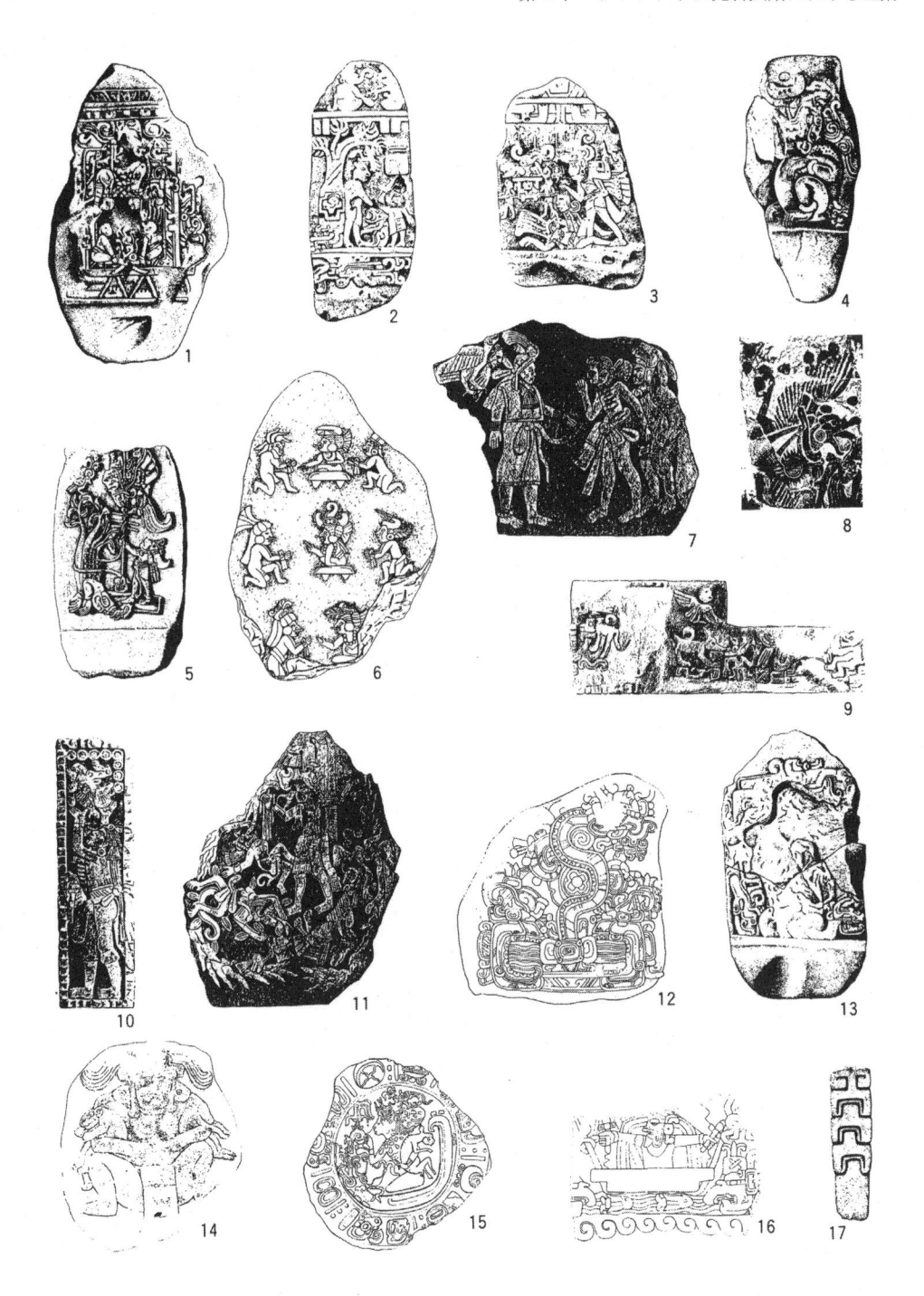

第2章 メソアメリカ先古典期における生業

図34. 動物が表現される浮彫り石彫

1, 2, 3, 4, 5, 13, 16. イサパ出土（Lowe, et al., 1982; Norman, 1976）、6, 17. カミナルフユ出土（Parsons, 1986）、7, 8. ビルバオ出土（Thompson, 1948; Parsons, 1969）、9. タフムルコ出土（Tejeda, 1947）、10. パロ・ベルデ出土（Parsons, 1969）、11. エル・バウル出土（Thompson, 1948）、12, 14. タカリク・アバフ出土（Orrego, 1990）、15. テナン・ロサリオ出土（Agrinier, 1983）

アロヨ・デ・マリタノでは建造物（古典期後期）前で蛇の石碑1点が逆さにたっている。ガラガラ蛇の尻尾を象る石碑は2遺跡2点である（図34.17）。1点はソラノの建造物（古典期前期）階段の東南端にたっている。ロス・セリートスでは中央に孔が開けられた円形石彫（後古典期）側面に双頭の蛇と目を閉じる人頭（死者）が繰返される。カミナルフユ4号石碑には人物の腰部分から蛇が頭を出している。キチェでは様式化された蛇のシルエット石彫がある。ロス・オルコネス1号石碑では二つの蛇頭が人の首部分から出ている。蛇頭は吹き出る血とされる。同3号石碑では手に得物を持った人物の下に様式化された蛇がいる。イサパ7、23号石碑では様式化された双頭の蛇が表現される（図34.13）。タカリク・アバフ4号石碑には向い合う頭部間の波部分から蛇が昇り、その口から人頭が出る（図34.12）。コツマルワパ周辺出土のシルエット石彫では人物が蛇を掴む。エル・バウル9号記念物では髑髏に蛇が絡みついている。

カミナルフユ65号記念物は3段に分けられ、中段の手を縛られた人物は鳥頭の頭飾りを着ける（図34.6）。イサパ3, 20号祭壇（先古典期後期）は円形祭壇の上に、台にのる人間化した鳥と台に座る人物に球を運ぶ鳥が表現される。サン・アントニオ・スチテペケの円盤状石彫では腰飾りに鳥頭がある。ビルバオ16,17号記念物には人若しくは人頭を嘴に鋏む猛禽がいる（図34.8）。ビルバオ21号記念物には主要人物3人の周りに1羽の鳥が、同74号記念物の円盤状石彫の中心に鳥がいる。

カミナルフユ3号石碑には尻尾に輪が着く魚（以下、環付魚とする）が表現される。イサパ1号石碑（先古典期後期）では魚がいる籠を持ち、背中に水瓶を背負う人物が動物形象靴を履き、魚が泳ぐ波の上にのる。同22,67号石碑には小船に乗る人物下の波に環付魚2匹がいる（図34.16）。

2遺跡2点には鹿の文字がある。ビルバオ14号記念物では倒れる着飾った人物の前に人間化された鹿が立っている。後古典期のタフムルコでは、水鉢状石彫と円形祭壇に着飾った人物と共にコヨーテ人間が表現される。建造物（古典期後期）前にたつエル・バウル7号記念物では着飾った人物が蟹にのる。同8号記念物は石ブロックで一側面に蟹が表現される。鰐を示す3文字が浮彫りされるビルバオ12号記念物は、10,11号記念物近くから出土している。パロ・ベルデ2号記念物には着飾った人物がたち、鰐の小人を奉げる（図34.10）。イサパ6号石碑（先古典期後期）には人物がのるU字の下に、環付二又舌の蛙がいる（図34.4）。鰐、蛇、人の要素を持つとされる。猿が表現される自然石や板状石彫がある。エル・カスティヨ1号記念物では、猿の文字がある。

一つの石彫に多種類の動物が表現される場合がある。テナン・ロサリオ広場中央出土9号石製円盤（古典期後期）では、様式化された蛇の上に座る着飾った人物が鹿若しくは兎を抱える（図34.15）。タフムルコ椅子状石彫（後古典期）では玉座に座るコヨーテの周囲に鳥やコ

ヨーテがいる（図34.9）。ロス・オルコネス4号石碑の鳥をのせるジャガーには二又の舌を夫々持っている。イサパ11号石碑では人の要素を持つU字状になる双頭の蛇の前に口を開けた蛙がいる。同18号石碑（先古典期後期）には中央に鳥形象柱状物を置き、向い合う二人の後ろに蛇と猿の頭飾りの人物が座る。同25号石碑（先古典期後期）では、下半身が木になる鰐、樹上の鳥、柱状物にのる人間化した鳥、巻付く蛇がいる（図34.5）。タカリク・アバフ14号記念物には着飾った人物が両腕にジャガーと鹿若しくはペッカリーを抱えて座る（図34.14）。同62号記念物にはやや十字形で、下部に鹿が表現され、十字部分の上にジャガーがのる。サン・ラファエル・パナンでは自然石にジャガー、蛇、骸骨が表現される。エル・バウル4号記念物では着飾った骸骨の周囲に鰐や鳥人が廻る（図34.11）。ビルバオ18号記念物では2人が支える棒の下に蟹のハサミ部分がある。また、上には猿の文字がある。同19号記念物では鳥と人が組み合わさる動物の前の着飾った人物が兎の頭飾りの人物らに対する（図34.7）。アンティグア盆地出土石彫では座る人物の前に鹿、後ろにジャガーがいる。イサパ14号石碑（先古典期後期）では内部で向い合う二人が座る凸形の上にジャガーと蛇の特徴を持つ動物がのる。

　形象する動物が不明の石彫もある。アロヨ・デ・マリタノでは、1側面に動物頭部を持つ板状石彫1点は建造物（古典期後期）北東角、もう1点は3号建造物（古典期後期）の階段を形成する。タフムルコの方形石彫には動物頭部が表現される。ラ・ラグニータ石彫3点は様式化された動物が表現される。エル・モリーノでは蛙若しくは亀を平石に表現している。カミナルフユでは墓（古典期前期‐中期）上から二つに割れて出土した石碑には動物の顔が表現される。イサパ2号石碑（先古典期後期）には動物の頭飾りと翼を着けた人物が逆さに落ちる先に、様式化された動物の頭部が下にあるヒカラの木がある。同28号石碑（先古典期後期）では昆虫が表現される。

（3）岩刻・岩絵
3遺跡では蛇、鳥の岩絵がみられる。近くより後古典期の土器が出土している。セロ・ナランホの洞窟では、シパクトリ神とされる鰐が植物と共に波の上にいる。

（4）線刻された石彫
　3遺跡では自然石に様式化された動物が表現される。ツツクリでは建造物（先古典期中期）階段両側に様式化されたジャガーと蛇を表現する石碑が各1点たてられる。タカリク・アバフでは自然石に様式化された鳥が表現される。エル・バウルでは建造物（古典期後期）の一部であるブロック状石彫に様式化した爬虫類が表現される。

2．漆喰
　グァテマラ高地の2遺跡で、階段基部に西向きに腹ばいになるジャガーが実大の漆喰装飾で

表現される（図35）。後古典期とされる。

3．土
（1）土器

　ミラドールでは腹が膨らんだ動物形象土製棒3点をたてる円筒形香炉がある（図36.6）。この土製棒にはジャガーや鳥もある。チアパ・デ・コルソでは建造物を放棄し焼く前に置かれた供物として腹が膨れた動物形象三突起を持つ円筒形香炉（図36.5）、動物形象三突起付円筒形香炉数点がある。高地2遺跡ではピソーテとジャガー形象三脚付透かし香炉（図36.3）が副葬品（後古典期前期）とされる。ジャガー、鳥、蛇の形象柄付香炉（図36.2）は、グァテマラ高地を中心に7遺跡12点がある。サクレウ（後古典期前期）、カミナルフユ（古典期前期）では副葬品、カミナルフユ（古典期後期）、ロス・ヤニトスでは供物とされる。サクアルパでは鳥形象香炉蓋形土器（図36.4）が供物（原古典期 - 古典期前期）とされる。高地の3遺跡ではジャガー形象円筒形香炉が4点ある。カウイナルでは建造物（後古典期後期）の祭壇前より、エル・ポルトンとチャルチュアパでは類似した三突起付ジャガー形象円筒形香炉（図36.7）が供物（先古典期後期）とされる。イサパでは異なる三突起付ジャガー形象香炉（古典期後期）が出土している。他のジャガー形象香炉はロス・セリートスでは副葬品（古典期後期）であり、チトマックスでは供物として球戯場（古典期後期）中央の穴に入れられる。ロス・ヤニトスではジャガー形象香炉蓋（古典期後期）が供物とされる。チャルチュアパでは蛇形象突起付四脚香炉が副葬品（先古典期後期）とされる（図36.1）。

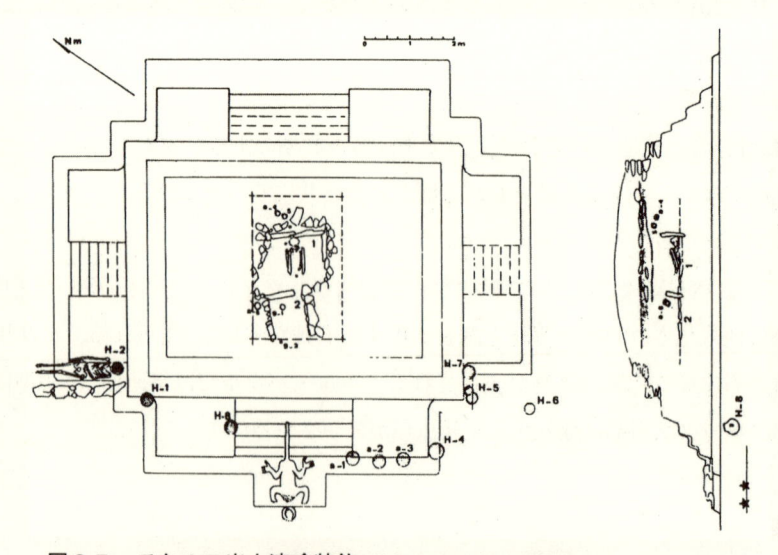

図３５．チクルス出土漆喰装飾 (Ichon, et al., 1983)

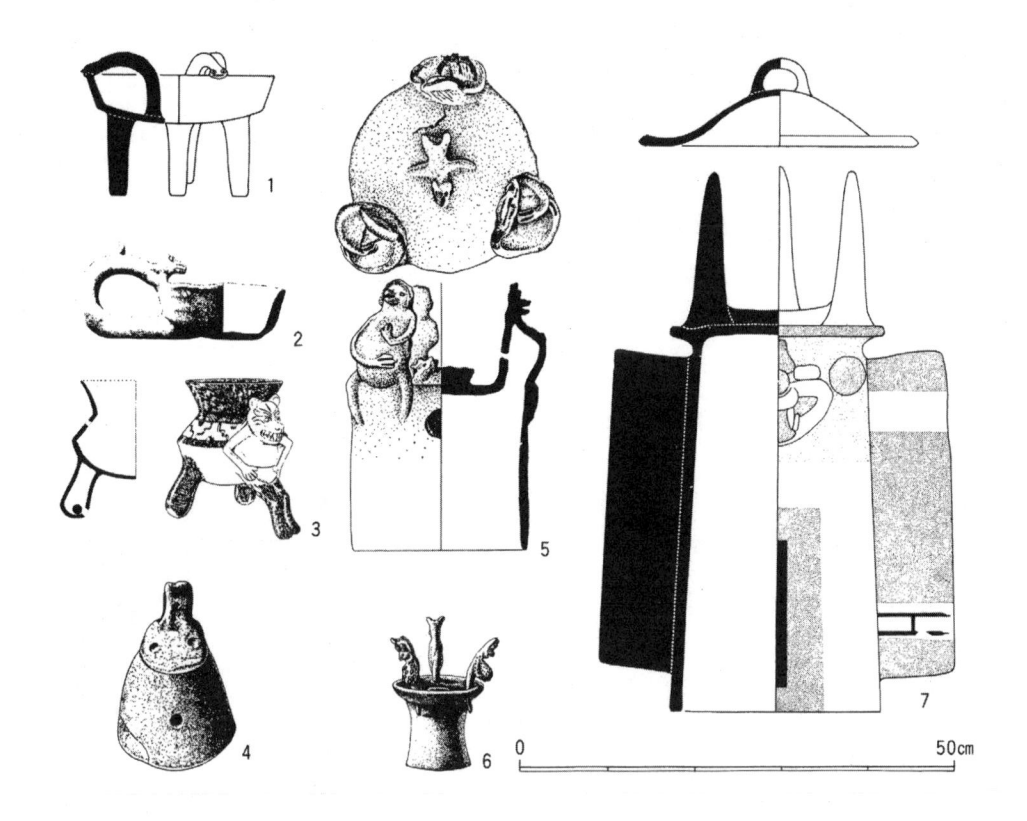

図36. 動物形象香炉

1, 7. チャルチュアパ出土（Sharer, ed., 1978）、2. ロス・エンクエントロス出土（Ichon, et al., 1988）、3. サクレウ出土（Woodbury, et al., 1953）、4. サクアルパ出土（Wauchope, 1948）、5. チアパ・デ・コルソ出土（Lowe, 1962）、6. ミラドール出土（Peterson, 1963）

　形象土器は先古典期前期からあり（図37.9）、後古典期まで続いている。先古典期中期では、2遺跡で蛙と魚形象土器（図37.1, 3）が各1点副葬品とされる。先古典期後期になると事例が多くなる。土器棺として1遺跡よりジャガー1点が、副葬品として5遺跡25点（ジャガー2、鳥3、蛇1、蟹1、猿4、蛙4、蝙蝠2、アルマジロ1、ピソーテ1、魚1、亀1、貝1、不明3）、供物（図37.2, 8）として3遺跡10点（ジャガー2、アルマジロ2、魚2、猿1、不明6）がある。古典期前期では、副葬品として5遺跡13点（鳥4、犬1、猿1、ピソーテ1、魚1、不明5）が、供物（図37.4）として3遺跡5点（ジャガー1、蛙1、犬1、七面鳥2）がある。このうち、副葬品の鳥形象土器1点の胴部には猿が刻文される。古典期後期では、副葬品として2遺跡2点（蛙1、猿1）、供物（図37.6, 7）として3遺跡4点（鳥1、猿2、アルマジロ1）がある。後古典期では、副葬品として2遺跡2点（不明2）、供物として3遺跡7点（鳥2、不明5）がある。一方、ジャガーや鳥などの動物頭部形象脚の三脚付土器は、副葬品として5遺跡で19点ある（図37.5）。時期はアルタミラ、ミ

ラドールの動物頭部形象脚破片が先古典期とされるが、それ以外は古典期末期‐後古典期である。他に、古典期前期ではアルマジロ1点、古典期後期ではジャガー1、鰐1、貝1がある。このうち、ホヤ・デ・セレンでは鰐形象壺形土器に顔料が入っていた。時期不明では、ジャガー4、蛇1、鳥3、猿2、蛙4、アルマジロ1、ピソーテ1、不明1がある。

　動物が浮彫りされた土器が、古典期前期‐後古典期に副葬品として、4遺跡で5点（蛇2、猿1、亀1、不明1）出土している。グアイタンの古典期後期副葬土器には動物頭部を人物が捧げ持っている（図38.4）。サクレウ後古典期の墓出土の蛇浮彫り三脚付土器の脚は動物頭部形象である（図37.5）。サクアルパでは、鳥の頭飾りや玉座に座る人物の下に座る鹿が表現される（図38.2, 3）。猿の刻文土器は、古典期前後期の高地4遺跡で4点が副葬される（図38.6）。

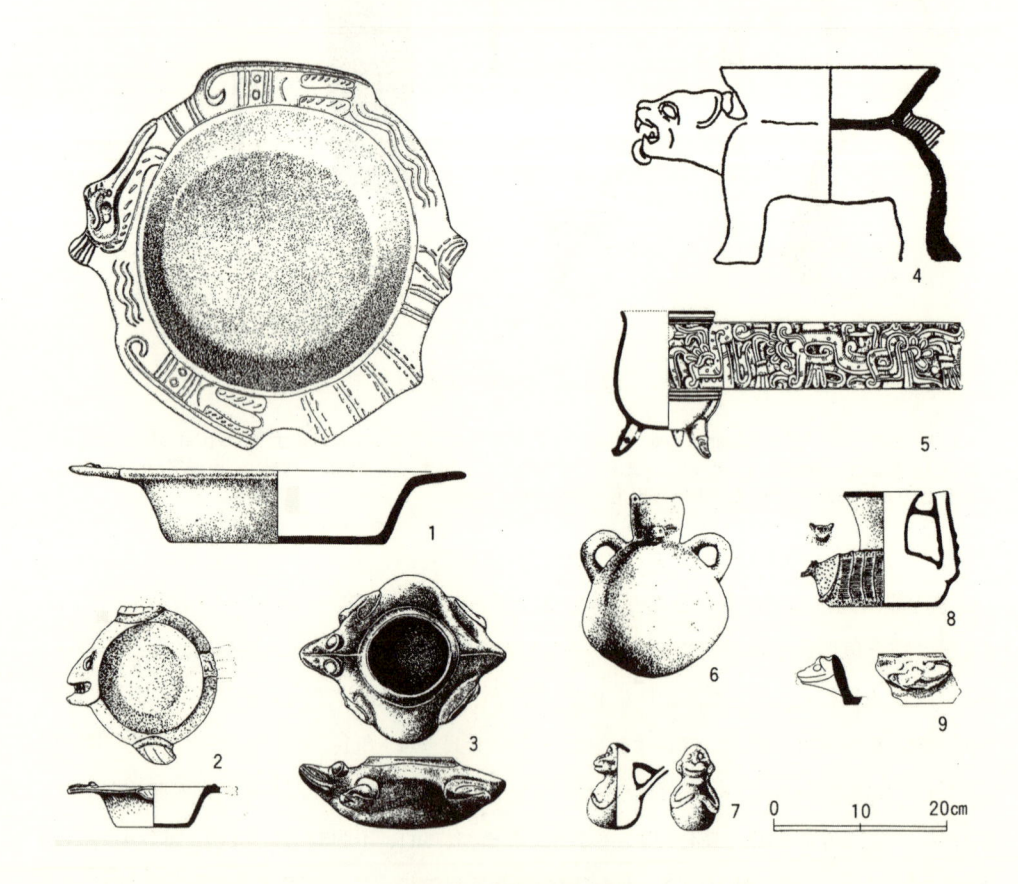

図37．動物形象土器

1. サン・イシドロ出土 (Lee, 1970)、2, 3, 4, 8. チアパ・デ・コルソ出土 (Agrinier, 1975a; Lowe, 1962; Mason, 1960)、5. サクレウ出土 (Woodbury, et al., 1953)、6. ケレパ出土 (Andrews, 1976)、7. セロ・エカテペック出土 (Culbert, 1965)、9. ラ・ビクトリア出土 (Coe, 1961)

第２章　メソアメリカ先古典期における生業

鳥の刻文土器は高地の2遺跡2点で先古典期後期（図38.5）と古典期前期の副葬品である。サクレウでは、ウサギの耳を持つ栗鼠の刻文土器（古典期後期）が副葬される。カミナルフユでは様式化された蛙の細刻線文土器が副葬品若しくは供物（先古典期後期）とされる（図38.1）。古典期前期の型押し文土器については、ビルバオでは鳥が、エスクイントラでは鳥と戦士若しくは神官が表現される（図38.7）。

　動物を描く多彩文土器が先古典期後期 - 古典期後期に高地の9遺跡で10点（ジャガー1、蛇1、猿3、鹿2、魚2、不明2）が副葬される（図38.8-11）。ロス・マンガレス出土土器には器上の蛇に人間化された動物が対する（図38.11）。サン・アグスティン・アカサグァストランでは鹿の頭飾りが表現される。他にも、6遺跡から古典期前後期の動物の多彩文土器がある。高地2遺跡で鳥とジャガーが表現される後古典期後期火葬用多彩文骨壺形土器2点がある。鳥のネガティブ文土器は高地の2遺跡で2点あり、先古典期後期と古典期前期の副葬品とされる。

　後古典期、鉛釉土器は、5遺跡10点（ジャガー2、蛙2、鳥4、蝙蝠1、テペスクイントレ1）が副葬品、3遺跡4点（ジャガー3、鳥1）が供物とされる。

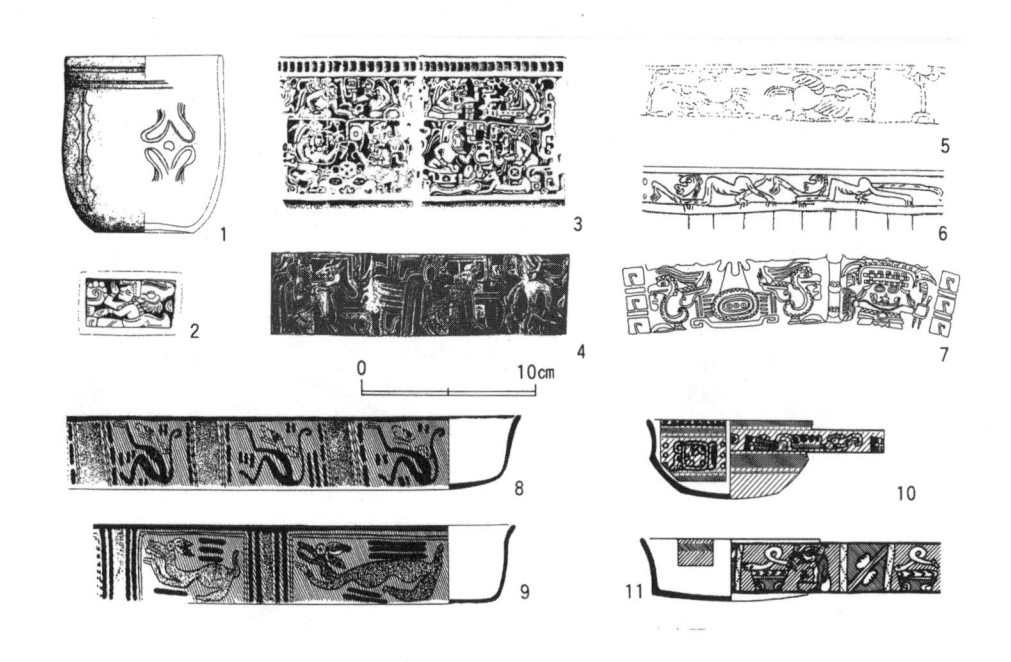

図３８．動物が表現される浮彫り・刻文・型押し・多彩文土器

細刻線土器：1. カミナルフユ（Ohi, 1995）
浮彫り土器：2,3. サクアルパ（Lothrop, 1936）、4. グアイタン（Smith, et al., 1943）
刻文土器：5. ロス・エンクエントロス（Ichon, et al., 1988）、6. グアイタン（Smith, et al., 1943）
型押し土器：7. エスクイントラ（Berlo, 1989）
多彩文土器：8,9. セロ・エカテペック（Culbert, 1965）、10. チャルチュアパ（Sharer, ed., 1978）、11. ロス・マンガレス（Sharer, et al., 1987）

（2）土偶、土製品

　先古典期前期、犬、猿、蛙などの土偶が太平洋岸で出現している。先古典期から後古典期までに、鳥、蛙、犬、鹿、ジャガー、ペッカリー（図39.5）、猿、蛇、亀、イグアナ、鰐の土偶がある。また、シワタン、ケレパなどではジャガー、鹿、猪などの車輪付土偶がある。先古典期後期‐後古典期後期、副葬品として猿1点が1遺跡から、供物としてジャガー2、魚1（図39.7）、鳥13（図39.4）、犬1、不明2の8遺跡19点がある。完形は4点と少ない。チトマックスでは建造物（古典期後期）内部東側箱状遺構内からの頭部を欠く翼を広げた鳥の土偶（図39.6）12点が供物とされる。カウイナルでは火葬壺に関連して鳥形象土笛と共に出土した土偶の左腕には犬が抱えられる（図39.3）。

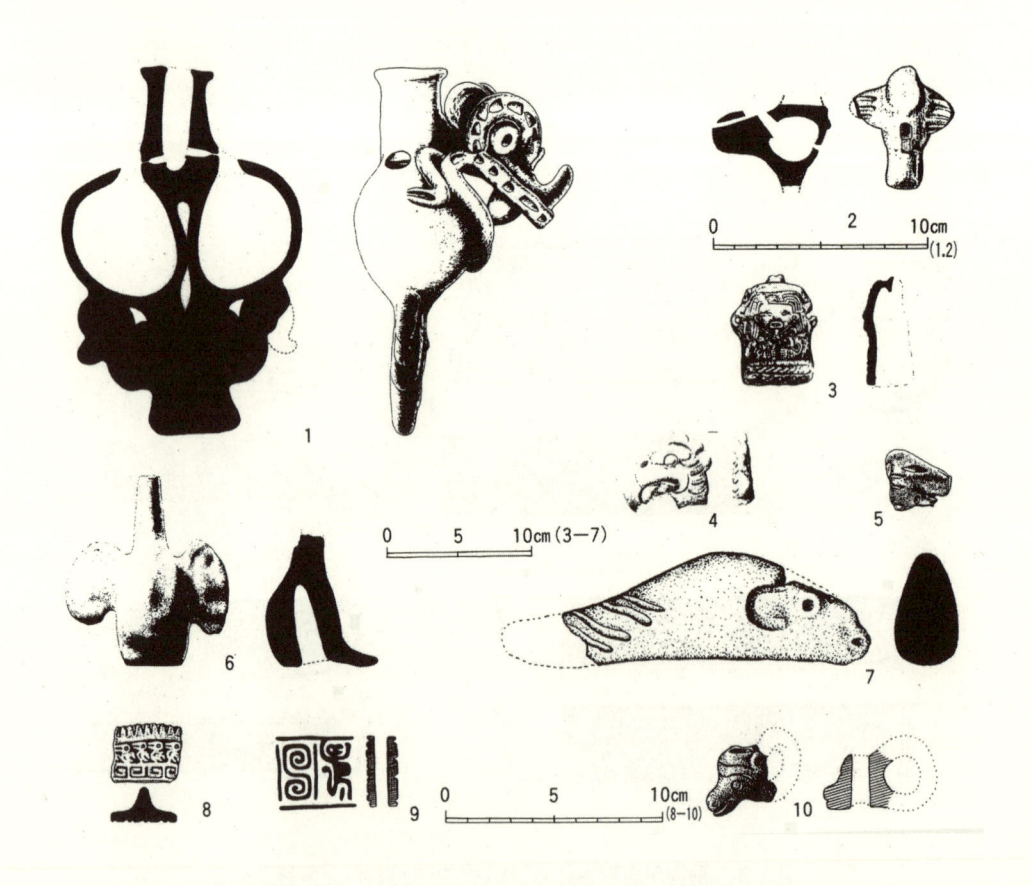

図39. 動物が表現される土笛、土偶、土製品

土笛：1. ラ・ラグニータ（Ichon, et al., 1985）、2. ラ・ビクトリア（Coe, 1961）
土偶：3. カウイナル（Ichon, et al., 1981）、4. エル・ホコーテ（Ichon, et al., 1981）、5, 7. チアパ・デ・コルソ（Lee, 1969; Lowe, 1962）、6. チトマックス（Ichon, et al., 1983）
印章：8. セロ・エカテペック（Culbert, 1965）、9. チアパ・デ・コルソ（Lee, 1969）
環状土製品：10. チアパ・デ・コルソ（Lee, 1969）

第2章　メソアメリカ先古典期における生業

土笛は腹が膨れる動物の土笛（図39.1）以外は、鳥を象る。鳥形象土笛はラ・ビクトリア先古典期前期が最も古い（図39.2）。高地の4遺跡4点は先古典期後期‐後古典期後期の副葬品とされる。また、フラスコ状ピット（先古典期後期）底部で鳥形象土笛が出土している。

鳥を表現するスタンプ状印章が、セロ・エカテペックでは副葬品（図39.8、古典期後期）、エル・ホコーテでは後古典期の供物とされる。他に、猿が表現される中空円筒形印章は2遺跡5点（図39.9）あるが、出土状況は不明である。

一端に動物が表現される2つの輪が繋がる連環状土製品（図39.10）は、チアパス高地2遺跡で出土しているが、出土状況は不明である。

4．貝骨製品

ミラドールで、鳥形象ピン1点と鳥刻文円盤状骨製品2点が、古典期前期の副葬品とされる。貝製品は5遺跡で7点ある。鳩、梟、猿（図40.3）、蛇、ジャガー、亀、蝶が表現される。先古典期後期では鳩1点（図40.2）、梟2点、蛙1点、蛇2点と様式化された動物が刻まれた方形垂飾1点、甲羅が刻まれた板状貝製品1点が、古典期前期では蝶形貝製品1点（図40.1）が副葬品とされる。後古典期、ジャガー頭部形象貝製品1点が供物とされる。朽ち易い物質に浮彫りされ、彩色されたウサギ1点は古典期前期の副葬品とされる。

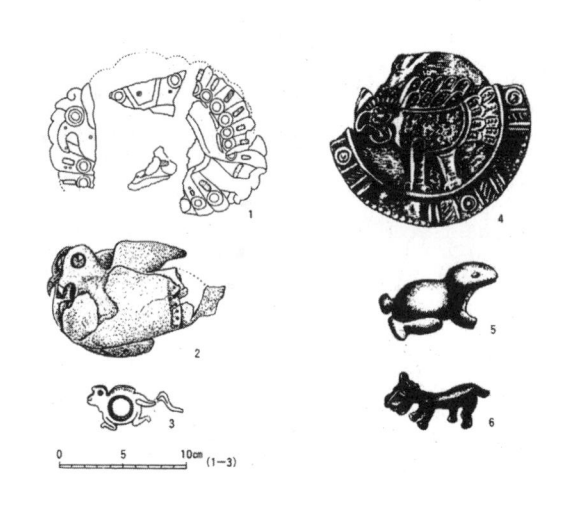

図４０．動物が表現される貝製品、金属製品

貝製品：1．カミナルフユ（Kidder, et al., 1946）、2．ミラドール（Agrinier, 1975a）、3．チアパ・デ・コルソ（Lee, 1969）
金製品：4．サクアルパ出土（Lothrop, 1936）
銅製品：5, 6．サクアルパ出土（Ibid.）

5．金属製品

2遺跡で鳥を打ち出す金製円盤が各1点出土している。サクアルパでは副葬品（図40.4）である。ロス・リモネスでは、垂飾と考えられる2孔がある円盤は供物の鉛釉土器内にあった。イシムチェの金製小型ジャガー頭部10点を連ねる首飾りは副葬品とされる。サクレウでは銅鈴をなかに持つ銅製鳥頭が副葬品、サクアルパでは蛙とジャガーの銅製小像（図40.5, 6）が墓室の供物とされる。総て、後古典期である。

第2項　表現される動物

　動物を形象する遺物と遺構は様々なものがある。以下、出現する時期を検討する。土偶・土笛は先古典期前期以降、丸彫り、浮彫り、線刻の石彫、形象土器、刻文土器は先古典期中期以降、小型石彫、石製容器、石皿、ヒスイ製品、形象香炉、ネガティブ文土器、細刻線文土器、多彩文土器、土製印章、環状土製品、貝製品は先古典期後期以降、型押し文土器、骨製品は古典期前期、儀礼的石斧・パルマなどは古典期後期以降、鉛釉土器は古典期後期若しくは後古典期、漆喰装飾、金銅製品は後古典期である。岩刻・壁画は時期不明である。次に、動物別に時期的変遷をまとめる。

　ジャガー：先古典期中期、様式化されたジャガーの石碑が階段横にたっている。先古典期後期、口の中に浮彫りされる巨石頭像が建造物前にある。また、小石彫、石製容器、形象円筒形香炉、土器棺、形象土器が副葬品や供物とされる。古典期前期には形象土器が供物、古典期後期では形象香炉が供物や副葬品、後古典期では形象香炉、形象土器、鉛釉土器、土偶、貝製品、金製首飾り、銅製小像が副葬品や供物とされる。球戯場に関連して形象香炉などが出土し、他にも球戯者の仮面とされており、球戯との関係が強い。また、人物に対して立ち上がるジャガーやジャガーの輿が表現される。ジャガーの祭壇もあり、人身犠牲や支配者との関連が考えられる。頭部が欠ける丸彫りが多く、ジャガーが犠牲とされたことも考えられる。

　蛇：先古典期後期には形象香炉、形象土器、貝製品が、古典期前期では彫刻土器が、古典期後期にはヒスイ製品、多彩文土器が、後古典期には彫刻土器が副葬品とされる。死者や骸骨と関連があり、蛇は吹き出る血を表現する。死と関連が深い。古典期前期にはソラノのみで、古典期後期では蛇は数箇所の遺跡で建造物の階段と関連している。また、波間から上る蛇や蛇形象U字管など、水との関係も深い。

　鳥：主要人物の周りを飛び、猛禽は人頭を銜える。鳥形象土笛（先古典期後期 - 後古典期）、形象土器（先古典期後期 - 古典期前期）、石製容器（先古典期後期）、ヒスイ製品（古典期後期 - 後古典期）、刻文土器（先古典期後期 - 古典期前期）、ネガティブ文土器（古典期前期）、土製印章（古典期後期）、骨製ピンと骨製円盤（古典期前期）、貝製品（先古典期後期）、銅鈴（後古典期）は副葬品とされる。先古典期後期では土笛、古典期後期では鳥形象パルマ、形象土器、土偶が、後古典期には形象土器、鉛釉土器、土製印章、金製円盤が供物とされる。このうち、建造物内の遺構から首が無い土偶が出土しており、儀礼的に殺して供えたとも考えられる。鳥は犠牲や死と関係が深い。

　蛙：先古典期後期、石碑前に祭壇として置かれたり、太った姿も表現される。先古典期中期には形象土器が副葬品、先古典期後期では形象小石皿、形象土器、細刻線文土器、貝製品

が副葬品や供物、古典期前期では形象小石皿、形象土器が供物、古典期後期では形象土器が副葬品、後古典期では鉛釉土器、銅製小像が副葬品や供物とされる。

コヨーテ：後古典期、着飾った人物との関わりが強く、玉座にも座る。

魚：先古典期中期、形象土器の副葬品が最初である。先古典期後期には形象土器、土偶が副葬品や供物とされる。古典期前期には形象土器、古典期後期には彩文土器、ヒスイ製品が副葬される。また、環付魚と環の無い魚の違いを検討する必要がある。

蟹：蟹形象土器は先古典期後期に溯る。イサパでは石碑の前に形象祭壇があり、エル・バウルでは蟹の上に着飾った人物が乗る。支配者との関係が深い。

鰐：先古典期後期の建造物前に丸彫りがある。先古典期後期、下半身が木になる表現がある。また、洞窟の壁画でも植物と関係がある。コツマルワパ地域では、着飾った人物と関係が深い。

猿：先古典期後期、小石彫、形象土器、彩文土器が供物や副葬品とされる。古典期前期、形象土器、ヒスイ製品、彫刻土器、刻文土器、土偶が副葬品とされる。古典期後期、儀礼用石斧、形象土器、彫刻土器、刻文土器、多彩文土器が副葬品や供物とされる。石彫は頭部など破片が多く、犠牲とされていた可能性がある。

犬：古典期前期では形象土器が副葬品や供物とされる。

蝙蝠：先古典期後期では形象土器、後古典期では鉛釉土器が副葬品とされる。

アルマジロ：先古典期後期では形象土器が副葬品や供物、古典期後期では供物とされる。

七面鳥：古典期前期、形象土器が供物とされる。

テペスクイントレ：後古典期、鉛釉土器が副葬品とされる。

鹿：古典期前後期に多彩文土器が副葬品とされる。

ピソーテ：先古典期後期－古典期前期は形象土器が副葬品、後古典期後期は形象香炉が副葬品とされる。

亀：先古典期後期では形象土器が副葬品、古典期前期には彫刻土器が副葬品とされる。

貝：先古典期後期、形象土器が副葬品とされる。

兎：古典期前期、朽ち易い材質の浮彫りされる副葬品がある。

膨らむ腹をしている動物：土笛、形象香炉がある。先古典期後期、焼かれて放棄された建造物の供物とされる。

昆虫：先古典期後期には石碑の浮彫りで、古典期前期では蝶らしい刻文の貝製品がある。

第3項　小結

　調査が多いこともあるが、副葬品や供物に動物表現が多くみられる。葬送などの儀礼に、これらの動物が関係している可能性がある。以下、メソアメリカ南東部太平洋側における動物表現について、興味深い点を示してまとめとする。

　頭飾りに表現される動物は、先古典期後期には猿と蛇、古典期前期には鳥、古典期後期には鹿がある。他に、時期は不明であるがジャガーもある。鳥は副葬品のヒスイ製品にもみられ、支配者との関連がある。鳥の頭飾りの人物は捕虜としても描かれる。また、タカリク・アバフではジャガーと鹿若しくはペッカリー、テナン・ロサリオでは鹿若しくは兎が、人物に抱かれる。文字として、先古典期後期ではジャガー、古典期後期では猿、鹿、鰐が加えられる。こうした動物は、支配者などと関連が深いと考えられる。

　鳥と人間が合体した鳥人間は、先古典期後期からみられるが、古典期後期にも繰返し表現されている。また、人との関わりも多い。人の背後や人身犠牲を行う場面で表現されている。副葬品の土笛に鳥が多いことも考慮すると、人の死若しくは葬送儀礼に関係が深いと考えられる。また、死者を嘴に銜えている表現もみられることから、人の魂を送る役割を担っていたことも考えられる。また、様式化され、様々な動物の要素を持つ動物表現は、様式化された動物のもとの動物を同定し、動物の組み合わせを明らかにし、その意味を解明する必要がある。

　蛙など太った動物は儀礼との関連がある。一方、食用に供せられる動物では、七面鳥、犬があって、イグアナが殆ど無い。これは、七面鳥や犬が家畜とされるのに対して、イグアナが狩猟の対象とされることに関係があるかもしれない。

　以上のように、遺物に表現される動物は、権力や儀礼と関連する場合が多い。しかし、狩猟対象となる動物も表現されることから、メソアメリカ社会における動物の役割は単なる食料としての役割のみでなく、重要な意味を持っていた可能性がある。

第3章　メソアメリカ先古典期における権力と信仰

第1節　先古典期における文字資料

第1項　文字資料がみられるメソアメリカの地方

　メソアメリカにおいて、文字の歴史は先古典期に始まる。メソアメリカ全域に関する文字研究の数は少ないが、マーカスは、メソアメリカにみられるさまざまな文字について研究をまとめている。この研究を基に、現在知られているメソアメリカの文字について検討する。メソアメリカにおいては、アステカ、ミシュテカ、サポテカ、そしてマヤ文化において文字が使われた。また、文字研究は主に1960年代以前は暦や天文的な要素について研究がされてきた。しかし、マヤ文字において紋章文字、歴史的に意味のある文字の研究がされてから、歴史的な研究がされてきている。また、文字は必ずしも真実を示しておらず、政治的なプロパガンダとして使われた。征服地を示すのみでなく、その領土、貢物を規定している。支配者の血統、即位、後継者の誕生を示す事例もある。神話と歴史は必ずしも区別していない。メソアメリカの文字は、サポテカ文字とマヤ文字が最も古いとされる。ミシュテカ文字はサポテカ文字を祖先とし、アステカ文字はトゥーラ、テオティワカンで使われた文字を祖先にもつ可能性がある。このなかで、マヤ文字とサポテカ文字はお互いに認識していた可能性がある。ミシュテカ文字とアステカ文字は、文字として十分な発達はしていない。先古典期中期に柱状に並ぶ文字が始めて出現した。また、紀元前400年頃に、260日暦と365日暦の組合せが出現した。メソアメリカの文字の特徴は5つある。

　　1．形式に拠って認識できる。ある文章は組織によって書かれ、読解が不可能である。
　　2．90%以上の文字は線状になっている。
　　3．線状の書式は読む順番になっている。
　　4．話し言葉と何らかの関連がある。
　　5．文法を持っている。

以上のように、メソアメリカ文字体系は特徴付けられる（Marcus, 1992）。

ミシュテカ文字とアステカ文字については、先古典期より後の時代に相当する。しかし、サポテカ文字とマヤ文字は先古典期に出現している。以下、簡単にこの2つの文字について説明する。

　サポテカ文字は、先古典期中期に使用され始める。モンテ・アルバンでは征服した土地・支配者や犠牲にされた人物が文字に関連していた。また、サポテカ文字はスペイン征服期に至るまで、使われ続けた（Oudijk, 2004）。

　マヤ文字は、紀元後260年までに使用が始められ、スペイン人が侵入する時期を少し過ぎた頃まで使われ続けた。また、マヤ中部低地で碑文が刻まれたのはティカル29号石碑の292年が最初となる（Ayala, 2004）。

　先古典期中期、メキシコ湾岸では、オルメカ文化が花開くサン・ロレンソでは文字がまったくみられないが、ラ・ベンタ13号記念物には文字が彫られている。この文字はサポテカ文字に相当するのか、それともマヤ文字に続く文字であるのかは不明である。また、時代は下るが、メキシコ湾岸ではオルメカ文化の継承者であるトレス・サポテスで、C石碑に暦が刻まれている。オルメカにおける文字は、ラ・ベンタにおいて先古典期中期にさかのぼる文字資料が印章に示されるとしている。しかし、オアハカでは先古典期中期に相当するサン・ホセ・モゴーテ出土の浮彫りで暦に関する文字が刻まれている。これらの文字資料から、現時点ではメソアメリカにおける文字の起源を探ることは難しい。

第2項　マヤ文字研究史

　マヤの王権に関する研究をみると、最近のマヤ文字解読の成果から、マヤの歴史再構成に関する試みが行われている。これらは、ベルリンやプロスクリアコフの研究成果が出発点となっている。ベルリンは特定文字（紋章文字）が一つの特定遺跡と密接に結びつき、地名、守護神、王朝を示していると考えた（Berlin, 1958）。一方、プロスクリアコフは碑文の日付パターンから王の誕生と即位の文字を抽出した（Proskouriakoff, 1960）。このようにして、マヤ文字の歴史性が示され、碑文からマヤ史を再構成することが始まった。そして、マヤ文字体系が音節文字を持つことが判明すると、更に文字の解読が進んだ。

　マーカスは、各遺跡における紋章文字の出現の仕方に焦点をあて、都市間の序列を示した（Marcus, 1976）。シーリーらはマヤ文字解読の成果を用いて、各都市の王朝史を復元した（Schele, 1990）。一方、フレイドルは先端に点が付く三叉文が支配者を表すものであり、その起源は先古典期中期に溯るとしている。そして、先古典期には力や富の象徴として使われていたが、古典期には支配者の意味を持つと考えている（Freidel, 1990）。マシューズは、紋章文字の中心となる要素を地名と考え、紋章文字を持つ都市は政治的に対等な位置にあると

している（Mathews, 1991）。しかし、マーカスは、紋章文字を分析し、碑文に記された婚姻、2次センターと1次センターとの戦争等を検討した。また、16世紀のマヤの民族事例とも比較し、4階層に分かれる国の組織を明らかにしている。こうした国は古典期マヤ中部低地で形成されたとしている。また、2つ以上の大きな共同体が集まって国をつくった可能性も考えている（Marcus, 1993）。スチュアートらは、紋章文字の主文字は場所を示す可能性が高く、紋章文字の接辞は聖なる支配者（アハウ）を示すと考えている（Stuart and Houston, 1994; Houston and Stuart, 1996）。マーティンらは、夫々の王国の血縁関係、敵対関係、外交関係を調べ、少数の王朝が大きな影響力を持っていたと考え、古典期マヤ中部低地に称号を表す文字に階層や臣従関係が示され、国の関係にも上下があるとしている。また、テオティワカン干渉後に王朝が多くつくられたとされる（Martin and Grube, 1995, 2000）。

　これまでの研究から、マヤ文字研究は古典期に限定され、先古典期における文字文化は不明な点が多い。現在、王朝史を中心とするマヤ史再構成において碑文解読による研究が重要性を増しているが、各王朝の起源は不明のままである[1]。従って、文字により復元された歴史を違う視点から検証することが必要となる。このため、実際にマヤ文字と関連がある遺物・遺構の時期変遷や地理的分布を分析し、マヤ文字の起源を検討することが重要である。一方、オアハカではモンテ・アルバンを中心としてサポテカ文字が確認される。その起源は先古典期に求められるが、サポテカ文字とマヤ文字の関係を示す確実な資料が無い。このため、先古典期における文字資料を集成し、考古学的に分析し、文字の起源を探る必要がある。

第3項　先古典期における文字資料

　メソアメリカにおける最も古い日は、サン・ホセ・モゴーテ3号石碑の1の地震の日である（Marcus and Flannery, 1996）。また、C14年代測定で年代が決定されたのみだが、ラ・ベンタでは最も古い可能性のある文字が記された印章が出土している（Phol, et al., 2002）。しかし、長期暦による日付がなく、西暦に換算することはできない。

　これらの資料は、文字が刻まれているが、暦以外の文字資料は解読できていない。従って、史料として役立てることは難しい。このため、現時点では文字もしくは暦に関する文字のある資料と考え、文字文化研究の基礎資料として扱っていくのが最良と考えられる。

　古い日付のある資料、他の文字付資料などから、先古典期における文字の歴史を検討する。今までの研究から、長期暦は紀元前3114年8月13日に始まったとされる。しかし、石碑に彫られる日付は、7バクトゥン（紀元前354 - 紀元後41年）からである。以下に、7バクトゥンの

---

[1] 2001年に出版されたマヤ文明における宮廷に関する研究論集では、古典期中心に論じられる。しかし、その起源についてはあまり論じられていない（Inomata, et al, 2001）。

日付のある石碑をみていく（Coe, 1999）。判読不能の部分があるタカリク・アバフ3号石碑については可能性のある日付を3通り示す（Graham, et al., 1978; Orrego, 1990）。

  チアパ・デ・コルソ2号石碑 　　　＝7.16.3.2.13　　　　　　　　＝紀元前36年
  トレス・サポテスC石碑　　　　　＝7.16.6.16.18　　　　　　　　＝紀元前31年
  エル・バウル1号石碑　　　　　　＝7.19.15.7.12　　　　　　　　＝紀元後36年
  タカリク・アバフ3号石碑　　　　＝7.16.0.0.0 - 7.16.19.17.19　＝紀元前38 - 18年
  　　　　　　　　　　　　　　　　＝7.11.0.0.0 - 7.11.19.17.19　＝紀元前136 - 117年
  　　　　　　　　　　　　　　　　＝7.6.0.0.0 - 7.6.19.17.19　　＝紀元前235 - 215年

　メソアメリカ南東部太平洋側では、先古典期後期に日付のついた石碑が、建てられ始める。また、7バクトゥンの日付を持つ石碑は、メソアメリカ南東部太平洋側に集中していることがわかる。一方、マヤ中部低地では、最古のマヤ文字が刻まれているエル・ミラドール2号石碑などがある。様式から先古典期後期とされる、しかし、発掘調査からは出土しておらず、日付も記録されていない。また、先古典期中後期、マヤ中部低地のエル・ミラドールやナクベなどでは、石碑やその時期に相当する記念物的石彫は少ない。マヤ中部低地で確実に解っている一番古い日付は紀元後292年である。この日付はメソアメリカ南東部太平洋側の日付と比較すると、新しいといえる。

　ところで、カミナルフユでは石彫に対する破壊活動が多くみられる。石碑は27点あるが、15点は破片である（Parsons, 1986）。一方、太平洋岸のイサパやタカリク・アバフでは破片になっている石碑少ない。また、マヤ中部低地では、風雨による浸食などで破損している石碑はあるが、破壊を受けている石碑は少ない。マヤ中部低地とメソアメリカ南東部太平洋側とを比較すると、マヤ中部低地では破壊を受けている石碑が少ない。一方、碑文などのマヤ文字研究によれば、マヤ中部低地では都市間の戦争が起こっていたとされる。このことを考慮すると、マヤ中部低地よりもカミナルフユで激しい戦があった可能性が高い。

　一方、先古典期後期、記録される最後の日付は、タカリク・アバフ5号石碑の紀元後126年であるが、メソアメリカ南東部太平洋側には古典期前期の日付を持つ石碑はない。また、カミナルフユでは破壊された石碑が多く残されている。以後、メソアメリカ南東部太平洋側では、長期暦の日付がつく石碑は建立されなくなる。マヤ中部低地では古典期前期に長期暦の日付のある石碑が紀元後292年より建てられる。古典期前期から古典期後期にかけては、マヤ中部低地で王の即位など歴史的事件が彫られた石碑が多く建てられている。しかし、マヤ中部低地からマヤ北部までに広がった長期暦の石碑は、トニナの紀元後909年を最後に建てられなくなる。

　ところで、カミナルフユでは日付が彫られている石碑は殆ど残っていない。タカリク・アバフやイサパでは日付のついた石碑が残っていることを考慮すると、カミナルフユでは他と

比べてより徹底的な破壊が行われた可能性がある。また、逆に考えると、破壊者達にとって、イサパやタカリク・アバフは活動を止めるだけで十分であったとも考えられる。以上のように、先古典期の文字資料は読むことが出来ておらず、史料としては役立てることが出来ない。しかし、メソアメリカ文字文化研究資料として扱うことは可能である。

第2節　王権の起源

第1項　先古典期中期における玉座

2004年に、ディールが"The Olmecs: America's First Civilization"を出版し、そのなかでオルメカ文化史をまとめている。このなかで、テーブル状祭壇は、既に、玉座として扱われている（Diehl, 2004）。これは、メキシコのゲレロ州でみつかったオルメカ様式の洞穴壁画に負うところが大きい（図42.3）。

グローブは1970年にオストティトラン洞穴壁画調査を報告している。そして、1973年に、メキシコ湾岸で出土するテーブル状祭壇と壁画に関する論考を発表した。このなかで、グローブは、オストティトラン洞穴の壁画から、テーブル状祭壇の機能を検討している。洞穴の壁画にみられる支配者が座るジャガー神とラ・ベンタ4号祭壇テーブル部に浅浮彫りされたジャガーとの類似性、壁画に描かれたジャガーと支配者の3次元的表現などから、テーブル状祭壇がオルメカ文化においては玉座として機能していたことを明らかにした（Grove, 1979a, b, 1973）。

その後、テーブル状祭壇に関する論考は少なく、テーブル状祭壇は玉座として示されることが多い。最近では、1999年に、ギレスピーがテーブル状祭壇と巨石人頭像を関連付けて検討している。祭壇は三大センター（サン・ロレンソ、ラ・ベンタ、ラグナ・デ・ロス・セロス）でしか出土していないとされる。現在のマヤ族がテーブル状祭壇を先祖崇拝に使っていること、オルメカ文化において巨石人頭像などで指導者の個人的権力を強調していることから、オルメカ期にも先祖崇拝に使われていたとしている。一方、オルメカの支配者は権力の座である祭壇を通して、排他的な超自然力への接触をしていたとしている（Gillespie, 1999）。

以上のように、現在は、テーブル状祭壇は、オルメカ文化における支配権の正統性を示す装置として機能しているとする考えが一般化している。また、超自然的な存在との仲介をする場としても重要とされる。近年、三大センター以外のエル・マルケショでテーブル状祭壇

が出土している（Dirección de Medios de Comunicación, INAH, 2002）。このため、テーブル状祭壇の分布地域も再考する必要がある。

　ところで、テーブル状祭壇では、祭壇としての役割ばかりに注意を向けられてきたが、壁龕部分に関する研究は殆どない。大半のテーブル状祭壇には、壁龕がある。そして、壁龕の中に人物が高浮彫りされる。また、テーブル状祭壇にみられる壁龕は、オストティトラン洞穴の壁画を考慮すると、洞穴と密接な関係がある。一方、メソアメリカ南東部太平洋側では、テーブル状祭壇はない。しかし、怪物の口の中に人物が表現される石彫が出土している。この種の石彫はメキシコ湾岸とメキシコ中央部でも出土しており、怪物の口と洞穴との関連がみられる。これらの石彫から、テーブル状祭壇の壁龕に浮彫りされる人物の意味を検討する。最後に、メキシコ湾岸とメソアメリカ南東部太平洋側との比較から、後者における玉座の位置を明らかにする。また、オルメカ文化研究の現状も考慮すると、先古典期における玉座についても、オルメカ文化との関わりだけでなく、メソアメリカ各地方文化のなかでその意味を検討する。

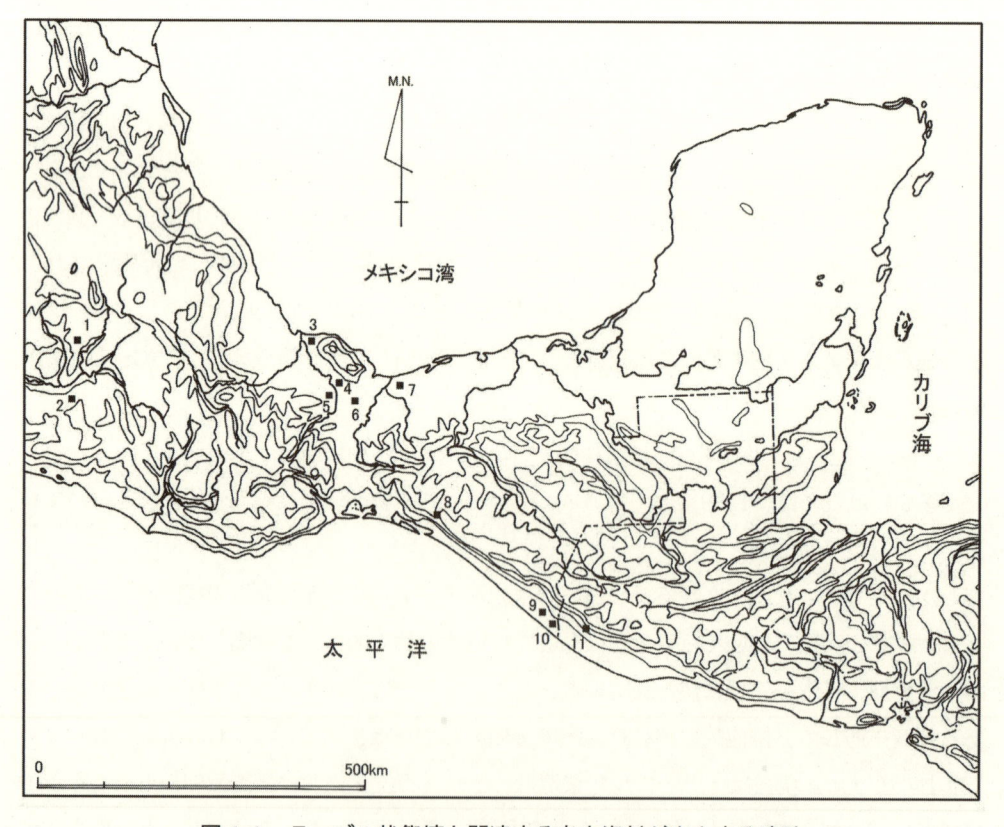

図４１．テーブル状祭壇と関連する考古資料が出土する遺跡

1. チャルカツィンゴ、2. オストティトラン、3. トレス・サポテス、4. ラグナ・デ・ロス・セロス、5. エル・マルケシヨ、6. サン・ロレンソ、7. ラ・ベンタ、8. ティルテペック、9. オホ・デ・アグア、10. イサパ、11. タカリク・アバフ

第3章　メソアメリカ先古典期における権力と信仰

1．テーブル状祭壇の形

　メソアメリカにおけるテーブル状祭壇は、1例を除き、メキシコ湾岸に限られる（図41、表7）。ラグナ・デ・ロス・セロス、サン・ロレンソ（ロマ・デ・サポテ、エステロ・ラボンを含む）、ラ・ベンタ、エル・マルケシヨで出土している。これらのテーブル状祭壇は1つの石からつくりだされる。他の1例はメキシコ中央部チャルカツィンゴで出土している。数個のブロック状石で構成される、組合せ式のテーブル状祭壇である。メソアメリカ全域で、7遺跡13点が出土している[2]（Coe and Diehl, ed., 1980; Dirección de Medios de Comunicación, INAH, 2002; Cyphers, ed., 1997; Grove, ed., 1987; Medellín, 1971; Stirling, 1943）。

　テーブル状祭壇は上部と下部に分けられる。上がテーブル部、下が台部である。テーブル部は、下よりも大きな面積を占める上の部分とする。台部は、テーブル部を支える下の部分とする。以下、テーブル部と台部に分けて、検討する。

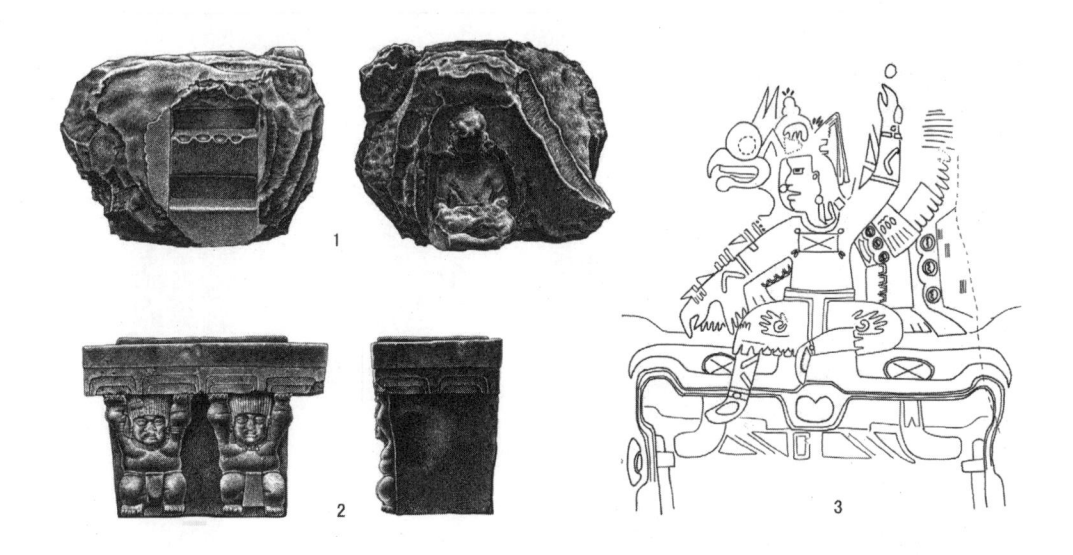

図42．テーブル状祭壇と関連考古資料

テーブル状祭壇：1.サン・ロレンソ20号記念物（Coe, et al., 1980, fig.451）、2.ロマ・デ・サポテ2号記念物（同左, fig.496）；　洞穴壁画：3.オストティトランC-1壁画（Grove, 1970a, fig.5）；　浮彫り：チャルカツィンゴ1号記念物（Grove, 1984, fig.5）；　怪物頭部石彫：トレス・サポテスC石碑（Stirling, 1943, fig.4）

---

[2] サン・ロレンソ18号記念物はテーブル状祭壇破片の可能性がある。しかし、その平面形がT字状であり、本稿で扱うテーブル状祭壇とは形が異なるため、ここでは扱わない。

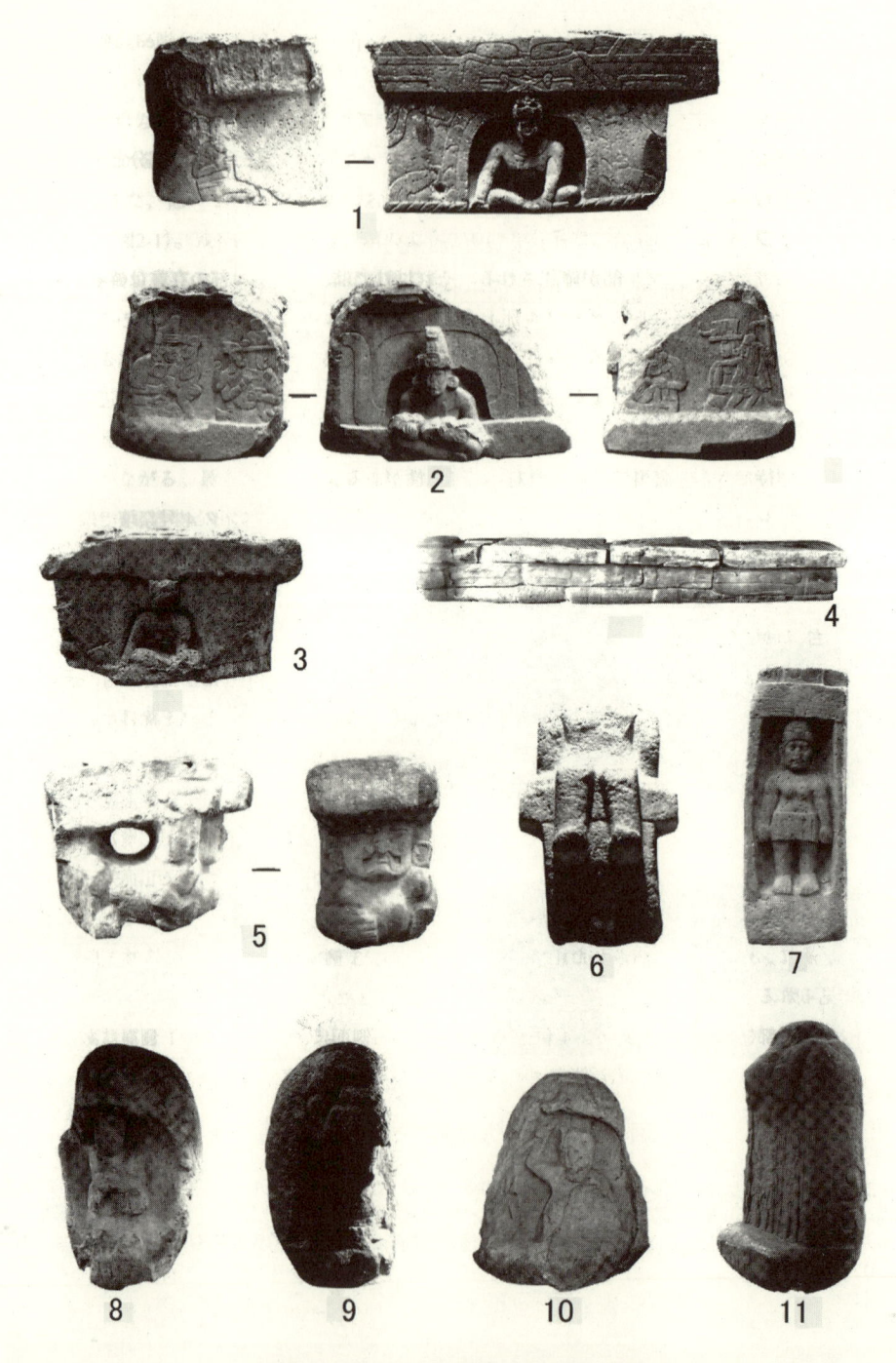

写真1．テーブル状祭壇と関連考古資料

テーブル状祭壇：1.ラ・ベンタ4号祭壇、2.同5号祭壇、3.サン・ロレンソ14号記念物、4.チャルカツィンゴ22号記念物； 関連考古学資料：5.ラ・ベンタ59号記念物、6.同40号記念物、7.同1号石碑、8.イサパ2号記念物、9.ティルテペック出土石彫、10.タカリク・アバフ67号記念物、11.トレス・サポテスC石碑

表7. テーブル状祭壇

遺跡・遺物	時期	大きさ 高×長×幅(cm)	テーブル部 有無	装飾(上面)	装飾(側面)	壁龕	正面の装飾(壁龕以外)	側面の装飾	備考
チャルカツィンゴ									
22号記念物	先古典期中期	100×440×140	○	無	無	無	眉、目	無	数個の石ブロック、近くより多くの埋葬
ラグナ・デ・ロス・セロス									
5号記念物	−	85×58×60	△	無	無	円形、人物（立膝、両手前）	不明	無	近くの発掘より同一個体の破片
28号記念物	−	86×−×−	△	無	無	人物（胡座、両手膝）	不明	不明	中心部分より
エル・マルケシヨ									
	−	128×250×113	○	突起	無	方形、人物（胡座、両手膝）	不明	無	遺物は先古典期古典期のものがある。
サン・ロレンソ									
14号記念物	−	183×343×−	○	盛上り	無	円形、人物（胡座、握綱）	綱	人物（座位、両側面）	ラグナ8近く出土
20号記念物	先古典期中期	167×−×−	△	無	無	円形、人物（胡座、抱子供）	不明	不明	谷の端にある
ロマ・デ・サポテ									
8号記念物	−	64×129×94	○	盛上り	連続方形	無	小人（立位、2）	無	近辺はサンロレンソ期の遺物が出土している。
エステロ・ラボン									
2号記念物	−	25×130×75	○	盛上り	連続方形	無	不明	不明	
ラ・ベンタ									
2号祭壇	−	99×135×130	△	無	無	円形、人物（胡座、抱子供）	無	無	マウンド下
3号祭壇	−	160×168×160	△	無	無		人物（立位）	人物（座位、1側面）	マウンド下
4号祭壇	−	160×348×193	○	盛上り	ジャガー	円形、人物（胡座、握綱）	綱、植物	人物（座位、1側面）	長いマウンドの基部、前よりヒスイ製首飾り、腕飾り
5号祭壇	−	154×190×170	△	無	無	円形、人物（胡座、抱子供）	渦巻	人物（座位、両側面）	4号祭壇の反対側出土
6号祭壇	−	114×137×86	○	無	無	円形、人物（胡座、両手膝）	無	無	人物前に張出し部

（1）テーブル部

　13例の内、7例でテーブル部が確認される。それ以外では、テーブル部の存在は確認できるが、その形状までは判別できない。テーブル部上面の周りより高い盛上り部分は、サン・ロレンソで3例、ラ・ベンタで1例みられる（写真1.1）。グローブによると、この盛上り部分は人が座るための座として使われた。また、1例のみであるが、エル・マルケシヨでは、長辺

に対して垂直で平行になる2列の線状突起がみられる。この2条の突起の上に板などを渡せば、盛上り部分と同じ効果を期待できる。何か実用的な用途があった可能性がある。

一方、ロマ・デ・サポテとエステロ・ラボンのテーブル状祭壇、ラ・ベンタ4号祭壇では、テーブル部側面に浮彫りが施される。チャルカツィンゴ22号記念物（写真1.4）、ラ・ベンタ6号祭壇にはテーブル部に装飾はないが、他は破壊や浸食により装飾の有無は不明である。

（2）台部

台部は重厚な直方体で、上のテーブル部を支えている。下部にやや張り出す部分を持つ台部もある。台部には様々な装飾がみられる。台部が残っていないエステロ・ラボンを除けば、12例全ての台部正面には、装飾が施される。

台部正面では、中央部分にくぼみ部分（壁龕）をつくる事例が最も多く、9例ある。また、ラグナ・デ・ロス・セロス28号記念物は、破壊の度合いが大きく判断が難しいが、壁龕をもつ可能性が高い。2例には、正面部分に浮彫りがみられる。壁龕には、正面形が方形と円形となるものがある。円形が7例、方形が2例である。全ての壁龕内には、人物1人が高浮彫りされる。

正面の装飾をみると、3例で壁龕やその中の人物と関連した浮き彫りがみられる。台部側面の装飾は4例ある。2例では両側面に、他の2例は1側面にある。各側面には、人物が1若しくは2人浮彫りされる。しかし、多くの祭壇で側面が破壊され、浮彫り部分が残っていないことも考えられる（図42.1）。各テーブル状祭壇の浮彫りされる側面については注意する必要がある。

（3）テーブル状祭壇に表現される風景

テーブル部には、殆ど装飾がみられない。しかし、ラ・ベンタ4号祭壇にはジャガーの顔が浮彫りされ、台部には壁龕などが彫られる（写真1.1）。また、2例では2重方形が連続して、浅浮彫りされる（図42.2）。このうち、ロマ・デ・サポテ2号記念物では、テーブル部を2人の小人が両手で支えるように高浮彫りされる。

次に、台部を検討する。チャルカツィンゴでは、正面部分に眉と目が浅浮彫りされる（写真1.4）。ロマ・デ・サポテでは、正面にテーブル部を両腕で支えている2人の太った小人が高浮彫りされる。その他は、壁龕が彫られている。

壁龕については、テーブル状祭壇の大半にみられる。全ての壁龕のなかには、一人の人物が座っている。1例以外は、全て、胡座を組んでいる。8例のうち、3例では膝の上に手を置いている。他の3例では何かを抱きあげる姿が表現される。そのうちで、ラ・ベンタ5号祭壇では子供を抱える（写真1.2）。また、他の2例でも破壊や浸食などにより詳細についての判断は難しいが、子供の可能性が高い（図42.1）。残りの2例では、綱のようなものを右手で、右足首を左手で掴んでいる（写真1.1,3）。手の位置における3類はほぼ同数である（図42.1、

写真1.1-3)。一方、ラグナ・デ・ロス・セロス5号記念物では、胡座ではなく、立膝で両手をその間に垂らし座っている。他と比較すると異質な印象がある。この姿勢は、他の石彫などと比較すると、人よりは座るジャガーに似る。

　正面では、その他に、渦巻や植物が壁龕の周りを巡るように浮彫りされる。サン・ロレンソ14号記念物、ラ・ベンタ4号祭壇では、綱が台部最下端で壁龕の人物から角まで続き、台部側面の人物の左手首に繋がる。最下端にある綱以外に壁龕部分を縁取るように綱状の浮彫りが施され、その4箇所から花らしき物が出ている（写真1.1）。同5号祭壇では、壁龕部分を縁取るように、渦巻が帯状に浮彫りされる（写真1.2）。同3号祭壇では、壁龕の方を向いて立つ人物が浮彫りされる。

　また、側面には人物が1人若しくは2人表現される。1側面の場合と両側面の場合がある。このうちで、2例は各側面に1人の人物が壁龕の人物に向かって座る。ラ・ベンタ5号祭壇は、両側に夫々2人の人物が壁龕に向かって座っている。各人物は夫々が異なる頭飾りをし、凹面鏡を胸につけて、頭蓋変工を受けた子供を抱いている。子供たちのうち、1人は頭頂が二股に割れている。こうした表現はジャガー人間によくみられる（写真1.2）。一方、同3号祭壇では、髯を蓄えた人物ともう1人の人物が向い合って座る光景が浮彫りされる。また、この祭壇では壁龕横に、壁龕を向く1人の人物が浮彫りされる。

（4）テーブル部と関連する石彫

　テーブル状若しくは板状部分を持つ石彫について検討する。

　ラ・ベンタ21,40,59号記念物で板状部分がみられる（Clewlow and Corson, 1968; Drucker, et al., 1959）。59号記念物は板状部分を頭部と尻部で支える四つん這いのジャガーである（写真1.5）。同4号祭壇は板状部分がジャガーを表現し、側面がジャガーの顔になっている。テーブル状祭壇では、ジャガーは板部分でもあり、板を支える役目もある可能性が考えられる。チャルカツィンゴでは、台部に眉と目が表現されており、テーブル状部分を頭で支える怪物若しくはジャガーを表現している可能性がある。ジャガーはテーブル部と密接な関係にある。ラ・ベンタ40号記念物は、テーブル状祭壇に乗る人物が丸彫りされる。この人物は、テーブル部の上に乗り、両手をテーブル部に置き、足を前に投げ出している。この石彫も頭部を欠いており、人物の特質を特定できない。しかし、テーブル状祭壇を利用するに際しては、オストティトランと同様にテーブル部にのることを示している（写真1.6）。同21号記念物は、テーブル状祭壇の板状部分から上半身を出している人物を表現している。テーブル状祭壇の壁龕部分がテーブル部上面にあり、そこから上半身部分を乗り出す姿とも解釈できる。しかし、人物の頭部も欠けており、その詳細については不明である。

2. 壁龕・洞穴若しくは怪物の口に人物が表現される石彫

　ここでは、テーブル状祭壇の台部に彫られる壁龕を検討する（表8）。メソアメリカでは、壁龕・洞穴若しくは口のなかに人物が表現される石彫が、メキシコ中央部、メキシコ湾岸やメソアメリカ南東部太平洋側でみられる。メキシコ中央部などでは、洞穴若しくは怪物の口とその中に表現される人物の浮彫りがある。様式より先古典期中期とされる。また、口の中に人物が浮彫りされる怪物頭部は、先古典期中期以降にメキシコ湾岸とメソアメリカ南東部太平洋側にみられる。これらに表現される情景から、テーブル状祭壇における壁龕の意味を検討する。

　壁龕・洞穴若しくは口のなかに人物が表現される石彫は、怪物の口として浮彫りされるものと、怪物頭部の開けた口の中に人物が表現されるものがある。

　最初に、怪物の口と人物が表現される浮彫りについてみていく。チャルカツィンゴ1号記念物は、怪物の口のなかに、渦巻文が表現される箱状物に高い頭飾りと耳飾りをつけた人物が座る（図43.1）。同9号記念物は、怪物の頭部を浮彫りした平石である。口の部分が大きく開いている。同13号記念物は、怪物の口のなかに座る人物を浮彫りしている。しかし、破片のため全体は不明である（Grove, ed., 1987）。オホ・デ・アグアでは、石像の前に表現される板状装身具に怪物の顔が浮彫りされ、その大きく開いた口の中に人物が座っている（Navarrete, 1974）。これらは、怪物の口を洞穴として表現している可能性が高い。他の要素をみると、チャルカツィンゴ1号記念物には怪物の口の上に、雲や雨粒が表現されている。また、怪物の口の端より植物らしきものが生えている。

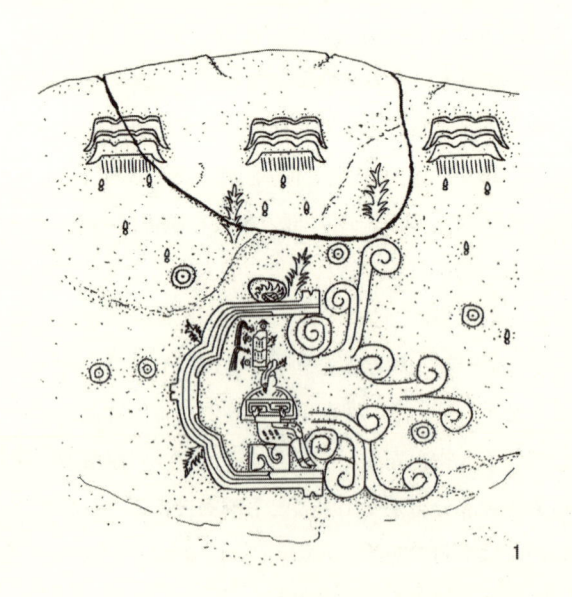

図４３．洞穴を表す浮彫りと怪物頭部石彫

1.チャルカツィンゴ１号記念物（Grove, 1984, fig. 5）、2.トレス・サポテスC石碑（Stirling, 1943, fig.4）

第3章　メソアメリカ先古典期における権力と信仰

表8．壁龕・洞穴に関連する遺物・遺構

壁龕・洞穴に関連する遺物・遺構

遺跡/遺物・遺構		大きさ(高×長×幅cm)	時期	壁龕内部	備考
壁画					
オストティトラン	1号壁画	380×250×－	不明	－	チャルカツィンゴと同じジャガー頭部
浮彫り					
チャルカツィンゴ	1号記念物	320×270×－	不明	人物、渦巻	上部に雲と雨滴、周りに植物
チャルカツィンゴ	9号記念物	180×150×－	不明	空洞	口を開けたジャガー頭部
チャルカツィンゴ	13号記念物	250×150×－	不明	人物（胡座、両手膝）	植物の浮彫り
オホ・デ・アグア		66×28×24	不明	人物	板状装身具装飾部
怪物頭部					
トレス・サポテス	D石碑	－×－×－	不明	人物3人	広場より出土
ベラクルス		120×－×－	不明	人物（立位）	－
ラ・ベンタ	1号石碑	256×89×74	不明	人物	石壁南西隅付近出土、方形壁龕
ラ・ベンタ	7号祭壇	120×175×－	不明	人物（頭部のみ）	ピラミッド付近
ティルテペック		118×71×55	不明	人物（座位）	－
イサパ	2号記念物	235×175×60	先古典期後期	人物（座位）	基壇前出土
タカリク・アバフ	15号記念物	84×120×52	不明	ジャガー	7号建造物の上出土
タカリク・アバフ	23号記念物	185×－×－	不明	人物（座位）	13号建造物前出土
タカリク・アバフ	25号記念物	69×84×－	不明	人物（胡座、両手膝）	イシュチヤ川の西岸、斜面出土
タカリク・アバフ	67号記念物	150×130×70	～古典期前期	人物（片手に棒状物）	12号建造物前出土
ロス・セリートス	2号記念物	80×72×24	不明	人物（立膝、両手膝）	S建造物北、平らな部分出土
テーブル部を持つ遺物					

遺跡/遺物		大きさ(高×長×幅cm)	台部	正面の装飾	備考
テーブル部					
ラ・ベンタ	59号記念物	95×65×113	ジャガー	－	上部に板状部分を持つ。
ラ・ベンタ	21号記念物	59×59×55	方形	帯状浮彫り	－
ラ・ベンタ	40号記念物	74×46×28	方形	上に人物	－

　次に、怪物の頭部を三次元的に表現し、その口の中に人物が表現される石彫について考察していく。トレス・サポテスD石碑では、大きく開けた口の中に、3人の人物が浮彫りされる（図43.2, 写真1.11; Stirling, 1943）。ベラクルス出土とされる石彫では、大きく開けた口の中に、着飾った人物が表現される（Parsons, 1986）。ラ・ベンタ1号石碑では、大きな怪物の口のなかに女性が高浮彫りされる（写真1.7）。同7号祭壇では、小さな窪みに人物が頭を出している。この祭壇にはフクロウと人物が周りに浮彫りされる（Stirling, 1943）。ティルテペックでは、大きな口をあけた怪物の口の中に、人物が全身高浮彫りされる（写真1.9; Norman, 1976）。イサパ2号記念物は、大きな口を開けた怪物頭部である。開けた口の中には人物が全身高浮彫りされる（写真1.8; Stirling, 1943）。タカリク・アバフ67号記念物は大きな口を開けた怪物の口の中に右手で棒状物を振り上げた姿が浮彫りされる（写真1.8; Orrego, 1990）。同23号記念物は、巨石人頭像を改造して、壁龕部分をつくり、その中に座る人物を表現しているとされる（Porter, 1981）。同25号記念物は、山の中腹にある大きな石に壁龕をつくり、そのなかに人物を浮彫りしている。また、同15号記念物は、ジャガー人間を表現し、壁龕より出てくるようにみえる（Orrego, 1990）。ロス・セリトス2号記念物は、オムスビ形の石に壁龕部分を表現し、その中に立膝で両手を膝の上に置く人物が表現される（Bove, 1989）。

1例を除き、壁龕の人物と同様に、怪物の口の中には1人の人物が表現されている。チャルカツィンゴ1号記念物、トレス・サポテスD石碑、ベラクルス出土石彫では、背の高い頭飾り、スカート状衣裳などを着けた人物が表現される（図43.1,2）。チャルカツィンゴでは、箱状物に座り、方形物を抱える。トレス・サポテスでは、前に跪く人物、後ろに着飾った人物が立っている。この人物は、中心の人物と同様に、背の高い頭飾り、スカート状衣裳を着けて、更に、右手に杖、左手にも何か持っている。しかし、イサパなどでは石彫自体が非常に浸食されているために詳細は不明である（写真1.8）。また、ティルテペック、タカリク・アバフ、ロス・セリトスなどでは、中にいる人物自体が稚拙であり、装身具などは表現されていない（写真1.9）。一方、オホ・デ・アグアでは、口の中に座る人物は多くのジャガーの特徴を持ち、鉢巻状頭飾りをするV字に割れる頭が表現される。そして、胸にはX字文を持つ胸飾りをしている。以上を考慮すると、地位の高い、首長若しくは王が表現されている可能性が高い。オホ・デ・アグアを考慮すると、ジャガー人間との繋がりも考えられる。また、メソアメリカ南東部太平洋側では稚拙な表現しかみられないのは、壁龕に関連する物語自体が遠い地域での出来事として認識されたかもしれない。そのために、具体的な光景が表現できなかった可能性がある。

3．テーブル状祭壇及び関連する石彫の出土状況
（1）テーブル状祭壇
　チャルカツィンゴ22号記念物は、中庭で建造物の一部として検出された（図44）。ラ・ベンタ2-5号祭壇はマウンド基部より出土している。同6号祭壇は、セロ・エンカンタド地区の小マウンド近くより出土した。サン・ロレンソ14,20号記念物は谷若しくは沼近くより出土している。ラグナ・デ・ロス・セロスでは、5号記念物は38号マウンドの北、中心軸上より出土した。同28号記念物は、遺跡中心部分より出土している。ロマ・デ・サポテ2号記念物は、ロマ・デル・サポテの丘の頂上部分より出土した。エル・マルケシヨでは、サン・フアン川が増水した時に出土した。

　以上をまとめる。ラ・ベンタでは、マウンド若しくは建造物の基部より出土している。また、ラグナ・デ・ロス・セロスでは建造物群の軸若しくは中心部分から出土している。ロマ・デ・サポテでは丘の頂上から出土している。これらのテーブル状祭壇は遺跡における重要な位置にあった可能性が高い。チャルカツィンゴでは建造物の一部となっており、テーブル状祭壇の重要性が窺える。一方、サン・ロレンソでは、谷若しくは沼の近くより出土している。エル・マルケシヨでは、川の近くより出土している。これらのテーブル状祭壇は、水に近い地点より出土している。

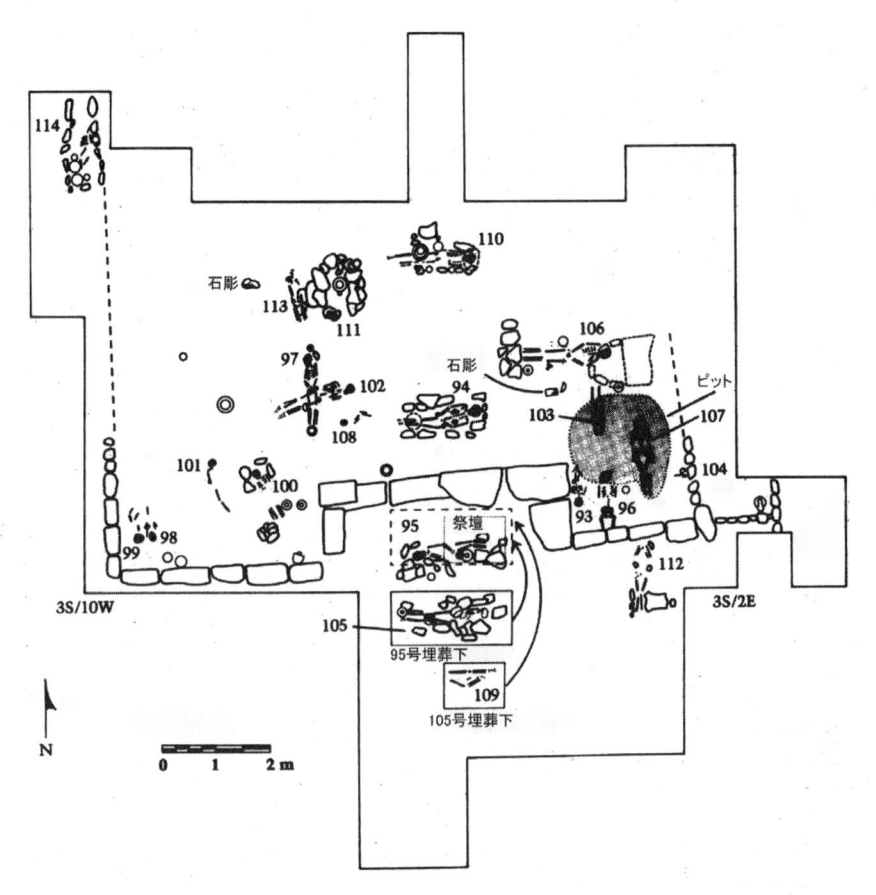

第3章　メソアメリカ先古典期における権力と信仰

図４４．チャルカツィンゴ22号記念物検出状況（Grove, ed., 1987, fig.7.1）

（２）洞穴若しくは怪物の口として表現される石彫

　チャルカツィンゴ1号記念物は岩山の大岩に浮彫りされたものである[3]。トレス・サポテスでは広場からD石碑が出土している。ラ・ベンタ7号祭壇はピラミッドの南東部分より出土している。イサパ2号記念物はギジェン期の基壇前より出土している。タカリク・アバフ15号記念物は7号建造物上より出土している。同25号記念物は川に対する斜面にあった。同23号記念物は13号記念物東側より、同67記念物は12号建造物西側より出土している。ロス・セリトス2号記念物は、S建造物北側の平地部分より出土している。その他は出土地点不明である。
　以上をまとめる。トレス・サポテスD石碑、ロス・セリトス2号記念物は広場より出土している。建造物前からは、イサパ2号記念物、タカリク・アバフ23, 67号記念物が出土している。

---

[3] 13号記念物は5号記念物より山を下ったところで出土している。方形の板状石の一部とされる。また、9号記念物は、4号建造物上より盗掘されたとされる。

159

また、タカリク・アバフ15号記念物は建造物の上より出土している。チャルカツィンゴ1号記念物、タカリク・アバフ25号記念物は川の近くで山の斜面にあった。

4．玉座としてのテーブル状祭壇とその壁龕

　テーブル状祭壇はオルメカ文化における玉座若しくは首長の権威を示す道具として使われた可能性が高い。そして、出土状況からみると、テーブル状祭壇は遺跡の重要な位置に置かれた。また、水と関連した可能性が窺える。そして、テーブル状祭壇は、壁龕と密接な関係がある。

　浮彫りなどで表現される壁龕若しくは洞穴を検討する。チャルカツィンゴでは、石山の部分に洞穴にいる人物を浮彫りしている。また、これ以外にも、様々な神話的な光景を洞穴と人物と関連させて表現している。一方、組合せ式テーブル状祭壇は、建造物の一部となっている。しかし、壁龕は無い。こうして壁龕と人物は神話として分離し、山の上に昇り、テーブル部は建造物の一部となり王権に関連する装置となっている。また、テーブル状祭壇の内外から多くの埋葬が検出された。この中には子供の埋葬もみられる[4]。テーブル状祭壇は埋葬において特殊な位置を占め、人身犠牲とも関係が深い可能性がある。

　タカリク・アバフ25号記念物は山の中腹にあり、山と関連が深いといえる。また、その石彫に彫られた壁龕は洞穴を意味する可能性がある。ラ・ベンタ7号祭壇では、壁龕の周りに、人物と共にフクロウが浮彫りされる。このフクロウは、オストティトラン洞穴の壁画にもあり、洞穴と関連がある。イサパ2号記念物、ロス・セリトス2号記念物の人物は椅子のようなものに座っている姿勢をしている。これは、チャルカツィンゴ1号記念物に示される人物と同様に何かに座る様子を示している。以上のことを考慮すると、壁龕は、洞穴を意味する可能性がある。また、チャルカツィンゴ1号記念物などでは、洞穴は怪物の口としても表現される。一方、ラ・ベンタ59号記念物も考慮すると、怪物はジャガーを原型にしている可能性が高い。

　メソアメリカ南東部太平洋側から高地にかけての中心遺跡であるカミナルフユでは、口の中に人物が表現される怪物頭部石彫はない。しかし、テーブル状祭壇の代わりに、四脚付テーブル状祭壇がみられる。この石彫は玉座として使用していた。また、イサパでは、頭部をテーブル部側面につけた四脚付テーブル状祭壇がある。タカリク・アバフでは壁龕よりジャガー人間が出ているように表現される石彫がある。このジャガー人間の前足は折り曲げており、その表現はイサパのテーブル状祭壇の頭部近くに表現されているものと似る。このことから、ラ・ベンタ4号祭壇のテーブル部と同様に、テーブル部自体がジャガーの背を表現し

---

[4] 遺跡内の他の発掘区（建造物部分など）と比較しても、非常に多くの埋葬が出土している。

ている可能性が高い。しかし、四脚付テーブル状祭壇は壁龕を持たない。壁龕で表現していた部分は他で表現していた。

　イサパなどの石碑で表現される、空と地を示す帯状部分は怪物の上顎と下顎を表現している。一方、メソアメリカ南東部太平洋側では、メキシコ湾岸にみられるテーブル状祭壇はなく、四脚付テーブル状祭壇が特徴である。この四脚付テーブル状祭壇はこの地域の中心であるカミナルフユにもある。そして、天と地を示す帯状部分を上下に持つ石碑はカミナルフユ、タカリク・アバフなどにみられる。この地域においては、メキシコ湾岸にみられるテーブル状祭壇は、テーブル部が四脚付テーブル状祭壇に、壁龕部分が人物を口の中に表現する怪物頭部として分離した。そして、怪物頭部はさらに発展して、下顎上顎が変化し、空と地の帯状部分として、石碑に表現された。その口の中の出来事は石碑の主要部分で浮彫りされた。先古典期後期、メソアメリカ南東部太平洋側では、テーブル部と壁龕を含む台部の分離の過渡期にあった。

　壁龕に関連して表現される神話と王権に関する装置が分離した結果、装置としての玉座は四脚付テーブル状祭壇となった。そして、人物が中にいる壁龕若しくは洞穴は、神話として石碑などに浮彫りされた。

5．オルメカ文化におけるテーブル状祭壇

　テーブル状祭壇はオルメカ文化において、権威を示す道具として使われた。メソアメリカでは、王権もしくは首長権の認証にかかわる儀礼は、山をピラミッド、洞穴をピラミッド神殿の室内とみたてて行われた可能性が考えられる。

　サン・ロレンソでは、山と洞穴を兼備えたテーブル状祭壇があったために、高い建造物を必要としなかった。チャルカツィンゴでは実際に大きな岩山があり、そこに神話を示す浮彫りを施していた。しかし、ラ・ベンタでは、神話と権威を示す装置が分離しつつあり、より山に近い姿を人工的な土製建造物で代用しようとした可能性が考えられる。そのため、サン・ロレンソに無い石碑と四脚付テーブル状祭壇が、ラ・ベンタにあったとも考えられる。一方、壁龕の正面形が円形なのは、洞穴を表現している可能性がある。また、方形になった壁龕は、様式化が進んだためかもしれない。

　一方、神話と権威を一緒にした組織と決別するために、テーブル状祭壇などをサン・ロレンソでは破壊したのではないであろうか。そして、サン・ロレンソより後に栄えたとされるラ・ベンタでは、その分離した組織を発展させようとしたのではないであろうか。しかし、ラ・ベンタは先古典期後期に生き延びることなく、その役割はカミナルフユ、イサパなどがあるメソアメリカ南東部太平洋側に委ねられた。

第2項　玉座としての四脚付テーブル状台座

　古代メソアメリカにおける王権の起源に関わる研究は、オアハカやマヤにおける国もしくは王権の研究にみられる[5]。

　ここに言う国とは遺跡の規模、建造物の数、石碑の有無などから4つ以上に分けられるピラミッド状組織を持つと考えられる共同体（Marcus, 1993; Flannery and Marcus, eds., 1983; Marcus and Flannery, 1996）、王権はこうした国を支配する聖なる権威（Houston and Stuart, 1996）、王朝とは都市国家を治めていた王たちが属する血統（Schele, et al., 1990）と位置付けておく。また、メソアメリカにおける大枠の時代区分である先古典期、古典期、後古典期とは、先古典期は農耕や土器作りが始められる時期から都市がつくられる時期まで、古典期は都市国家が栄える時期であり、後古典期は軍事的色彩が強くなる時期である。

　具体的に王権の起源に関わる研究をみると、マヤでは、碑文解読が進んだことが大きい。マヤ文字解読の成果から、王朝史、都市間の序列、国の組織、再構成に関する試みが行なわれている（Berlin, 1958; Proskouriakoff, 1960; Marcus, 1976; Freidel, 1990; Matthews, 1991; Stuart and Houston, 1994; Martin and Grube, 1995, 2000）。

　一方、オアハカでは、フラナリーらは、セトルメント・パターンの分析から、前時期までの村落が放棄され、人々がモンテ・アルバンに集住した結果、紀元前200年頃に国家が形成されたとしている（Marcus and Flannery, 1996）。一方、ブラントンらは、モンテ・アルバンでは、信仰が重要な役割を担っていたと考えている（Blanton, 1999）。

　これまでの研究では、マヤ王権研究は古典期に限定され、先古典期における状況は不明な点が多い。碑文解読による研究が中心で、各王朝の起源は不明である[6]。したがって、文字により復元された王朝史を考古学の視点から検証し、王権の起源を分析することが必要となる。一方、オアハカではモンテ・アルバンを中心とする国が先古典期後期に確認され、その起源はさらに遡る可能性がある。しかし、遺跡の規模が遺跡間の階層性を示すかは実証的に研究されておらず、セトルメント・パターンの分析は、王権の存在を示す傍証に過ぎない。

---

[5] メキシコ中央部にあるメソアメリカ最大の都市であるテオティワカンにおいては、王墓も発見されておらず、王権の起源に関する実証的研究は進んでいない。先古典期、王座と推定されているテーブル状祭壇が出土しているが、実証的な研究はない。また、このテーブル状祭壇に、四脚は付いていない。メソアメリカの他地域、メキシコ西部、メキシコ湾岸でも状況は同様で、王権の起源に関する実証的研究はない。オアハカやマヤよりも時期が早い王権の起源に関する研究は他のメソアメリカ地域にみられない。

[6] 2001年に出版されたマヤ古典期における宮廷に関する研究（Inomata and Houston, 2001）では、古典期中心に論じられる。しかし、その起源については論じられていない。また、最近の碑文研究の成果から、碑文には、王の即位、誕生、死などが記され、国家間の戦争も刻まれている。例えば、コパンのQ祭壇には、第1代ヤシュ・クック・モー（426‐435?）から第16代のヤシュ・パックまでの王が表現されている。これは、ヤシュ・パック王の正統性を示すものとされる。

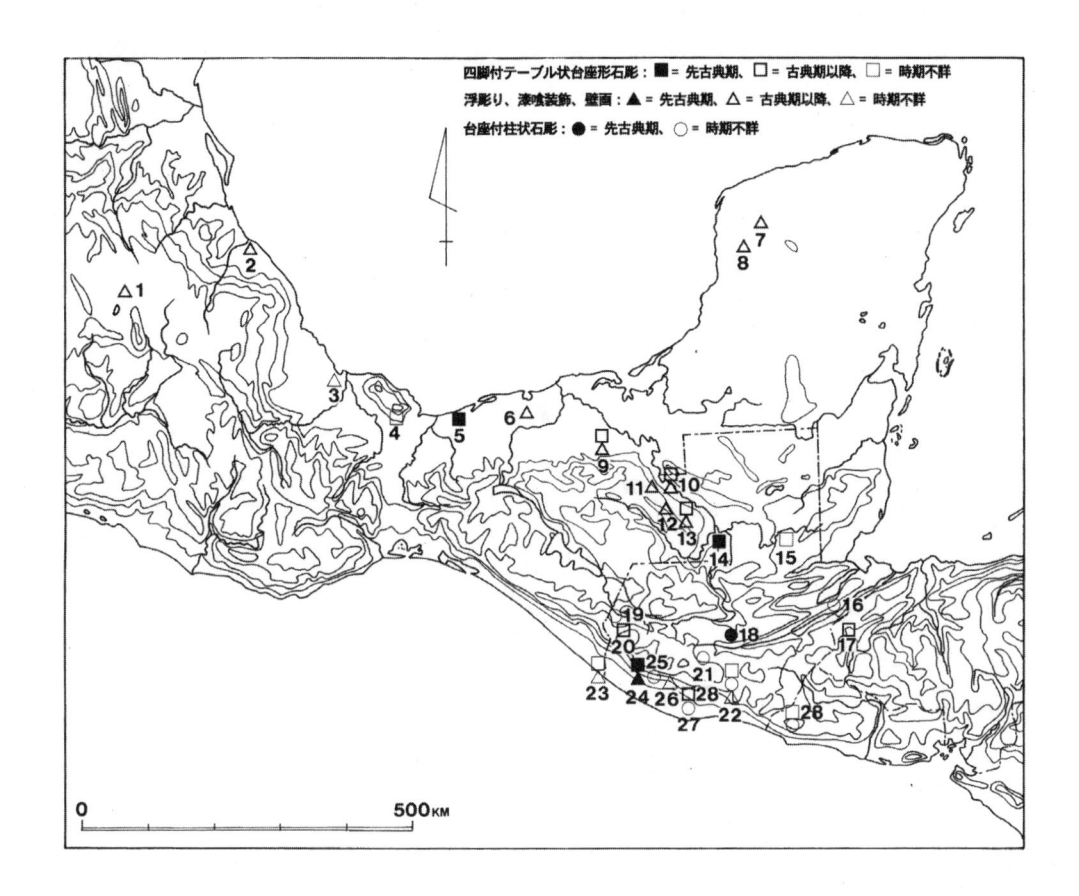

第3章 メソアメリカ先古典期における権力と信仰

図45．四脚付テーブル状台座形石彫と関連する記念碑的遺物が出土した遺跡分布図

メキシコ中央部：1.テオティワカン
メキシコ湾岸：2.エル・タヒン、3.セロ・デ・ラス・メサス、4.ラグナ・デ・ロス・セロス、5.ラ・ベンタ、6.コマルカルコ
マヤ北部：7.オシュキントック、8.シュカルンキン
マヤ中部低地：9.パレンケ、10.ピエドラス・ネグラス、11.エル・カーヨ、12.ボナンパック、13.ヤシュチラン、14.アルタル・デ・サクリフィシオス、15.マチャキラ、16.キリグア、17.コパン
メソアメリカ南東部太平洋側：18.エル・ポルトン、19.シビナル、20.タフムルコ、21.パツンーチマルテナンゴ、22.カミナルフユ、23.イサパ、24.タカリク・アバフ、25.サン・フランシスコ・サポティトラン、26.パロ・ゴルド、27.ビルバオ、28.サンタ・ルシア・コツマルワパ、29.チャルチュアパ

　以上を考慮すると、実際に王権と関連があると確認できる遺物・遺構の時期変遷や地理的分布を分析し、王権の起源を検討することが重要である。

1．四脚を持つテーブル状石彫にみられる王権としての象徴性

　こうした王権との関連を検証できる可能性のある考古資料として、玉座もしくは祭壇がある。メソアメリカには四脚付テーブル状台座以外に、三脚付テーブル状方・円形台座、椅子

状石彫、高台付テーブル状台座、動物形象祭壇等もある。しかし、出土点数や出土状態、および先行研究などの関係から一定の分析が可能なのは、四脚を持つテーブル状の石彫である。従来の調査研究では、『祭壇』、『玉座』または『テーブル状祭壇』と称されているが、本節では、四脚を持つテーブル状石彫を、上の板状部分と下に付く四本の脚からなる台座、四脚付テーブル状台座と規定する。

　この石彫について先行研究の成果をみると、マイルズ（Miles, 1965）やパーソンズ（Parsons, 1986）は、メソアメリカ南東部太平洋側の石彫を研究し、これを先古典期後期に属するとした。カプランは、カミナルフユ、タカリク・アバフ、イサパなどの先古典期後期から原古典期までの『四脚付テーブル状台座形石彫』を集成し、政治・社会的な発展と、長距離交易支配体制が存在したことを意味しているとしている。また、四脚付テーブル状台座に座る人物を支配者とした（Kaplan, 1995, 2000）。さらに筆者は、これらがメソアメリカ南東部太平洋側を中心にメキシコ湾岸まで分布し、その時期も先古典期から後古典期に至ることを明らかにした（伊藤、2001b）。

　このように石彫に表現される四脚付テーブル状台座は、そこに演出される場面、登場する人物の風体などから、当時の王権と密接に結びついていることが推測される。今回は、これを表現している遺物・遺構を考古学的に分類・分析し、王権あるいは王権の起源について論究した。

２．四脚付テーブル状台座の表現がみられる考古資料

　四脚付テーブル状台座を、テーブル部と脚部に分け、以下の基準に従って形から分類する。

　　　　　　テーブル部
　　　　　平面形：Ⅰ類＝方形、Ⅱ類＝円形、Ⅲ類＝その他
　　　　　正面形：1類＝長方形、2類＝台形（上辺が下辺より短い）、3類＝逆台形、
　　　　　　　　4類＝渦巻形（両端が渦巻になる）、5類＝二段形
　　　　　脚部
　　　　　平面形：A＝方形、B＝円形、C＝頭形
　　　　　正面形：a＝方形、b＝逆台形、c＝階段形、d＝頭形

たとえば、図46.6は、テーブル部の平面形が方形、正面形が台形。脚部の平面形が方形で正面形が逆台形のI2Ab類台座となる。また、浮彫りなどに二次元的に表現される四脚付テーブル状台座も同様に分類できる。たとえば、図48.5は、テーブル部正面形が長方形、脚部の正面形が方形の1a類である。

　構造からは、一つの石でテーブル部と脚部がつくられる一体式と、脚部とテーブル部が別々につくられる複合式がある。さらに、複合式の脚部を複数の石でつくる事例がある。一方、

メソアメリカ南東部太平洋側などに分布する板状石彫は、複合式四脚付台座I1・2類テーブル部の可能性があるが、脚部の存在が確認できないために今回は扱わない[7]。

また、パーソンズに従って、記念碑的石彫（50cm以上）と小型石彫（50cm以下）に分ける（Parsons, 1986）。記念碑的石彫などに表現される四脚付テーブル状台座は、遺跡に固有である可能性が高い。しかし、ヒスイ製品、土器などが遠距離間を動くように、小型石彫も交易などの理由で容易に動くことから、遺跡固有でない可能性もある。出土状況などを考慮した上で補助的な資料とする。

本節は以下の順に進める。第一に、四脚付テーブル状台座のみを三次元的に表現している、四脚付テーブル状台座形石彫を検討する。第二に、記念碑的遺物・遺構[8]から四脚付テーブル状台座の検討を行う。丸彫り石彫の一部に三次元的に表現される四脚付テーブル状台座、台座付柱状石彫が相当する。また、記念碑的石彫や壁画などに二次元的に表現される四脚付テーブル状台座から機能などを探る。これには石碑や碑板の浮彫り部分、漆喰装飾、建造物にある壁画が含まれる。最後は、小型遺物に表現される四脚付テーブル状台座を分析する。ベンチ・フィギア形石彫、きのこ石、L字状石製品、小型木製品、土偶、土器が含まれる。時期は現位置若しくは確実に時期の分かる層位より出土したもののみ時期を示し、様式のみに基づく時期決定には従わない。

（1）四脚付テーブル状台座形石彫（図45、46、表9）

先古典期中期のラ・ベンタ、アルタル・デ・サクリフィシオス[9]が最も早い。先古典期後期ではイサパ、タカリク・アバフ、古典期後期ではビルバオ、パレンケ、ヤシュチラン、ピエドラス・ネグラス、マチャキラ、コパン、そして後古典期のタフムルコで出土している。

時期不明の台座は、ラグナ・デ・ロス・セロス、イサパ2点、カミナルフユ7点、チャルチュアパ1点と出土地不明1点である。また、小型四脚付テーブル状台座形石彫はアルタル・デ・サクリフィシオス、カミナルフユで出土しており、他に出土地不明が1点ある[10]（Drucker, 1952; Dutton and Hobbs, 1943; García, 1997; Gillespie, 2000; Graham, 1967; Lowe, et al., 1982; Maler, 1901; Morley, 1920; Norman, 1976; Orrego, 1990; Parsons, 1969; Robertson, 1985, 1991; Willey, 1972, 1978）。

分布をみると、マヤ南中部に集中するが、メキシコ湾岸にも2例ある。

---

[7] 最近発掘されたカミナルフユの板状石彫はⅠ2類テーブル部に相当するが、その下にある脚部はない。古典期マヤの複合式を考慮すると、先古典期から存在していた可能性がある。
[8] 50cm以上の遺跡に固有な遺構遺物である。
[9] セイバルでは小型四脚付テーブル状台座Ba類脚部の可能性がある破片が出土しているが、それに相当する完形品は出土していない。
[10] 時期は様式に基づく時期決定には従わず、現位置若しくは確実に時期の分かる層位より出土したもののみ時期を示す。

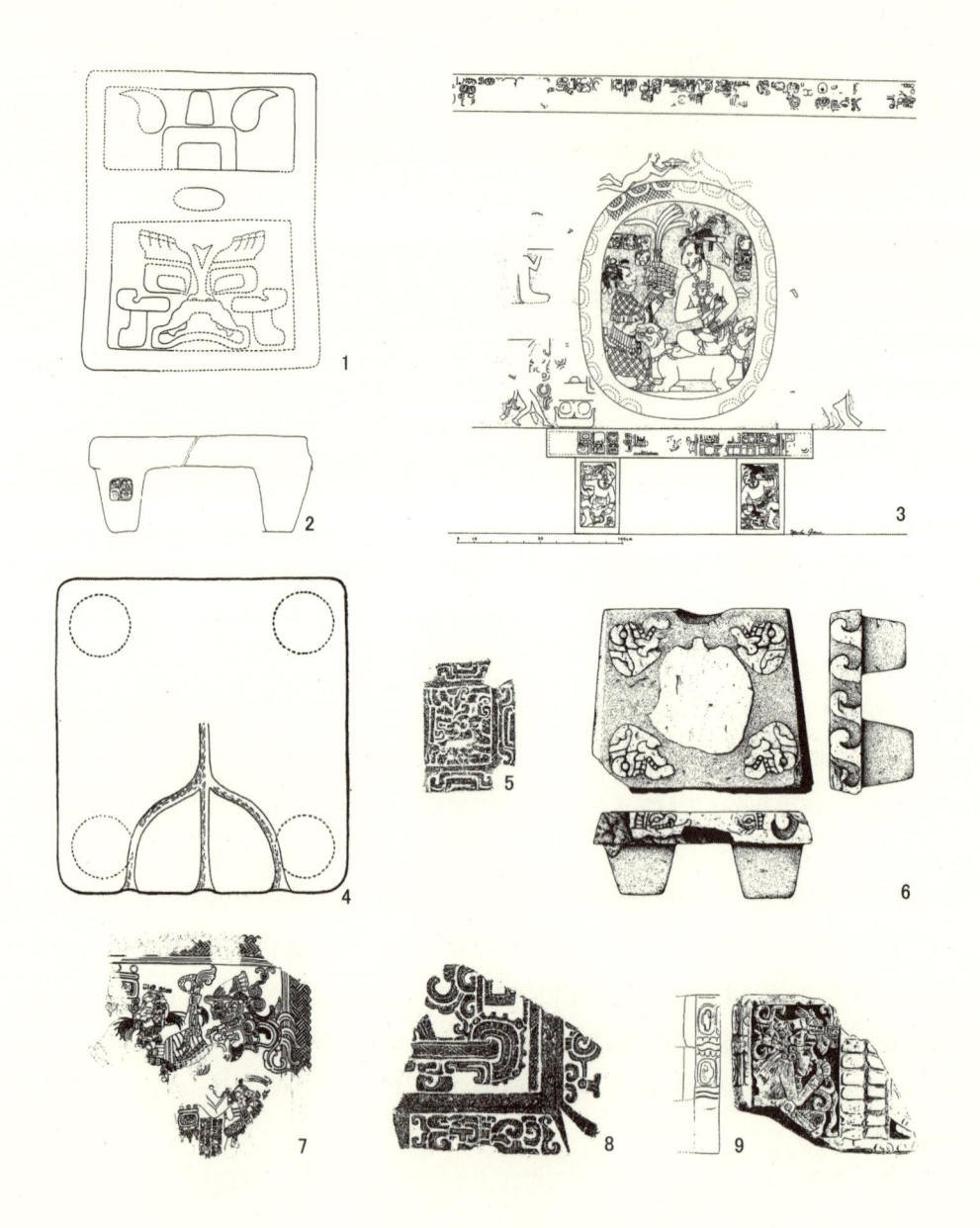

図46. メソアメリカにおける四脚付テーブル状台座形石彫

1. ラ・ベンタ15号記念物 (Drucker, 1952)、2. ヤシュチラン16号祭壇 (Tate, 1992)、3. パレンケ8号ベンチ (Robertson, 1985)、4. ピエドラス・ネグラス4号祭壇 (Maler, 1901)、5. 出土地不明、6. カミナルフユ インシエンソ玉座 (Kaplan, 1995)、7. 同10号石碑 (Parsons, 1986)、8. 同14号祭壇、9. 同1号祭壇 (Parsons, 1986)

表9. 四脚付テーブル状台座が表現される遺物・遺構 (1)

出土地	時期	テーブル部	脚部	高さ(cm)	幅(cm)	長さ(cm)	装飾、その他
一体式四脚付石彫							
ラ・ベンタ　15号記念物	先古典期中期	I1	Ba	—	—	—	ジャガー(上)
アルタル・デ・サクリフィシオス	先古典期中・後期	I1	Aa	—	19.5	37	無、他にも数点
イサパ　1号玉座	先古典期後期	I1	Ab	46	102	158	頭部・幾何学文(上・側)
タカリク・アバフ　9号祭壇	先古典期後期	I1	Ab	27	102	155	無
タカリク・アバフ　30号祭壇	先古典期後期	I1	Ab	46	97	134	人物(上)
ヤシュチラン　16号祭壇	古典期後期	I1	Ab	—	—	—	文字(脚)、数個の破片
ビルバオ　59号記念物	古典期後期	I1	Aa	85	52	36	髑髏(上)、脚間充填
コパン　G'祭壇	古典期後期	III1	Ba	46	71	71	文字(側)
タフムルコ　F石彫	後古典期	I1	Aa	45	88	102	人頭(側)
カミナルフユ　10号石碑	不明	I1	—	54	129	131	人物・文字・筵(上・側)
カミナルフユ　1号祭壇	不明	I1	A-	94	102	—	人物・文字?(上・側)
ラグーナ・デ・ロス・セロス	不明	I1	Aa	—	—	—	無
チャルチュアパ　6号記念物	不明	I1	Ba	19	47	79	無
カミナルフユ　14号祭壇	不明	I2	—	11	57	56	人頭等(上・側)
カミナルフユ　1923記念物	不明	I2	—	8	27	21	幾何学文(上・側)
カミナルフユ　インシエンソ・玉座	不明	I2	Ab	52	134	110	蛇・髑髏・波(上・側)
カミナルフユ　シュークの破片	不明	I2	Ab	—	—	37	幾何学文(上・側)
イサパ　2号玉座	不明	I2	Ab	72	187	187	高浮彫りの人頭(側)
出土地不明	不明	I2	B-	7	27.5	34	頭部・幾何学文(上・側)
カミナルフユ　8号祭壇	不明	I2	Ba	19	32	44	頭部・幾何学文(上・側)
イサパ　3号玉座	不明	I2	Bb	34	52	27	髑髏(側)
複合式四脚付石彫							
パレンケ　1号ベンチ	古典期後期	I1	Aa	—	115	218	文字(側)：652年、王
パレンケ　2号ベンチ	古典期後期	I1	Aa	—	—	—	文字(側)
パレンケ　3号ベンチ	古典期後期	I1	Aa	57	135	242	無
パレンケ　4号ベンチ	古典期後期	I1	Aa	59	100	200	無、脚=数個の石
パレンケ　5号ベンチ	古典期後期	I1	Aa	—	—	—	無
パレンケ　6号ベンチ	古典期後期	I1	Aa	—	—	—	無
パレンケ　7号ベンチ	古典期後期	I1	Aa	82	—	—	無、脚=数個の石
パレンケ　8号ベンチ	古典期後期	I1	Aa	62	—	161	文字・人物(側・脚)、日付
パレンケ　9号ベンチ	古典期後期	I1	Aa	55	—	140	無
パレンケ　10号ベンチ	古典期後期	I1	Aa	—	—	—	有(側)
パレンケ　11号ベンチ	古典期後期	I1	Aa	36	57	95	無
ピエドラス・ネ　2号祭壇	古典期後期	I1	Aa	35+α	172	220	文字(側)
ピエドラス・ネ　3号祭壇	古典期後期	I1	Aa	34+α	133	196	文字(側)、溝
ピエドラス・ネ　4号祭壇	古典期後期	I1	Cd	40+α	180	190	文字等(側)、溝
パレンケ　碑銘の神殿前祭壇	古典期後期	III1	Ba	84	182	182	無
パレンケ　宮殿前祭壇	古典期後期	III1	Aa	—	132	132	無
マチャキラ　A祭壇	古典期後期	IIII1	Ba	60	130	215	文字・人物(上・側)、日付

括弧内は、装飾がある部分。

　テーブル部をみていく。I1類は、先古典期中期‐後古典期、メキシコ湾岸からメソアメリカ南東部太平洋側までみられる。II1類は古典期後期マヤ中部低地に特徴的である。I2類は、時期不詳だが、メソアメリカ南東部太平洋側に多い。一方、脚部は、イサパ、タカリク・アバフの先古典期後期全3点はAb類である。古典期後期、パレンケ宮殿前のBa類、ピエドラス・ネグラス4号玉座の髑髏を象ったCd類、マチャキラA祭壇、コパンG'祭壇のBa類とヤシュチラン16号祭壇のAb類以外は、総てAa類である。パレンケでは、一つの石でつくられるテーブル部と石数個からつくられる脚部がある。先古典期後期はAb類、古典期後期はAa類が特徴的である。一体式四脚付テーブル状台座は先古典期中期から後古典期までつかわれる。しか

表9. 四脚付テーブル状台座が表現される遺物・遺構 (2)

出土地		時期	テーブル部	脚部	台上	備考
台座付柱状石彫						
エル・ポルトン	10号記念物	先古典期後期	I5	Aa	人(座)	
エル・ポルトン	11号記念物	先古典期後期	I5	Aa	人(座)	
パツン・チマルテナンゴ		不明	I1	Aa	人(座)	後手に縛られる
デモクラシア-ティキサテ		不明	I1	Aa	サル	
エル・ポルトン	22号記念物	不明	I4	Aa	人(座)	
カミナルフユ	5号PEDESTAL	不明	I4	Aa	ジャガー	
カミナルフユ	6号PEDESTAL	不明	I4	Aa	人(座)	
カミナルフユ	7号PEDESTAL	不明	I4	Aa	人(座)	
カミナルフユ		不明	I4	Aa	ジャガー	
サンタ・ルシア・コツマルワパ		不明	I4	Aa	人(座)	
グアテマラ		不明	I4	Aa	人(座)	
不明		不明	I4	Aa	ジャガー	
サン・フランシスコ・サポティトラン		不明	I4-5	Aa	ジャガー	
エル・ポルトン	12号記念物	不明	I5	Aa	人(座)	
シビナル		不明	I5	Aa	人(座)	後手に縛られる
チャルチュアパ	カサ・ブランカ地区	不明	I5	Aa	ジャガー	
キリグア		不明	I5	Aa	ジャガー	
浮彫りで表現されたもの						
タカリク・アバフ	5号石碑	先古典期後期	1	b	人(飾)	126年、108-83年
イサパ	8号石碑	先古典期後期	2	b	人(飾)	十字枠のなか
カラクス	碑板	古典期前期末	1	b	人(飾)	人物が捧げ物をする
オシュキントック	19号石碑	古典期後期	1	a	2×人	
シュカルンキン	5号碑板	古典期後期	1	a	人(飾)	733年
シュカルンキン	7号碑板	古典期後期	1	a	人(飾)	
ピエドラス・ネグラ	3号石碑	古典期後期	1	a	王	両脇に、壺と子供
エル・カーヨ	1号祭壇	古典期後期	1	a	供物	横に人が座る
オシュキントック	21号石碑	古典期後期	1	b	2×人	手に小人
ピエドラス・ネグラ	3号壁碑板	古典期後期	1	b	人(飾)	謁見、周囲に数人(座+立)
ヤシュチラン	57号マグサ	古典期後期	1	b	人(飾)	謁見、人(飾)
ヤシュチラン		古典期後期	1	b	王	謁見、人(飾)
ウスマシンタ川流域		古典期後期	1	b	王	謁見
オシュキントック	3号石碑	古典期後期	2	b	2×人	849年
エル・タヒン	184号石彫	古典期後期	3	a	絡み蛇	周囲に数人(飾)
エル・タヒン	26号石彫	古典期後期	3	a	人(飾)	仮面・ナイフ・楯
エル・タヒン	29号石彫	古典期後期	3	a	絡み蛇	蛇輪内に、人(飾)
エル・タヒン	30号石彫	古典期後期	3	a	人(飾)	
エル・タヒン	59号石彫	古典期後期	3	a	人(飾)	上の台座
			3	a	無	下の台座
エル・タヒン	60号石彫	古典期後期	3	a	人(飾)	
エル・タヒン	63号石彫	古典期後期	3	b	人(飾)	仮面・香入り鞄
セロ・デ・ラス・メ	4号石碑	古典期	2	a	人(飾)	団扇・香入り鞄・文字
カミナルフユ	65号記念物	不明	2	b	人(飾)	謁見(捕虜)
			2	b	人(飾)	謁見(捕虜)
パロ・ゴルド		不明	1	a	人(飾)	
漆喰装飾						
コマルカルコ	1号神殿	古典期後期	1	a	人(寝)	
パレンケ	太陽の神殿	古典期後期	1	a	人	小人を捧げる
パレンケ	太陽の神殿	古典期後期	1	a	K神	文字
パレンケ	太陽の神殿	古典期後期	1	a	人	小人を捧げる
パレンケ	宮殿	古典期後期	1	a	人(飾)	652-662年、文字
パレンケ	宮殿	古典期後期	1	a	人(飾)	652-662年、文字
パレンケ	宮殿	古典期後期	1	a	人(飾)	652-662年、文字
ヤシュチラン	33号神殿	古典期後期	1	b	人(飾)	
壁画						
テオティワカン	テティトラ	古典期前期	1	a	ジャガー	
ボナンパック	1号建造物、第1室	古典期後期	1	b	王等	790年
	1号建造物、第3室	古典期後期	1	b	王等	自己犠牲

人(飾)=着飾った人物、人(座)=座る人物、人(寝)=寝そべる人

表 9. 四脚付テーブル状台座が表現される遺物・遺構 (3)

出土地	時期	テーブル部	脚部	台上	備考
ベンチ・フィギア石彫（四脚）					
ゲレーロ	不明	I1	Aa	人	ジャガー人間
ホンジュラス	不明	I1	Ab	人	
カミナルフユ	不明	I2	Ab	人	記念物?
ビジャ・ヌエバ	不明	I4	Aa	人	
きのこ石					
サンティアゴ・サカテペケ	不明	I1	Aa	きのこ	
ー	不明	I1	Aa	人	
小型筵状石彫					
グァテマラ北部	古典期後期	1	a	人（飾）	
木製小型四脚付台座					
チチェン・イツァ	古典期後期 - 後	I1	Ab	無	トルコ石、黒曜石片付
土製品					
サン・ホセ・モゴーテ	先古典期前期	III1	Ba	無	小型土製台座
土偶					
レモハーダス	古典期後期	I1	Aa	人（飾）	
エル・サポタル	古典期後期	I2	Ba	人	
パレンケ	古典期後期	I1	Aa	人（飾）	仮面（七面鳥）
イサパ	古典期後期	I1	Ba	人	
チャフカル	古典期後期	I1	Ac	有	痕跡
シワタン	不明	I1	Aa	人（飾）	
土器の装飾					
ウタトラン	古典期	1	a	人（飾）	テオティワカン式土器
ミシュテカ・アルタ	古典期後期	1	a	人（飾）	
カンペチェ	古典期後期	1	a	人（飾）	
リオ・アスール	古典期後期	1	a	王	捕虜の謁見
ティカル　　　1号神殿、116号墓	古典期後期	1	a	人（飾）	謁見
エル・ポルベニール、チャルチュアパ	古典期後期	1	a	人（飾）	壺
エル・ポルベニール、チャルチュアパ	古典期後期	1	a	人（飾）	
ティカル　　　1号神殿、116号墓	古典期後期	1	b	人（飾）	周囲に多数の人物
アルタル・デ・サクリフィシオス　128号墓	古典期後期	1	b	人（飾）	
アルタル・デ・サクリフィシオス　128号墓	古典期後期	1	b	人（飾）	顔を覆う
ティカル　　　1号神殿、116号墓	古典期後期	1	c	人（飾）	謁見
ティカル　　　1号神殿、116号墓	古典期後期	1	c	人（飾）	謁見
ティカル　　　1号神殿、116号墓	古典期後期	1	c	人（飾）	謁見
ティカル　　　1号神殿、116号墓	古典期後期	1	c	人（飾）	供え物
ティカル　　　1号神殿、116号墓	古典期後期	1	c	人（飾）	
ティカル　　　1号神殿、116号墓	古典期後期	1	c	人（飾）	謁見
モトゥル・デ・サン・ホセ	古典期後期	2	a	人（飾）	謁見
ユカタン半島	古典期後期	4	b	人（飾）	
ブエナ・ビスタ・デル・カーヨ	古典期後期	4	b	D神	破片
ナクベ	古典期後期	4	b	L神	謁見、神殿内
ティカル　　　1号神殿、116号墓	古典期後期	4	b	人（飾）	謁見
イスタパ　　　墓	古典期後期	4	b	人（飾）	謁見（鹿）
ティカル	古典期後期	4	c	人（飾）	謁見（トポシュテ王）
ティカル　　　1号神殿、116号墓	古典期後期	4	c	人（飾）	
ペテン	古典期後期	4	c	人（飾）	謁見
ドス・ピラス	古典期後期	4	c	王	謁見、破片

人（飾）=着飾った人物

し、複合式四脚付テーブル状台座は、古典期後期、パレンケ、ピエドラス・ネグラス、マチャキラでつくられる。一方、ビルバオ59号記念物は、テーブル部下にブロック状部分がある。これは他に類例が無い。

　出土状況をみていく。イサパ1号玉座は、30号建造物前の広場で、球石を載せている円柱前より出土している。ピエドラス・ネグラス2-4号祭壇、ヤシュチラン16号祭壇、マチャキラ

A祭壇、コパンG'祭壇は広場より出土した。イサパ2号玉座は古典期後期球戯場端中央から出土した[11]。タカリク・アバフ9, 30号祭壇、ビルバオ59号記念物は建造物の階段に関連して出土した。パレンケでは碑銘の神殿階段前、宮殿内と宮殿前にあった。

　装飾は浮彫りが多く、その主題は様々である。着飾った人物（図46.7, 8）、頭飾りがある人物頭部、髑髏（図46.6）、全身の骸骨、文字（図46.2-4, 7, 9）、筵（図46.7）、波（図46.6）などがある。様式化した動物頭部では、ジャガー頭部（図46.1）、蛇（図46.6）、鹿（図46.5）他がある。幾何学文は、渦巻文、両端が渦巻になる逆U字文（図46.5）、儀器と思われる物体（図46.8）、結紐状文、帯文がある。また、イサパ2号玉座側面には人頭部が高浮彫りされる。先古典期ではテーブル部上面と側面が多く、古典期から後古典期まででではテーブル部側面が主流になる。

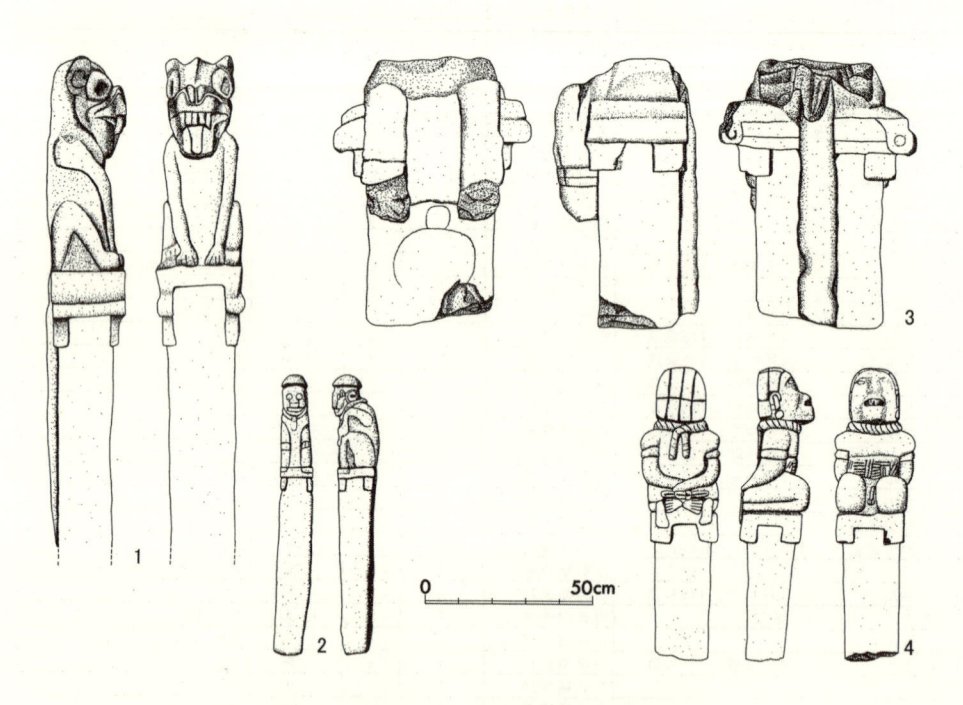

図４７．四脚付テーブル状台座付柱状石彫

1. サン・フランシスコ・サポティトラン出土、2. デモクラシアーティキサテ出土、3. カミナルフユ7号PEDESTAL、4. 出土地不明、5. パツン―チマルテナンゴ出土　（以上、伊藤、1998a）

---

[11] イサパでは先古典期後期の可能性がある2号玉座（I2Ab類）を古典期後期の球技場に再利用したとされる。この再利用に関しては、より慎重に検討する必要がある。

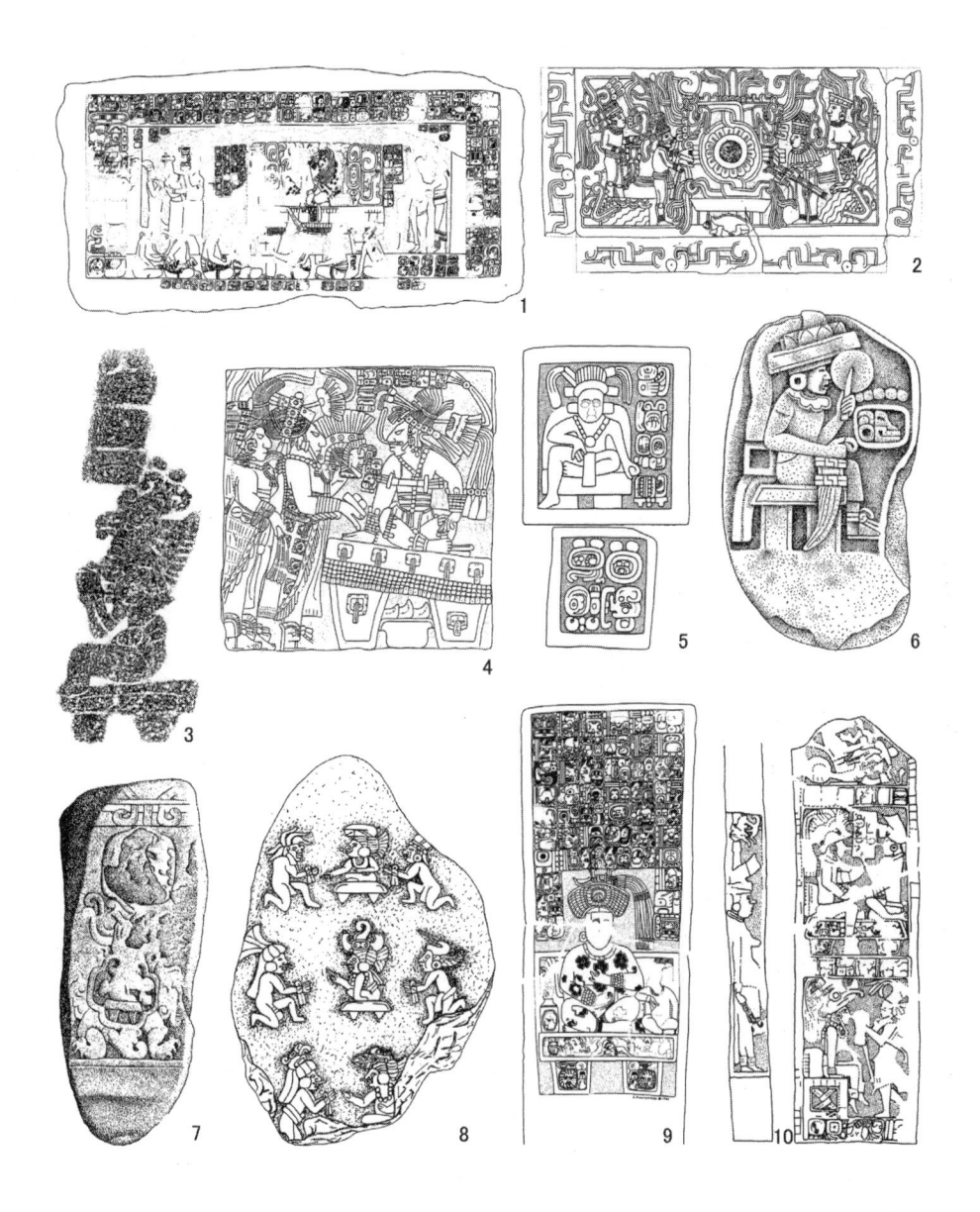

第3章　メソアメリカ先古典期における権力と信仰

図４８．四脚付テーブル状台座が浮彫りされた石彫

1. ピエドラス・ネグラス3号壁碑板（Miller, 1993, fig.3.22）、2. エル・タヒン184号石彫（Castillo P., 1995）、3. タカリク・アバフ5号石碑側面の浮彫り、4. 楯ジャガーⅡ世の浮彫り（Mathews, 1997, fig.7-14）、5. シュカルンキン5・6号碑板（Graham, et al., 1992）、6. セロ・デ・ラ・メサス4号石碑（Stirling, 1943, fig.4）、7. イサパ8号石碑（Lowe, et al., 1982）、8. カミナルフユ65号記念物（Parsons, 1986, fig.149）、9. ピエドラス・ネグラス3号石碑（Miller, 1993, fig.33）、10. オシュキントック3号石碑（Cristo, 1991, fig.11）

（2）記念碑的遺物・遺構に表現される四脚付テーブル状台座（図45）

1）台座付柱状石彫（図47）

原位置で出土している事例が無いため、時期決定が難しい。しかし、エル・ポルトンでは先古典期後期の基壇前に立っていた可能性がある。また、破片が先古典期後期の建造物内に含まれていたことから、先古典期後期若しくはそれ以前からあったことは確実である。四脚付テーブル状台座付柱状石彫は、メソアメリカ南東部太平洋側に集中している。テーブル部はI4, 5類が多く、I1類も数例ある。脚部はAa類のみである。数例のI5類正面にはI4類テーブル部端の渦巻を線刻で表現する。I5類はI4類を簡略化した可能性がある。

台座の上をみると、サルは1点（図47.2）、ジャガーは6点（図47.1）、人物は11点ある。装身具を着けた人物（図47.3）、生と死を表現している人物（図47.4）、捕虜（図47.5）がある。

2）浮彫りで表現される四脚付テーブル状台座（図48）

石碑や建造物の壁面などに四脚付テーブル状台座が浮彫りされる。メソアメリカ南東部太平洋側イサパ8号石碑（図48.7）、タカリク・アバフ5号石碑の先古典期後期が最も早い。古典期前期末のカラカス碑板、時期不明のカミナルフユ65号記念物、パロ・ゴルド出土石碑以外は、古典期後期である。メキシコ湾岸とマヤに分布する。

テーブル部は1類が最も多いが、2, 3類もある。脚部はa若しくはb類のみである。先古典期後期に1b, 2b類台座が出現し、古典期になると1a若しくは1b類が主流となる。しかし、古典期後期、2b類は1例のみである。メキシコ湾岸のエル・タヒン（Castillo, 1995）では、テーブル部総てが3類で、脚部はb類1点を除きa類である。一方、先古典期後期、古典期前期、古典期後期にはテーブル部や脚部端に線刻が施される。古典期後期、数例のテーブル部や脚部にはマヤ文字が彫られる。

台座上に着飾った人物が座るのは、メキシコ湾岸、マヤの10遺跡25例ある。胡座をかくのは12例、足を前に投げ出しているのは5例、正座と蹲踞しているのは各1例である。人物が仮面を着けるのが2例、手提げ状のものを持つ例も2例ある。他には、団扇、木葉状ナイフ、円形楯を持つ例もある。エル・タヒンでは蛇が人物に絡み付く例が2例、台座の上に台座がのる例がある。そのうちで、支配者と考えられるのは、3例ある（図48.4, 9; Miller, 1993; Schele and Miller, 1986）。ヤシュチランでは、楯ジャガー王とされる（Tate, 1992; Graham, 1979; Mathews, 1997）。3例では、台座に2人の人物が相対して座る（図48.10; Cristo, ed., 1991; Pollock, 1980）。

2例では、人物が座る台座前で捧げ物をしている（図48.1; Arellano, 1998）。ピエドラス・ネグラスでは、台座がある壇上には左右に人々が立ち並び、その下壇に様々な人物が座る。一方、エル・カーヨ1号祭壇には1a類小型台座の上に捧げものをする人物がその横に座る（Taube, 1998）。

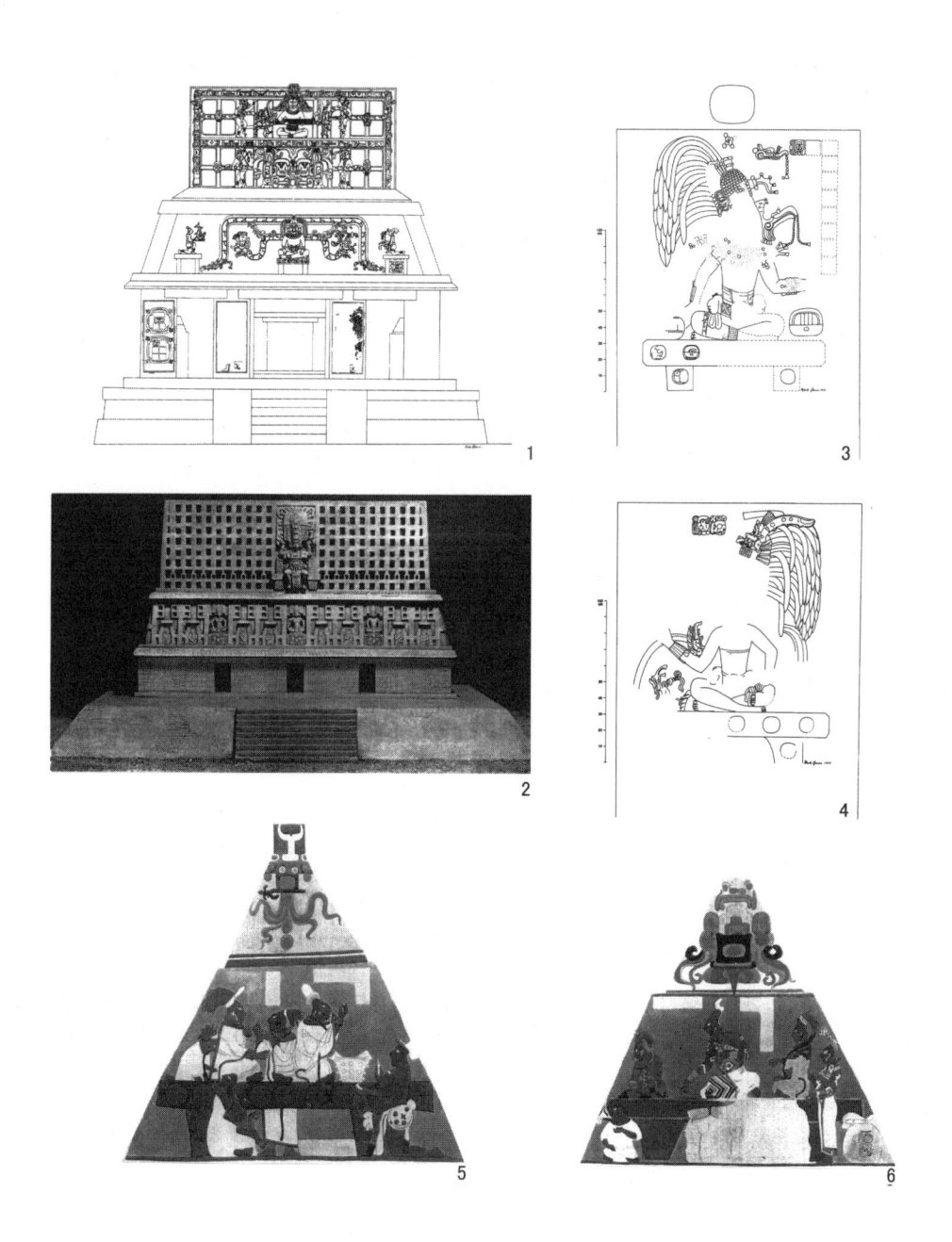

第3章 メソアメリカ先古典期における権力と信仰

図49. 壁画と漆喰装飾で表現された四脚付テーブル状台座

1. パレンケ太陽の神殿(Robertson, 1985, fig.74)、2. ヤシュチラン33号建造物(Pollock, 1965, fig.35)、3, 4. パレンケ宮殿C建造物C柱飾り (Robertson, 1985, fig.226)、5, 6. ボナンパック1号建造物第3室壁画部分 (Nájera, 1991)

人物が座る台座前で着飾った人物がいるのは、4例ある。このうち、バラン・アハウがア・チャック・マックスに783年に捕らえられたとされる事例がある。カミナルフユ65号記念物の浮彫り上中段には、台座に座る人物の前後に、手を縛られた人物が控える（図48.8）。エル・タヒン184号石彫では、円弧状に絡む2匹の蛇がのる3a類台座の左に老人、右に着飾った人物が立つ。その背後に手提げを持つ人物が控える（図48.2）。

12号建造物西側中央に立つタカリク・アバフ5号石碑は、先古典期後期の日付が中央に浮彫りされる（図48.3）。シュカルンキン5, 7号碑板には、733年の日付がある（図48.5; Graham and Euw, 1992; Ciudad, 1990）。オシュキントック3号石碑には、849年の日付がある。セロ・デ・ラス・メサス4号石碑には、人物の前に文字が彫られる（図48.6; Stirling, 1943）。

3）漆喰装飾に表現される四脚付テーブル状台座（図49）

四脚付テーブル状台座が建造物の棟飾り、屋根飾りや壁に漆喰装飾で表現される。古典期後期、マヤ中部の西側、コマルカルコ、パレンケ、ヤシュチランに限られる。ヤシュチランの1b類以外は、1a類台座である。しばしば、テーブル部や脚部に、文字が浮彫りされる。

コマルカルコでは、台座に人物が寝そべる（Andrews, 1989）。パレンケ太陽の神殿屋根飾りの中央ではK神が1a類台座に座り、その両隣に人物が小人を捧げ1a類台座に膝をつく（図49.1）。宮殿C建造物の柱飾りC, D, Eにはパカル王が1a, b類台座上で胡座を組む（図49.3, 4）。ヤシュチラン33号建造物棟飾りでは1人の人物が1b類台座に足を投げ出し座る（図49.2; Pollock, 1965）。

4）壁画に描かれた四脚付テーブル状台座（図49）

メキシコ中央部のテオティワカンとマヤ中部ボナンパックにある（図49.5, 6）。IaとIb類のみである。前者は古典期前期、後者は古典期後期である。

ボナンパック1号建造物第1室では14人のアハウが並んでいる。その上、台座の中央に王、後ろにその妻が座る。790年12月中旬の即位に関連する儀礼とされる。第3室では19人の着飾った人物たちが並び、上の台座に王等が座る。王は舌に縄を通して血を流し、自己犠牲を行っている（Nájera, 1991）。テオティワカンでは、羽毛の頭飾りを着けたジャガーが台座に乗る（Matos, 1990）。

（3）小型遺物にみられる四脚付テーブル状台座（図50）

ベンチ・フィギア形石彫、きのこ石[12]、土偶、土器、その他がある。オアハカ、メキシコ湾岸、マヤに分布する。

1）小型石彫

ベンチ・フィギア形石彫（図51.2-4）は先古典期後期に属する可能性があるが、確実な時期

---

[12] きのこを形象する石彫。しばしば、傘の下にきのこ以外の造形（人、動物他）が付け加えられる。

第3章　メソアメリカ先古典期における権力と信仰

は不明である。メソアメリカ南東部太平洋側に集中するが、メキシコ中央部にも分布する。テーブル部はI1, 2, 4類がある。脚部はAa, b類が均等にある。出土状況は不明である。この小型石彫では盛り上がった肩部を持つ精悍な人物が、一つの例外を除き、台座に足を投げ出し座る。カミナルフユ出土石彫破片は他より大きく、記念碑的石彫破片の可能性がある。

きのこ石（図51.1）は、メソアメリカ南東部太平洋側を中心に分布する。先古典期と古典期後期に属するとされる（大井・トレス、1994）。

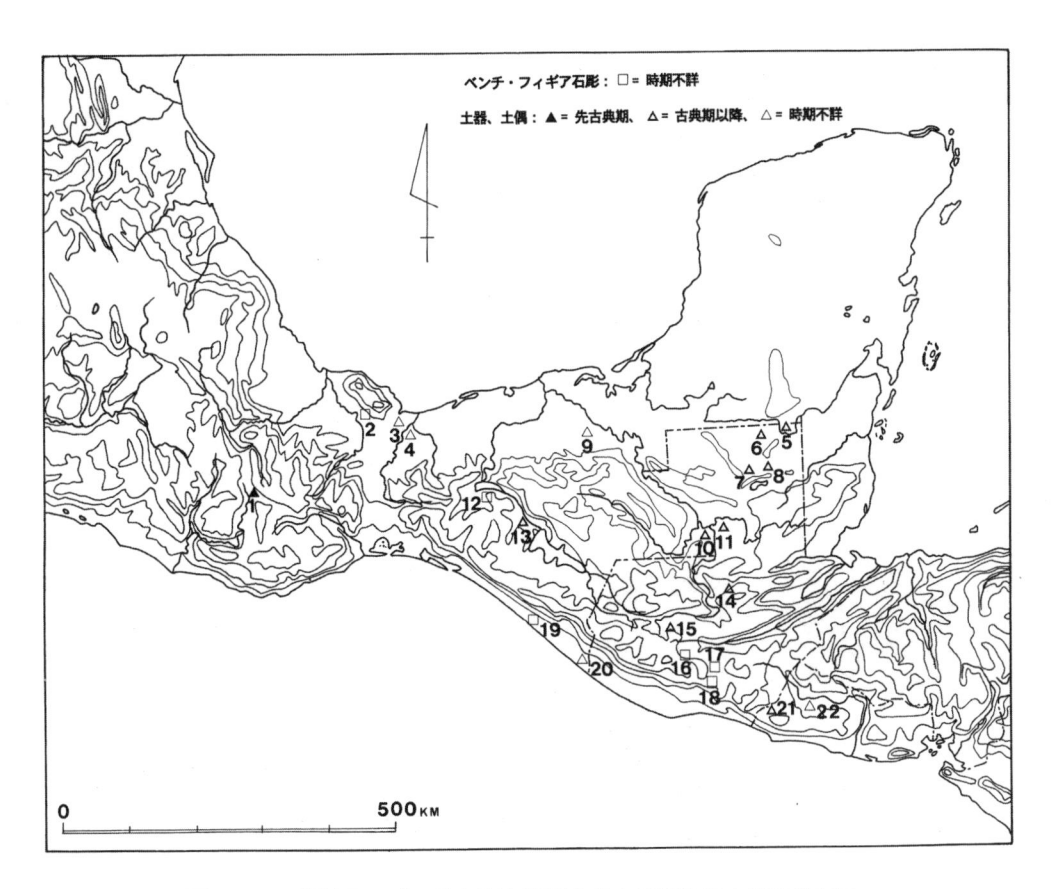

図50. 四脚付テーブル状台座を表現する小型遺物出土遺跡分布図

オアハカ：1. サン・ホセ・モゴーテ
メキシコ湾岸：2. トレス・サポテス、3. レモハーダス、4. エル・サポタル
マヤ中部低地：5. リオ・アスール、6. ナクベ、7. モトゥル・デ・サン・ホセ、8. ティカル、9. パレンケ、10. アルタル・デ・サクリフィシオス、11. ドス・ピラス
メソアメリカ南東部太平洋側：12. ビジャ・フローレス、13. イスタパ、14. チャフカル、15. ウタトラン、16. エル・モリーノ・デ・シエラ、17. カミナルフユ、18. ビジャ・ヌエバ、19. リオ・アリーバ、20. イサパ、21. チャルチュアパ、22. シワタン

古典期後期とされるL字状小型石彫1点が、マヤ中部低地より出土した（Coe and Kerr, 1998）。台座に座る頭飾りなどを着けた人物が浮彫りされる。

２）小型木製四脚付テーブル状台座

チチェン・イッツアの聖なる泉セノーテで1点出土した。古典期後期 - 後古典期とされる（Coggins, 1992）。

３）四脚付テーブル状台座を表現した土偶・土製品

メキシコ湾岸、マヤ中南部に分布している。先古典期前期に属するサン・ホセ・モゴーテの土製小型台座1例（Marcus, 1998）以外は、古典期後期である。イサパ125A号建造物では、土偶が供物とされていた（Lowe, et al., 1982）。

テーブル部はI1がほとんどで、II1類とI2類が各1点ある。Aa類とBa類が多く、Ac類も1点ある。レモハーダス出土例では、テーブル部上面の四隅に突起が付き、側面にT字形透かしが2個所ある。チャフカル台座破片ではテーブル部と脚部側面に着飾った人物などが浮彫りされる（Rands and Rands, 1965）。

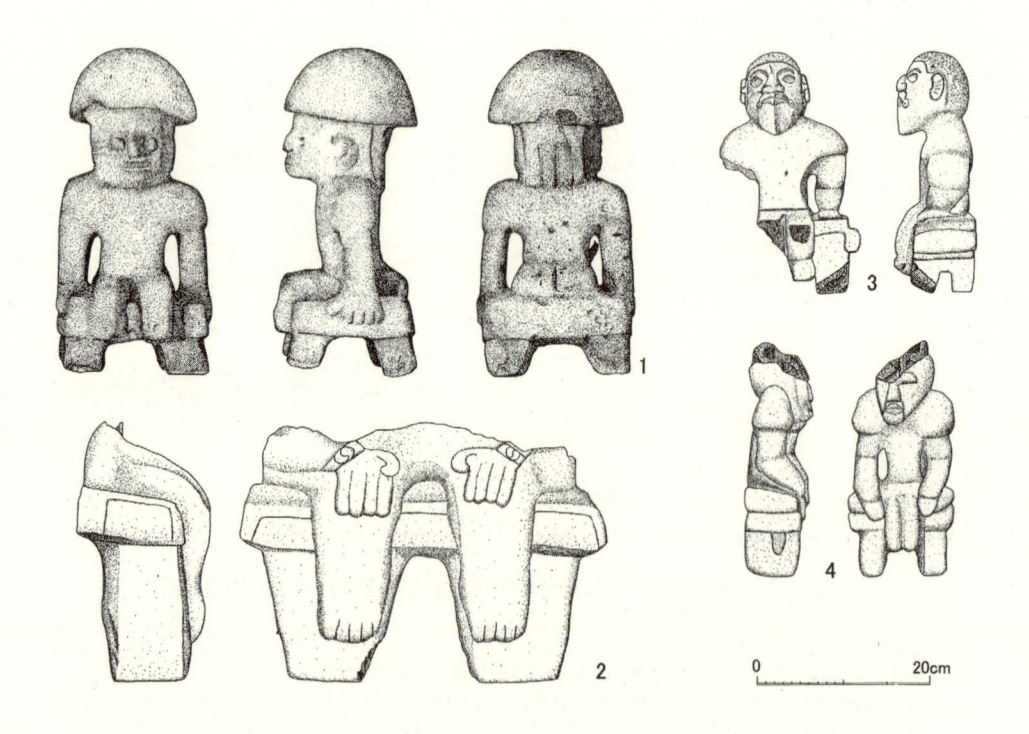

図５１．きのこ石、ベンチ・フィギア形石彫でみられる四脚付テーブル状台座

きのこ石：1.出土地不明（大井他、1994）、
ベンチ・フォギア形石彫：2.カミナルフユ、3.ビジャ・ヌエバ、4.出土地不明（伊藤、1998b）

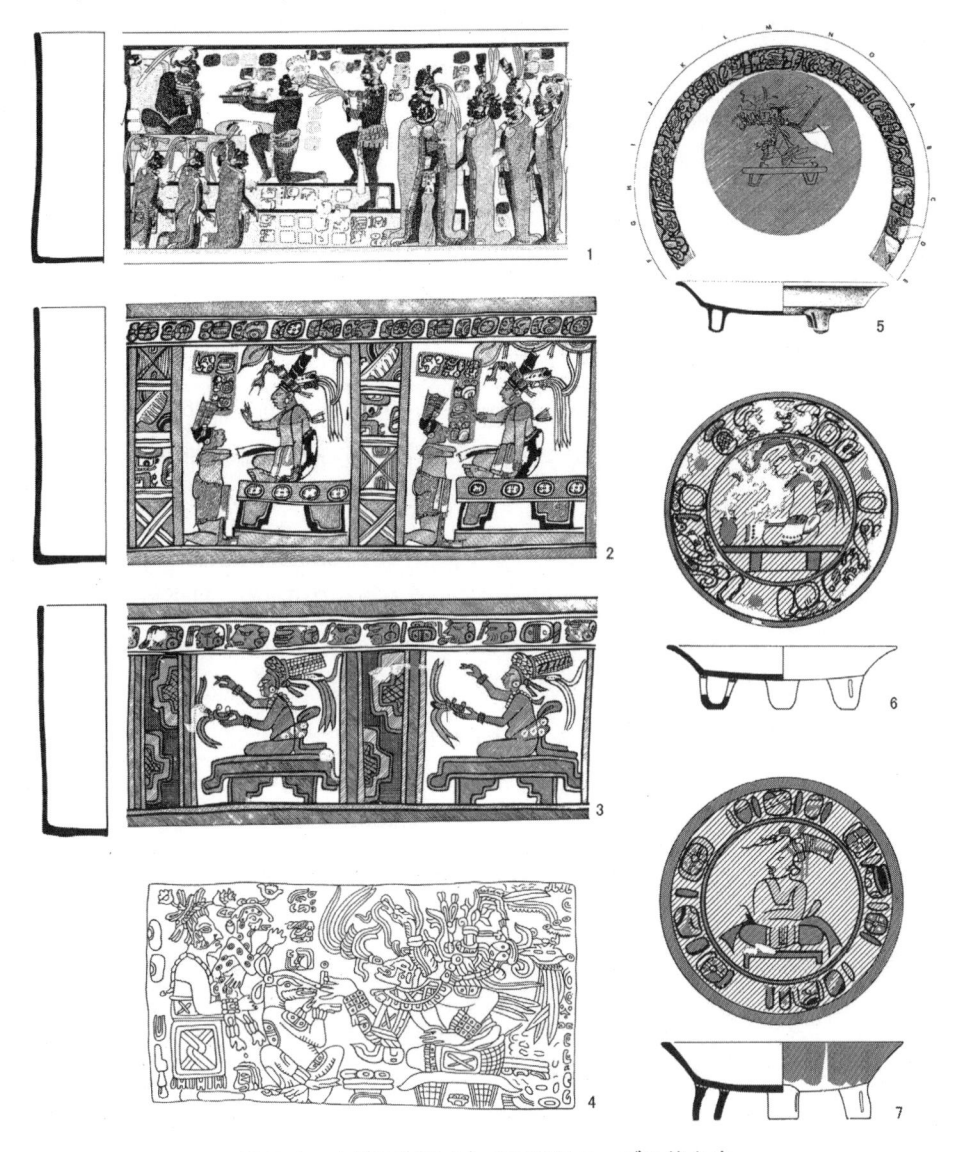

第3章　メソアメリカ先古典期における権力と信仰

図52．土器に表現される四脚付テーブル状台座

1-3．1号神殿116号墓出土（Culbert, 1993, fig. 68-70）、4．イスタパ墓出土（Orellana, 1954, fig. 24）、5．アルタル・デ・サクリフィシオス128号墓出土（Adams, 1971, fig. 90）、6, 7．チャルチュアパ　エル・ポルベニール地区出土（Sharer, ed., 1978, fig. 29. a, c）

　台座上をみていく。着飾った人物は、レモハーダス、エル・サポタル、パレンケ、イサパ、シワタンで表現される（Gutiérrez y Hamilton, 1977; Kelly, 1988; Schele, 1997; Solís, 1991）。パレンケでは胡座をかき、イサパでは足を前で曲げて座り、レモハーダス、エル・サポタルは

177

足を投げ出して座る。装身具は、羽根の頭飾り、七面鳥の仮面、滑車状耳飾り、首飾り、腕飾り、マント等がある。

4）土器に表現される四脚付テーブル状台座

1例を除き、古典期後期である。オアハカのミシュテカ・アルタの1点以外はマヤ全域に分布する。テーブル部は1, 4類が多いが、2類も1例ある。テーブル部4類端の渦巻は台座付柱状石彫（図47）と表現が少し異なる。脚部はa, b, c類がほぼ同数ある。出土状況はほとんどが不明であるが、数例が墓から出土している。

台座の上に表現される対象をみていく。オアハカの1点以外は、マヤで22点に着飾った人物がみられる（Adams, 1971; Culbert, 1993; Kerr, 1992; Lothrop, 1936; Orellana, 1954; Reents-Budet, 1994, 1999; Schele, et al., 1990; Sharer, ed., 1978; Sierra, 1999; Thompson, 1954; Urcid, 1997）。

ティカル1号神殿116号（王）墓から円筒土器11点（図52.1-3）出土した。4点には王が、1点にはL神がみられる。台座に座る人物が下段に居る人物に対するのは11点ある。ティカル116号墓出土土器1点には着飾った人物が基壇上の台座に座り、ものを捧げた人物に相対している。その背後に4人、基壇下に3人のマントを羽織る人物が跪く（図52.1）。ナクベ出土土器では、L神は前に跪く人物に相対し、その周辺には様々な人物が控える。ティカルではトポシュテの支配者に、ドス・ピラスではカラクムルの爪ジャガー（即位前）に対するとされる。イスタパでは、鹿に対し、その背後には鹿の赤ん坊を抱えた人物が控える（図52.4）。ブエナ・ビスタ・デル・カーヨでは、台座近くにD神がいるとされる。リオ・アスールでは、捕虜と背後に立つ人物に対している。ミシュテカ・アルタでは1の死という人物の征服を記念する。また、カラクムルでは台座が神殿内部にある。

3．四脚付テーブル状台座の時期的変遷

原位置で出土するか、層位より時期が確認できる資料から、この台座の時期変遷を検討する。

先古典期前期、オアハカでは土製小型四脚付テーブル状台座II1Ba類が出土している。しかし、これに後続する事例がなく、起源をオアハカに求めるのは難しい。

一方、先古典期中期ラ・ベンタ15号記念物のI1Ba類が四脚付テーブル状台座石彫としては初現となる。アルタル・デ・サクリフィシオスのI1Aa類小型台座は先古典期中・後期とされる。このため、この台座の起源がマヤ中部もしくはメキシコ湾岸にあった可能性がある。

先古典期後期、四脚付テーブル状台座を表現している遺物は、メソアメリカ南東部太平洋側に集中している。イサパでは、1号玉座（I1Ab類）と2b類台座が浮彫された8号石碑がある。タカリク・アバフ9, 30号祭壇はI1Ab類で、先古典期後期の日付を持つ同5号石碑側面には、

1b類台座が浮彫りされる。エル・ポルトン台座付柱状石彫はI5Ab類である。先古典期後期、テーブル部は2類とI5類が、脚部はAb類もしくはb類が増える。また、テーブル部縁に平行な線刻もこの時期の特徴である。以上より、イサパ2号玉座（I2Ab類）、カミナルフユ大型ベンチ・フィギア形石彫（I2Ab類）、同65号記念物（2b類）は先古典期後期の可能性が高い。

　古典期前期、カラカス碑板には1b類台座が浮彫りされる。一方、マヤから遠く離れたテオティワカンでも、壁画に1a類が表現される。これ以外、メキシコ中央部では四脚付テーブル状台座を表現する記念碑的遺物も小型遺物もみられない。

　古典期後期、マヤ中部低地が中心である。四脚付テーブル状台座は、マヤ全域に広がり、再び、メキシコ湾岸に達する。様々なものに表現され、類型の種類と量が増える。この時期、先古典期後期の特徴を受け継ぐとともに、新しい台座が出現している。複合式四脚付テーブル状台座形石彫が出現し、大勢を占める。マヤ中部低地で、ほとんどがI1Aa類である複合式四脚付テーブル状台座がつくられた。一方、一体式は少なくなる。また、文字がある台座側面は、マヤ中部低地古典期後期の特徴である。

　浮彫りで表現される四脚付テーブル状台座は1a,b類が圧倒的に多い。ところで、マヤ北部では四脚付テーブル状台座形石彫の浮彫り（2b類）がみられるのみである。メキシコ湾岸ではこの地域特有の3a, b類がある。土器に描かれる四脚付テーブル状台座では1c類が多いが、4b, c類もある。土器に表現される4類テーブル部端の渦巻は台座付柱状石彫より間延びする（図52.3）。土偶ではI1Aa・I1Ba類が多いが、I1Ac類もある。

　後古典期、四脚付テーブル状台座形石彫はメソアメリカ南東部太平洋側高地タフムルコのみでみられ、それ以外のマヤや他のメソアメリカ地域では姿を消す。

4．四脚付テーブル状台座の意味

　関連する場面や出土状況から、四脚付テーブル状台座の意味をまとめる。

　四脚付テーブル状台座形石彫は建造物に囲まれた広場若しくは建造物の階段に関連し出土している。そして、土器の彩文等でも、神殿内部、神殿の階段前や広場などに置かれていた状況が示される。この台座は神殿などの主要な建造物と関係が深いと考えられる。

　次に、この台座にのる対象を検討する。漆喰装飾、石碑などの浮彫りや壁画では、この台座上に人物が表現される。この人物は王もしくは神とされており、王権と密接な関係を持っている。土器、土偶などには、王や着飾った人物が台座の上に表現される。台座上の着飾った人物は衣装や装身具で他に表現される人物と比較すると、最も飾り立てられている。王若しくは支配者である可能性が高い。フラナリーやマーカスの研究を考慮すると、先古典期後期より前のメソアメリカ南東部太平洋側は首長制社会であり、王権ではなく支配権もしくは力の象徴とした方が良いかもしれない。一方、他の石碑では、2人の着飾った人物が台座上

で、相対して座る。他の都市の支配者若しくは一族と会見している場面もあり、外交上重要な意味を持っていた。カミナルフユ65号記念物には2b類台座に座る人物が手を縛られた人物に対する。この人物と縛られた人物は頭飾り、首飾りなど装身具を着けており、高位の人物と考えられる。以上を考慮すると、四脚付テーブル状台座は王若しくは支配者の威儀を示す装置であると考えられる。

　ボナンパック1号建造物第3室壁画では王が台座上で自己犠牲を行っている。また、ピエドラス・ネグラスでは自己犠牲の血を流すためとされる溝三条がテーブル部上面に切られている（図46.4）。タカリク・アバフ5号石碑や台座付柱状石彫では、四脚付テーブル状台座に地位の高い捕虜が座らされ、犠牲として捧げられている。人物以外では、首に縄がかけられたジャガーとサルが四脚付テーブル状台座の上に表現される。自己犠牲や捕虜などの犠牲を捧げる場として四脚付テーブル状台座は考えられる。

　イサパ、エル・タヒンでは、異質な世界が浮彫りされる事例がある。四脚付テーブル状台座上には、内に人物が表現されるカルトゥーシュや円弧状に絡まる蛇も表現される。以上を考慮すると、現世と神話的世界をつなぐ場である事も考えられる。

　以上より、四脚付テーブル状台座形石彫は、政治的に重要な場であり、かつ儀礼において特別な場であったと考えられる。

5．権威の象徴としての四脚付テーブル状台座

　四脚付テーブル状台座は、先古典期後期以前においては重要な位置を占めていた人物もしくは首長と、古典期後期においては王と密接な関係があり、権威の象徴であった。一方、メソアメリカ南東部太平洋側の中心であるカミナルフユでは、様々な形で表現される。マヤ中部低地で栄えた古典期諸都市の王権の起源は、カミナルフユを中心としたメソアメリカ南東部太平洋側にあった。先古典期においてメソアメリカ南東部太平洋側に集中するが、古典期後期になるとマヤ中部低地に分布の中心が移る。また、ウスマシンタ川沿いにこの台座は分布しており、この川が重要な交流媒体になっていた。ウスマシンタ川を通路としてマヤ中北部に広がったことが考えられる。ピエドラス・ネグラスでは、上位の共同体ヤシュチランにより、支配権に係る紛争があった場合に、支配者の認定に関与があったとされる。このことを考慮すると、古典期マヤ社会では下位の共同体の長を上の共同体の王が管理していたと考えられる。また、ヤシュチランでもピエドラス・ネグラスでも四脚付テーブル状台座があることを考慮すると、下位の共同体の長を認定すると共に、支配権若しくは力の象徴としての四脚付テーブル状台座の使用許可を与えたことが考えられる。一方、この台座は古典期後期にメキシコ湾岸にも広がった。この地域に、マヤの支配機構が採用された可能性も考えられる。

古典期後期、メソアメリカ南東部太平洋側では、1例を除き、四脚付テーブル状台座はなくなる。メソアメリカ南東部太平洋側ではI2Ab類若しくは2b類が特徴的であった。一方、この時期に分布の中心となるマヤ中部低地ではI1Aa類が大半を占める。しかし、一体式のみでなく、複合式四脚付テーブル状台座が出現する。テーブル部はI類のみでなく、II類やIII類が現われる。マヤ北部において、二次元的な表現にとどまり、三次元的なものはない。マヤ北部では象徴的な存在であったと考えられる。一方、様々な四脚付テーブル状台座石彫が出現し、マヤ多彩文土器にはc類もみられる。古典期後期、マヤ諸都市は王権に対する規制から自由になり、独自の発展をしていったと考えられる。

しかし、後古典期、四脚付テーブル状台座は消滅し、権威を表すものが変化した[13]。

第3節 メソアメリカ南東部太平洋側の権力と抗争

先古典期中期から古典期後期まで、カミナルフユはメソアメリカ南東部太平洋側の中心都市である。

カミナルフユ遺跡において、組織的な考古学的調査が始まったのは、キダーらが行ったマウンドA,Bの調査である。調査結果から以下のような点が導き出されている。土器からみると、ミラフローレス期はエスペランサ期に続かない。エスペランサ期には石碑がたてられなくなる。一方、エスペランサ期にはメキシコ中央部の大都市テオティワカンからの影響がある建造物や遺物がみられる。しかし、日用土器にはテオティワカンのものが無いことから、テオティワカンから侵入してきた人々は少ないとされる。一方、カミナルフユではテオティワカンの影響を受ける前に、マヤ化したとされる（Kidder, et al., 1946）。

サンダースらが行った、カミナルフユ調査では各建造物の時期的変遷を明らかにした。この時期的変遷を基にカミナルフユを5区域に分けている。また、首長制を形成しているとされる。双分制、分業制、人口増加により、先古典期後期に地域の中心となり、最後はチナウトラがカミナルフユ地域の中心になるとしている（Michels, 1979b）。

チークはカミナルフユ（パランガナ地区）での建造物の発掘から、建築要素の変遷を分析している。テオティワカンの建築要素を分析し、パランガナ地区の時期を3期に分けている。

---

[13] イサパ2号玉座側面には頭が付いており、Ab類脚部が足を表現している。パレンケ8号ベンチの背後に双頭のジャガーに座るパカル王が表現される。一方、チチェン・イッツアなどでは、ジャガー形象王座に四足が明確に表現される。また、マヤ地域の石碑にはジャガー形象王座が浮彫りされる事例もある。以上を考慮すると、四脚付テーブル状台座の四脚はジャガーの脚を表現している可能性がある。しかし、ジャガー形象王座は、その意味を関連する遺構・遺物などから検証していくことが重要である。このため、ジャガー形象王座は扱わなかった。

そのなかで、接触期（400‐450年）、完成期（450‐500年）、テオティワカン期（500‐550年）、撤退期（550‐700年）という時期を設定している（Cheek, 1977）。

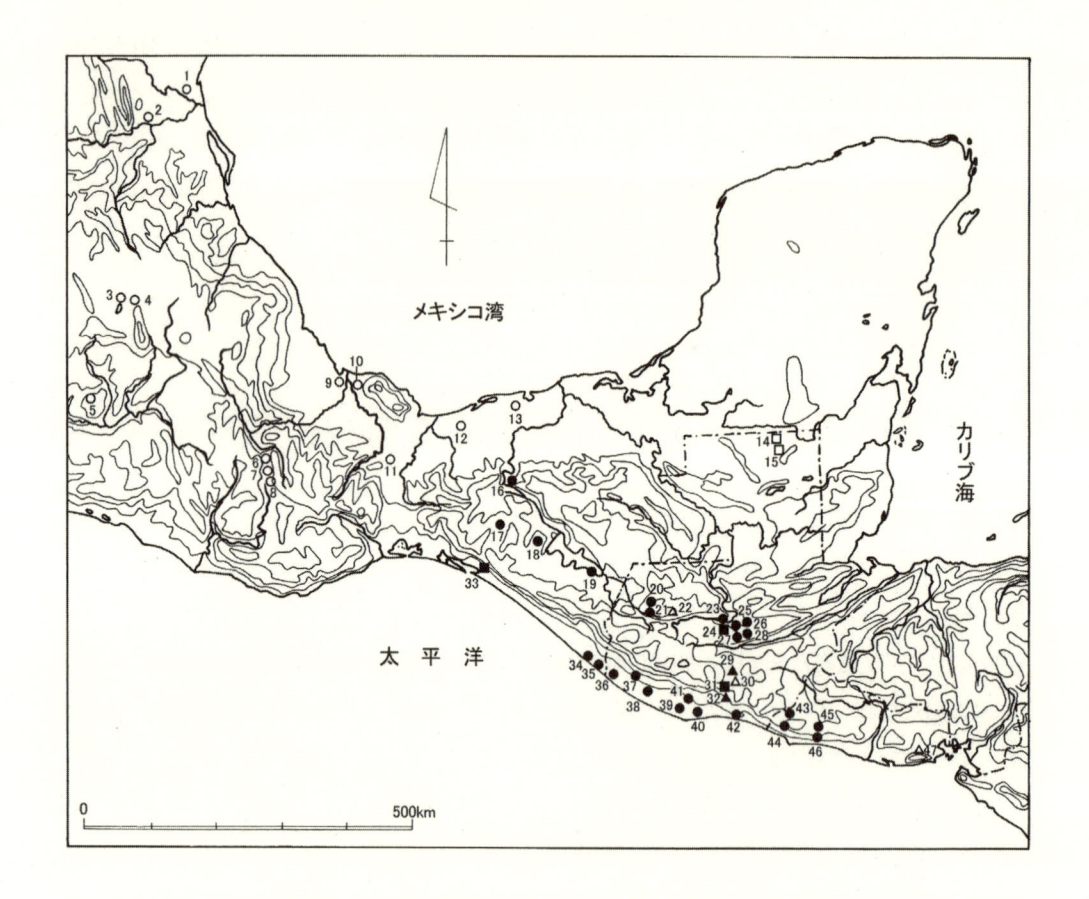

図53．土製建造物・石造建造物と軽石を使った建造物が検出された遺跡分布図

1. エル・エバノ、2. ラス・フローレス、3. クィクィルコ、4. トラランカレカ、5. テオパンティクアニトラン、6. ウイッツォ、7. サン・ホセ・モゴーテ、8. サント・ドミンゴ・トマルテペック、9. セロ・デ・ロス・メサス、10. トレス・サポテス、11. サン・ロレンソ、12. ラ・ベンタ、13. コマルカルコ、14. エル・ミラドール、15. ナクベ、16. サン・イシドロ、17. ミラドール、18. チアパ・デ・コルソ、19. サンタ・ロサ、20. サクレウ、21. カンボーテ、22. チュティクスティオクス、23. エル・ホコーテ、24. チホルン、25. サン・フアン、26. ロス・マンガレス、27. ラス・トゥナス、28. エル・ポルトン、29. カミナルフユ、30. ソラノ、31. メヒカノス、32. フルタル、33. トナラ、34. アルタミラ、35. パソ・デ・ラ・アマーダ、36. ラ・ビクトリア、37. タカリク・アバフ、38. シン・カベサス、39. マリナラ、40. バルベルタ、41. ビルバオ、42. チキウイタン、43. チャルチュアパ、44. サンタ・レティシア、45. ホヤ・デ・セレン、46. サン・アンドレス、47. ロス・ヤニートス

土製建造物出土遺跡：●=メソアメリカ南東部太平洋側、○=メソアメリカ南東部太平洋側以外、
巨石ブロックの石造建造物出土遺跡：
　　　　　　■=メソアメリカ南東部太平洋側、□=メソアメリカ南東部太平洋側以外
土製建造物と軽石ブロックの建造物出土遺跡：▲=メソアメリカ南東部太平洋側
軽石ブロックの建造物出土遺跡：△=メソアメリカ南東部太平洋側

第3章　メソアメリカ先古典期における権力と信仰

　ブラウンはカミナルフユが貿易拠点であるという仮説を提示している。交易品として、カカオ、エイ針、ヒスイ、雲母、蛇紋岩、塩、緑色黒曜石、円筒三脚土器を挙げている。古典期中期、グァテマラ盆地は貿易拠点として機能し、在地の支配者たちが徐々に外部の建築要素と宗教概念を受け入れ、外部の商人は在地の伝統をある程度受け入れたと考えている。古典期中期後半のコツマルワパ勢力の流入はグァテマラ盆地を通過する希少品交易支配の確立に関連している可能性を提示している。そして、グァテマラ盆地は、400‐600年にはテオティワカンの貿易の植民地であったとし、575‐600年頃、貿易拠点が崩壊し、外部勢力はこの地域を放棄したとしている。一方、建築要素と遺物の盆地内の分布から、テオティワカンによる征服の痕跡はみられないとしている。また、テオティワカンがこの地域に影響を与えた仕組みは不明である（Brown, 1977）。

　最近では、以下のような点が論じられている。ハッチは先古典期終末期と古典期前期の粗製・精製土器を分析している。先古典期終末期‐古典期前期には、支配者層に大きな変化があり、一般の人々は先古典期からの社会に取り込まれているとしている（Hatch, 2000）。また、バリエントスはミラフローレス、サン・ホルヘ、ミラドールの水路発掘から先古典期中期‐後期に灌漑による農耕を中心とした組織化された社会がカミナルフユにあったと考えている（Barrientos, 2000）。

　以上のように、カミナルフユ研究に関してはテオティワカンと関連させるか、カミナルフユのみを論じている。従って、カミナルフユを中心とするメソアメリカ南東部太平洋側[14]の歴史のなかで分析することが欠けている。テオティワカンとの関係を強調するのではなく、また、カミナルフユのみに囚われ無いために、カミナルフユが属しているメソアメリカ南東部太平洋側でのカミナルフユの正しい位置付けを行うことが必要である。

　一方、都市の中心となる建造物、神話や歴史が表現される石碑、権力の象徴と考えられる四脚付テーブル状台座などは、権力が反映されていると考えられる。この小論では、メソアメリカ南東部太平洋側におけるカミナルフユの権力と抗争の歴史を、考古学資料から再考する。以下、メソアメリカ南東部太平洋側から出土している建造物、石碑、四脚付テーブル状台座から、この地域内におけるカミナルフユの役割を考察する。

第1項　建造物からみたカミナルフユ

　ここでは、カミナルフユのみでなく、メソアメリカ南東部太平洋側の建造物を概観する。そして、この地域内での権威を象徴する建造物からみたカミナルフユの役割を検討する。メ

---

[14] 高地と太平洋岸に分ける。太平洋岸とは太平洋に面する地域から標高500m未満の地域とする。高地は標高500m以上でマヤ中部低地にいたる斜面までである。

ソアメリカ南東部太平洋側では、先古典期前期に土製建造物がつくられて以来、土、アドベ・ブロック、石ブロック、軽石ブロック、平石などで建造物がつくられる。建造物は、下の基壇部分と上の建造物に分かれる。しかし、土製建造物などは風雨による浸食のために非常に残り難く、建築様式など、細部が不明な場合が多い。また、基壇部分が残ってはいても、上の建造物は殆ど残らない場合が多い。このため、建築様式など建造物の細部に関する比較研究は難しい。ここでは、建造物を主に形成している建築材から、メソアメリカ南東部太平洋側の建造物の特徴をまとめる（伊藤、2000）。

　メソアメリカ南東部太平洋側では、主たる建築材として土、アドベ・ブロック、石ブロック、軽石ブロック、平石が挙げられる。以下、各遺跡にみられる権威を象徴する建造物の特徴を主たる建築材から考察する（図53）。

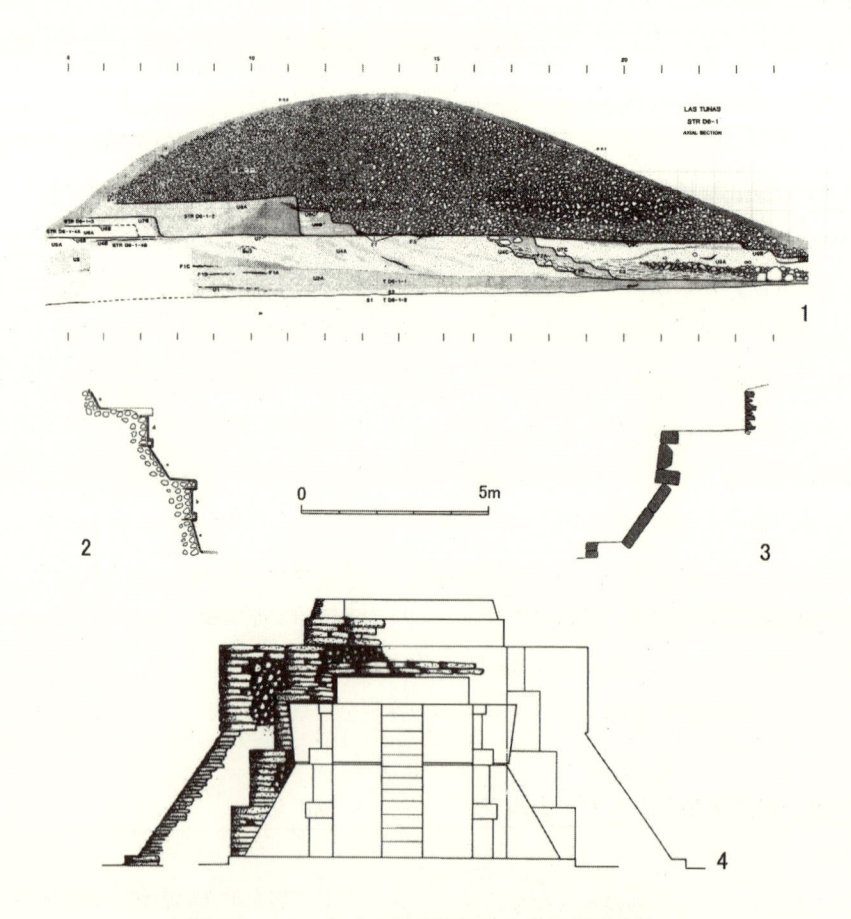

図５４．メソアメリカ南東部太平洋側の建造物

1. ラス・トゥナスD6-1建造物断面図（Sharer, et al., 1987, fig.5.3、一部転載）、2. カミナルフユB-4建造物断面図（Kidder, et al., 1946, fig.16、転載）、3. トナラA-1建造物（Ferdon, 1953, fig.1、一部転載）、4. カウイナルC-1建造物（Ichon, et al., 1981, fig.129、一部転載）

1. 土製建造物

　メソアメリカで、土製建造物は先古典期前期から後古典期までつくられ続ける。地域はワステカを含むメキシコ湾岸とメソアメリカ南東部太平洋側が多い。オアハカ、メキシコ中央部でも、先古典期前期から先古典期中期にかけて土製建造物がつくられる。一方、メキシコ湾岸とメソアメリカ南東部太平洋側では先古典期から後古典期までつくられ続けている。建築材としては若干の石、砂が混じる例があるが、粘土、土、粘質土、砂質粘土が主に使われる。アドベ・ブロックは、マヤで先古典期後期、メキシコ中央部のテオティワカン、メキシコ北部のチャルチウイテスで古典期前期に使われ始める。古典期後期、メキシコ湾岸コマルカルコ、メソアメリカ南東部太平洋側サン・アンドレスなどではアドベ・ブロックで建造物がつくられる。このうち、コマルカルコではアドベ・ブロックの建造物を覆うように、その上に焼成レンガの建造物がつくられる。土製建造物の大半は平面方形であるが、ワステカなどのメキシコ湾岸では円形若しくは楕円形の基壇をつくっている。また、こうした土製建造物は基壇部分しか残っておらず、上の建造物は不明である。しかし、土壁、柱穴などが検出されており、基壇の上の建造物は土壁などでつくられた可能性がある。

　一方、メソアメリカ南東部太平洋側における土製建造物は、先古典期前期に始まり、古典期後期までつくられ続けている。パソ・デ・ラ・アマーダでは築き固められる土壁の平面形が長楕円形になる土製建造物である。先古典期中期、カミナルフユなど高地にも土製建造物がつくられる（図54.1; Sharer and Sedat, 1987）。この時期のカミナルフユでは、多くの低い基壇がつくられている。先古典期後期、太平洋岸、高地では土製建造物がつくられ、アドベ・ブロックが建造物に部分的に使用され始める。また、先古典期中期より後期の方が、高い建造物が多くつくられる。古典期前期、太平洋岸、カミナルフユでは土製建造物がつくられ続けている。カミナルフユとその周辺以外の高地では、土製建造物がなくなる。しかし、古典期前期後半、カミナルフユでは土製建造物は少なくなり、太平洋岸でも古典期前期まで土製建造物のある遺跡の一部では活動が止まる。古典期後期、太平洋岸では従来の土製建造物の他に、アドベ・ブロックが主に使われる基壇がつくられる。また、高地では、一部でアドベ・ブロックなどで基壇がつくられる。後古典期、アドベ・ブロックなどでつくられる土製建造物が少数ある（Sheets, ed., 1983）。

2. 石ブロックの建造物

　メソアメリカでは様々な地域で石ブロックが使われている。ここでは、メソアメリカ南東部太平洋側の北に位置するマヤ中部低地における石ブロックの建造物について触れる。マヤ中部低地は文化的にもメソアメリカ南東部太平洋側と関連が深い。マヤ中部低地では、先古典期中期からナクベで石ブロックを用いた建造物がつくられる（Hansen, 1991, 1992）。先古

典期後期にはエル・ミラドールにおいても1トンを超す巨大な石ブロックを使い、建造物をつくっている（Howell and Copeland, 1989; Hansen, 1990）。以後、マヤ中部低地では石ブロックの建造物が主流となる。

　一方、メソアメリカ南東部太平洋側において、先古典期後期に高地で石灰岩などの石ブロックが使われ始める。古典期前期、高地では主に石ブロックを使った建造物がつくられる（Smith and Kidder, 1951）。古典期後期には、メソアメリカ南東部太平洋側全域に広がる。しかし、太平洋岸では少ない。このうち、チホルン、セアカル、メヒカノス、トナラでは大きな石ブロックが建造物に使われている。このうち、セアカルでは石灰岩の大きなブロックが使われている。このブロックの大きさは1.86×0.48×0.42 mである。一方、トナラでは1mを超す花崗岩ブロックが使われている（図54.3; Ferdon, 1953）。また、後古典期には平石と共に石ブロックの建造物が高地では大半を占める。現在まで、太平洋岸では後古典期に属する石ブロックの建造物は確認されていない。

3．軽石が使われる建造物

　軽石ブロックが主たる建築材として使われる事例は、他のメソアメリカ地域では知られていない。メソアメリカ南東部太平洋側では先古典期中期から軽石質砂を建築材の一部として使われている。軽石が主たる建築材として使われる建造物はカミナルフユを中心とするグァテマラ高地、太平洋岸、エル・サルバドルにおいてみられる。しかし、太平洋岸では主要な建築材として使われていない。

　カミナルフユでは先古典期中期から先古典期後期にかけて軽石質砂が建築材の一つとして土製建造物に使われる。古典期中期にはカミナルフユでテオティワカンのタルー・タブレロ式建造物と共に軽石ブロックが主な建築材として使われ始める（図54.2; Kidder, et al., 1946）。古典期後期には、テオティワカン式建造物はなくなり、軽石は建築材として使われなくなる。例外的に、軽石列のみが検出されている。

　グァテマラ高地、カミナルフユの南にあるソラノでは、古典期中期に軽石を使った建造物がつくられている。最初は不規則形の軽石塊を使っているが、後には定型化された軽石ブロックが使われている。後の時期になるほど、軽石ブロックを使った建造物に慣れていっていると考えられる。また、更に南のフルタルでも古典期中期に軽石ブロックが建築材として使われている。しかし、古典期後期、後古典期には、より粗雑な軽石塊が使われている。フルタルでは軽石ブロックが取り入れられた時期に比べると、丁寧さがなくなっていると考えられる。

　一方、古典期後期、エル・サルバドルのロス・ヤニートスでは軽石ブロックでつくられる建造物がある。球戯場斜壁には大きな軽石ブロックが置かれる。また、壁間には火山灰と軽

石がつめられる。

　後古典期、ミシュコ・ビエホの建造物は、平石の壁と壁との間に軽石などが充填されている。ロス・シミエントスでは凝灰岩若しくは軽石ブロックで建造物の壁がつくられ、構造内は砂や軽石で充填される。また、この建造物近くに軽石の平石でつくられる漏斗状遺構がある。チュストゥン2では軽石ブロックの擁壁があり、壁の間には軽石が充填されている。ロス・エンクエントロスA-1建造物では中央ブロックは川原石の外壁であるが、壁の内部は軽石で満たされている。以上を考慮すると、カミナルフユ崩壊後、軽石が象徴的に建造物に使われている可能性がある。

4．平石が使われる建造物

　先古典期中期、高地の一部では平石を墓や建造物の基礎に使っている。先古典期後期、高地では平石を建造物の主たる建築材として、太平洋岸では平石を階段に使っている。古典期前期、メソアメリカ南東部太平洋側全域では外壁などに主たる建築材として使っている。カミナルフユとその周辺地域ではテオティワカン式タルー・タブレロ様式の建造物をつくるために軽石ブロックと共に使っている。古典期後期、メソアメリカ南東部太平洋側全域で主たる建築材として平石を使っている。後古典期になると、高地では平石を主に使って建造物をつくっている（図54.4; Ichon, et al., 1981）。

5．カミナルフユにおける建造物

　以上、主たる建築材の時期的変遷を検討した。土製建造物は全メソアメリカをみると、先古典期前期からつくり始められる。一方、メソアメリカ南東部太平洋側でも先古典期前期から太平洋岸で土製建造物がつくられ始める。先古典期中期、メソアメリカ南東部太平洋側では平石が建築の一部分若しくは主たる建築材として使われ始める。カミナルフユでもこの時期より建造物が確認されている。カミナルフユを中心とする地域では、主に低い土製建造物である。北で接するマヤ中部低地ではこの時期に石ブロックで建造物がつくられ始める。先古典期後期になると、チアパス高地でも建造物が石ブロックでつくられ始める。しかし、この時期、太平洋岸、グァテマラ高地では土製建造物が主流である。また、カミナルフユでは高い建造物の建築複合がつくられる。古典期前期、太平洋岸、グァテマラ高地では土製建造物がつくられ続けている。

　古典期前期後半になると、カミナルフユでは今までメソアメリカ南東部太平洋側で全く使われていなかった建築材料である軽石ブロックが使われ始める。土製建造物が軽石と平石を主として使ったタルー・タブレロ式建造物に変化する。カミナルフユの周辺地域も軽石と平石の建造物が主につくられる。また、カミナルフユ周辺以外の高地では、石ブロックや平石で

建造物がつくられている。しかし、カミナルフユでは古典期中期末に土製建造物が再びつくられる。古典期後期、平石、石ブロックで建造物がつくられ続ける。軽石でつくられる建造物はカミナルフユを中心とした地域では非常に少なくなる。カミナルフユでは土製建造物が多くなる。これらの土製建造物にはアドベ・ブロックを主に使っている建造物もある。しかし、この時期、メソアメリカの南端であるエル・サルバドル東部では軽石ブロックの建造物がつくられている。石ブロック、平石は相変わらず高地、太平洋岸で建造物に使われつづけている。また、太平洋岸では土製建造物がつくられ続けている。後古典期、高地では平石、石ブロックの建造物がつくられ続けている。また、軽石は部分的にしか使われておらず、儀礼的に使われている可能性もある。一方、調査が少ない所為もあるが、現在までこの時期の土製建造物は太平洋岸では確認されていない。

第2項　権力を表現する石彫

建造物前や建造物に囲まれた広場から出土している石彫には石碑、祭壇、玉座などがある（図55）。これらには、歴史的事件や神話などが彫られる。石碑と祭壇の組合せは古典期マヤにおける権力の象徴ともいえる。マヤでは、先古典期後期、イサパ、タカリク・アバフで初めて出現している。この時期の石碑には物語的な情景、マヤ文字、日付が浮彫りされる。一方、古典期中部低地の石碑には、マヤ文字で王の即位など歴史的事件が記録される。また、石碑の前には円盤形祭壇、動物形象祭壇、四脚付テーブル状台座などがある。

1．石碑

メソアメリカ南東部太平洋側では、先古典期後期に日付のついた石碑が、建てられ始める（図56）。また、7バクトゥンの日付を持つ石碑は、メソアメリカ南東部太平洋側に集中していることがわかる。一方、マヤ中部低地では、様式から先古典期後期とされる、マヤ中部低地で確実に解っている一番古い日付は紀元292年である。この日付はメソアメリカ南東部太平洋側の日付と比較すると、新しい。

カミナルフユでは石彫に対する破壊活動が多くみられる。一方、太平洋岸のイサパやタカリク・アバフでは破片になっている石碑の方が少ない。マヤ中部低地とメソアメリカ南東部太平洋側とを比較すると、マヤ中部低地では破壊を受けている石碑が少ない。碑文などのマヤ文字研究によれば、マヤ中部低地では都市間の戦争が起こっていたとされる。このことを考慮すると、マヤ中部低地よりもカミナルフユで激しい戦があった可能性が高い。

一方、先古典期後期、記録される最後の日付は、タカリク・アバフ5号石碑の紀元126年であるが、メソアメリカ南東部太平洋側には古典期前期の日付を持つ石碑はない。以後、メソ

第3章　メソアメリカ先古典期における権力と信仰

アメリカ南東部太平洋側では、長期暦の日付がつく石碑は建立されなくなる。古典期前期‐古典期後期には、マヤ中部低地では、王の即位など歴史的事件が彫られる石碑が多く建てられている。

ところで、カミナルフユでは日付が彫られている石碑は殆ど残っていない。タカリク・アバフやイサパでは日付のついた石碑が残っていることを考慮すると、カミナルフユでは他と比べてより完璧な破壊が行われた可能性がある。また、逆に考えると、破壊者達にとって、イサパやタカリク・アバフは活動を止めるだけで十分であったとも考えられる。

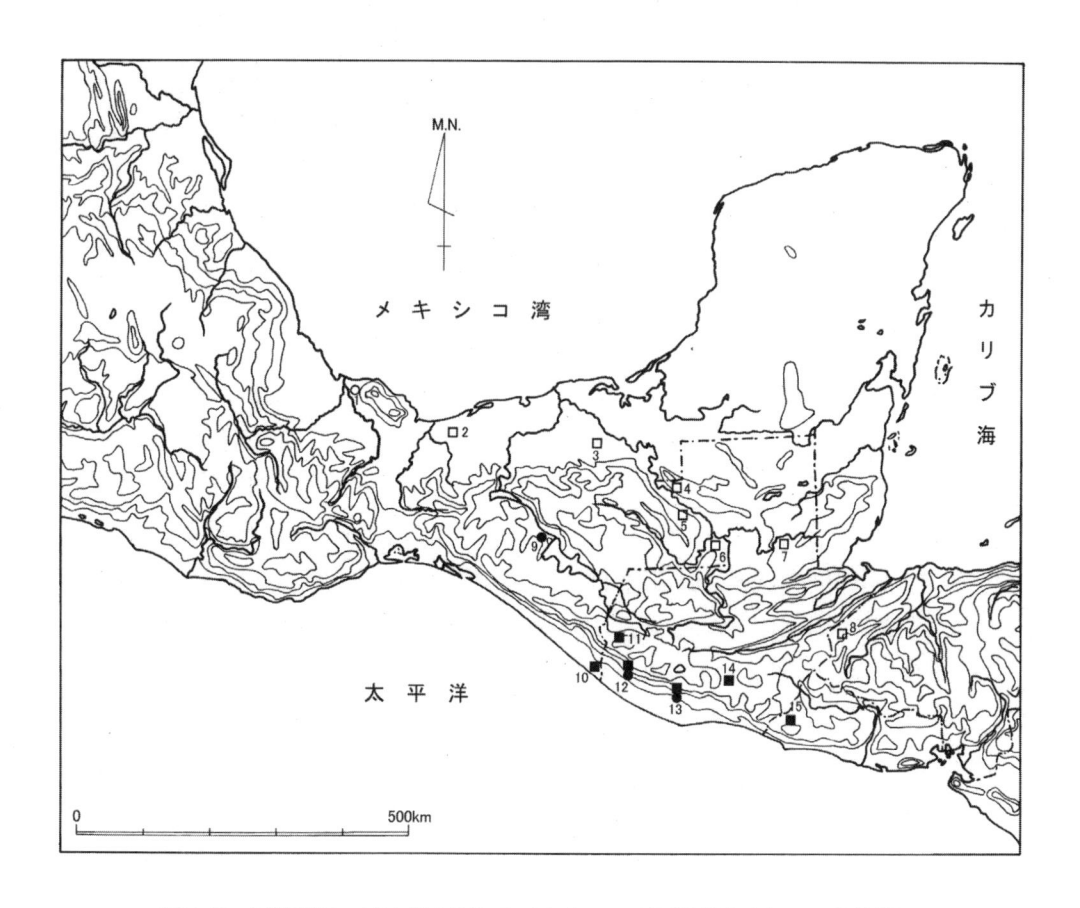

図55．四脚付テーブル状台座と7バクトゥンの石碑が出土している遺跡

1. トレス・サポテス、2. ラ・ベンタ、3. パレンケ、4. ピエドラス・ネグラス、5. ヤシュチラン、6. アルタル・デ・サクリフィシオス、7. マチャキラ、8. コパン、9. チアパ・デ・コルソ、10. イサパ、11. タフムルコ、12. タカリク・アバフ、13. エル・バウル、14. カミナルフユ、15. チャルチュアパ
7バクトゥンの石碑出土遺跡：●=メソアメリカ南東部太平洋側、〇=メソアメリカ南東部太平洋側以外
四脚付テーブル状台座出土遺跡：■=メソアメリカ南東部太平洋側、□=メソアメリカ南東部太平洋側以外

図５６．メソアメリカ南東部太平洋側でみられる7バクトゥンの石碑

1. タカリク・アバフ2号石碑（Orrego, 1990, lam. 25、転載）、2. エル・バウル1号石碑（Coe, 1999, fig. 21、転載）　縮尺不詳

２．玉座としての四脚付テーブル状台座

　玉座として認識できる石彫に四脚付テーブル状台座形石彫がある[15]。先古典期中期から後古典期までつくられている（図57）。一つの石でつくられた、一体式四脚付テーブル状台座は先古典期中期から後古典期まで使われる。しかし、古典期後期のマヤ中部低地では、ヤシュチラン、コパン以外では組合せ式四脚付テーブル状祭壇がつくられている。一方、カミナルフユでは時期不明のインシエンソ玉座1点を除き、殆どが破片である（図57.2）。

　出土状態をみると、先古典期後期、イサパ1号玉座は建造物前の広場において、球石がのっている円柱状石の前より出土している。タカリク・アバフ9号祭壇は建設途中で放棄された建造物階段前から割れて逆さになって石碑の破片と共に出土している。同30号祭壇は3号テラス階段4段目に置かれている。古典期前期の事例は無い。古典期後期になると、ピエドラス・ネグラス2・4号祭壇は建造物に囲まれた広場から出土している。ヤシュチラン16号祭壇は建造物前の広場から出土している。マチャキラでは建造物近くの広場から出土している。イサパ2号玉座は球戯場（古典期後期）端中央から出土している。ビルバオ59号記念物は基壇階段前で逆さになり出土しているが、元々は階段の上にあったとされる。パレンケでは宮殿内と神殿階段前にある。後古典期、タフムルコでは建造物に囲まれた広場に置かれている。

---

[15] 各遺跡では、玉座、記念物、祭壇と様々な呼び方がある。ここでは、混乱を避けるために、各遺跡で呼ばれる名称をそのまま使うが、全てが四脚付テーブル状台座である。

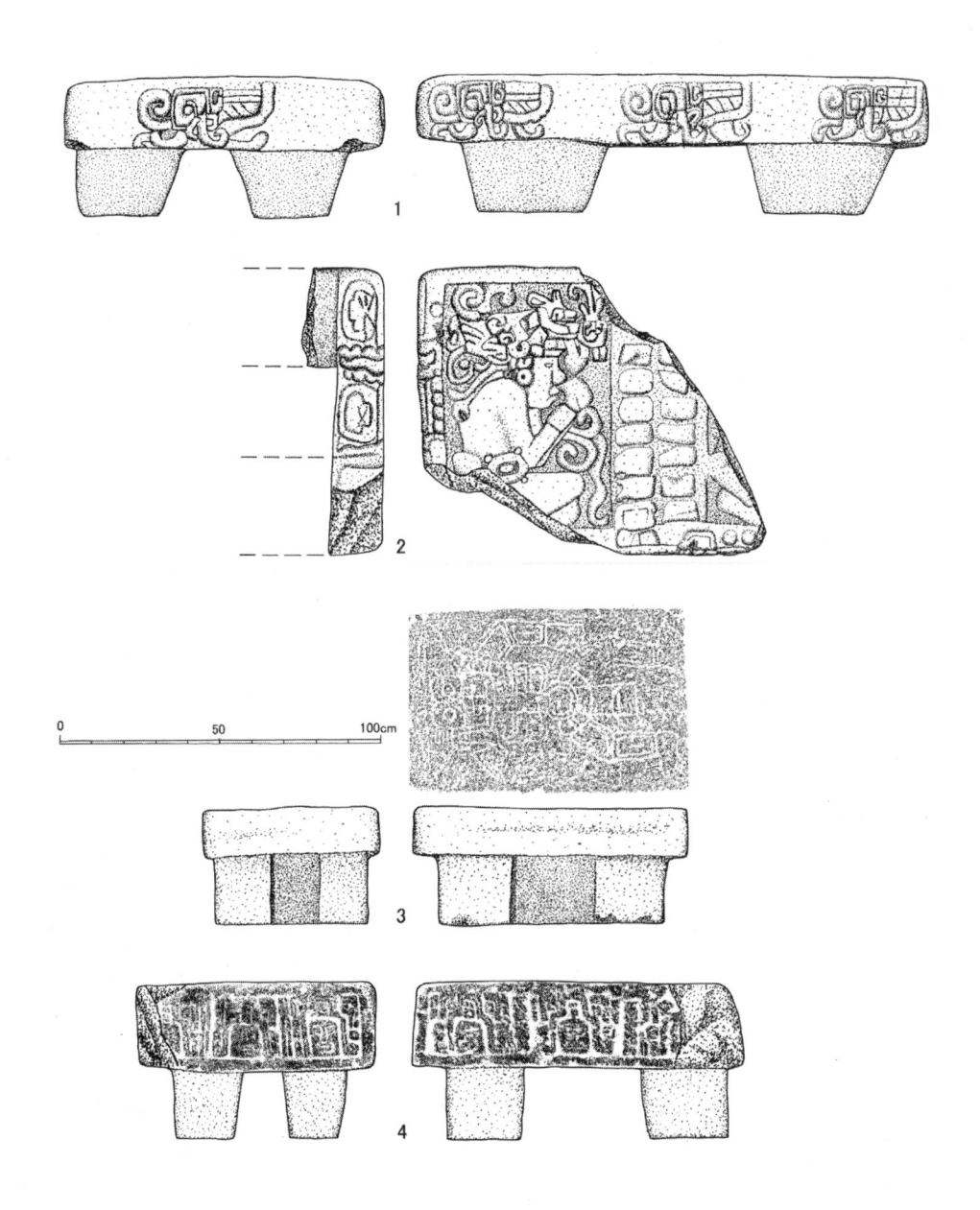

第3章　メソアメリカ先古典期における権力と信仰

図57．メソアメリカ南東部太平洋側出土四脚付テーブル状台座
1.イサパ1号玉座、2.カミナルフユ1号祭壇、3.エル・バウル59号記念物、4.タフムルコF石彫

191

四脚付テーブル状台座を三次元的に表現する遺物は四脚付テーブル状台座石彫以外に、台座付柱状石彫、ベンチ・フィギア型石彫などがある。

　四脚付台座を持つ台座付柱状石彫はメソアメリカ南東部太平洋側を中心に分布しており、先古典期後期には確実に存在している。台座の上にはジャガー、人物、半生半死人物などがのる。また、時期は不明であるが、四脚付台座に座る人物を表現するベンチ・フィギア形石彫もメソアメリカ南東部太平洋側を中心に分布している[16]。

　また、二次元的に表現されるのは石碑などの浮彫り、漆喰装飾、壁画、多彩土器がある。浮彫りでは先古典期後期のイサパ、タカリク・アバフが最も早い。以後、古典期前期‐古典期後期にかけて、マヤ中部低地、マヤ北部、メキシコ湾岸に広がっている。

　漆喰装飾は、古典期後期、マヤ中部低地にみられる。漆喰装飾はピラミッド神殿の棟飾り若しくは屋根飾りとして四脚付テーブル状台座に座る人物が表現されている。壁画は、古典期後期、中部低地のボナンパック1号建造物内に四脚付テーブル状台座にのる支配者を描いている。土器の装飾では古典期後期が多く、オアハカの1点を除くと、マヤ全域に分布している。また、マヤでも、マヤ中部低地に集中している。

3．メソアメリカ南東部太平洋側における権力を象徴する石彫

　石碑や玉座といった支配者の特徴を反映する石彫からみると、変化に富んだメソアメリカ南東部太平洋側の歴史がみえてくる。先古典期後期、石碑や玉座など、権力を象徴する石彫が、イサパ、タカリク・アバフ、カミナルフユなどでつくられている。一方、先古典期後期には長期暦で日付を記録し始めている。また、石碑は神話や歴史的事件を記録しており、各都市で重要な意味を持っている。玉座としての四脚付テーブル状台座は、長期暦の日付を持つ石碑とほぼ同時期につくられ始めている。石碑前より出土している事例もある。以上の点を考慮すると、歴史的事件若しくは神話を記録した石碑の前で支配者は玉座に座ったりして自己の権威を誇示していた可能性もある。しかし、こうした石彫をつくる習慣もメソアメリカ南東部太平洋側では長続きしていない。タカリク・アバフの破壊された石碑と四脚付テーブル状台座が出土している建造物の正面にある建造物にある石碑の日付は紀元126或いは108‐83年を示している。この年代をタカリク・アバフが攻略された年と出来るならば、先古典期末には都市として機能していないと考えられる。また、この頃、メソアメリカの他地域の主要な都市も侵略され、カミナルフユでは権威を象徴する石碑や玉座が壊されたとするならば、先古典期後期に大きな政治変動が起こったと考えられる。カミナルフユにおいて石

---

[16] 大井邦明他『きのこ石』（大井他、1994）には四脚付テーブル状台座に座る人物を形象しているきのこ石1点があるが出土状況等が不明である。しかし、きのこ石はメソアメリカ南東部太平洋側を中心に分布している。このため、四脚付テーブル状台座を持つきのこ石も、この地域でつくられた可能性は高い。

碑や玉座の半数以上が破壊されていることは、それを裏付けている。また、長期暦の日付は、古典期前期にメソアメリカ南東部太平洋側でなくなり、マヤ中部低地で記録され始めている。以上を考慮すると、先古典期後期から古典期前期にかけて、メソアメリカ南東部太平洋側高地から権威の象徴となるものがマヤ中部低地に移る若しくは伝えられている可能性が高い。この場合、石碑や四脚付テーブル状台座が移っただけなのか、それとも支配者ごと移っていったのかは不明である。ただ、エル・ポルトンやティカルでは支配者のものと思われる墓に、カミナルフユでも墓室を持つ大きな墓に副葬されるウスルタン式土器や黒褐色細刻線文土器などがあることを考慮すると、支配者も移った可能性はある。しかし、今後墓の副葬品などの詳細な検討が必要と思われる。

　メソアメリカ南東部太平洋側では、古典期前期には石碑がたてられなくなり、四脚付テーブル状台座もつくられていない可能性が高い。一方、これらの石碑や四脚付テーブル状台座は、古典期後期にマヤ中部低地独特のものに変化していくことは、マヤ中部低地文化の一つとして定着していると考えられる。メソアメリカ南東部太平洋側ではイサパ、ビルバオなどで、石碑やテーブル状台座は再び使われる。古典期後期末、マヤ中部低地では石碑や四脚付テーブル状台座は諸都市の崩壊と共にその習慣も廃れてしまう。一方、メソアメリカ南東部太平洋側では、後古典期、タフムルコで後古典期の要素を色濃く持つ四脚付テーブル状台座がつくられている。以上を考慮すると、マヤ中部低地が没落した後も、メソアメリカ南東部太平洋側においてはコツマルワパ地域の文化を引継いでいるところもあるといえる。

第3項　遺物・遺構からみたカミナルフユの権力と抗争

　以上、メソアメリカ南東部太平洋側の権力を象徴する遺物・遺構を概観した。
　権力を象徴する建造物からみると、先古典期中期に太平洋岸の勢力がカミナルフユを中心とした地域に入ってくる。先古典期後期から古典期前期にかけて、カミナルフユでは土製建造物を中心に独自の発展をしていく。一方、建造物からみると、イサパ、タカリク・アバフでは異なる発展をしている。この時期、イサパ、タカリク・アバフなどでは玉座としての四脚付テーブル状台座形石彫がつくられている。カミナルフユでは現位置で出土している例はないが、同じ形の石彫がつくられている。このため、同じ時期に玉座をつくっていた可能性が高い。また、長期暦の日付を持つ石碑がメソアメリカ南東部太平洋側でたてられる。一方、マヤ中部低地の影響か、他の高地では石ブロック若しくは平石の建造物をつくる他のグループが勢力をもってくる。この時期、カミナルフユはイサパ、タカリク・アバフなどと共に、発展している。しかし、権力を象徴する建造物からみると、夫々が独自である。先古典期末、カミナルフユと同様に発展してきたタカリク・アバフは放棄されてしまい、イサパは活動が

縮小される。この時期、メソアメリカ南東部太平洋側では、大きな政治変動が起こったと考えられる。また、カミナルフユでも、大きな変化が起こったとされる（大井編、1995）。

しかし、古典期前期後半、カミナルフユでは異質な勢力が支配するようになる。この時期、メソアメリカ南東部太平洋側において全く新しい建築材である軽石などで、タルー・タブレロ式建造物をつくる。しかし、長期暦の日付を持つ石碑はたてられなくなる。古典期前期末、タルー・タブレロ式建造物の前につくられていた土製建造物が復活することから、この支配はあまり長続きせずに崩壊していると考えられる。そして、建築材に使われる土をみると、土器片などが多く混じっており、先古典期後期の精製された土とは異なっている。このことを考慮すると、先古典期から古典期前期まで引き継がれた文化が形を変えて復活していると考えられる。また、高地の他地域では、土製建造物ではなく石ブロックや平石の建造物が勢力を拡大していく。一方、古典期前期の日付を持つ石碑が無いことから、先古典期後期までたてられていた長期暦の日付を石碑に刻む習慣はなくなる。以上から、先古典期の文化は、そのままでは復活していない。

古典期後期、イサパでは四脚付テーブル状台座が再び使われている。また、ビルバオでは新しい形の四脚付テーブル状台座形石彫がつくられている。ビルバオを含むコツマルワパ地域では新しい様式で石彫などをつくっている。このコツマルワパ様式にはメキシコ中央部からの影響が強いとされる（Thompson, 1948; Parsons, 1967, 1969, 1986）。また、日付が記録されているが、先古典期後期までとは方法が異なる。カミナルフユでは、インシエンソ玉座は唯一完全な形で現在まで残っており、古典期後期にも四脚付テーブル状台座が使われていた可能性がある。建造物は土が主流となっている。この時期の建造物に使われる土にも土器片など様々なものが混じる。また、軽石の建造物も少数の遺跡でつくられている。以上を考慮すると、軽石の建造物の勢力は完全には消え去っていないと考えられる。また、メソアメリカ南端にある軽石の建造物も考慮に入れると、メソアメリカ南東部太平洋側の中心からは後退してしまったが、部分的に勢力を維持している。建造物の主たる建築材が軽石か土かという点からみると、テオティワカンと関連のある勢力と在地の勢力が主導権争いをした可能性も考えられる。また、古典期後期、グァテマラ高地のマヤ中部低地に面する地域に、平石や石ブロックを主に建造物に用いる勢力が拡大している。古典期後期、メソアメリカ南東部太平洋側では、建造物からみると、高地では石ブロック若しくは平石の建造物の勢力が拡大しており、カミナルフユの勢力は衰退している。

後古典期、カミナルフユは放棄されていた。そして、平石、石ブロックの建造物を中心とした断崖などの要害の地に居を構えた都市の支配者たちが高地で勢力を拡大する。これらの都市には平石や石ブロックで建造物が建てられている。また、カミナルフユ近くでもチナウトラといった断崖にある都市が中心となり、カミナルフユは都市として機能しなくなる。し

かし、後古典期の遺物は少量出土している。このため、何らかの活動は行われていた可能性はある。また、太平洋岸では、コツマルワパ地域で栄えた都市も機能しなくなってしまうため、勢力としては全般的に衰退している。太平洋岸の都市やカミナルフユは開けた土地にあり、要害の地でないことが衰退の原因と考えられる。一方、四脚付テーブル状台座形石彫は、唯一、タフムルコで出土している。ここでは、コツマルワパ様式の石碑もあるため、コツマルワパの影響を受けた勢力が移動した可能性も考えられる。しかし、カミナルフユとは全く異なる。

第4項　小結

　以上、カミナルフユの権力と抗争を、権力を反映する建造物、石彫から考察してきた。カミナルフユは、先古典期後期、古典期前期、古典期後期に大きな変化を受けた。そして、後古典期には放棄されたていた。
　カミナルフユを中心に発展していったメソアメリカ南東部太平洋側の文化は他地域にも受け継がれている。しかし、他地域でそのままに受け継がれるものや、形を変えて発展していくものがある。古典期後期、四脚付テーブル状台座は、マヤ中部低地に移ると一つの石を彫り上げてつくるのではなく、脚部とテーブル部を組合せる石彫が多くつくられる。また、ピエドラス・ネグラス1号玉座のように2脚のみで、後ろの壁を利用することもある。メソアメリカ南東部太平洋側の高地などでは、ピラミッド基壇の上にある建造物内部にベンチや祭壇状部分がつくられ、建造物と一体化している。一方、キリグァなどでは古典期前期にはメソアメリカ南東部太平洋側と同じように硬い石を石碑などに使っていたが、古典期後期には砂岩など細工し易い石材を石碑に利用している。キリグァでは古典期後期後半に近くになると、石碑と祭壇を一体化させたような、怪物を形象する石彫にマヤ文字や日付を刻んでいる（Sharer, 1990）。これは、伝統的な石碑と祭壇の組み合わせを更に発展させていると考えられる。また、祭壇と石碑という組み合わせは、マヤ中部低地の大半の地域では殆ど変わり無く、古典期後期まで続いている。
　テオティワカンの侵略については、テオティワカンの支配は短かったと考えられる。マウンドＡＢ、パランガナ地区ではテオティワカンのタルー・タブレロ式建造物は短期間しかつくられていない。そして、パランガナ地区では古典期前期末には土製建造物に戻ってしまっている。建築様式については残りがよくない事例が多いために、あまり検討できなかった。しかし、今後事例数が多くなった時には、建築様式からテオティワカンの侵略などを建造物から改めて検討する必要がある。また、権力を支えた基盤である農耕や交易品については実証的な研究がないため、考古資料に基づいて検証していく必要がある。

第4節　先古典期における精神文化

　オルメカ文化における精神文化研究については、曖昧な点が多い。例えば、ジャガー信仰の研究をみると、民族学、文献学研究を取り入れているが、その目的、起源、意味等は解明されていない。また、考古学的方法で解明すべきことがあるにもかかわらず、民族学、文献学的方法を安易に適用するのは、一考を要する。本節では、ジャガーが表現されている遺物、遺構から、オルメカ文化におけるジャガー信仰の特徴を考察する。また、ジャガーと他の動物との関係を遺物、遺構から論じ、ジャガー信仰を含めたオルメカ文化の精神文化研究への一助としたい。

　古典期メソアメリカにおけるジャガー信仰についての研究がある。クブラーによると、オルメカ文化におけるジャガーとは異なり、テオティワカンではジャガーが鳥、蛇と結びついて表現されるとしている（Kubler,1972）。また、トンプソンは、マヤにおけるジャガー神は、その概念、内容において、冥界、暗黒、夜空と結び着けられ、また、空と地上もしくは、地下を支配しているとされる（Thompson,1976）。古典期のジャガー神信仰は、オルメカ文化のジャガー信仰と関係があるのか、そして、オルメカ文化のジャガー信仰の起源についても考察する。

第1項　ジャガー信仰研究の現状

　オルメカ文化のジャガー信仰研究は、民族学的研究、図象学的研究、文献学的研究が、主流である。ここでは、その代表的な研究を取り上げる。

　ジャガー信仰の民族学的研究の第一人者であるファーストは、南米から北米、シベリアにかけてみられるシャーマンと動物の関係を中心に論じている。彼は、特に、動物に変身できるシャーマンが、ジャガー信仰を解明する鍵と考えている。例えば、ツォツィル族[17]では、長老、シャーマンのコンパニオン動物[18]は、最大の猫科動物であり、大ジャガーは、最も重要な長老に属することなどから、ジャガー信仰が、社会統制のための超自然的機構としての機能を論じている。また、その概念は、南米から伝わったものであるとしている（Furst, 1968）。

---

[17] メキシコ南部チアパス高地に住むマヤ語系先住民である。
[18] コンパニオン動物とは、人間の分身として存在している。また、そのコンパニオン動物が、傷ついたり、死んだりしたら、その人間も同じ運命を辿るとされる。

次に注目されるのは、ジョラレモンの図象学的研究である。オルメカ文化にみられる文様を詳細に観察・分析している。そして、文様若しくは図象を集成し、要素の相互関係から、10のオルメカの神々を推定している。一方、このオルメカ10神の中から、後古典期の神の原形（Ⅶ神＝ケツアルコアトルなど）を、約6神抽出している（Joralemon, 1971）。

　最後に、コウは、アステカ文化における神話、絵文書から、ジャガー信仰を文献史学的に研究している。まず、アステカの神々は、テスカトリポカ4神（ジャガーの特徴を持っている）によって創られたために、ジャガーの特徴を持っていること、王の系譜は、神話の上で、テスカトリポカに遡れることを、指摘している。また、人とジャガーの合体が主題である考古学的遺物などから、オルメカ文化ではジャガー信仰が王家の信仰であり、王権を補強するものと考えている（Coe, 1972）。

　次に、これらの研究を検討する。ファーストは、中南米に広くみられるジャガーに関する民族誌から、オルメカ文化のジャガー信仰を復元しようとしている。しかし、少数の事例が似ているというだけである。考古学的研究では、民族学的研究を援用する場合には、民族資料に対応する資料が考古学的資料とどのよう対応するかを厳しく検討し、慎重に解釈していく必要がある。また、ジャガー信仰のみでなく、ジャガー信仰のみられる民族の信仰体系と、オルメカ文化との信仰体系の比較が、不可欠である。更に、信仰のみでなく、文化の諸要素とジャガー信仰との関係を分析し、その意味を解明する必要がある。また、オルメカ文化とその民族資料との時間的欠落を補う研究も不可欠である。ジョラレモンは、図象の個々の要素を分類し、密接な関係を持つ要素群を導き出している。しかし、特定の要素を多数の神々が共有する点には問題があり、その要素の意味を再検討する必要がある[19]。多数の神々が持ちうる属性か、一つの神の中心的属性かを、厳しく規定する必要がある。後者の場合には、一つの神の異なる属性を、他の神の属性としている可能性もある。メソアメリカの神々は、一つの神がいろいろな属性を持つ場合があり、その中心的属性を考えなければ、個々の神々が理解出来ない。従って、個々の神々が現れる場面を詳細に観察し、その中心的属性を、解明する必要がある。ジャガー信仰の図象学的研究では、ジャガー信仰に関する具象的場面を詳細に観察し、その中心的属性を解明することが重要である。コウは、後古典期における文献資料に基づき、オルメカ文化のジャガー信仰を考察している。しかし、先古典期から後古典期にかけてのジャガー信仰の連続性に関する議論が殆ど為されていないことには問題があり、文献学に於いても、文献資料（後古典期中心）とオルメカ文化（古典期中期）との時間的欠落を埋める必要がある。

---

[19] 例えば、多くの神々が、Ⅰ神の特徴を持っている。コウ(Coe, 1972)は、ジャガーの特徴を持つ神により創られたため、創られた神もジャガーの特徴を、持つに至った可能性を指摘している。しかし、まず、考古学的遺物、遺構からジャガーとジャガー以外の信仰を解明し、何故、他の動物の要素を共有するに至ったかを説明せねばならない。

考古学的研究では、ジャガー信仰に関するオルメカ文化の遺物・遺構、ジャガー信仰に関する具象的場面から、その特徴を解明する必要がある。そして、ジャガー信仰を、オルメカ文化の信仰体系、そしてオルメカ文化のなかに位置づける必要がある。また、考古学、民族学、文献学的研究の限界を弁え、オルメカ文化までのジャガー信仰を位置づけ、その連続性を解明せねばならない。そして、オルメカ文化から現在に至る時間的連続の中で、ジャガー信仰の意味が理解できる。本節では、ジャガー信仰の特徴を、ジャガー信仰に関する遺物、遺構、ジャガー信仰に関する具象的場面、ジャガーとその他の動物の関係から考察する。

第２項　ジャガー信仰に関する遺物・遺構

　7遺跡で32例のジャガー信仰に関連する、遺物・遺構が出土している[20]（図58）。第一に、遺跡について、次に、ジャガーに関する遺物・遺構についてみていく。

図５８．ジャガー信仰に関する遺物・遺構が出土した遺跡分布図
　　1.ツツクリ、2.フストラワカ、3.オストティトラン、4.テオパンティクアニトラン、5.チャルカツィンゴ、6.ラ・ベンタ、7.サン・ロレンソ

---

[20] ジャガー以外の動物の特徴を持つものは、取り上げない。しかし、全体の特徴よりジャガーと思われる動物は、ジャガーとする。また、ジャガー人間と考えられる遺物、遺構は、取り上げない。

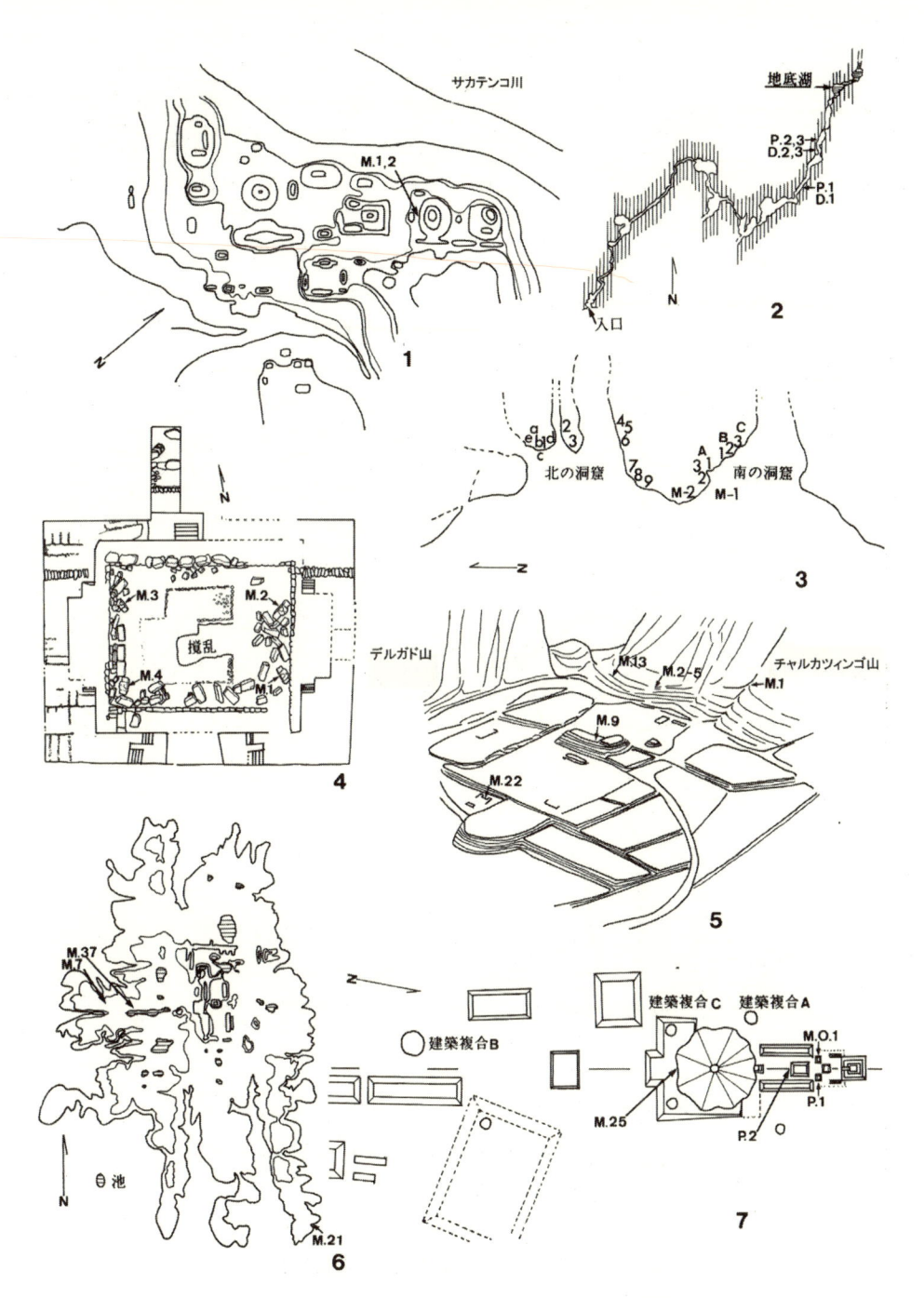

第3章　メソアメリカ先古典期における権力と信仰

図59．ジャガーに関する遺物・遺構出土位置図

1. ツツクリ(Mcdonald, 1977, fig.1 を改変)、2. フストラワカ(Gay, 1967, p.33の図を改変。入口 - 地底湖＝1.3km)、3. オストティトラン(Grove, 1970a, fig.3を転載)、4. テオパンティクアニトラン (Martínez, 1986, Plano 1 を改変)、5. チャルカツィンゴ (Grove, 1984, fig.4 を改変)、6. サン・ロレンソ (Miller, 1986, fig.4を改変)、7. ラ・ベンタ (Diehl, 1981, fig.2 を改変)

199

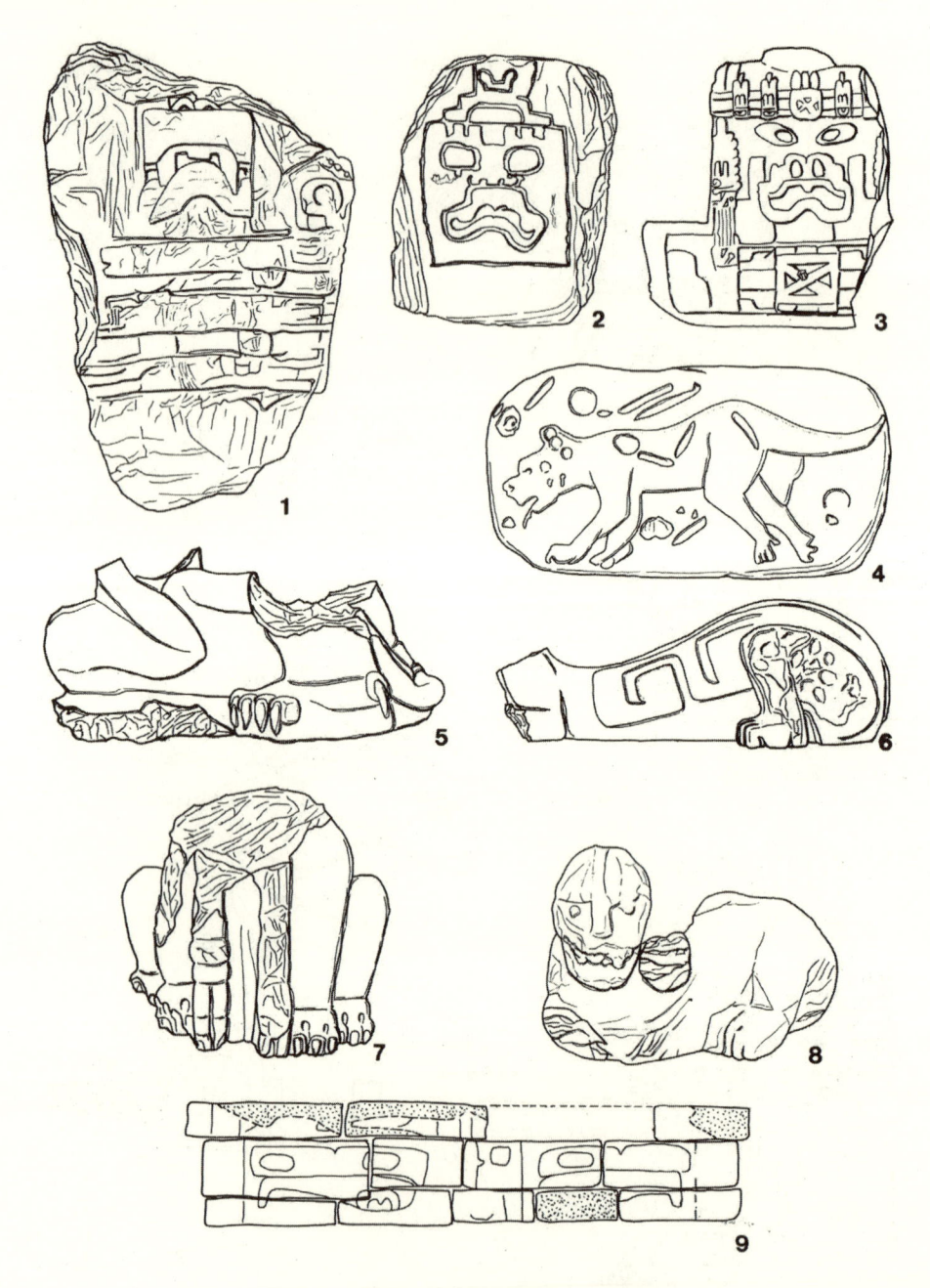

図６０．ジャガーに関する遺物・遺構図(1)

1. ラ・ベンタ25号記念物(Drucker, et al., 1959, fig.59を改変、2.4×1.6×0.3m)、2. ツツクリ1号記念物 (Mcdonald, 1977, fig.3を改変)、3. テオパンティクアニトラン石彫、4. サン・ロレンソ21号記念物21(Coe and Diehl, 1980, fig.452を改変、0.6×1.3×0.5m)、5. ロマ・デ・サポテ3号記念物(ibid, fig.497を改変、長さ =1.25m)、6. サン・ロレンソ7号記念物(ibid, fig.430を改変、長さ=1.6m)、7. 同37号記念物(ibid, fig471を改変、高さ=0.6m)、8. テノチティトラン2号記念物(Stirling, 1955, Pl.5を改変、長さ=0.9m)、9. チャルカツィンゴ22号記念物(Grove, 1984, fig.15を転載、4.4×0.9×1.4m)

200

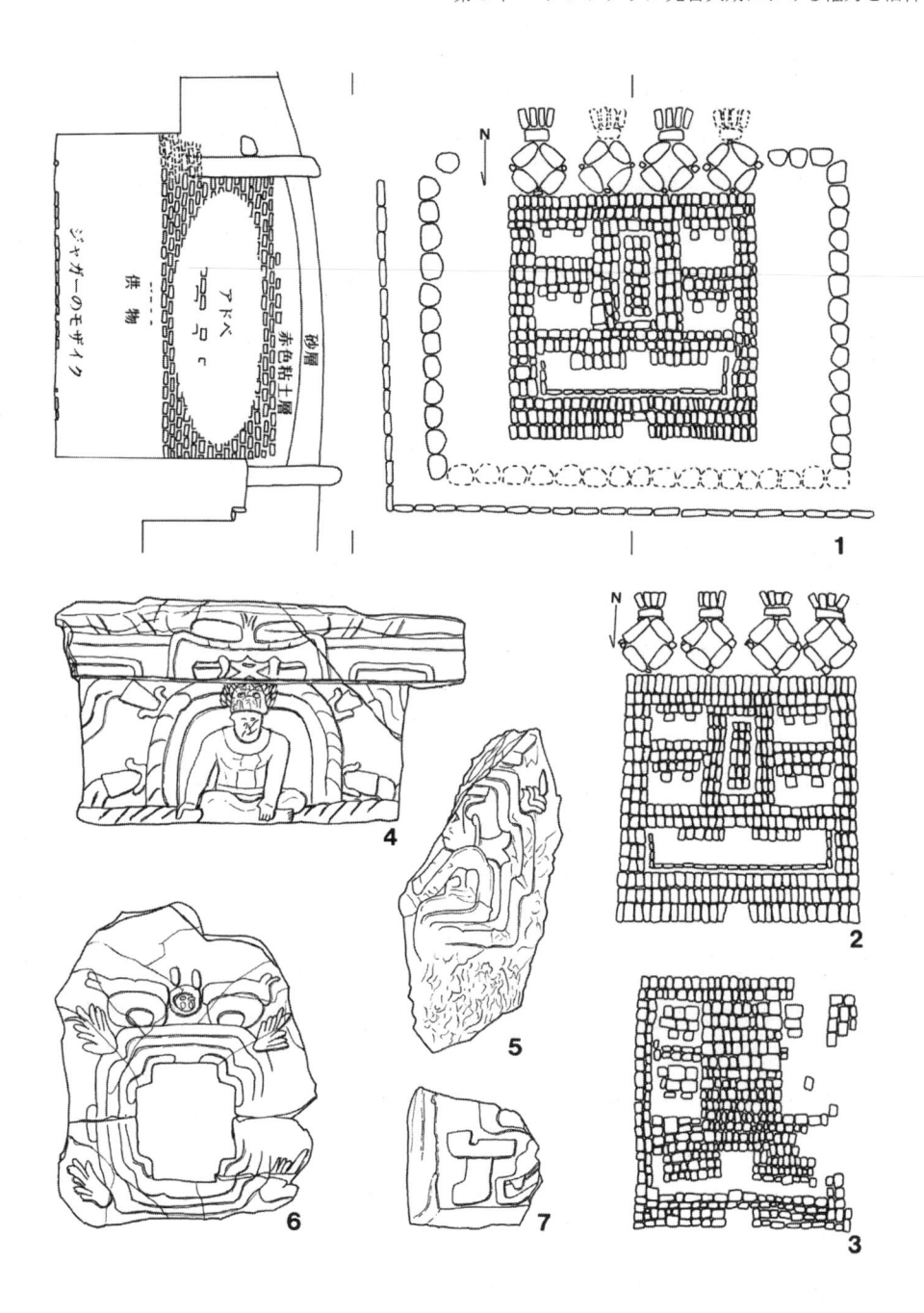

第3章　メソアメリカ先古典期における権力と信仰

図61．ジャガーに関する遺物・遺構図(2)

1.ラ・ベンタ1号モザイク(Drucker, 1952, fig.18, 20を改変)、2, 同1号大規模供物1 (Drucker, et al., 1959, fig.29 より転載。1:150)、3.同2号モザイク(Drucker, P. 1952, fig.24を転載)、4.同4号祭壇 (1.9×3.5× 1.6m) 5.チャルカツィンゴ13号記念物(Grove, 1984, fig.32を改変、1.5×2.5m)、6.同9号記念物(Grove, ed., 1987, fig.9.17を改変、1.8×1.5m)、7.ラ・ベンタ15号記念物(Drucker, P. 1952, Pl.64を改変)

201

1．ツツクリ

　河岸の小高い所に、建造物群がある(図59.1)。4号建造物で、1, 2号記念物が出土している(McDonald, 1977, 1983)。

　1号記念物（図60.2）：建造物4の階段の両側に、記念物が建っていた。階段に向かって右側の記念物1に、様式化したジャガーの顔が線刻されていた。また、その左側に、非常に様式化した蛇の顔が線刻された2号記念物があった。先古典期中期である。

2．フストラワカ

　長い洞窟の奥、2ヵ所に、壁画、線画が、描かれていた（図59.2）。壁画1、線画1はより入口に近い所にあり、線画2, 3、壁画2, 3はその奥にある。その先、洞窟は、水没している。また、壁画の特徴から先古典期に属すると報告されている（Gay, 1967）。

　壁画1（図62.8）：顎髭を生やし、頭飾りを着け、赤と黄の横縞の衣類を着ている人物が、前に居る小さな人物に、先端が三方に分かれている武器状のものを突き付けている姿が、描かれている。両手、両足には、ジャガーの毛皮を着けているのか、黒い斑点が表現されている。股間から、ジャガーの尻尾が覗いている。また、左半身は、黒くなっている。

　壁画3(図62.10)：赤に黒の斑点のある毛皮を持つ動物（ジャガー）を示す。

　線画2,3(図62.9)：人物の後、蛇の頭部のすぐ下に、ジャガーの頭部が、描かれている。また、それぞれの頭の下には、丸い記号のようなものがある。

3．オストティトラン

　丘陵の側壁の北と南に、2つの洞窟があり、その入口に、壁画が描かれている(図59.3)。壁画の特徴から、先古典期に属しているとされる。また、先古典期の特徴を持つ土器が、出土している(Grove,1970a,b)。

　壁画1-d（図62.7）：立ち上がるジャガーと、男根を勃起させている人物とが描かれている。ジャガーの下腹部辺に、生殖器と考えられるものが表現される。

　壁画M-1（図62.5）：鳥のマスク、胸飾り等を着けた人物が、様式化したジャガーの顔を表現した玉座に座っている。

　壁画M-2（図62.6）：最も大きな壁画であるが、大部分が識別不能である。下部にジャガーの斑点が、上部に人間の目が描かれている。

4．テオパンティクアニトラン

　先古典期の遺跡が、数平方kmに渡って存在している（図59.4）。遺跡の全容は不明である(Ladislao,1984; Martínez,1986)。

第3章　メソアメリカ先古典期における権力と信仰

図62．ジャガーに関する遺物・遺構図(3)

1. チャルカツィンゴ4号記念物(Grove, 1984, fig.30を改変、2.5×2.5m)、2. 同3号記念物(Grove, 1984, fig.3を改変、1.2×1.2m)、3. 同14号記念物(Grove, ed., 1987, fig.10.3を改変、1.3×0.5m)、4. 同1号記念物(Grove, 1984, fig.4を改変、3.2×2.7m)、5. オストティトラン壁画M-1(Grove, 1970b, fig.5、3.8×2.7m)、6. 同壁画M-2(Grove, 1970b, fig.7)、7. 同壁画1-d(Grove, 1970a, fig.13、1.5×1.5m)、8. フストラワカ壁画1(Coe, et al., 1986, p.101を改変、左：高さ=0.5m、右：高さ=1.6m)、9. 同線画2、3(Gay, 1967, p.31、人：高さ=1.1m、ジャガー、蛇=0.4×0.6m)、10. 同壁画3(Grove, 1970a, fig.36、1.3×0.9m)

1-4号記念物(図60.3)：様式化したジャガーの顔が浮彫りされた記念物が、半地下式広場の壁近くから出土している。報告者は、記念物4基が壁の上にあった可能性を示している。

5．チャルカツィンゴ

建造物数基がある(図59.5)。また、その南にチャルカツィンゴ山、東にデルガド山が、聳えている。
浮彫りが施された記念物1-5、13 は、チャルカツィンゴ山にあった[21] (Grove, 1984; Grove, ed.,1987)。

1号記念物 (図62.4)：遺跡を見下ろす丘の岩壁にある。ジャガーの口の中に、箱状物を手に持ち、頭飾りを着けた人物が、玉座に座っている。その口からは渦巻文が前方に延びている。唇付近には植物が生え、上の雲からは雨滴が落ちている。

3号記念物 (図62.2)：1号記念物とは谷を挟んだ位置にある岩石に、サボテンのような植物の横に、ジャガーが人の腕を銜えている。反対の面に4号記念物がある。

4号記念物 (図62.1)：二頭のジャガーが、それぞれ、人の上に乗りかかっている。

9号記念物 (図61.6)：建造物から、出土している。粉々になっていた。様式化したジャガーの顔である。また、唇の四隅から、植物が生えている。

13号記念物 (図61.5)：丘の中腹より出土。正確な出土状態は不明である。様式化したジャガーの口の中に、座っている人物がいる。また、唇の端から、植物が生えている。破片である。

22号記念物 (図60.9)：テーブル状祭壇側壁に、ジャガーの目と眉が表現されている。

6．ラ・ベンタ

小高い場所に、建造物群がのる (図59.7)。主要部分は、A, B, Cの各建築複合に分かれる[22] (Drucker,1952; Drucker, et al.,1959; Stirling,1943)。

15記念物 (図61.7)：建築複合Aの中庭の南端にある、石柱を横にして造られた、階段の南より出土。正確な出土状態は不明である。破片だが、様式化されたジャガーの顔が表現される。

25号記念物[23](図60.1)：背後のピラミッドに凭れさせ、下部をピットに入れて、建っていた。先古典期中期である。上部を欠いている。

---

[21] 14号記念物 (図113.3) の渦巻きに乗っている動物は、ジャガーかもしれない。また、8号記念物の四足獣は、不明である。
[22] 建築複合Aより、ジャガーの形象土器が、出土している。6号記念物には、歪んだ口、犬歯を持つ怪物が表現されている。同時に、先端が2つに分かれる舌もあり、本節では取り上げない。墳墓C出土の石斧に歪んだ口が表現されている。しかし、ジャガーであるかどうかは不明である。4号記念物（大巨石人頭）のヘルメットには獣の指が3本表現されるが、ジャガーと限定できない。

ジャガーのモザイク（1号大規模供物;図61.2.）：南西の建造物の真下より出土していた。磨かれた蛇紋岩を相互に密着させ、1号モザイクと全く同じ様式化したジャガーの顔のモザイクを造っている。モザイクを覆う粘土の南西隅には、胸にペンダント（鏡？）を着けている人物座像（頭部を欠いている）が、置かれている。先古典期中期である。

ジャガーのモザイク（1号モザイク;図61.1）：南東の建造物真下より出土している。磨かれた蛇紋岩を相互に密着させ、様式化したジャガーの顔のモザイクを造っている。また、十字型に並べられた鏡と磨製石斧の供献物が、上層から出土している。先古典期中期である。

ジャガーのモザイク（2号モザイク;図61.3.）：A-3建造物の南端、建造物を覆っている色のついた砂の層の端から少し離れ、その砂層より下のレベルから出土している。南西部分が壊れている。また、前記2つのモザイクと異なり、その中央部の長方形部分に蛇紋岩が満たされている。しかし、その他の部分は、ほぼ同じである。磨かれた蛇紋岩で、様式化したジャガーの顔のモザイクを造っている。先古典期中期である。

4号祭壇（図61.4）：正確な出土状態は不明である。テーブル状を成す。上部に様式化したジャガーの顔が浮彫りされている。その下には壁龕があり、中にはマスクを着けた人物が座っている。

7．サン・ロレンソ

小高い場所に、建造物群がある（図59.6）。サン・ロレンソ、テノチティトラン、ロマ・デ・サポテ、エステロ・ラボンの4地区に分かれる[24]（Coe and Diehl, 1980; Cyphers, 1994a, b）。

サン・ロレンソ7号記念物（図60.6）：遺跡の西端の表土面から、出土している。正確な出土状態は、不明である。ジャガーの全身が丸彫りされている。頭部を欠き、破壊の跡がある。

サン・ロレンソ21号記念物（図60.4）：遺跡の南西端から、ピットに埋め込まれた状態で出土している。ジャガーの全身の浮彫りのある面を下にして、建てられていた。また、ピットが掘り込まれている層は、小基壇になる可能性があるとされる。先古典期中期である。

サン・ロレンソ37号記念物（図60.7）：Dグループの先古典期中期の層から、出土している。ジャガーの座っている姿が丸彫りされている。頭部を欠き、破壊の跡がある。

サン・ロレンソ77号記念物：水路近くより出土している。頭部を欠き、座っている姿を丸彫りにしている。

---

[23] 26, 27号記念物も、ジャガーの顔を示していると思われる。しかし、細かい所は識別不能のため、取り上げない。
[24] サン・ロレンソ5号記念物（巨石人頭像）のヘルメットには、獣の足（3 or 4本指）が表現されている。しかし、ジャガーのものかどうかは不明である。また、記念物10は、歪んだ口、二本の犬歯を持った人物を丸彫りしている。ジャガー人間を表現している可能性がある。

サン・ロレンソ90号記念物：B4区より出土している。頭部上半分が欠けている丸彫りのジャガーである。

サン・ロレンソ107号記念物：出土状態不詳。立っているジャガーの丸彫りである。ジャガーが寄りかかる柱状部分には逆さになった人物が浮彫りされている。

サン・ロレンソ108号記念物：マカヤ谷の浸食により出土した。頭部と前肢の一部を欠く、ジャガーの丸彫りである。

テノチティトラン2号記念物（図60.8）：建造物清掃時に、出土している。詳細は不明である。ジャガーの全身が丸彫りされている。破壊の跡がある。

ロマ・デ・サポテ3号記念物（図60.5）：テーブル状祭壇（ロマ・デ・サポテ2号記念物）の近くで、発見される。人の上に乗りかかっているジャガーが丸彫りされている。人の頭部、両手の一部を欠いている。一方、ジャガーは、両後足と尾が残っている。正確な出土状態、時期は、不明である。

ロマ・デ・サポテ7号記念物：床面の端から、人物座像2基と共に出土している。座っているジャガーを丸彫りした石彫である。

ロマ・デ・サポテ8号記念物：同7号記念物とほぼ同じジャガーの丸彫りである。出土状態不明。

第3項　ジャガーに関連する遺物・遺構

建造物を中心にした出土状態から5類に分けられる（表10）。以下、順に説明する。

1類：建造物の構成要素とする。3遺跡ある。ツツクリ、ラ・ベンタでは建造物と関連して出土している。テオパンティクアニトランでは半地下式広場と、チャルカツィンゴではテーブル状祭壇の一部として出土している。また、この祭壇は、メキシコ湾岸のテーブル状祭壇に類似している。1類は、様式化したジャガーを、線刻、浮彫りで表現している。

2類：建造物の近くより出土しているものをとする。2遺跡ある。ラ・ベンタでは、建造物より少し離れて出土している。サン・ロレンソ21号記念物は小基壇から少し離れて建っており、1類との関係も考えられる。ロマ・デ・サポテ7号記念物は建造物の床面端から出土している。ラ・ベンタでは、様式化したジャガーの顔をモザイクで、サン・ロレンソではジャガーの全身を浮彫り若しくは丸彫りで、表現している。

3類：建築物の真下に埋められているものとする。ラ・ベンタにしかなく、様式化したジャガーをモザイクで表現している[25]。

---

[25] ジャガーのモザイクの上層には、磨製石斧、鏡の供献物がある。また、他にもモザイクを覆う粘土層の上には鏡を持った人物を表す石像があり、石斧、鏡との関係も考える必要がある。

第3章　メソアメリカ先古典期における権力と信仰

表１０．ジャガーに関連する遺物・遺構の類型

類型	現位置	遺跡	遺物・遺構	形状	備考
1	○	ツツクリ	1号記念物	線刻	祭祀用基壇4、階段の横。
	○	ラ・ベンタ	25号記念物	浮彫	鼻より上が、壊されている。
	−	テオパンティクアニトラン	1-4号記念物	浮彫	半地下式広場の壁に関連？四隅？
	○	チャルカツィンゴ	22号記念物	浮彫	目、鼻のみ。
2	○	ラ・ベンタ	2号モザイク	モザイク	完全には残らず。
	○	サン・ロレンソ	21号記念物	浮彫	小基壇？前の石碑の下面。
	○	ロマ・デル・サポテ	7号記念物	丸彫り	ジャガーの全身。
3	○	ラ・ベンタ	1号モザイク	モザイク	上層に供献物（石斧、鏡）
	○	ラ・ベンタ	1号大供物	モザイク	南西隅に小石像。
4	○	チャルカツィンゴ	1号記念物	浮彫	ジャガーの顔。
	○	チャルカツィンゴ	3号記念物	浮彫	ジャガーの全身。
	○	チャルカツィンゴ	4号記念物	浮彫	二頭のジャガー。
5	○	フストラワカ	1号壁画	壁画	ジャガーの毛皮。
	○	フストラワカ	3号壁画	壁画	ジャガーの全身。
	○	フストラワカ	2,3号線画	線画	蛇の頭の上にジャガーの頭。
	○	オストティトラン	壁画1-D	壁画	人とジャガーの性交？
	○	オストティトラン	壁画M-1	壁画	玉座？
	○	オストティトラン	壁画M-2	壁画	斑点の有る毛皮。詳細不明
その他	×	チャルカツィンゴ	9号記念物	浮彫	ジャガーの顔。粉々。祭祀用基壇の上。
	×	チャルカツィンゴ	13号記念物	浮彫	ジャガーの顔？
	×	ラ・ベンタ	15号記念物	浮彫	ジャガーの顔。
	×	ラ・ベンタ	4号祭壇	浮彫	ジャガーの顔。
	−	サン・ロレンソ	7号記念物	丸彫り	ジャガーの全身。
	−	サン・ロレンソ	37号記念物	丸彫り	ジャガーの全身。
	−	サン・ロレンソ	77号記念物	丸彫り	ジャガーの全身。
	−	サン・ロレンソ	107号記念物	丸彫り	ジャガーの全身。逆さの人物の浮彫りと関連。
	−	サン・ロレンソ	108号記念物	丸彫り	ジャガーの全身。
	×	テノチティトラン	2号記念物	丸彫り	ジャガーの全身。
	×	ロマ・デル・サポテ	3号記念物	丸彫り	ジャガーの足のみ。
	−	ロマ・デル・サポテ	10号記念物	丸彫り	ジャガーの全身。

○＝現位置を保っていると思われる、遺物・遺構。
×＝現位置を保っていないと思われる、遺物・遺構。

4類：遺跡を見下ろす位置にあるものをとする。この類は、チャルカツィンゴのみにしかない。様式化したジャガーを表現する1号記念物以外は、ジャガーの全身を浮彫りしている。

5類：洞窟内部にあるものとする。フストラワカ、オストティトランの2遺跡である。様式化したジャガーが表現されている。オストティトラン壁画M-1以外は、ジャガーの全身やその一部分の壁画、線画である。

ここで、全類型を検討する。1類はメソアメリカ南東部太平洋側、メキシコ湾岸、ゲレロ州、メキシコ中央部に、2類はメキシコ湾岸のみにみられる。3, 4, 5類は、順に、メキシコ湾岸、メキシコ中央部、ゲレロ州に限られている。ところで、メキシコ中央部チャルカツィンゴでは、デルガド山に洞窟があるが、壁画等に使われた形跡がない。そして、メキシコ湾岸では、洞窟が存在しない可能性が高い。このために、5類はゲレロ州に特有である可能性が高い。次に、技法から分析すると、壁画、線画はゲレロ州に、線刻はメソアメリカ南東部太平洋側に、浮彫りはゲレロ州、メキシコ中央部、メキシコ湾岸に、丸彫りはメキシコ湾岸に限られている。また、サン・ロレンソでは丸彫りのジャガーは遺跡の端にあり、石碑にジャガーの浮彫りがされている。これらの石彫には、多くのオルメカ文化の石彫にみられる破壊された

跡が残っている。出土状態から比較すると、様式化していないジャガーは、建造物とは関係が薄い。

次に、ジャガーの現れている場面から、ジャガー信仰の特徴を検討する。5類の、フストラワカ、オストティトランでは、洞窟の壁面に、様式化していないジャガーの壁画、線画がみられる。また、チャルカツィンゴ（1, 9, 13号記念物）では、様式化したジャガーの口が洞窟として表現されている。一方、サン・ロレンソ21号記念物はジャガーが浮彫りされている面を下にして建てられ、テオパンティクアニトランでは半地下式広場から記念物が出土し、ラ・ベンタでは建造物の下からモザイクが出土している。ジャガー信仰と大地との関係の深さを示している。

また、洞窟との関連で最も注意されるのは、ラ・ベンタ4号祭壇である。その上部には様式化したジャガーが、下部には壁龕に座っている人物がいる。そして、この壁龕を縁取る線の四隅からは、植物が出ている。これは、チャルカツィンゴ1, 9, 13号記念物と、同様の情景を表現する。そのなかで、13号記念物には、ジャガーの口（洞窟）のなかに座っている人物が表現されており、4号祭壇との関係が濃厚に看取される。一方、フストラワカ線画2, 3にはジャガーと人が描かれており、13号記念物等に示される情景と無関係ではない。また、チャルカツィンゴ22号記念物は切り石で作られたテーブル状祭壇であり、メキシコ湾岸のテーブル状祭壇と形状が類似している。この記念物には、ジャガーの目と眉が浮彫りされるのみで、鼻、口の表現がみられない。また、メキシコ湾岸のテーブル状祭壇に多くみられる壁龕がない。しかし、この記念物の付近には多数の土壙が存在しており、土壙を掘ることによって、ジャガーの口、霊界への出入口を作っている可能性が考えられる。

ところで、1類は、他の類型と較べると、洞窟、大地と関係がないように思われる。しかし、ハイザーによれば、記念物25の属するラ・ベンタ最大のピラミッドが、石材の供給地であるロス・トゥクストラの山を象ったものであり、ジャガーが冥界の神であるならば、大地との関係を示すものと考えている（Heizer, 1968）。また、ツツクリ1号記念物は、遺跡最大の4号建造物にあり、ラ・ベンタと同じ状況が考えられる。ラ・ベンタでは、この類は、他と較べると、おそい時期である。

以上、ジャガーは、大地、洞窟と関係が深いと思われる。特に、その口は洞窟と関係が深いと思われる。また、チャルカツィンゴ1, 9, 13号記念物、ラ・ベンタの4号祭壇には、植物と関係のある情景のなかにジャガーが現れており、ジャガー信仰と植物との結びつきを示している。この中で、記念物1には、他の記念物において、雲に活力を与えているように表現されている渦巻文がジャガーの口より吹き出され、上の雲からは雨滴が落ちており、雨乞い若しくは豊穣儀礼と関係がある可能性が高い。また、人のうえに乗っているジャガーが表現

されているチャルカツィンゴ3、4号記念物は、ジャガー信仰と人身犠牲との関わりあいを示し、ロマ・デ・サポテ3号記念物も同じことを表現していると考えられる[26]。

次に、メキシコ湾岸とゲレロ州と較べると、ジャガー信仰は、前者では大地との関係が深く、後者では洞窟との関係が深い。洞窟との関係は、ラ・ベンタ4号祭壇に象徴的に表現されている。しかし、洞窟とジャガーとの関係は、ゲレロ州と較べると、遥か遠く、神話の世界の出来事になっているようである。メキシコ湾岸には洞窟が存在しないことも、そのことを裏付けしている。次に、チャルカツィンゴとフストラワカとを較べる。前者では、近くの洞窟が壁画、線画の対象とならず、代わりに、丘の岩等に洞窟としてのジャガーの口等が浮彫りされている[27] (Apostolides, 1987)。チャルカツィンゴでは、ジャガー信仰と洞窟との関係が弱まっており、ジャガー信仰の起源が、洞窟遺跡（オストティトラン、フストラワカ）のある地域に存在する可能性は否定できない[28]。しかし、洞窟の壁画等の年代を決定するためには、少ない遺物、壁画の比較だけでは難しい。

ここまで、ジャガー信仰と洞窟、大地との関係をみてきた。次に、高位の人物とジャガーとの関係を検討する。フストラワカ壁画1では、前に座っている人物に対して武器状のものを突き付けている人物（ジャガーの毛皮を身につけている）が、オストティトラン壁画M-1では、ジャガーの玉座と思われるものに座っている人物（着飾っている）が、描かれている。チャルカツィンゴ、ラ・ベンタでは、洞窟、壁龕に座っている人物が、様式化したジャガーと関係して表現されている。また、ジャガーと人間との性行為が主題になっている、オストティトラン壁画 1-dは、ジャガーと高位の人物との血の紐帯、もしくはジャガー人間の起源を示している。ジャガーは、各遺跡における地位の高い人物と関係が深い。また、洞窟は、ジャガーと高位の人物との関係においても、重要な位置を占めている。一方、メキシコ湾岸のテーブル状祭壇は壁龕にジャガーと人の特徴を持つ子供を抱えた人物が彫られており、ジャガーと高位の人物との密接な関係が考えられる。

第4項　ジャガーとその他の動物

ここまでジャガーを中心に論じてきた。次に、ジャガー以外の動物が、先に挙げた遺跡の遺物・遺構のどのような場面に表現されているかを論じ、ジャガーとの関係を検討する。具体的にみると、爬虫類、鳥類、鹿が、遺物・遺構に表現されている。

---

[26] コウは、ジャガーと人間との性交を示すものだとしている。
[27] デルガド山の洞窟の線画、壁画が報告されている。古典期の特徴を示すものも有り、年代決定が難しい。しかし、オルメカ文化と思われる線画等は単純な文様が多く、ここでの洞窟の重要性は少ないと考えられる。
[28] ゲレロ州の太平洋側近辺である。

図63. ジャガー以外の動物に関する遺物・遺構図

1. ラ・ベンタ19号記念物(Drucker, et al., 1959, fig. 55を改変、0.9×0.8×0.6m)、2. ツツクリ2号記念物(Mcdonald, 1977, fig. 4を改変)、3. チャルカツィンゴ5号記念物(Grove, 1984, fig. 29、3.7×1.8m)、 4. オストティトラン壁画 3(Grove, 1970b, fig. 12)、5. 同壁画1-c(Grove, 1970a, fig. 12)、6. 同壁画7(Grove, 1970b, fig. 16)、7. チャルカツィンゴ2号記念物(Grove, 1984, Pl. 9を改変、3.6×1.6m)、8. ラ・ベンタ3号石碑(Drucker, et al., 1959, fig. 67、4.3×2.0×0.9m)、9. 同耳飾り(Drucker, 1952, fig. 59. a)、10. 同黒曜石石核(Drucker, 1952, fig. 48)、11. オストティトラン壁画1-e(Grove, 1970a, fig. 9)、12. 同壁画B-2(Grove, 1970a, fig. 29)

第3章　メソアメリカ先古典期における権力と信仰

　まず、蛇類を検討する。フストラワカでは、線画2、3（図62.9）に、ジャガーの頭のすぐ上に、蛇の頭部が描かれている。また、ジャガーの壁画3のある場所に、ラ・ベンタ19号記念物（図63.1）と同じ姿の蛇が描かれている壁画2がある。また、ツツクリでは、様式化したジャガーが線刻された1号記念物の横に、様式化した蛇が線刻された2号記念物（図63.2）がある。これらの遺跡では、蛇は、ジャガーと対等の位置にいたと思われる。また、サン・ロレンソ37号記念物は、膝の上の蛇の頭部に手を置いている、マントを着けている人物（丸彫り、頭部を欠く）を表現し、ラ・ベンタ19号記念物では、動物のマスク[29]を着けた人物の背後に、ガラガラ蛇が浮彫りされている。此等の遺跡では、高位の人物との関係の深さが示されている。蛇は、ジャガーや、高位の人物と関係が深いと思われる。

　爬虫類のような生物[30]は、オストティトラン壁画1-c（図63.5）、チャルカツィンゴ5号記念物（図63.3）に、表現されている。壁画1-cと5号記念物は、ほぼ同じ姿を示す。その中で、記念物5では、人間を銜えている姿が浮彫りされおり、注目される[31]。また、雨との関連がある場面に多く表現される、S字紋の上にその生物が彫られており、この生物と雨の関係の深さが考えられる。

　次に、鳥類について検討する。オストティトランでは、梟を表現した壁画1-e（図63.11）がある[32]。また、壁画M-1（図62.5）では、鳥のマスクと衣装を着けている、人物が、玉座と思われるものに座っている。チャルカツィンゴ2号記念物（図63.7）には、鳥のマスクを着けた3人の人物が、やはり鳥のマスクを着けた人物の前で、儀式をしている場面が浮彫りされている。また、グローブが指摘しているように、その捕虜の前の人物は、4号記念物の下のジャガーと同じ頭飾りを着けている（Grove, 1984, p.125）。その頭飾りが意味するものは何であろうか。サン・ロレンソには、水鳥を表現した9, 102号記念物、ヘルメットに3つの鳥の顔が表現されている巨石人頭像（2号記念物）、上に鳥の足のついている帽子を被った人物が側面に浮彫りされている14号記念物（祭壇）がある。チャルカツィンゴ、サン・ロレンソでは、重要と思われる人物のマスク、頭飾り、ヘルメットに、鳥が表現されている。一方、ラ・ベンタでは、墳墓Aの耳飾り（図63.9）、墳墓Cの棒状黒曜石核（図63.10）、12号記念物のベルト部分には、牙が嘴にある鳥の顔が、線刻されている。また、墳墓Cの耳飾りに線刻されている生物は、牙を生やした鳥かもしれない。しかし、13号記念物（ターバンを着けた人物が、浮彫りされている）に浮彫りされた文字のような記号の一つは、鳥の顔を表現しているが、

---

[29] この動物は、ジャガーかもしれない。
[30] 鰐、蛇、イグアナ等が、考えられる。オストティトラン壁画7（図114.6）の人物の口に示されるマスクの様なものも、同じ生物を表現していると思われる。しかし、壁画3（図114.4）の生物は、尖った唇か嘴と思われるもの、尖った歯（壁画3の生物と同じ歯と思われる）を持っている。どのような生物なのであろうか。
[31] チャルカツィンゴでは、3, 4号記念物には、人を襲っているようなジャガーが浮彫され、3号墓には、石像の頭部が一緒に埋められている。人身犠牲の可能性がある。
[32] ラ・ベンタ祭壇7に浮彫りされる生物は梟と思われる。

牙は持たない。ラ・ベンタでは、鳥類が具象的に表現された遺物が、高位の人物との関係の深さを示すように、重要な墳墓から出土している。以上、鳥類は、高位の人物と関係が深いと思われる[33]。

最後に、鹿について検討する。オストティトランでは、南の洞窟の壁画 B-2（図63.12）に鹿と2人の人物が描かれているが、識別不能の部分が多い。また、ラ・ベンタでは、3号石碑（図63.8）に鹿の頭飾りを着けた人物と、壮麗な頭飾りを着けている人物が浮彫りされている。ラ・ベンタでは、高位の人物との関係の深さが示されているが、オストティトランでは詳細な内容は不明であり、オルメカ文化における鹿の意味を論じることは難しい[34]。

ここで、ジャガー以外の動物についてまとめる。蛇類、鳥類は、首長等の高位の人物との関係が考えられる。しかし、蛇は、蛇そのものが表現されることが多く、鳥類とは様相が異なっている。爬虫類のような生物は、人身犠牲、雨と関係が深く、雨乞い等の儀礼との関係が考えられる。鹿は、高位の人物と関係が深いと思われるが、ラ・ベンタの1例のみでは、推測の域を出ない。以上、ジャガー以外の動物にも、洞窟、大地、高位の人物との関係の深さが、示されている。しかし、他の動物と較べるとジャガーと洞窟、大地との関係が深い。

次に、ジャガーと他の動物との関連を検討することとしよう。まず、蛇類についてみると、ジャガーとの密接な関係が示され、ジャガーと対等あるいはジャガーにとって補助的な役割を果たしていたと考えられる。鳥類については、ジャガーとの関係は薄いが、ラ・ベンタの耳飾り、チャルカツィンゴ2号記念物に示され、嘴の牙がジャガーの犬歯を示すのかを、解明する必要がある。また、蛇類以外の爬虫類、鹿類とジャガーとの関係は、非常に薄いものであった。

以上、簡単にジャガーとその他の動物の関係を論じてきたが、個々の動物に対する信仰についても、詳細に検討する必要がある[35]。そして、それぞれの信仰を正しく評価し、オルメカ文化の信仰体系の全容を、解明せねばならない。

---

[33] ラ・ベンタでは、牙を生やした鳥を表現した遺物は、墳墓のみから出土している。従って、この牙を生やした鳥は、埋葬儀礼に関係している可能性がある。一方、チャルカツィンゴ2号記念物では、人物の着けている鳥のマスクの嘴から牙が生えており、ラ・ベンタの状況と関係があるのであろうか。

[34] グローブによれば、チャルカツィンゴ28号記念物の人物が着けている頭飾りには、羽根の様な飾りが着けられているとされている（Grove, ed.,1987, p.130）。識別するのは困難だが、鹿の角のようにもみえる。

[35] ジャガー以外の動物に関する論文は種々在るが、2つだけ挙げる。ファーストは、歯がなく歪んだ口、頭頂部のV字型の裂け目に注目し、それらがひきがえるの特徴を表しているのではないかと、論じている（Furst, 1981）。確かに、チアパ・デ・コルソの祭祀用基壇1Aの178号墓（先古典期、エスカレラ期）より蛙の形象土器が出土しており、埋葬と蛙との関係の深さを示していると考えられる。ストッカーらは、-食物源としての鰐とオルメカ文化との関連について論じている。また、前足、眉毛、V字型の裂目、上向いた唇等の特徴は、鰐を表すものであるとしている（Stocker, et al., 1980）。

第5項　小結

　遺物・遺構の出土状態等から、オルメカ文化のジャガー信仰について、論を進めてきた。そして、ジャガー信仰と洞窟、大地、高位の人物、他の動物との関係、ジャガー信仰の起源－特にその洞窟、大地との関係の深さ－について、明らかになった。一方、ジャガー信仰の研究では、オルメカ文化の諸要素との関係を考察することが重要である。しかし、各要素についてみてみると、十分には研究されていない。例えば、オルメカ文化の生業（農耕、狩猟、漁撈等）の実態については、あまり分かっていない。このため、生業とジャガー信仰との関係も具体的には論じられない。また、ジャガー信仰を含むオルメカ文化の信仰体系、ジャガー信仰の時間的連続性（オルメカ文化から現在に至る）、ジャガー信仰のみられない地域との比較等が、今後の課題である。

終章　メソアメリカ先古典期文化の特徴

第1節　先古典期文化の特質に関する一考察

　先古典期文化の特徴を明らかにするために、建造物、石彫、生業、権力と信仰から考察を進めてきた。以下では、第1-3章から明らかになったメソアメリカにおける先古典期文化の特質について、建造物、石彫、生業、権力と信仰からまとめる。最後に、先古典期における都市と集落の関係を復元する。

第1項　建造物

　メソアメリカで初めてつくられた記念碑的建造物は土製建造物である。先古典期前期にメソアメリカ南東部太平洋側で始まるが、大型住居若しくは神殿の可能性もある。オアハカやメキシコ中央部では、石造建造物が出現すると土製建造物はつくられなくなる。一方、メソアメリカ南東部太平洋側とオルメカ文化が栄えたメキシコ湾岸では先古典期前期に土製建造物が出現し、その後もつくられ続けた。
　記念碑的な土製建造物はメソアメリカ南東部太平洋側に先古典期前期に出現し、メキシコ湾岸でオルメカ文化が発展する先古典期中期にピラミッド基壇が建設された。メキシコ湾岸で先古典期中期にラ・ベンタC-1建造物のような規模の大きい土製建造物がつくられ、オルメカ文化では建築物が発展する。先古典期後期になると、メソアメリカの各地方で多数の土製建造物が都市の基線に従って配置され、建設される。
　土製建造物が早くからつくられたメソアメリカの2地方のうち、メソアメリカ南東部太平洋側の建造物の特徴を、土を含めた多様な建築材から考察した。メソアメリカ南東部太平洋側では、先古典期より様々な建築材が使われた。先古典期前期、土、粘土、火山灰、砂が使われ始めた。先古典期中期には川原石や平石、軽石（砂状）が使われ始めた。先古典期後期、アドベ・ブロックと石ブロックが出現した。建造物の仕上げについては、泥漆喰が先古典期前期より土製建造物に使われた。数層の泥漆喰が検出されることもあり、定期的若しくは必要に応じて塗り重ねられた可能性がある。石造建造物では先古典期後期より漆喰若しくはモ

ルタルで仕上げられた。建造物の形についてみる。先古典期前期には、唯一、楕円形基壇が確認されている。先古典期中期、階段状方形基壇や低い方形建造物が多い。また、土製球戯場があったとされる。先古典期後期、背の高い階段状方形基壇、斜壁と垂直壁を組み合わせた方形基壇もみられる。また、漆喰装飾が垂直壁に施された。先古典期全体としては、円形基壇もあるが、方形の建造物が多い。建造物の基線では、先古典期前期、唯一、太平洋側で確認されている。先古典期中・後期、一遺跡内では同じ軸を使っていた。このなかで、太平洋側とグァテマラ高地、カミナルフユとエル・サルバドルで同じ軸を持つことがあった。

先古典期における建造物の特質は、メソアメリカでは土製建造物から始まったことである。一方、オアハカやメキシコ中央部では、土製建造物がつくられた後に、石造建造物がつくられ始めると土製建造物はつくられなくなる。しかし、メキシコ湾岸やメソアメリカ南東部太平洋側では、土製建造物は継続してつくられた。また、オルメカ文化では規模の大きな土製建造物がつくられた。一方、集落若しくは都市をつくる上で、重要になる基線は地域全体の統一はみられないが、1遺跡内での統一はあった。また、個々の遺跡では同一の基線を取るところもあり、これが政治的な統一を示す可能性がある。一方、先古典期中期、ラ・ベンタ（メキシコ湾岸オルメカ文化の中心遺跡）とサン・ホセ・モゴーテ（オアハカ）は、同じ基線を持っている。メソアメリカでは、この時期、一対一の対応関係が多く、メソアメリカ全域若しくは地域的の統一性はみられない。

第2項　石彫

先古典期の石彫では、先古典期中期から後古典期まで石彫がつくられ続けたメソアメリカ南東部太平洋側と、大型石彫を始めとする石彫文化をメソアメリカで始めて先古典期中期に形成したオルメカ文化の石彫とを比較し、先古典期の石彫文化を研究してきた（伊藤、1990, 1998a, b, c, 1999, 2001b, 2002, 2003, 2004a, c）。

1. メソアメリカ南東部太平洋側

先古典期、メソアメリカ南東部太平洋側では、様々な石彫がみられる。これらの石彫は、オルメカ様式の石彫と類似点もあれば相違点もある。メソアメリカ南東部太平洋側における先古典期の石彫の特徴を、代表的な石彫からみる。人物石像、四脚付テーブル状台座、石碑、ベンチ・フィギア形石彫、台座付柱状石彫、片面浮彫り、横位ホゾ付石彫を考察した。このなかで、先古典期中期に出現する石彫は、人物石像、石碑、台座付柱状石彫、横位ホゾ付石彫である。先古典期後期は、四脚付テーブル状台座、ベンチ・フィギア形石彫、片面浮彫りである。しかし、ベンチ・フィギア形石彫、片面浮彫りは、先古典期後期のみの可能性が高

終章　メソアメリカ先古典期文化の特徴

い。

　一方、時期が確定できない石彫も多くある。例えば、メソアメリカ南東部太平洋側の人物石像は、時期が不明な石像が多い。しかし、メソアメリカ南東部太平洋側における石像の特徴をメソアメリカ他地域の石像と比較するとメキシコ湾岸が最も多くの要素を共有している。メキシコ湾岸と強い繋がりが考えられる。

　メソアメリカでは、つくられ始めると、後古典期まで続く石彫がある。例えば、石碑は、先古典期中期にさかのぼる。自然石を利用して石碑をつくっているが、元の石の形が残る石碑が多い。先古典期後期、さまざまな形の石碑がある。先古典期中期よりも手が加えられた石碑が多いが、元の自然石の形が残る部分を持つ石碑もある。石碑の形は、時期が古いほど、手を加える前の石の形をとどめ、曲線を利用している。上下に帯状の枠が付き、その間に主題が浮彫りされる石碑は先古典期後期に限られる。石碑の形に関する特徴をみる。縦に長い石碑（A類）は、最も一般的な石碑である。不規則な形の石碑（Z類）と共に、先古典期中期に出現し、古典期に続く。上部が尖る方形・上部が弧を描く方形・上部が段状の石碑（C, E, G類）は、先古典期後期に出現し、古典期に続く。上部が斜めになる方形・小判型の石碑（D, I類）は、先古典期後期に限られる（伊藤、2004c）。

　先古典期中期からみられる石彫は、石碑以外に、台座付柱状石彫と横位ホゾ付石彫がある（伊藤、1998a, 1999）。台座付柱状石彫の起源は不明だが、先古典期中期にはつくられていた。メソアメリカ南東部太平洋側では、先古典期後期にカミナルフユを中心に分布し、台座に座るジャガー形象台座付柱状石彫はメソアメリカ南東部太平洋側の西部分に集中している。一方、横位ホゾ付石彫がメソアメリカ南東部太平洋側では、先古典期中・後期出現する。しかし、横位ホゾ付石彫が盛行する古典期中期とは時期が離れ、形も異なるため、直接的な関連は無い。どちらも建造物と関連して出土しているために、建造物と関係が深い可能性がある。

　先古典期後期に限られる石彫は、ベンチ・フィギア形石彫、片面浮彫りである（伊藤、1998b, 2002）。ベンチ・フィギア形石彫はグァテマラ高地を中心としたメソアメリカ南東部太平洋側に集中してみられる先古典期後期の石彫である可能性が高い。しかし、メキシコ湾岸やゲレロ州で出土している。また、片面浮彫りは、先古典期後期に属する可能性がある。表現される人物は、メソアメリカ南東部太平洋側にみられる特徴を持っている。他のメソアメリカ南東部太平洋側出土石彫との比較から、表現される人物が重要な位置にいた人物若しくは神に相当するような存在であった可能性が高いが、この石彫の起源については不明である。メソアメリカ南東部太平洋側若しくはメキシコ湾岸のオルメカ様式石彫が起源で、3次元的な石彫からより2次元的な石彫へと変化したことも考えられる。片面浮彫りとベンチ・フィギア形石彫は先古典期後期のみであった可能性が高い。

一方、先古典期後期から後の時期に続く石彫としては、四脚付テーブル状台座がある（伊藤、2001b, 2004a）。四脚付テーブル状台座は、石碑などと同等の重要さを持ち、建造物に囲まれた広場や建造物の階段の近くに置かれていた。この石彫は、メソアメリカ南東部太平洋側では先古典期後期に始まり、後の時期まで続く。

　メソアメリカ南東部太平洋側における先古典期石彫の特質は、メソアメリカで最初に記念碑的な石彫をつくるオルメカ様式を持つ石彫から始まり、先古典期後期にはこの地域に特有な要素を持つ石彫が出現したことにある。先古典期中期、マヤ文明の特徴である石碑が出現した。また、台座付柱状石彫、横位ホゾ付石彫も出現する。台座付柱状石彫は先古典期後期まで続く。しかし、先古典期中期の横位ホゾ付石彫は、先古典期後期に続かない。先古典期後期に出現するベンチ・フィギア形石彫や片面浮彫りは、この時期だけである可能性が高い。また、次の時期につながる四脚付テーブル状台座が、先古典期後期には出現する。先古典期後期は、多様な石彫が出現する時期であるが、この時期だけの石彫も多い。

2．オルメカ様式の石彫

　メキシコ湾岸では写実的な石彫が存在し、1個の岩から作り出したテーブル状祭壇、石棺、子供を抱いた座像、様々な姿勢の座像が存在する。メキシコ湾岸では石彫に統一性がみられる。しかし、メキシコ湾岸ではメキシコ中央部、メソアメリカ南東部太平洋側とは異なり大きな岩山、石の露頭が石彫の対象となっていない。また、メキシコ中央部、ゲレロ州では石彫が石の建築物の一部となっている。メキシコ中央部、ゲレロ州では同じ特徴が多く存在している。しかし、メソアメリカ南東部太平洋側ではやや弱い統一性がみられ、ラ・ベンタとの共通点を持つ石彫が多い。一方、石彫に表現される主題では、向き会う2人以上の人々を表現する石碑はメキシコ湾岸、メソアメリカ南東部太平洋側に、ジャガーや怪物と人が主題の石彫はメキシコ湾岸、メキシコ中央部に分布する（伊藤、1990）。

　メキシコ湾岸を中心に考えると各遺跡については部分的にメキシコ湾岸との特徴の共有が起こっている。オルメカ文化については厳格な統一性は無い。遺跡対遺跡、一地点対一地点であって地域対地域の関係ではない。各遺跡では個性を表面化させて独自性を出している。一方、身体的特徴等、広い地域で共有される要素もあり、各遺跡が孤立してない。各遺跡は互いに独立し、ある程度の連絡を保っている。オルメカ文化における石彫は、一遺跡のみの特徴や地域的な特徴が多いが、1要素のみを比較してみると非常に広範囲にわたって分布していた。

3．オルメカ様式石彫とメソアメリカ南東部太平洋側

　メソアメリカでは、様々な石彫が生み出された。本論では、オルメカ様式の石彫とメソア

メリカ南東部太平洋側の石彫を比較した。

　メソアメリカで初めて記念碑的な石彫をつくり始めるのは、メキシコ湾岸で栄えたオルメカ文化である。オルメカ様式石彫からは、強い関係はみつけられない。先古典期中期が中心であるが、先古典期後期になるとメキシコ湾岸では石彫文化が衰退し、トレス・サポテスなど少数の遺跡で記念碑的な石彫がつくられた。代わりに様々な石彫をつくるのは、メソアメリカ南東部太平洋側である。メソアメリカ南東部太平洋側では、先古典期から後古典期まで、石彫がつくられ続ける。先古典期に注目すると、先古典期中期に始めて石彫が製作されるようになる。この時期には、太平洋側を中心にオルメカ様式が広がっている。しかし、この時期には先古典期後期にこの地域最大の都市となるカミナルフユでは石彫が作られていない。先古典期後期が石彫製作の最盛期であり、この時期だけの石彫も多い。次の時期に繋げる石彫製作の試行段階と言える。メソアメリカ南東部太平洋側では、初期にはオルメカ様式石彫がみられるが、後には独自の様式が出現する。

第3項　生業

　メソアメリカの生業に関連して出土する遺物・遺構は、農耕が行われた耕地と考えられる遺構、食べられていたと考えられる植物遺存体、食料などを貯蔵していたと考えられるフラスコ状貯蔵穴から考察した。しかし、狩猟対象若しくは家畜として利用された動物については、動物遺存体などの資料が少ないために、遺物に表現された動物から検討した。

1．遺構にみられる農耕

　メソアメリカで検出された耕地に関する遺構は、時期決定が難しい。メキシコ中央部においては、様々な形態の耕地がある。メキシコ湾岸では水路がみつかっている。オアハカではダム、水路などが報告されている。マヤでは水路、畝状遺構、貯水池などがみられる。メキシコ西部の耕地については、全く分かっていない。

　先古典期と確実に確認できる遺構はないが、先古典期に遡る可能性のある遺構はある。先古典期前期まで遡る可能性がある遺構は、井戸、灌漑用水路がある。先古典期中期の可能性があるのは、チナンパ、ダムである。先古典期後期は、畝状遺構がある。また、貯水池、階段状畑が考えられる。地域的にみると、メキシコ中央部は、階段状畑、チナンパ、畝状遺構、水路が先古典期にあった可能性がある。オアハカでは、先古典期の水路、井戸、ダムの可能性がある。メキシコ湾岸では、チナンパの可能性が考えられる。マヤでは、階段状畑、チナンパ、水路が考えられている。

2．遺跡出土の植物遺存体

　植物遺存体が出土している古期から先古典期に属する遺跡は、メキシコ中央部、メキシコ湾岸、オアハカ、マヤに出土例があるが、メキシコ西部にはない。

　メソアメリカで重要な作物は、カボチャ、トウモロコシ、マメである。カボチャは、ペポカボチャ、ヒョウタン、ミクスタカボチャは古期に、モスタチャカボチャは先古典期前中期に栽培種がみられる。トウモロコシについては、古期に栽培種がある。マメは、古期にインゲンマメの栽培種がみられるが、マメが重要性を増すのは先古典期とされる。それ以外の有用植物については、古期に榎の実、アボカド、グアへ、ケアリタソウ、イネ科エノコログサ属種子、イネ科の種子（野性米）、アメリカアブラヤシなどが重要であった。

　先古典期の最も多い植物遺存体出土例は、トウモロコシで次はアボカドである。また、マメも多く出土し、インゲンマメが最も多く、テパリービーンとベニバナインゲンも出土している。カボチャのなかではペポカボチャが最も多い。これら以外で重要な有用植物は、アメリカアブラヤシ、リュウゼツラン、ケアリタソウ、ホコーテ、トウガラシがある。また、ヒョウタン、グアへ、マメイ、黒サポーテ、白サポーテ、コサウイコ、ホオズキも比較的多い。一方、カカオも1遺跡で出土している。

　先古典期、トウモロコシ、マメ、カボチャなどが既に栽培化されていた。しかし、先古典期以前に重要な役割を担っていた、ケアリタソウ、ヒモゲイトウなどの採集されていた植物も、先古典期では依然として出土している。先古典期、農耕と採集は共存していた。

3．遺跡検出の貯蔵穴

　採集または栽培した食物などの貯蔵については、フラスコ状貯蔵穴が考えられる。

　フラスコ状貯蔵穴は住居址若しくはその近辺で検出された。また、掘ったり埋めたりされていた。主な出土植物遺存体はトウモロコシやインゲンマメが中心であり、フラスコ状貯蔵穴は栽培された植物性食糧の貯蔵に使われた。貯蔵穴内の壺形土器からトウモロコシが出土しており、壺などの容器に貯蔵した可能性やトウモロコシを使ったトルティヤなどの料理の下拵えだった可能性もある。

　フラスコ状貯蔵穴はメキシコ西部からメキシコ中央部、オアハカ、北部を除くマヤに範囲が及んでおり、時期的には先古典期前期から後古典期までの事例が知られている。しかし、先古典期しかも中・後期が大部分を占め、メキシコ中央部、オアハカ、メソアメリカ南東部太平洋側が多い。大多数のフラスコ状貯蔵穴は砂層や土層を掘り込んでいた。しかし、先古典期後期、メキシコ中央部では貯蔵施設はフラスコ状貯蔵穴から、地上のクエスコマテへと変化した。

終章　メソアメリカ先古典期文化の特徴

4．遺物からみた動物

　考古学資料に表現される動物は、ジャガー、蛇、鳥、カエル、魚、蟹、ワニ、サル、コウモリ、アルマジロ、ピソーテ、カメ、昆虫、膨らむ腹をしている動物がある。副葬品や供物に動物表現が多くみられる。葬送などの儀礼に、これらの動物が関係している可能性がある。

　頭飾りに表現される動物は、先古典期後期にはサルと蛇がある。文字として、先古典期後期ではジャガーがある。こうした動物は、支配者などと関連が深い。鳥と人間が合体した鳥人間は、先古典期後期からみられ、人の背後や人身犠牲を行う場面で表現されている。副葬品の土笛に鳥が多いことも考慮すると、人の死若しくは葬送儀礼に関係が深い。カエルなど太った動物は儀礼との関連がある。一方、食用に供せられる動物では、七面鳥、犬があって、イグアナが殆ど無い。これは、七面鳥や犬が家畜とされ、イグアナが狩猟の対象とされることに関連する可能性がある。

　遺物に表現される動物は、権力や儀礼と関連する場合が多い。しかし、狩猟対象となる動物も表現されることから、メソアメリカ社会における動物の役割は、単なる食料としての役割のみでなく、重要な意味を持っていた可能性がある。

5．先古典期の生業

　先古典期における生業は、採集、農耕、狩猟、漁業のうちで採集、農耕においてはある程度の知見が得られている。しかし、狩猟、漁業については殆どわかっていない。この中で、農耕については、栽培化された植物は明らかになっている。先古典期にはトウモロコシ、マメ、カボチャが栽培化されていた。植物栽培を実際に行った耕地については不明な点が多い。時期が確定できないが、階段状畑、チナンパなどが先古典期まで遡る可能性がある。しかし、火山灰に埋もれた先古典期後期の畝状遺構がメキシコ中央部、メソアメリカ南東部太平洋側で検出されており、先古典期後期には耕地が確実につくられていた。また、こうして栽培された植物性食料は、先古典期中期からフラスコ状貯蔵穴に貯蔵されていた。採集された植物性食料も貯蔵されていた可能性がある。一方、狩猟、漁業については不明なことが多いが、先古典期における動物性食料の重要性が窺える。

第4項　権力と信仰

　先古典期における権力については、オアハカで、セトルメント・パターンの分析から研究されている。紀元前200年頃に、前時期までの村落が放棄され、人々がモンテ・アルバンに集住し国家が形成されたとしている。しかし、先古典期における状況は不明な点が多い。本論では、考古学調査によって出土した遺物・遺構から実証的に考察した。玉座とされる2つ

の石彫（テーブル状祭壇、四脚付テーブル状台座）、そして、文字や日付が刻まれた石碑、王権と密接に関係しているジャガー信仰に関連する遺物・遺構を中心に論じた。

1. 王権の起源

　先古典期、メソアメリカでは文字が創り出される。メソアメリカでは、アステカ、ミシュテカ、サポテカ、そしてマヤにおいて文字が使われた。メソアメリカの文字は、サポテカ文字とマヤ文字が最も古い。先古典期中期に柱状に並ぶ文字が出現し、紀元前400年頃に260日暦と365日暦の組み合せが初めて確認される。

　サポテカ文字は、先古典期中期に使用され、征服した土地・支配者や犠牲にされた人物が表現されていた。先古典期中期、オルメカ文化が花開いたメキシコ湾岸でも、文字や暦が刻まれる。石碑に彫られる日付は、7バクトゥン（紀元前354－紀元後41年）からである。また、7バクトゥンの日付を持つ石碑は、メソアメリカ南東部太平洋側に集中している。一方、マヤ中部低地では、様式から先古典期後期とされる石碑などがあるが、先古典期中後期の記念碑的石彫は少ない。先古典期後期、記録される最後の日付は、タカリク・アバフ5号石碑の紀元126年だが、メソアメリカ南東部太平洋側には古典期前期の日付を持つ石碑はない。

　先古典期中期の玉座とされるテーブル状祭壇はオルメカ文化において、権威を示す道具として使われた。メソアメリカでは、王権若しくは首長権の認証にかかわる儀礼は、山をピラミッド、洞穴をピラミッド神殿の室内とみたてて行われた可能性がある。テーブル状祭壇はオルメカ期における玉座若しくは首長の権威を示す道具として使われた。また、遺跡の重要な位置に置かれ、水と関連した可能性が窺える。テーブル状祭壇にみられる壁龕は、洞穴と密接な関係がある。壁龕若しくは洞穴では、様々な神話的な光景が人物と関連して表現されている。一方、サン・ロレンソでは、山と洞穴を兼備えたテーブル状祭壇があったために、高い建造物を必要としなかった。チャルカツィンゴでは大きな岩山があり、そこに神話を示す浮彫りを施していた。そして、組み合せ式テーブル状祭壇は、建造物の一部となっているが、壁龕は無い。こうして壁龕と人物は神話として分離し、山の上に昇り、テーブル部は建造物の一部となり王権に関連する装置となっている。しかし、ラ・ベンタでは、神話と権威を示す装置が分離しつつあり、より山に近い姿を人工的な土製建造物で代用しようとした可能性がある。

　メソアメリカ南東部太平洋側では、先古典期中期のテーブル状祭壇はない。しかし、メソアメリカ南東部太平洋側の中心遺跡カミナルフユでは、四脚付テーブル状祭壇がある。口の中に人物が表現される怪物頭部石彫はないが、壁龕部分は他で表現していた。壁龕に関連して表現される神話と王権に関する装置が分離した結果、装置としての玉座は四脚付テーブル状祭壇となった。そして、人物が中にいる壁龕若しくは洞穴は、神話として石碑などに浮彫

りされた。怪物頭部石彫では、怪物の口の中に1人の人物が表現されている。地位の高い、首長若しくは王である可能性が高い。イサパなどの石碑で表現される、空と地を示す帯状部分は怪物の上顎と下顎を表現している。メキシコ湾岸にみられるテーブル状祭壇は、メソアメリカ南東部太平洋側では、テーブル部が四脚付テーブル状祭壇に、壁龕部分が口の中に人物を表現する怪物頭部として分離した。そして、怪物頭部はさらに発展して、下顎上顎が変化し、空と地の帯状部分として、石碑に表現された。先古典期後期、メソアメリカ南東部太平洋側では、テーブル部と壁龕を含む台部の分離の過渡期にあった。

　四脚付テーブル状台座の起源は、先古典期中期のマヤ中部若しくはメキシコ湾岸である可能性が高く、先古典期後期では、メソアメリカ南東部太平洋側に集中している。四脚付テーブル状台座形石彫は建造物に囲まれた広場若しくは建造物の階段に関連し出土している。この台座は神殿などの主要な建造物と関係が深い。台座上の人物は、衣装や装身具で飾り立てられており、支配者である可能性が高い。四脚付テーブル状台座は支配者の威儀を示す装置であり、政治的に重要な場であり、かつ儀礼において特別な場にあった。

　先古典期中期から古典期後期まで、カミナルフユはメソアメリカ南東部太平洋側の中心都市である。メソアメリカ南東部太平洋側でみられる権力と抗争から、メソアメリカにおける権力と抗争を考察した。先古典期中期に太平洋側の勢力がカミナルフユを中心とした地域に入ってくる。先古典期後期、カミナルフユは土製建造物を中心に独自に発展した。一方、イサパ、タカリク・アバフでは異なる建造物が発展した。この時期、イサパ、タカリク・アバフ、カミナルフユで玉座をつくっていた。また、長期暦の日付を持つ石碑がメソアメリカ南東部太平洋側でたてられる。しかし、カミナルフユでは日付が彫られている石碑は殆ど残っていないが、タカリク・アバフやイサパでは日付のついた石碑が残っている。カミナルフユでは他と比べてより徹底的な破壊が行われた可能性がある。また、逆に考えると、破壊者達にとって、カミナルフユは徹底的に破壊する必要があり、イサパやタカリク・アバフではある程度の被害を与えるだけで十分であったと考えられる。

　一方、カミナルフユ以外の高地では、マヤ中部低地の影響か、石ブロック若しくは平石の建造物をつくる他の勢力がみられる。この時期、カミナルフユはイサパ、タカリク・アバフなどと共に発展しているが、権力を象徴する建造物は独自の発展をしている。先古典期末、カミナルフユと同様に発展してきたタカリク・アバフは放棄されてしまい、イサパは活動が縮小される。この時期、メソアメリカ南東部太平洋側では大きな政治変動が起こり、カミナルフユは徹底的に破壊されたと考えられる。

2．先古典期の信仰

　ジャガーは洞穴、大地と関係が深い。また、植物食とも関連があり、豊穣儀礼や人身犠牲

とのかかわりを示している。支配者などの高位の人物とも関係が深く、ジャガー人間などから、王権の起源とも関連がある可能性がみられる。

ジャガー以外の動物についてまとめる。蛇類、鳥類は、首長等の高位の人物との関係が考えられる。しかし、蛇は、蛇そのものが表現されることが多く、鳥類とは様相が異なっている。爬虫類のような動物は、人身犠牲、雨と関係が深く、雨乞い等の儀礼との関係がある。鹿は、高位の人物と関係が深い。ジャガー以外の動物にも、洞穴、大地、高位の人物との関係の深さが示されるが、他の動物と較べるとジャガーは洞穴、大地との関係がより深い。

ジャガーと他の動物との関連を検討する。蛇類については、ジャガーとの密接な関係が示され、ジャガーと対等あるいはジャガーにとって補助的な役割を果たしていたと考えられる。鳥類については、ジャガーとの関係は薄いが、嘴の牙がジャガーの犬歯を表現するならば、何らかの属性を共有していた可能性がある。また、蛇類以外の爬虫類、鹿類とジャガーとの関係は、非常に薄い。

3．先古典期の権力と信仰

先古典期における権力に関しては、玉座から考察した。先古典期中期にオルメカ文化の最も栄えたメキシコ湾岸で、テーブル状祭壇がつくられる。このテーブル状祭壇は形を変えて、メキシコ中央部に伝わったが、それ以外の地域ではつくられなかった。このテーブル状祭壇は、メソアメリカ南東部太平洋側では、上下に分離した。テーブル状祭壇の下の部分は分離して、怪物頭部石彫となった。上部は四脚付テーブル状台座になった。先古典期後期、四脚付テーブル状台座がメソアメリカ南東部太平洋側を中心に分布し、玉座とされた。また、オルメカの精神文化では、ジャガー信仰が最も重要であった。蛇、鳥、鹿なども遺物に表現されたが、蛇以外はそれほど重要性が無かったようである。また、メソアメリカでは、文字は、先古典期中期末頃に出現した。長期暦による日付を記録する習慣は、先古典期後期には確認される。先古典期末、メソアメリカ南東部太平洋側では大きな政治変動が起こり、徹底的に破壊された都市もあったと考えられる。

第5項　先古典期の都市と集落

メソアメリカでは先古典期前期頃より大規模な造成をしている。先古典期前・中期では水が豊富にある沼沢地などに立地している遺跡がある。そこでは沼沢地を造成して建造物群をのせるためのテラス若しくは大基壇をつくっていた。また、造成するのと同時に、栽培植物のために耕地をつくっていた可能性もある。以下では、メソアメリカ先古典期文化の特質を都市と集落という視点からまとめる。先古典期後期のチャルチュアパやテティンパを参考に

終章　メソアメリカ先古典期文化の特徴

して、先古典期の都市と集落との関係を復元する。

　チャルチュアパでは、大きな基壇下には、畝をもった遺構がある。この畝の層位をみると建造物がのる大きな基壇の土層と同じである。造成に伴って、耕地の土地改良も行っていた。この耕地が、周辺へと広がっていたのか、家庭用菜園のような僅かな面積を占有するだけなのかは不明である。しかし、セロン・グランデの広がっている畝状遺構を考慮すると、都市の周辺には耕地が広がっていた可能性がある。一方、大きな基壇の上下では使用目的が分かれ、神殿と耕地の空間があった可能性が考えられる。チャルチュアパ中心部には、大きな基壇にのるピラミッド神殿群があり、周りには耕地が広がっていた可能性がある。チャルチュアパは、用途に従って空間を規定し、拡大していった。

　メキシコ中央部の集落テティンパでは、火山灰に埋もれた畝状遺構若しくは畑が検出されている。部分的に集落と耕地との関係が分かっている。集落の周りに広がる耕地があった。また、採集若しくは収穫された有用植物はフラスコ状貯蔵穴に貯蔵された。しかし、先古典期後期には貯蔵は地下から地上のクエスコマテに移った。

　石彫はオルメカ文化で初めてつくられるが、先古典期後期にはメソアメリカ南東部太平洋側で様々な種類の石彫がつくられた。こうした石彫は、建造物や集落の重要な位置に置かれた。先古典期中期、権威を示すテーブル状祭壇は、集落の重要な場所に置かれた。先古典期後期、権威を示す四脚付テーブル状台座に、権力を示す装置が変わった。集落で重要な場所に置かれていた。また、石碑が建てられ、文字が刻まれた。石碑も建造物の前などの重要な場所に置かれていた。メソアメリカ南東部太平洋側では、先古典期後期、政治的変動が起こり、権力を示す装置は破壊された。また、ジャガーが信仰され、支配者、大地、洞穴、植物食とも関連があり、豊穣儀礼や人身犠牲と密接な関係がある。

　以上から、可能性のある先古典期の都市、集落と耕地を復元する。神殿をのせる聖なる空間であるテラスもしくは大きな基壇をつくるために、大規模な造成をしている。つくられた大きな基壇の上に神殿をのせるピラミッド基壇をつくり、その上に神殿を建設した。こうした、神殿ピラミッドは整然と配置された。大きな基壇の下には耕地が広がっていた。その耕地の中には所々に集落が存在していた。集落ではフラスコ状貯蔵穴をつくり、そこに収穫した植物性食糧や採集された植物が蓄えられた。一方、整然と並んだ建造物が建設された大基壇上では、文字などが浮彫りされた石碑が建てられ、権威を示す玉座などが置かれていた。主にジャガーが信仰され、石彫も利用され、儀礼が行われた。しかし、こうした都市は平和に日々過ごしていたわけでなく、時には外部の勢力によって攻撃された可能性がある。

第2節　先古典期文化から古典期文化への移行

　メソアメリカにおける時代区分は、先古典期、古典期、後古典期である。先古典期は農耕や土器作りが始められる時期から都市がつくられる時期まで、古典期は都市国家が栄える時期であり、後古典期は軍事的色彩が強くなる時期とされる。この時代区分を参考にして、メソアメリカ先古典期文化から古典期文化に受け継がれる要素を建造物、石彫、生業、権力と信仰から考察する。

第1項　建造物

1．先スペイン期メソアメリカ都市の特徴
　メソアメリカでは都市が計画的につくられる。メソアメリカでは先古典期より方位を意識していたことが考古学資料から確認される。先古典期後期になると、基線に従って、多数の建造物が配置され、都市が建設される。そして、古典期には、同じ基線を用いた都市がメソアメリカの各地でみられる。マヤ、メキシコ中央部では天文観測施設がつくられた。また、計画的に配置された建造物を太陽などの観測に利用した都市もあった。先古典期より古典期には、基線を用いた都市計画で建造物をつくることが継承された。オアハカ、メキシコ中央部では、先古典期にモンテ・アルバン、クィクィルコ、テオティワカンが出現し、古典期では石造建造物が主流となる。

　先古典期においては、鮮明な建築様式はみられない。しかし、古典期の華麗な建築様式の基礎となる要素が先古典期にみられる。ゲレロ州ではマヤで古典期に盛行する擬似アーチが、先古典期中期に出現する。エル・ミラドールでは古典期に繁栄したティカルなどでみられるアクロポリスが、先古典期中期末につくられた。そして、これらは古典期に受け継がれ、建築様式に取り入れられ、発展させられた。古典期になると、様々な建築様式がみられる。テオティワカンで代表されるタルー・タブレロ様式はメソアメリカ全域に広がった。一方、マヤでは古典期後期には9つの建築様式がみられ、各都市は建築で自己主張していた。

2．メソアメリカ南東部太平洋側の建造物
　メソアメリカ南東部太平洋側の建造物には、様々な建築材が使われていた。先古典期は土製建造物が多いが、石造建造物もみられる。しかし、メソアメリカ南東部太平洋側において、石造建造物は古典期後期若しくは後古典期まで待たないと主流にならない。

終章　メソアメリカ先古典期文化の特徴

　メソアメリカ南東部太平洋側で建築材における特徴をみる。石造建造物では、川原石、平石、石ブロックが先古典期後期に使われ始める。古典期後期になると、平石と石ブロックは多くの建造物で外壁にも使用される。また、大半の建造物が平石でつくられる。一方、巨大な石ブロックでつくられた建造物もある。建造物の仕上げは、先古典期前期より、泥漆喰が土製建造物に使われている。石造建造物では先古典期後期より漆喰若しくはモルタルで仕上げられるが、泥漆喰もみられる。古典期、タルー・タブレロ式建造物はモルタルが使われた。建造物の形は、先古典期に階段状方形基壇が出現し、斜壁と垂直壁を組み合わせた方形基壇や漆喰装飾が施された垂直壁もある。これらの特徴は、古典期に続く。古典期前期～中期、数段になる方形基壇と低い方形基壇がある。カミナルフユとその周辺では、古典期中期、建造物がタルー・タブレロ式に変化した。一方、階段中央ブロック状張出し部分、上部が垂直壁になる階段の袖部分、斜道、袖がつく階段、泥漆喰装飾、祭壇がつけられたピラミッド神殿もみられる。また、基壇は赤彩されることもあった。先古典期後期に円形基壇が出現するが、古典期以降に多くなる。建造物の基線については、先古典期、一遺跡内では同じ建築軸を使っていた。古典期前期～中期、様々な方向の建築軸があるが、一遺跡内では大体同じ建築軸を使っていた。しかし、古典期後期から後古典期に、断崖を利用してピラミッド神殿をつくり、都市をつくった。同じ都市内で、同じ建築軸を持つことが一般的ではなくなる。

3．土製建造物と軽石が使われた建造物

　メソアメリカ南東部太平洋側では、後世にもみられるように、特定の建築材に執着し、建造物がつくられる。メソアメリカ全域では土製建造物が、メソアメリカ南東部太平洋側では軽石を使った建造物にみられる。

　土製建造物はメソアメリカでは先古典期前期から後古典期までつくられ続けた。地域はメキシコ湾岸とメソアメリカ南東部太平洋側が多い。土製建造物の建築材としては、土、粘土、粘質土、砂質粘土が主である。先古典期後期になるとアドベ・ブロックが建造物に使用され始めた。

　メソアメリカ南東部太平洋側の土製建造物は、先古典期前期につくられ始め、古典期中期まで石を全く使わない建造物がつくられていた。メソアメリカ南東部太平洋側の中心であるカミナルフユでは古典期前期に一時期的断絶はあるが、古典期後期まで土製建造物が主流となっている。古典期後期から後古典期にかけて、グァテマラ高地では、アドベ・ブロックの建造物もある。土製建造物の仕上げについては、先古典期前期より泥漆喰が使われており、数層になる泥漆喰もある。メキシコ湾岸では、先古典期中期から後古典期まで土製建造物があった。古典期後期、メキシコ湾岸ではアドベ・ブロックから素焼きレンガの建造物がつくられるようになった。この建造物は漆喰仕上げされた土製建造物の上につくられていた。ま

た、メキシコ中央部では建造物の一部分にアドベ・ブロックが使用されていた。メソアメリカ北部では、アドベ・ブロックの建造物がつくられていた。

　軽石という建築材については、メソアメリカ南東部太平洋側では、先古典期には砂状のものが利用された。軽石ブロックが古典期にはメキシコ中央部起源のタルー・タブレロ式建造物に、古典期後期若しくは後古典期の建造物にも使用された。しかし、タルー・タブレロ式建造物があるメソアメリカの他地方では、軽石ブロックは使われなかった。古典期中期、メソアメリカ南東部太平洋側で、大きな変化が建造物に起こった。カミナルフユとその周辺では、軽石ブロックを用いてテオティワカン起源のタルー・タブレロ式建築がつくられた。カミナルフユの周辺部では、最初は不定形の軽石が使われ、後には軽石ブロックが利用された。最後には粗製の軽石が使われた。しかし、古典期後期、メソアメリカ南東部太平洋側の大半の地域では軽石よりも硬い石を使うようになり、軽石は使わなくなった。古典期後期、カミナルフユでは土製建造物が軽石の建造物に代わるが、エル・サルバドルでは軽石が建造物に使われている。この地域では、タルー・タブレロ式建造物がつくられた古典期中期には軽石は使われなかったが、古典期後期には軽石の建造物がみられる。軽石ブロックがカミナルフユ特有の建築材と考えるならば、カミナルフユが没落した後にカミナルフユにいた人々がエル・サルバドルに移動した可能性がある。メソアメリカ南東部太平洋側では平石の壁を軽石のみか、軽石が混合した建築材でしばしば充填した。また、中央部分だけが軽石で充填された建造物もある。儀礼的若しくは機能面から、軽石が使われた可能性がある。

第2項　石彫

　先古典期中期、メソアメリカで初めて記念碑的な石彫をメキシコ湾岸でつくり始める。オルメカ文化である。先古典期後期になるとメキシコ湾岸では石彫文化が衰退するが、メソアメリカ南東部太平洋側で様々な石彫をつくった。また、先古典期から後古典期まで、石彫がつくられ続ける。先古典期、四脚付テーブル状台座、石碑、ベンチ・フィギア形石彫、台座付柱状石彫、人物石像、片面浮彫りなどがつくられた。古典期後期、メソアメリカ南東部太平洋側で石碑、四脚付テーブル状台座、石像、横位ホゾ付石彫などがつくられたが、後古典期には石彫は殆ど無くなる。古典期コツマルワパ様式石彫には、物語的な場面が浮彫りされる。その様式はイサパーカミナルフユ様式を継承し、発展させた可能性が高い。ところで、コツマルワパ地域ではペテン地域と比べると特に高い建造物がなかった。これは、ティカルなどの低地では山が無く精神的に神聖なる山により近づくために背の高い建造物をつくり、コツマルワパ地域では身近に神聖なる山に相当する対象若しくは神話的な石碑があったためである可能性が考えられる。

終章　メソアメリカ先古典期文化の特徴

　マヤで古典期に盛んにつくられた石碑を中心に石彫文化をみる。メソアメリカにおいて、石碑は祭壇と対になっていることが多い。さまざまな形の石碑があり、先古典期のものほど曲線を利用している。古典期前期は前の時期の状況を受け継ぐが、時期が下ると石碑の形は定型化し直線的な側部頂部を持つ石碑が多くなる。最初に石碑の形が決まって、その形に従って石碑に彫る主題も決定した可能性が高い。古典期、マヤ中部低地の石碑は直線を多用し、王の誕生、即位、逝去、戦勝記録など歴史的事件が記録された。これらの石彫は支配者層と密接な関係を持っていた。マヤ中部低地の最初の日付はティカル29号石碑の紀元後292年であるが、メソアメリカ南東部太平洋側で栄えた石彫文化がマヤ中部低地に下るときに石彫が取捨選択された。先古典期後期から古典期前期に移る際には大きな変動があったと考えられる。古典期、メソアメリカ南東部太平洋側高地からマヤ中部低地に石碑と祭壇が下りる際に、王権に関連する装置として四脚付テーブル状祭壇が伝わった。先古典期から後古典期まで、四脚付テーブル状台座は石碑などと同等の重要さを持ち、建造物に囲まれた広場や建造物の階段の近くに置かれた。しかし、洞穴内の儀礼を石碑には示さなくなり、主に王たちの事績を石碑などに記録するようになった。また、同時に、テーブル状祭壇も、独自の形で継承した。四脚付テーブル状台座形石彫はメキシコ湾岸とマヤに分布しているが、マヤ中部低地では小型石彫を除くと総てが古典期に属している。メソアメリカ南東部太平洋側では先古典期から後古典期まで四脚付テーブル状台座形石彫がみられる。メソアメリカ南東部太平洋側では、古典期に多くの横位ホゾ付石彫がつくられた。横位ホゾ付石彫像部はタカリク・アバフの先古典期後期が最も古いが、古典期のものとは関連がみられない。カミナルフユ（古典期中期）で始まった可能性があるが、メソアメリカ南東部太平洋側では古典期後期が確実である。メソアメリカ南東部太平洋側の横位ホゾ付石彫には人物、蛇、ジャガーなど様々なものが表現され、他のメソアメリカ地域とは異なる。メキシコ中央部では同じ表現の蛇形象横位ホゾ付石彫が多量にみられるが、メソアメリカ南東部太平洋側では形象部分も多様で量も多い。また、この石彫の分布と時期を考慮すると、カミナルフユはコツマルワパ地域の人々によって活動を停止させられた可能性も考えられる。

　後古典期の石彫は、メキシコ西部やメキシコ湾岸のワステカなど遠く離れた地域の特徴も持っている。しかし、メソアメリカ南東部太平洋側の特徴をより強く持っている。メソアメリカ南東部太平洋側の古典期後期文化の伝統的な特徴を守りつつ、外部の新しい要素を取り入れ、自分の様式を作り出した。後古典期、メソアメリカ南東部太平洋側では、石彫が殆どつくられなくなった。

第3項　生業

1．遺物・遺構からみた農耕

　メソアメリカ南東部太平洋側の遺跡ホヤ・デ・セレンはラグーナ・カルデラ火山の火山灰で埋もれたマヤ古典期後期の集落跡である。畝状遺構より、トウモロコシ、インゲンマメ、リュウゼツラン、グアヤバ、カカオやトウガラシが検出されている。住居址の近くにトウモロコシやサボテンの畑がある。

　メソアメリカで検出された耕地に関する遺構は、時期決定が難しい。メキシコ中央部においては、様々な形態の耕地がある。メキシコ湾岸では階段状畑、水路、オアハカではダム、水路などが報告されている。マヤでは水路、畝状遺構、貯水池などがみられる。メキシコ西部の耕地については、全く分かっていない。このなかで、古典期と報告される遺構についてまとめる。メキシコ湾岸では、古典期とされる階段状畑がある。マヤ中部低地では、古典期後期とされる薄い土壌層を浸食から守る階段状畑が報告される。また、堤状施設で泥を集めて使っていたとしている。チナンパは、メキシコ中央部、マヤ中部低地などで、水路（排水用）を持つ耕地若しくはチナンパとして報告される。水路は、大小の溝状遺構がメキシコ中央部、オアハカ、メキシコ湾岸、マヤで確認されている。ダム、河川などに残る堤状遺構や壁状遺構が確認される。オアハカなど、メソアメリカの各地でダムが報告されている。マヤ中部低地では、容量20‐300㎡のダムがあるが、多くは農耕用というよりも家庭用水の可能性がある。また、階段状畑に付随して小規模なダムがあり、土壌の流出を防ぐためとされる。一方、雨水を一箇所に集め、貯蔵する池もある。しかし、その貯めた水を供給する方法は不明である。

　先古典期後期、メキシコ中央部では地下のフラスコ状ピットから、地上のクエスコマテという食糧貯蔵の形態変化が起こった。古典期、貯蔵施設は地上に設けられた。

2．遺物に表現される動物

　遺物に表現される動物をみる。副葬品や供物に動物表現が多くみられる。葬送などの儀礼に、これらの動物が関係している可能性がある。頭飾りに表現される動物は、古典期前期には鳥、古典期後期には鹿がある。他に、時期は不明であるがジャガーもある。鳥は副葬品のヒスイ製品にもみられ、支配者との関連がある。鳥の頭飾りの人物は捕虜としても描かれる。また、鹿若しくは兎が、人物に抱かれる。文字として、古典期後期ではサル、鹿、ワニが加えられる。こうした動物は、支配者などと関連が深いと考えられる。鳥と人間が合体した鳥人間は、古典期後期に繰返されている。また、人の背後や人身犠牲を行う場面で表現されて

終章　メソアメリカ先古典期文化の特徴

いる。死者を嘴に銜えている表現もみられ、人の魂を送る役割を担っていたことも考えられる。また、副葬品の土笛に鳥が多いことも考慮すると、鳥は人の死若しくは葬送儀礼に関係が深い。カエルなど太った動物は儀礼との関連がある。一方、食用に供せられる動物では、七面鳥、犬があって、イグアナが殆ど無い。これは、七面鳥や犬が家畜、イグアナが狩猟の対象であることに関係があるかもしれない。

　遺物に表現される動物は、権力や儀礼と関連する場合が多い。しかし、狩猟対象となる動物も表現されることから、メソアメリカ社会における動物の役割は単なる食料としての役割のみでなく、メソアメリカで重要な意味を持っていた。

第4項　権力と信仰

1．文字と石彫

　メソアメリカの文字は、サポテカ文字とマヤ文字が最も古いとされる。古典期以降の文字をみると、ミシュテカ文字はサポテカ文字を祖先とし、アステカ文字はトゥーラ、テオティワカンで使われた文字を祖先にもつ可能性がある。しかし、ミシュテカ文字とアステカ文字は、文字として十分な発達はしていない。

　マヤ文字は、紀元後260年までに出現し、スペイン人が侵入する時期を少し過ぎた頃まで使われ続けた。また、マヤ中部低地で碑文が刻まれたのはティカル29号石碑の292年が最初である。古典期前期から古典期後期にかけては、マヤ中部低地で王の即位など歴史的事件が彫られた石碑が多く建てられている。しかし、マヤ中部低地からマヤ北部までに広がった長期暦の石碑は、トニナの紀元909年を最後になくなった。

　一方、キリグアなどでは古典期前期にはメソアメリカ南東部太平洋側と同じように硬い石を石碑などに使っていたが、古典期後期には砂岩など細工し易い石材を石碑に利用している。キリグアでは古典期後期後半に近くになると、石碑と祭壇を一体化させたような、怪物を形象する石彫にマヤ文字や日付を刻んでいる。これは、伝統的な石碑と祭壇の組み合わせを更に発展させていると考えられる。また、祭壇と石碑という組み合わせは、マヤ中部低地の大半の地域では殆ど変わり無く、古典期後期まで続いている。

2．四脚付テーブル状台座

　古典期前期、マヤ、メキシコ中央部では四脚付テーブル状台座が碑板や壁画に表現された。

　古典期後期、マヤ中部低地が中心である。四脚付テーブル状台座は、マヤ全域に広がり、再び、メキシコ湾岸に達する。様々なものに表現され、類型の種類と量が増える。この時期、先古典期後期の特徴を受け継ぐとともに、新しい台座が出現している。複合式四脚付テーブ

ル状台座形石彫が出現して大勢を占め、一体式は殆どなくなる。

　四脚付テーブル状台座形石彫は建造物に囲まれた広場若しくは建造物の階段に関連し出土している。そして、漆喰装飾、石碑などの浮彫り、壁画、土器の彩文等でも、神殿内部、神殿の階段前や広場などに置かれていた状況が示される。この台座は神殿などの主要な建造物と関係が深い。また、この台座上に着飾った人物が表現される。この人物は王若しくは神とされ、王権と密接な関係を持っている。四脚付テーブル状台座は王若しくは支配者の威儀を示す装置であると考えられる。壁画では王が台座上で自己犠牲を行っている。また、自己犠牲の血を流すためとされる溝三条がテーブル部上面に彫られている。自己犠牲や捕虜などの犠牲を捧げる場、現世と神話的世界を繋ぐ場であるとも考えられる。

　古典期、四脚付テーブル状台座形石彫は、政治的に重要な場であり、かつ儀礼において特別な場にあった。また、古典期後期になるとマヤ中部低地に分布の中心が移り、ウスマシンタ川を通路としてマヤ北部にも広がった。古典期後期、先古典期では一般的であった一体式から複合式四脚付テーブル状台座に変わる。マヤ北部では、浮彫りでしか表現されておらず象徴的な存在であったと考えられる。一方、この台座は古典期後期にメキシコ湾岸にも広がった。マヤ諸都市は王権に対する規制から自由になり、様々な四脚付テーブル状台座石彫が出現し、独自の発展をしていった。しかし、マヤでは下位の共同体の長を上の共同体の王が管理していた。

3．遺物・遺構からみたカミナルフユの権力と抗争

　古典期前期後半、外部の勢力がカミナルフユを支配する。この時期、メソアメリカ南東部太平洋側においてタルー・タブレロ式建造物を、軽石などでつくる。しかし、長期暦の日付を持つ石碑はたてられなくなる。古典期前期末、タルー・タブレロ式建造物の前につくられていた土製建造物が復活することから、この支配はあまり長続きせずに崩壊していると考えられる。そして、建築材に使われる土をみると、土器片などが多く混じっており、先古典期後期の精製された土とは異なっている。先古典期から古典期前期まで引き継がれた文化が形を変えて復活している。また、高地の他地域では、土製建造物でなく石ブロックや平石の建造物が勢力を拡大している。一方、古典期、先古典期後期まで続いていた長期暦の日付を石碑に刻む習慣はなくなる。

　古典期後期、四脚付テーブル状台座が、先古典期につくられた台座が再使用されたり、新しく作られている。コツマルワパ地域では新しい様式で石彫をつくり、先古典期後期までと異なる方法で日付を記録する。メキシコ中央部からの影響が強いとされる。また、グァテマラ高地のマヤ中部低地に面する地域に、平石や石ブロックの石造建造物が増大している。建造物からみると、メソアメリカ南東部太平洋側の高地では石ブロック若しくは平石の建造物

の勢力が拡大し、カミナルフユの勢力は衰退している。

　カミナルフユの権力と抗争を、権力を反映する建造物、石彫から考察した。カミナルフユは、先古典期後期、古典期前期、古典期後期に大きな変化を受けた。そして、後古典期には放棄された。テオティワカン勢力については、タルー・タブレロ式建造物は短期間しかつくられておらず、その支配は短かったと考えられる。そして、古典期前期末には土製建造物に戻っている。また、カミナルフユを中心に発展していったメソアメリカ南東部太平洋側の文化は他地域にも受け継がれている。しかし、他地域でそのまま受け継がれるものや、形を変えて発展していくものがある。古典期後期、四脚付テーブル状台座は、マヤ中部低地に移ると一つの石を彫り上げるのではなく、脚部とテーブル部を組み合せる石彫が多くつくられる。また、2脚のみで後ろの壁を利用することもある。メソアメリカ南東部太平洋側の高地などでは、ピラミッド基壇の上にある建造物内部にベンチや祭壇状部分がつくられ、建造物と一体化し四脚付テーブル状台座がなくなっている。

4．信仰

　古典期メソアメリカにおけるジャガー信仰についての研究からみる。テオティワカンでは、オルメカ文化におけるジャガーとは異なり、ジャガーが鳥、蛇と結びついて表現されるとしている。マヤにおけるジャガー神は、その概念、内容において、冥界、暗黒、夜空と結び着けられ、また、空と地上若しくは、地下を支配しているとされる。古典期のジャガー信仰と先古典期とは異なり、地域で独自の信仰を持っている。

第5項　先古典期から古典期への継承

　メソアメリカ先古典期から古典期に継承された要素を、建造物、石彫、生業、権力と信仰から考察した。先古典期文化は古典期になると、先古典期の萌芽が開花したものと継承されたが変化したものがあった。また、先古典期から古典期に移る際に断絶した要素もある。

　建造物は、先古典期から古典期に移っても、基線に従った都市計画を基にしてつくられた。しかし、古典期後期、断崖や山の上に立地する都市では、基線が同一都市内でも異なる建造物が建てられた。立地上の制約があった可能性もある。一方、古典期の都市では、先古典期にみられた建築要素である擬似アーチ、アクロポリスなどを発展させて、様々な建築様式をつくり出した。また、建築材では平石、石ブロックが多くなった。土や軽石といった特別な建築材に拘って、ある地域では長期間に亘ってつくられた可能性がある。

　石彫は、先古典期、様々な石彫がつくられた。しかし、ベンチ・フィギア形石彫、片面浮彫りなどは、先古典期後期を最後につくられていない可能性が高い。古典期には、王権と関

係する石碑と祭壇、そして、権威の象徴である四脚付テーブル状台座など数種類の石彫が継承され、つくり続けられた。石碑は直線が多く使われ、定型化が進んだ。文字が彫られ、歴史的な事件などが記録された。四脚付テーブル状台座は、一体式でなく複合式が多くなった。また、メソアメリカ南東部太平洋側では、前代の物語的な石彫の流れを受けたコツマルワパ様式が広がった。新たに横位ホゾ付石彫などの石彫がつくられた。

　農耕では、先古典期から主要な栽培植物が引き続きつくられていた。火山灰に埋もれた畝状遺構は、トウモロコシ、リュウゼツランなどの畑があったとされ、他に、マメ、トウガラシ、カカオなどが出土しており、住居近くにも畑があった可能性がある。また、階段状畑、堤状遺構、チナンパ、ダム、貯水池などがある。

　マヤ文字は古典期末まで歴史的事件が石碑などに彫られ続けた。一方、サポテカ文字からミシュテカ文字が作り出された。メキシコ中央部では、テオティワカンやトゥーラで文字が使われていた可能性がある。権力の象徴である四脚付テーブル状台座は形を変えつつ、古典期後期まで同じ玉座が使われた。また、権力を象徴する他の石彫などがつくられた。メソアメリカ南東部太平洋側では、建造物などにみられるように政治的な変動を受けていた。また、古典期の信仰については、先古典期にみられたジャガー信仰は変化した。

　メソアメリカ先古典期文化は、古典期文化にとっての原型を創った段階と考えられる。先古典期にみられる要素が、古典期の建造物、石彫、生業などでみられた。そして、先古典期に創られた基本的な要素に、古典期、新しい要素が加えられた。様々な建築様式がつくり出され、石碑と祭壇の組み合わせにみられるような典型がつくられた。生業については不明な点が多いが、農耕では更に技術が革新された可能性がある。

第3節　先古典期文化研究の今後の課題と展望

　メソアメリカ先古典期文化研究において、最も重要な研究はオルメカ文化に関連している。ここでは、最初にオルメカ文化における問題点を取り上げる。そして、建造物、石彫、生業、権力と信仰について検討する。

第1項　オルメカ文化

　先古典期文化のなかで、最も広域に広がった文化はオルメカである。しかし、オルメカ文化の実態については不明な点が多い。また、美術様式が基になりオルメカを定義されたこと

終章　メソアメリカ先古典期文化の特徴

も問題である。このオルメカ様式の広がりから、オルメカ文化研究の問題点を検討する。

　オルメカ様式は、メキシコ湾岸で形成された後、各地に広がる。オルメカ様式で特徴となる巨大な石彫から検討する。オルメカの最も代表的な石彫は、巨石人頭像である。この巨石人頭像は、メキシコ湾岸に限られている。テーブル状祭壇（玉座）もメキシコ湾岸に限られる。しかし、人の身長以上ではなく、実際の頭の大きさより大きな人頭像はメソアメリカ南東部太平洋側にもみられる。メキシコ湾岸に限られる特徴はいろいろなものがある。写実的な特徴を持つ石像はオルメカ様式の特徴であるが、メキシコ湾岸以外には広がっていない。メキシコ湾岸から南東をみるとメソアメリカ南東部太平洋側でも人物や動物を象った石像がみられるが、角張ったり元の石の特徴を残したりする石彫が多い。オルメカ様式の特徴を持つが、メキシコ湾岸の石像と比べると非常に粗製である。一方、メキシコ湾岸の北西をみると、チャルカツィンゴが位置するメキシコ中央部がある。さらに太平洋側に向うとテオパンテクアニトランがある。チャルカツィンゴでは、写実的な石像は無く、ブロック状で角張った石像がある。同様に、テオパンテクアニトランでも写実的とはいい難い石像頭部がある。石像のみからみると、オルメカ様式はメキシコ湾岸では非常に良質な石彫をつくるのに対して、メキシコ湾岸から離れると徐々に粗雑になる。しかし、オルメカ様式の特徴は観察できる。

　建築をみると、メキシコ湾岸では土製建造物が主流になる。サン・ロレンソでは小さな土製建造物をつくっている。計画された都市がラ・ベンタをはじめとするメキシコ湾岸の各地で一般的になる。一方、メキシコ湾岸から北西にあるメキシコ中央部では、チャルカツィンゴで石造建造物がつくられた。しかし、テオパンテクアニトランでは、初期の建造物は土製であったが、その後石造建造物になった。メキシコ湾岸からテワンテペック地峡を通り、メソアメリカ南東部太平洋側にあるツツクリやタカリク・アバフでは川原石の壁を持つ建造物がつくられた。一方、タカリク・アバフでは、球戯場と報告される土製建造物がある。また、オルメカ様式の石彫を持つラ・ブランカやモンテ・アルトが位置するメソアメリカ南東部太平洋側では土製建造物が主流である。

　この当時の威信財であるヒスイは、グァテマラ高地からカリブ海に流れるモタグア川沿いに鉱脈がある。ヒスイは仮面、小像、耳飾りをはじめとする装身具などに加工されている。ヒスイ製仮面はメキシコ湾岸のリオ・ペスケロで多量に出土しているが、メソアメリカ南東部太平洋側まで分布している。オルメカ様式ヒスイ製小像や胸飾りとして使用されたスプーン状ヒスイ製品は、メキシコ中央部からコスタ・リカまで分布している。

　土器をみると、オルメカ様式の文様がメキシコ中央部、オアハカ、メキシコ湾岸、そしてメソアメリカ南東部端まで分布している。メキシコ西部でもオルメカ様式と関連のある文様はあるが、オルメカ様式と認定するまでには至っていない。一方、メキシコ湾岸北部のワス

235

テカにはオルメカ様式の土器がみられる。

　オルメカ様式の広がりを、記念碑的なもの若しくは大型の遺物と、比較的小さな遺物から考える。建造物や記念碑的な石彫は持ち運びが非常に難しく、当時の支配者層の地域差を分析するには最適である。一方、記念碑的な建造物は支配者たちが政治的な意図を持って建設した。メキシコ湾岸でみられる土製建造物はメソアメリカ南東部太平洋側にもある。これだけみると、政治的な支配がメソアメリカ南東部太平洋側まで広がっているようにみえる。しかし、記念碑的なオルメカ様式の石彫をみると、オルメカにおける玉座とされるテーブル状祭壇がない。支配者の装置がないため、メソアメリカ南東部太平洋側で政治的な支配をしていたとは考え難い。一方、メキシコ湾岸から北西、メキシコ中央部のチャルカツィンゴでブロック状の石を組み合わせたテーブル状祭壇（玉座）がある。メキシコ中央部にメキシコ湾岸の政治的影響力のあるオルメカ人がやってきて、メキシコ湾岸の一枚岩でつくったテーブル状祭壇（玉座）を想定し、石ブロックでテーブル状祭壇（玉座）をつくったとも考えられる。このように仮定すると、オルメカ様式の広がりは政治的な背景が考えられる。また、このチャルカツィンゴから更に西に向かうと、太平洋に至る前にオストティトラン、フストラワカ、カワシシキといった洞穴遺跡がある。これらの洞穴にはオルメカ様式の壁画がみられる。オルメカ様式の壁画は、この地域に多い。オストティトランでは、着飾った支配者若しくは神官と考えられる人物がテーブル状祭壇（玉座）にのっている様子が描かれる。また、チャルカツィンゴでは、ジャガーの口が洞穴として表現された部分に、箱状の物体を抱えた背の高い頭飾りを付けた人物が座っている情景が、雲、雨、植物とともに浮彫りされる。オルメカにとって洞穴は重要な場所であった。また、オストティトランではジャガーと人が性的な関係を持っている情景も描かれている。オルメカではジャガー人間とも言える半分人の特徴を持ち、もう半分はジャガーという表現がみられることや、神官と思えるような人物がジャガー人間の子供を抱えていることも考えると、王権の起源が洞穴にあり、ジャガーと密接な関係にあったとも考えられる。このように考えると、オルメカ様式の広がりは信仰に関係する可能性もある。また、神話上の聖地であるゲレロ州にあるオストティトランなどの洞穴への巡礼に伴って、オルメカ様式が広がったとも考えられる。

　ヒスイ製品、土器、小像などの小型石彫は比較的動かしやすい。ヒスイは鉱脈がグァテマラ高地からカリブ海に向かう途中にあるために、グァテマラ高地から太平洋側に至り、テワンテペック地峡を越えてヒスイを運ぶ必要がある。こうした移動は特殊な商人が運んでいたのか、村から村へと物々交換でメキシコ湾岸まで到達したのか、貢物として運ばれたのか、それとも、他の方法で動いたのかは不明である。一方、グァテマラ高地では良質の黒曜石がグァテマラ市の北、ヒスイ鉱脈の近くにある。この黒曜石は、メキシコ湾岸まで到達している。ヒスイや黒曜石がグァテマラ高地からメキシコ湾岸まで動いている。こうした物の動き

に伴って、オルメカ様式が広がったことも考えられる。

　オアハカでは土器にオルメカ様式の文様がみられる。しかし、メキシコ湾岸の中心地ラ・ベンタと同じ基線でつくられたサン・ホセ・モゴーテは、メソアメリカ最古の文字の可能性がある浮彫りがみられる。しかし、最近、ラ・ベンタでは最古の文字の可能性がある印章が出土した。この建築に関する軸や文字がラ・ベンタ起源なのか、それともサン・ホセ・モゴーテが起源なのかが重要な問題になる。この問題が解決すると、政治的にオアハカが優位だったのか、メキシコ湾岸が優位だったのかが明らかになる。ところで、オアハカでは鉄鉱石が多量に出土する遺跡がある。一方、メキシコ湾岸のオルメカでは鉄鉱石を磨いて鏡として使っていた可能性がある。このことを考えると、オアハカは鉄鉱石の供給源として重要な地位にあった。メキシコ湾岸との交易を通して、オルメカ様式の土器がオアハカにみられるようになったことが考えられる。

　以上のように、オルメカ様式の広がりは、政治的、経済的、宗教若しくは信仰上の原因が考えられる。しかし、現時点では原因は不明である。オルメカ様式の広がり若しくはオルメカ文化の影響の伝播は、採集や農耕などの経済基盤、建造物や大型石彫が関連する政治的要素、オルメカ文化における信仰などを解明し、総合的に明らかにする必要がある。

第2項　建造物

　建造物が整然と建てられる計画的なメソアメリカの都市は、テオティワカンに代表される。先古典期中期、ラ・ベンタやサン・ホセ・モゴーテでは基線が同じである。しかし、その基線を選択した原因を解明することによって、都市計画の基本的な理念が解明できる。また、一般の住居と神殿などの公的建造物を始めとし、土製建造物、石造建造物を含めたメソアメリカ全体の建築史を解明する必要がある。そして、メソアメリカの記念碑的建造物を建築史に位置づけることが重要である。

　土製建造物を始めとするメソアメリカの記念碑的な建造物で選択された建築材の利点を、自然科学的な方法から実証的に解明する必要がある。そして、各建築材の機能上の利点を分析し、建築材の機能とその供給源との関係を考慮し、建築材を選ぶ原因を総合的に解明する必要がある。一方、石のブロックはメソアメリカ南東部太平洋側では先古典期後期に高地で使われ始めた。しかし、メソアメリカでは石造建造物を主につくる地域があり、その起源をメソアメリカの他地方とも比較研究し解明する必要がある。また、巨石ブロック、アドベ・ブロックなど建築材の起源と拡散も分析し、メソアメリカで記念碑的な建造物をつくった理由を解明することが重要である。

第3項　石彫

　復元した石彫製作の工程は、一地域に過ぎない。石彫製作過程の時期差や地域差を、メソアメリカ全域で解明する必要がある。また、石材の供給地、石材の運搬方法、石彫の社会的機能、整形時や破壊時にでる石の破片の処理方法、石彫の破壊方法、他の文化要素との関係などを解明して、石彫製作の過程が明らかになる。

　カミナルフユでは柔らかい石よりも硬い石を石彫に加工している。一方、コパンやキリグアでは、古典期後期に凝灰岩や砂岩などで壮麗な石碑や祭壇石をつくる。しかし、その初期には固い火成岩を使っており、時期による石材の変化が観察できる。また、コパンでは王の系譜がテオティワカンにつながる可能性も考えられる。石材の変化はこうした政治的変化に対応したのか、石工技術の問題なのかを解明することが重要である。

　マヤ中部低地ではメソアメリカ南東部太平洋側の先古典期文化から石碑と祭壇石の組み合せは継承されるが、カミナルフユを中心とした地域にみられる多彩な石彫文化全体は引き継がれない。マヤ中部低地に伝えられる際、取捨選択された可能性がある。一方、先古典期後期から古典期前期に移る際には大きな変動があったと考えられる。この取捨選択された石彫の種類とその消長を解明すると共に、石彫の取捨選択の原因を分析することによって、この変動の原因が解明できる可能性がある。

　石碑は、何も彫刻されていない石碑が各地にみられるが、製作途中である可能性がある。サクレウでは漆喰が塗られただけの石碑があるが、漆喰で表面を整え彩色した石碑の可能性もある。また、そのまま使われた可能性もある。漆喰も無く何も手が加えられていない石碑は、彩色部分が消失した可能性もある。石碑を彫られる対象とだけ考えるのではなく、彩色する対象と考えることも重要である。また、石碑が最終的に辿る段階を解明し、設置された石碑の意味を明らかにする必要もある。そして、メソアメリカにおける政権交代と暦日と石彫製作との関係を分析し、石碑の製作段階を解明することが重要である。

　四脚付テーブル状台座は、権力と関連する他の石彫とも比較研究する必要がある。こうした石彫は、祭壇とされる石彫、建造物と関連した浮彫り若しくは丸彫りされた石彫が考えられる。また、メソアメリカ南東部太平洋側では板状石彫が出土しているが、四脚付テーブル状台座形石彫のテーブル部と似ている。組み合せ式四脚付テーブル状台座形石彫の可能性も考慮すれば、脚に相当する可能性がある石製品も分析する必要がある。そして、四脚付テーブル状台座の歴史を解明することが必要である。

第4項　生業

　本論では、扱わなかった漁業、狩猟、家畜についても分析し、農耕若しくは採集活動との関係を解明し、メソアメリカ全体の生業を解明する必要がある。また、生業で得られる食糧を栄養学的視点からも検討し、メソアメリカにおける生業と食糧需給の関係を考える必要がある。

　先古典期文化における動物利用は不明な部分があるが、表現された動物をみると、古典期以降にも利用されている。メソアメリカ全域から出土している動物遺存体や骨角製品から、狩猟された対象動物若しくは飼育されていた家畜の種類を解明する必要がある。また、尖頭器などの使用された狩猟具から狩猟方法を解明する必要がある。また、獣骨の残存状況、石器の使用痕などから、動物利用の実態を明らかにする必要がある。漁業についても、同様にして、漁法、利用法などを解明することが重要である。一方、貯蔵場所の変遷からも、利用されていた植物の特質を明らかにして、生業の変化を間接的に解明できる可能性がある。また、遺跡の立地（高地、沼沢地、海辺、盆地、交通の要衝等）から、周りを取り囲む環境利用の実態を解明する必要がある。

　利用された有用植物については、先古典期には栽培植物があったことは明らかである。しかし、先古典期、それらの栽培植物の生産性が高かったか、集落若しくは都市に住む住民を養うに足りる十分な量が確保できていたかについても栄養学的にも解明する必要がある。耕地については、先古典期後期の畝状遺構があった。しかし、存在が確認された水路やダムの時期を検証することは難しい。確実な時期の遺物・遺構から、有用植物の利用史をより具体的に解明する必要がある。

第5項　権力と信仰

　石碑、建造物、四脚付テーブル状祭壇、テーブル状祭壇以外の権威を表現する遺物・遺構を考察した。

　メソアメリカにおいてサポテカ文字、マヤ文字が最古とされるが、文字の起源は不明な点が多い。オルメカ文化でも最古の文字が使われていたとされる資料もあり、実際に文字と関連した遺物・遺構の時期変遷や地理的分布を分析し、文字の起源を解明する必要がある。一方、オアハカではモンテ・アルバンを中心としてサポテカ文字が発展した。その起源は先古典期中期であるが、サポテカ文字と他のメソアメリカの文字に繋がる系譜を解明し、メソアメリカの文字体系を分析する必要がある。また、先古典期における全文字資料を分析し、文

字の起源を比較研究することが重要である。
　先古典期の玉座研究については、テーブル状祭壇と四脚付テーブル状祭壇から考察した。先古典期中期から先古典期後期にかけての玉座の変遷については、他にも祭壇とされる石彫がある。四脚付テーブル状台座と比較研究し、先古典期における多様な祭壇を分析し、王権に関係する祭壇若しくは玉座を体系的に明らかにする必要がある。また、カミナルフユを中心に発展したメソアメリカ南東部太平洋側の文化は他地域にも受け継がれた。しかし、そのままに受け継がれるものや、形を変えていくものがある。権力抗争の原因を、権力に関わる建築様式を含む様々な遺物・遺構の時期的な変遷から総合的に研究する必要がある。また、オルメカ文化のジャガー信仰を考察したが、ジャガー信仰とオルメカ文化の諸要素の関係は明瞭になっていない。このため、ジャガー信仰をオルメカ文化に体系的な位置づけをする研究が重要となる。

第6項　おわりに

　メソアメリカ考古学調査については、各地方の主たる遺跡が中心で、しかもその中心部分に調査が偏っている。このために中心と周辺部との関連が明らかになっていない。従って、メソアメリカにおける都市と周辺地域との関係を総合的に研究することが重要である。また、先古典期文化の各要素については資料が少ないことが多く、さまざまな視点からの研究が必要になる。本論では対象にしなかった、ヒスイ製品、土器、土偶、貝製品なども分析し、メソアメリカ各地の先古典期文化を総合的に比較研究する必要がある。そして、こうした研究成果の積み重ねと、建造物、石彫、生業、権力と信仰についても詳細な部分を実証的に解明することにより、メソアメリカ先古典期文化の全容が解明できると考える。

引用文献

1．欧文

Adams, R. E. W.

    1971 *The Ceramics of Altar de Sacrificios*. Papers of the Peabody Museum of Archaeology and Ethnology 63(1), Harvard University, Cambridge.

Adams, R. E. W.

    1980 "Swamps, Canals, and the Locations of Ancient Maya." *Antiquity* 54, pp. 206-214.

Adams, R. E. W., W. E. Brown and T. P. Culbert

    1981 "Radar Mapping, Archaeology, and Ancient Maya Land Use." *Science* 213, pp. 1457-1463.

Adams, R. M.

    1966 *The Evolution of Urban Society: Early Mesopotamia and Prehistoric Mexico*. Aldine, Chicago.

Agrinier, P.

    1964 *The Archaeological Burials at Chiapa de Corzo and Their Furniture*. Papers of the New World Archaeological Foundation 12, Brigham Young University, Provo.

Agrinier, P.

    1969 **Excavations at San Antonio, Chiapas, Mexico.** Papers of the New World Archaeological Foundation 24, Provo.

Agrinier, P.

    1970 *Mound 20, Mirador, Chiapas, Mexico*. Papers of the New World Archaeological Foundation 28, Provo.

Agrinier, P.

    1975a *Mound 1a, Chiapa de Corzo, Chiapas, Mexico*. Papers of the New World Archaeological Foundation 37, Provo.

Agrinier, P.

    1975b *Mound 9 and 10, Mirador, Chiapas, Mexico*. Papers of the New World Archaeological Foundation 9, Provo.

Agrinier, P.

    1983 "Tenam Rosario: Una posible relocalización del clásico maya terminal desde el Usmacinta." En *Antropología e Historia de los Mixe-Zoques y Mayas*, editado por L. Ochoa y T. A. Lee, Jr., pp. 241-254.

Aguilar, L. F.

1988 "Irrigación y urbanismo en la cuenca mesoamericana de México." *Revista Geográfica* 107, pp. 2-28.

Alvarado, J. L.

2001 "Análisis paleobotánico, en Mongoy, Kaminaljuyu." En *La Culebra, Kaminaljuyu*, editado por N. Ito, pp.141-143.

Ambrose, H. and L. Norr

1992 "On Stable Isotopic Data and Prehistoric Subsistence in the Soconusco Region." *Current Anthropology* 33(4), pp. 401-404.

Andrews, E. W., IV and E. W. Andrews, V

1980 *Excavations at Dzibilchaltun, Yucatan, Mexico.* Publication 48, Middle American Research Institute, Tulane University, New Orleans.

Andrews, E. W., V

1976 *The Archaeology of Quelepa, El Salvador.* Publication 42, Middle American Research Institute, the Tulane University of Louisiana, New Orleans.

Andrews, G. F.

1989 *Comalcalco, Tabasco, Mexico.* Labyrinthos, Culver City

Andrews, G. F.

1995 "Arquitectura maya." *Arqueología Mexicana* 11, pp. 4-15.

Antonine, P. P., R. L. Skarie and P. R. Bloom

1982 "The Origin of Raised Field near San Antonio, Belize: Alternative Hypothesis." In *Maya Subsistence*, edited by K. V. Flannery, pp. 227-236.

Apostolides, A.

1987 "Chalcatzingo Painted Art." In *Ancient Chalcatzingo*, edited by D. C. Grove, pp.171-199.

Arellano, H.

1998 "Diálogo con los abuelos." En *La Pintura Mural Prehispánica en México II, Area Maya, Bonampak* II, editado por B. De la Fuente, et al., pp. 255-297.

Armilla, P.

1971 "Gardens on Swamps." *Science* 174, pp. 653-661.

Armilla, P. and E. R. Wolf

1956 "A Small Irrigation System in the Valley of Teotihuacan." *American Antiquity* 21(4), pp. 396-399.

Arnauld, M. C.

1986 *Archeologie de L'habitat en Alta Verapaz (Guatemala).* Centre D'etudes Mexicaines et Centramericaines, Collection Etudes Mesoamericaines 10, México.

Aufdermauer, J.

1970 "Excavaciones en dos sitios preclásicos de Moyotzingo, Puebla." *Comunicaciones* 1, pp.9-24.

Austin, D. M.

1969 "Mound B-II-1 Excavation." In *The Pennsylvania State University Kaminaljuyú*

Project-1968 Season, Part 1: The Excavations, edited by W. T. Sanders and J. W. Michels, pp. 99-136.

Avila L., R.
  1991 *Chinampas de Iztapalapa, D. F.* INAH, México, D. F.

Ayala F., M.
  2004 "Escritura maya." *Arqueología Mexicana* 70, pp. 36-39.

Ball, J. W.
  1973 "B-V-8 Mound Group: A Late Formative and Middle Classic Elite Residence Complex." In *The Pennsylvania State University Kaminaljuyú Project-1969, 1970 Seasons, Part 1: The Mound Excavations*, edited by J. W. Michels and W. T. Sanders, pp.159-214.

Ball, J. W.
  1980 *The Archaeological Ceramics of Chinkultic, Chiapas, Mexico*. Papers of the New World Archaeological Foundation 43, Brigham Young University, Provo.

Barba de P. C., B.
  1980 *Tlapacoya: Los Principios de la Teocracia en la Cuenca de México*. Biblioteca Enciclopedica de Estado de México, México (2a edición).

Barrientos Q., T.
  2000 "Kaminaljuyú: ¿ Una sociedad hidráulica ?" En *XIII Simposio de Investigaciones Arqueológicas en Guatemala*, editado por J.P. Laporte y H. Escobedo, pp. 29-55.

Batres, L.
  1910 *Teotihuacán ó la Ciudad Sagrada de los Toltecas*. Tip. F. S. Soria, México, D. F.

Baus de C., C.
  1989 "Panorama actualizado del preclásico en Colima y regiones cercanas." En *El Preclásico o Formativo: Avances y Perspectivas*, coordinado por M.C. Macias, pp. 27-38.

Beach, T. and N. P. Dunning
  1997 "An Ancient Maya Reservoir and Dam at Tamarindito, El Peten, Guatemala." *Latin American Antiquity* 8(1), pp. 20-29.

Bebrich, C. A.
  1969 "Mound B-III-1 Excavation." In *The Pennsylvania State University Kaminaljuyú Project-1968 Season, Part 1: The Excavations*, edited by W. T. Sanders and J. W. Michels, pp. 45-97.

Bebrich, C. A. and J. T. Wynn
  1973 "B-V-6: A Late Formative Ceremonial Structure." In *The Pennsylvania State University Kaminaljuyú Project-1969, 1970 Seasons, Part 1: The Mound Excavations*, edited by J. W. Michels and W. T. Sanders, pp. 67-157.

Bell, B.
  1971 "Archaeologys of Nayarit, Jalisco and Colima." In *Handbook of Middle American Indians* 11, edited by G. F. Ekholm and I. Bernal, pp. 694-753.

Berger, R., J. A. Graham and R. F. Heizer

1967 "A Reconsideration of the Age of the La Venta Site." *Contributions of the University of California Archaeological Research Facility* 3, pp.1-24.

Berlin, H.

1952 "Excavaciones en Kaminaljuyú: Montículo D-III-13." *Antropología e Historia de Guatemala* 4(1), pp.3-18.

Berlin, H.

1958 "El glifo 'emblema' en las inscripciones mayas." *Journal de la Société des Américanistes* XLVII, pp.111-119.

Berlo, J. C.

1989 "Art Historical Approaches to the Study of Teotihuacan-related Ceramics from Escuintla, Guatemala." In *New Frontiers in the Archaeology of the Pacific Coast of Southern Mesoamerica*, edited by F. Bove and L. Heller, pp.147-165.

Bernal, I.

1948-1949 "Exploraciones en Coixtlahuaca, Oaxaca." *Revista Mexicana de Estudios Antropológicos* X, pp.5-76.

Bernal, I.

1992 *Historia de la Arqueología en México*. Editorial Porrua, México.

Blake, M., B. S. Chisholum, J. E. Clark, B. Voorhies and M. W. Love

1992 "Prehistoric Subsistence in the Soconusco Region." *Current Anthropology* 33(1), pp 83-94.

Blake, B., J. E., Clark, B. Voorhies, G. Michaels, M. W. Love, M. E. Pye, A. D. Demarest and B. Arroyo L.

1995 "Radiocarbon Chronology for the Late Archaic and Formative Periods on the Pacific Coast of Southeastern Mesoamerica." *Ancient Mesoamerica* 6, pp. 161-183.

Blake, M. y V. Feddema

1991 "Paso de la Amada: Un resumen de las excavaciones, 1990." En *Primer Foro de Arqueología de Chiapas*, editado por Consejo Estatal de Fomento a la Investigación y Difusión de la Cultura, pp. 75-85.

Blanton, F.

1999 *Ancient Oaxaca*. Cambridge University Press, Cambridge.

Blanton, R. E.

1976 "The Role of Symbiosis in Adaptation and Sociocultural Change in the Valley of Mexico." In *The Valley of Mexico*, edited by E R. Wolf, pp. 181-203.

Blomster, J. P.

2004 *Etlatongo: Social Complexity, Interaction and Villedge Life in the Mixteca Alta of Oaxaca, Mexico*. Case Studies in Archaeology, Wardworth, Thomson Learning, Belmont.

Boggs, S. H.

1943 "Notas sobre las excavaciones en la hacienda 'San Andres', departamento de La Libertad." *Tzunpame* 3(1), pp. 104-126.

Boggs, S. H.

1944 ***Archaeological Investigations in El Salvador***. *Memoirs of the Peabody Museum of American Archaeology and Ethnology* 9(2). Harvard University, Cambridge.

Boggs, S. H.

1945 "Informe sobre la tercera temporada de excavaciones en las ruinas de 'Tazumal'." *Tzunpame* 4(5), pp. 33-45.

Boggs, S. H.

1967 "Excavations at Amulunga, El Salvador." *Katunob* VI(2), p. 57.

Borhegyi, S. F.

1965 "Archeological Synthesis of Guatemalan Highlands." In ***Handbook of Middle American Indians*** 2, pp.3-58.

Borhegyi, S. F.

1972 "Depósito subterráneo en forma de botella y sonajas del preclásico de Guatemala" *Estudios de Cultura Maya* 8, pp. 25-34.

Bove, F. J.

1989 ***Formative Settlement Patterns on the Pacific Coast of Guatemala: A Spatial Analysis of Complex Societal Evolution***. *BAR International Series* 493, Oxford.

Bove, F. J., S. Medrano B., B. Lou P. and B. Arroyo L.

1993 ***The Balberta Project***. *University of Pittsburgh in Latin American Archaeology* 6, Pittsburgh.

Brainerd, G. W.

1951 "Early Ceramic Horizons in Yucatan." In ***The Civilizations of Ancient America: Selected Papers of the XXIXth International Congress of Americanists***, edited by S. Tax, pp. 72-78.

Brainerd, G. W.

1958 ***The Archaeological Ceramics of Yucatan***. *University of California Anthropological Record* 19, Berkley.

Braniff, B. C.

1972 "Secuencias arqueológicas en Guanajuato y la cuenca de México: Intento de Correlación." En ***Teotihuacán-XI Mesa Redonda***, pp. 273-323.

Braniff, B. C.

1996 "Los cuatro tiempos de la tradición Chupícuaro." *Arqueología* 16, pp. 59-68.

Bronson, B.

1966 "Roots and the Subsistence of the Ancient Maya." *Southwestern Journal of Anthropology* 42, pp. 252-279.

Brown, K. L.

1973 "The B-V-11 Mound Group: Early and Middle Classic Civic Architecture." In ***The Pennsylvania State University Kaminaljuyú Project-1969, 1970 Seasons, Part 1: The Mound Excavations***, edited by J. W. Michels and W. T. Sanders, pp. 253-295.

Brown, K. L.

1977 "The Valley of Guatemala: A Highland Port of Trade." In *Teotihuacan and Kaminaljuyu*, edited by Sanders, T. W. and J. W. Michels, pp. 205-395.

Bruhns, K. O.

1980 *Cihuatán: An Early Postclassic Town of El Salvador, the 1977-1978 Excavations*. University of Missouri Monographs in Anthropology 5, Columbia, Missouri.

Brush, C. F.

1965 "Pox Pottery: Earliest Identified Mexican Ceramic." *Science* 147, pp. 194-195.

Bryant, D. D., J. E. Clark, D. Cheetham

2005 *Ceramic Sequence of the Upper Grijalva Region, Chiapas, Mexico*. Papers of the New World Archaeological Foundation 67, Brigham Young University, Provo.

Bullard, W. R.

1960 "Maya Settlement Pattern in Northeastern Peten, Guatemala." *American Antiquity* 25(3), pp. 355-372.

Byers, D. S. (ed.)

1967 *Enviroment and Subsistence*. The Prehistory of the Tehuacan Valley 1, Texas University Press, Austin.

Cabrera C., R.

1986 "El proyecto arqueológico 'Cocula', resultados generales." En *Arqueología y Etnohistoria del Estado de Guerrero*, editado por R. Cervantes-Delgado, pp.173-200.

Callen, E. O.

1967 "The First New World Cereal." *American Antiquity* 32(4), pp. 535-538.

Canby, J. S.

1967 "Possible Chronological Implications of the Long Ceramic Sequence Recovered at Yarumela, Spanish Honduras." In *The Civilizations of Ancient America*, edited by S. Tax, pp. 79-85.

Cardenas, D. S.

1969 "Mound B-II-1 Excavation." In *The Pennsylvania State University Kaminaljuyú Project-1968 Season, Part 1: The Excavations*, edited by W. T. Sanders and J. W. Michels, pp. 99-136.

Caso, A.

1946 "Calendario y escritura de las antiguas culturas de Monte Alban." En *Obras Completas de Muguel Ohtón*, pp. 113-143.

Castañeda, L. A.

1989 "La cerámica del formativo en la cuenca baja del Panuco." En *El Preclásico o Formativo: Avances y Perspectivas*, coordinado por M.C. Macias, pp. 119-142.

Castillo P., P.

1995 *La Expresión Simbólica del Tajín*. I.N.A.H, México, D.F.

Castillo J., T.

1996 *Piezas Maestras Mayas*. Galería Guatemala III, Fundación G & T, Guatemala.

Ceja T., J. F.

1985 *Paso de la Amada: An Early Preclassic Site in the Soconusco, Chiapas, Mexico*. Papers of the New World Archaeological Foundation 49, Brigham Young University, Provo.

Chadwick, R.

1971 "Archaeological Synthesis of Michoacan and Adjacent Regions." In *Handbook of Middle American Indians* 11, edited by G. F. Ekholm and I. Bernal, pp. 657-693.

Chandler, S. M.

1983 "Excavations at the Cambio Site." In *The Zapotitán Valley of El Salvador, Archeology and Volcanism in Central America*, edited by P. D. Sheets, pp.98-118.

Cheek, C. D.

1977 "Excavations at the Palangana and the Acropolis, Kaminaljuyu." In *Teotihuacan and Kaminaljuyu; A Study in Prehistoric Culture Contact*, edited by W. T, Sanders and J. W. Michels, pp.1-204.

Chinchilla M., O. F.

1998 "El Baúl: Un sitio defensivo en la zona nuclear de Cotzumalguapa." En *XI Simposio de Investigaciones Arqueológicas en Guatemala*, editado por J. P. Laporte. y H. L. Escobedo., pp. 375-385.

Chisholm, B. S., D. E. Nelson and H. P. Schwarcz

1982 "Stable-Carbon Isotope Ratios as a Measure of Marine versus Terrestrial Protein in Ancient Diets." *Science* 216, pp. 1131-1132.

Ciudad R., A.

1984 *Arqueología de Agua Tibia*. Madrid.

Ciudad R., A.

1990 *Los Mayas: El Esplendor de una Civilización*. Sociedad Estatal Quinto Centenario, Madrid.

Ciudad R., A. y M. J. Iglesia P.

1995 "Arqueología del occidente de Guatemala: Estado actual y perspectivas de futuro." En *VIII Simposio de Investigaciones Arqueológicas en Guatemala*, editado por J. P. Laporte y H. L. Escobedo, pp. 31-46.

Clark, J. E.

1990 "Olmecas, olmequismo y olmequización en Mesoamérica." *Arqueología* 3, pp.49-56.

Clark, J. E.

2001 "Ciudades tempranas olmecas." En *Reconstruyendo la Ciudad Maya*, editado por A. Ciudad R., M.J. Iglesias P. y M. Martínez M., pp. 183-210.

Clark, J. E. y R. D. Hansen

2000 "Tiempo mesoamericano IV: Preclásico tardío(400a.c.-200d.c.)." *Arqueología Mexicana* 46, pp. 12-19.

Clewlow, C. W. and C. R. Corson

1968 "New Stone Monuments from La Venta, 1968." *Contributions of the University of*

California Archaeological Research Facility 5, pp. 171-203.

Cobos, R. and P. Sheets

   1997 *San Andrés y Joya de Cerén*. BANCASA, San Salvador.

Coe, M. D.

   1961 *La Victoria*. Papers of the Peabody Museum of Archaeology and Ethnology LIII, Havard University, Cambridge.

Coe, M. D.

   1964 "The Chinampas of Mexico." *Science* 211(1), pp. 90-98.

Coe, M. D.

   1965 "Archaeological Synthesis of Southern Veracruz and Tabasco." In *Handbook of Middle American Indians* 3, edited by G. R. Willey., pp. 679-715.

Coe, M. D.

   1972 "Olmec Jaguars and Kings." In *The Cult of Feline*, edited by E. P. Benson, pp.1-18.

Coe, M. D.

   1999 *The Maya*. 6th editon, London.

Coe, M. D.

   1981 "Gift of the River: Ecology of the San Lorenzo Olmec." In *The Olmec & Their Neighbors: Essay in Memory of Mathew W. Stirling*, edited by E. P. Benson, pp. 15-20.

Coe, M. D. and R. A. Diehl

   1980 *In the Land of the Olmec: The Archaeology of San Lorenzo Tenochtilán*. University of Texas Press, Austin.

Coe, M. D. and K. V. Flannery

   1964 "Microenviroments and Mesoamerican Prehistory." *Science* 143, pp. 650-654.

Coe, M. D. and K. V. Flannery

   1967 *Early Cultures and Ecology in South Coastal Guatemala*. Smithsonian Contributions to Anthropology 3, Washington, D. C.

Coe, M. D. and J. Kerr

   1998 *The Art of the Maya Scribe*. New York.

Coe, M. D., D. Snow and E. Benson

   1986 *Atlas of Ancient America*. Equinox ltd., Oxford.

Coe, W. R.

   1955 "Excavations in El Salvador." *The University Museum Bulletin* 19(2) pp.15-21.

Coggins, C. C. (ed.)

   1992 *Artifacts of the Cenote of Sacrifice, Chichen Itza, Yucatan*. Memoirs of Peabody Museum of Archaeology and Ethnology 10(3), Harvard University, Cambridge.

Cowgill, U. M.

   1962 "An Agricultural Study of the Southern Maya Lands." *American Anthropologist* 64, pp. 273-286.

Crane, C. J.

1986 "Late Preclassic Maya Agriculture, Wild Plant Utilization and Land-Use Practices." In *Archaeology at Cerros Belize, Central America* 1, edited by R. A. Robertson and D. A. Freidel, pp. 147-151.

Cristo, A. (ed.)

1991 *Oxkintok: Una Ciudad Maya de Yucatan*. Madrid.

Culbert, T. P.

1965 *The Ceramic History of the Central Highlands of Chiapas, Mexico*. Papers of the New World Archaeological Foundation 19, Brigham Young University, Provo.

Culbert, T. P.

1993 *The Ceramics of Tikal: Vessels from the Burials, Caches and Problematical Deposits*. Tikal Report 25(A), *University Museum Monograph* 81, the University Museum, University of Pennsylvania, Philadelphia.

Cutler, H. C. and T. W. Whitaker

1961 "History and Distribution of the Cultivated Cucurbits in the Americas." *American Antiquity* 26(4), pp. 469-485.

Cutler, H. C. and T. W. Whitaker

1967 "Cucurbits from the Tehuacan Caves." In *Enviroment and Subsistence. The Prehistory of the Tehuacan Valley* 1, edited by D. S. Byers, pp. 212-219.

Cyphers G., A.

1994a "Three New Olmec Sculptures from Southern Veracruz." *Mexicon* 16(2), pp. 30-32.

Cyphers G., A.

1994b "Olmec Sculpture." *National Geographic Research & Exploration* 10(3), pp. 294-305.

Cyphers G., A.

2004 *Escultura Olmeca de San Lorenzo Tenochtitlán*. UNAM, México, D.F.

Cyphers G., A. (ed.)

1997 *Población, Subsistencia y Medio Ambiente en San Lorenzo Tenochtitlán*. Instituto de Investigaciones Antropológicas, UNAM, México, D. F.

Cyphers G., A y A. D. Castro

1996 "Los artefactos multiperforados de ilmenita en San Lorenzo." *Arqueología* 16, pp. 3-13.

De León, F.

1996 *Proyecto de Rescate y Salvamento Arqueológico Kaminaljuyú: Informe Final*. Futeca, S. A., Guatemala.

Delgado, A.

1965 *Archaeological Research at Santa Rosa, Chiapas, Mexico*. Papers of the New World Archaeological Foundation 17, Brigham Young University, Provo.

Demarest, A. A.

1976 "A Re-Evaluation of the Archaeological Sequences of Preclassic Chiapas." *Middle American Research Institute Publication* 22, pp. 75-107.

Demarest, A. A.

1986 *The Archaeology of Santa Leticia and Rise of Maya Civilization*. Publication 52, Middle American Research Institute, the Tulane University, New Orleans.

Denevan, W. M.

1970 "Aboriginal Drained-Field Cultivation in the Americas." *Science* 169, pp. 647-654.

Di Peso, C. C.

1966 "Archaeology and Ethnohistory of Northern Sierra." In *Handbook of Middle American Indians* 4, edited by G. F. Ekholm and G. Willey, pp. 3-25.

Diehl, R.A.

1981 "Olmec Architecture: A Comparison of San Lorenzo and La Venta." In *The Olmec & Their Neighbors: Essays in Memory of Memory of Matthew W. Stirling*, edited by E. P. Benson, pp. 69-81.

Diehl, R. A.

2004 *The Olmecs: America's First Civilization*. Thames & Hudson, London.

Dirección de Medios de Comunicación, INAH.

2002 "Hallazgo de un altar olmeca, El Marquesillo, Veracruz." *Arqueología Mexicana* 54, p. 15.

Donkin, R. A.

1979 *Agricultural Terracing in the Aboriginal New World*. Viking Fund Publications in Anthropology 56, Tuscon.

Drennan, R. D.

1976 *Excavations at Quachilco: A Report on the 1977 Season of the Projecto Palo Blanco in the Tehuacan Valley*. Technical Reports 7, Museum of Anthropology, the University of Michigan, Ann Arbor.

Drennan, R. D. (ed.)

1976 *Fabrica San Jose and Middle Formative Society in the Valley of Oaxaca*. Memoirs of the Museum of Anthropology 8, the University of Michigan, Ann Arbor.

Drennan, R. D. (ed.)

1979 *Prehistoric Social, Political, and Economic Development in the Area of the Tehuacan Valley: Some Results of the Palo Blanco Project*. Technical Reports 11, Museum of Anthropology, the University of Michigan, Ann Arbor.

Drucker, P.

1943a *Ceramic Sequence at Tres Zapotes, Veracruz, Mexico*. Bureau of American Ethnology, Bulletin 140, Smithsonian Institution, Washington, D. C.

Drucker, P.

1943b *Ceramic Stratigraphy at Cerro de las Mesas, Veracruz, Mexico*. Bureau of American Ethnology, Bulletin 141, Smithsonian Institution, Washington, D. C.

Drucker, P.

1952 *La Venta, Tabasco: A Study of Olmec Ceramics and Art*. Bureau of American Ethnology, Bulletin 153, Smithsonian Institution, Washington, D. C.

Drucker, P., R. F. Heizer and R. J. Squier
   1959 *Excavations at La Venta, Tabasco, 1955.* Bureau of American Ethnology, Bulletin 170, Smithsonian Institution, Washington, D. C.

Dunning, N. P.
   1996 "A Reexamination of Regional Variability in the Pre-Hispanic Agricultural Landscape." In *The Managed Mosaic*, edited by S. Fedick, pp. 53-68.

Dunning, N. P. and T. Beach
   1994 "Soil Erosion, Slope Management and Ancient Terracing in the Maya Lowlands." *Latin American Antiquity* 5(1), pp. 51-69.

Dunning, N., V. Scarborough, F. Valdez, Jr, S. Luzzadder-Beach, T. Beach and J. G. Jones
   1999 "Temple Mountains, Sacred Lakes, and Fertile Fields: Ancient Maya Landscapes in Northwestern Belize." *Antiquity* 73, pp. 650-660.

Dutton, B. and H. R. Hobbs
   1943 *Excavations at Tajumulco, Guatemala.* Monographs of the School of American Research 9, Santa Fe.

Earnest, H. H., Jr.
   1976 "Investigaciones efectuadas por el proyecto no. 1, programa de rescate arqueológico Cerron Grande, en la hacienda Santa Barbara, depto. de Chalatenango." *Anales del Museo Nacional "David J. Guzmán"* 49, pp. 57-67.

Ekholm, G. F.
   1944 *Excavations at Tampico and Panuco in the Huateca, Mexico.* Anthropological Papers of the American Museum of Natural History 38(5), New York.

Ekholm, G. F.
   1947 "Ceramic Stratigraphy at Acapulco, Guerrero." En *Cuarta Reunión de Mesa Redonda: El Occidente de México*, organizado por D.F. Rubín B., pp. 95-104.

Ericastilla G., S. A.
   2001 "Sellos o estampaderas asociados a un entierro en Kaminaljuyu." En *La Culebra, Kaminaljuyu*, editado por N. Ito, pp. 97-118.

Escobedo, H. L., M. Urquizú y J. Castellanos
   1996 "Nuevas Investigaciones en Kaminaljúyu: Excavaciones en los montículos A-V-II, A-VI-1 y sus alrededores." En *IX Simposio de Investigaciones Arqueológicas en Guatemala*, editado por J. P. Laporte y H. L. Escobedo, pp. 419-437.

Estrada B., F.
   1999 *The Archaeology of Complex Society in Southerneastern Pacific Coastal Guatemala: A Regional GIS Approach.* BAR International Series 820, Oxford.

Estrada B., F., L. J. Kosakowsky, B. Thomas, A. Lewis, J. Shultz, M. Wolf y K. Berry
   1997 "La arqueología de Santa Rosa, 1996." En *X Simposio de Investigaciones Arqueológicas en Guatemala*, editado por J. P. Laporte y H. Escobedo, pp. 193-210.

Evans, S. T.

1989 "El sitio Cerro Gordo: Un asentamiento rural del período azteca en la cuenca de México." *Estudios de Cultura Nahuatl* 19, pp. 183-215.

Fagan, B. M.

1995 *Ancient North America: The Archaeology of a Continent*. Revised and Expanded Paperback Edition, London.

Farnsworth, P., J. E. Brady, M. J. De Niro and R. S. MacNeish

1985 "A Re-Evaluation of the Isotopic and Archaeological Reconstructions of Diet in the Tehuacan Valley." *American Antiquity* 50(1), pp. 102-116.

Fedick, S. L.

1994 "Ancient Maya Agricultural Terracing in the Upper Belize River Area." *Ancient Mesoamerica* 5, pp. 107-127.

Fedick, S. L.

1996a "An Interpretive Kaleidoscope: Alternative Perspectives on Ancient Agricultural Landscapes of the Maya Lowlands." In *The Managed Mosaic*, edited by S. Fedick, pp. 107-131.

Fedick, S. L.

1996b "Conclusion: Landscape Approach to the Study of Ancient Maya Agriculture and Resource Use." In *The Managed Mosaic*, edited by S. Fedick, pp. 335-347.

Fedick, S. L. (ed.)

1996 *The Managed Mosaic*. University of Utah Press, Salt Lake City.

Ferdon, E. N. Jr.

1953 *Tonala, Mexico: An Archaeological Survey*. Monographs of American Research 16, Santa Fe.

Fitting, J. E.

1979 "The Kaminaljuyu Test Trenches: Description and Artifact Yield." In *Settlement Pattern Excavations at Kaminaljuyu, Guatemala*, edited by J. W. Michels, pp.309-589.

Flannery, K. V.

1968 "Archaeological Systems Theory and Early Mesoamerica." In *Anthropological Archaeology in the Americas*, edited by B. J. Meggers, pp. 67-87.

Flannery, K. V.

1972 "Cultural Evolution of Civilizations." *Annual Review of Ecology and Systematics* 3, pp. 399-426.

Flannery, K. V.

1986 "Radiocarbon Dates." In *Guilá Naquitz: Archaic Foraging and Early Agriculture in Oaxaca, Mexico*, edited by K. V. Flannery, pp. 175-176.

Flannery, K. V. (ed.)

1982 *Maya Subsistence: Studies in Memory of Dennis E. Puleston*. Academic Press, New York.

Flannery, K. V. (ed.)

1986 *Guilá Naquitz: Archaic Foraging and Early Agriculture in Oaxaca, Mexico*. Academic Press, Orland.

Flannery, K. V., A. V. T. Kirkby, M. J. Kirkby and A. W. Wiliams, Jr.

1967 "Farming Systems and Political Growth in Ancient Oaxaca." *Science* 158, pp. 445-454.

Flannery, K. V. and J. Marcus

1994 ***Early Formative Pottery of the Valley of Oaxaca, Mexico***. Memoirs of the Museum of Anthropology 27, University of Michigan, Ann Arbor.

Flannery, K. V. and J. Marcus

2005 ***Excavations at San José Mogote 1: The Household Archaeology***. Memoirs of the Museum of Anthropology 40, University of Michigan, Ann Arbor.

Flannery, K. V., J. Marcus, and S. A. Kowalewsky

1981 "The Preceramic and Formative of the Valley of Oaxaca." In ***Supplement to the Handbook of Middle American Indians***, edited by J. A. Sabloff., pp. 48-93.

Flannery, K. and J. Marcus (ed.)

1983 ***The Cloud People: Divergent Evolution of the Zapotec and Mixtec Civilizations***. Academic Press, New York.

Flannery, K. V. and M. C. Winter

1976 "Analyzing Household Activities." In ***The Early Mesoamerican Village***, edited by K. V. Flannery, pp. 34-45.

Folan, W. J.

1960 "Un botellon monopodio del centro de Yucatan." *Estudios de Cultura Maya* 8, pp. 67-77.

Ford, R. I.

1976 "Carbonized Plant Remains." In ***Fabrica San Jose and Middle Formative Society in the Valley of Oaxaca***, Memoirs of the Museum of Anthropology 8, the University of Michigan, edited by R. D. Drennan, pp. 261-268.

Förstemann, E. W.

1906 "Commentary on the Maya Manuscripts in the Royal Public Library of Dresden." *Papers of Peabody Museum* 4(2), 49-266.

Foster, M. S.

1989 "El formativo en el noroeste de México: Perspectiva." En ***El Preclásico o Formativo: Avances y Perspectivas***, coordinado por M.C. Macias, pp.425-442.

Fowler, M. L.

1987 "Early Water Management at Amalucan, State of Puebla, Mexico." *National Geographic Research* 3(1), pp. 52-68.

Fowler, W. R., Jr.

1977 ***Programa de Rescate Arqueológico Cerron Grande: Sub-Proyecto Hacienda Los Flores***. Colección Antropología e Historia 6, Ministerio de Educación, San Salvador.

Fowler, W. R., Jr.

1984 "Late Preclassic Mortuary Patterns and evidence for Human Sacrifice at Chalchuapa, El

Salvador." *American Antiquity* 49(3), pp. 603-618.

Freidel, D.

1990 "The Jester God: The Beginning and End of a Maya Royal Symbol." In **Vision and Revision in Maya Studies**, edited by F. Clancy and P. Harrison, pp.67-78.

Freidel, D. A. and V. Scarborough

1982 "Subsistence, Trade, and Development of the Coastal Maya." In **Maya Subsistence**, edited by K. V. Flannery, pp. 131-155.

Furst, P. T.

1968 "The Olmec Were-Jaguar Motif in the Light of Ethnographic Reality." In **Dumbarton Oaks Conference on the Olmec, October 28th and 29th,1967**, edited by E.P. Benson, pp.143-178.

Furst, P. T.

1981 "Jaguar Baby or Toad Mother: A New Look at an Old Problem in Olmec Iconography." In **The Olmec & Their Neighbors: Essays in Memory of Memory of Matthew W. Stirling**, edited by E. P. Benson, pp. 149-162.

Galván V., L. J.

1991 **Las Tumbas de Tiro del Valle de Atemajac**. INAH, México, D.F.

Gamio, M.

1913 "Arqueología de Atzcapotzalco, D. F., México." **Proceedings, Eighteenth International Congress of Americanists**, pp. 180-187.

Gamio, M.

1922 **La Población del Valle de Teotihuacán**. México. D. F.

García-B., J.

2000 "Tiempo mesoamericano II: Preclásico temprano (2500a.c.-1200a.c.) ." *Arqueología Mexicana* 44, pp.12-17.

García C., A.

1984 "Dos elementos arqueológicos 'tempranos' en Tlalancaleca, Puebla." *Cuadernos de Arquitectura Mesoamericana* 2, pp. 29-32.

García C., A. y B. L. Merino C.

1989 "El formativo en la región Tlaxcala-Puebla." En **El Preclásico o Formativo: Avances y Perspectivas**, coordinado por M.C. Macias, pp161-193.

García C., A. y F. Rodriguez

1975 "Excavaciones arqueológicas en 'Gualupita Las Dalias', Puebla." *Comunicaciones* 12, pp. 1-8.

García G., E. V.

1997 "Excavaciones en el acceso a la terraza 3, Abaj Takalik." En **X Simposio de Investigaciones Arqueológicas en Guatemala**, editado por J. P. Laporte y H. L. Escobedo, pp. 167-191.

Gay, C. T.

1967 "Oldest Paintings of the New World." *Natural History* 76, pp.28-35.

Gillespie, S. D.

1996 "Llano de Jícaro: Un taller de monumentos olmeca." *Arqueología* 16, pp. 29-42.

Gillespie, S. D.

1999 "Olmec Thrones as Ancestral Altars: The Two Sides of Power." In ***Material Symbols***, edited by J. E. Robb, pp. 224-253.

Gillespie, S. D.

2000 "The Monuments of Laguna de Los Cerros and Its Hinterland." In ***Olmec Art and Archaeology in Mesoamerica***, edited by J.E. Clark and M.E Pye, pp.95-115.

Gliessman, S. R., B. L. Turner II, F. J. Rosado M. and M. F. Amador

1985 "Ancient Raised Agriculture in the Maya lowlands of Southwestern Mexico." In ***Prehistoric Intensive Agriculture in the Tropics***. *BAR International Series* 232, edited by I. S. Farrington, pp. 91-110.

Goncen O., M. G.

1986 "Tumba troncocónica múltiple en Chilpancingo." En ***Arqueología y Etnohistoria del Estado de Guerrero***, editado por R. Cervantes-Delgado, pp.241-245.

González L., R. B.

1997 "Acerca de pirámides de tierra y seres sobrenaturales: Observaciones preliminares en torno al edificio C-1, La Venta, Tabasco." *Arqueología* 17, pp. 79-97.

González L., R. B.

2000 "Tiempo mesoamericano III: El preclásico medio en Mesoamérica." *Arqueología Mexicana* 45, pp.12-17.

Gordon, G. B.

1896 ***Prehistoric Ruins of Copan, Honduras***. *Memoirs of the Peabody Museum of American Archaeology and Ethnology* 10, Harvard University, Cambridge.

Graham, I.

1967 ***Archaeological Explorations in El Peten, Guatemala***. *Publication* 33, Middle American Research Institute, Tulane University, New Orleans.

Graham, I.

1979 ***Corpus of Maya Hieroglyphic Inscriptions*** 3(2). Peabody Museum of Archaeology and Ethnology, Harvard University, Cambridge.

Graham, I. and E. von Euw

1992 ***Corpus of Maya Hieroglyphic Inscriptions*** 4(3). Peabody Museum of Archaeology and Ethnology, Harvard University, Cambridge.

Graham, J. A. y L. Benson

1990 "Escultura olmeca y maya sobre canto en Abaj Takalik." *Arqueología* 3, pp. 77-84.

Graham, J. A., R. F. Heizer, and E. M. Shook

1978 "Abaj Takalik 1976: Exploratory Investigations." *Contributions of the University of California Archaeological Research Faculty* 36, pp. 85-109.

Green, D. F. and G. Lowe

    1967 *Altamira and Padre Piedra, Early Preclassic Sites in Chiapas, Mexico.* Papers of the New World Archaeological Foundation 20, Brigham Young University, Provo.

Grove, D. C.

    1970a *The Olmec Paintings of Oxtotitlan Cave, Guerrero, Mexico.* Studies in Pre-Columbian Art and Archaeology 6, Washington, D. C.

Grove, D. C.

    1970b *Los Murales de la Cueva de Oxtotitlan Acatlan Guerrero.* Serie Investigaciones 23, INAH, México, D. F.

Grove, D. C.

    1973 "Olmec Altars and Myths." *Archaeology* 26(2), pp. 128-135.

Grove, D. C.

    1974 *San Pablo, Nexpa, and the Early Formative Archaeology of Morelos, Mexico.* Vanderbilt University Publications in Anthropology 12, Nashville.

Grove, D. C.

    1984 *Chalcatzingo: Excavations on the Olmec Frontier.* Thames & Hudson, London.

Grove, D. C. (ed.)

    1987 *Ancient Chalcatzingo.* University of Texas Press, Austin.

Grove, D. C. and R. A. Joyce (ed.)

    1999 *Social Patterns in Pre-Classic Mesoamerica: A Symposium at Dumbarton Oaks 9 and 10 October 1993.* Dumbarton Oaks Research Library and Collection, Washington, D. C.

Guevara S., A.

    1993 "Rescate y consolidación de la zona arqueológica de Las Flores, Tamaulipas." *Arqueología* 9-10, pp. 35-43.

Gumerman IV, G.

    1989 "Analisís de los restos botánicos de los montículos C-4 y F-4." In *Investigaciones Arqueológicas en la Costa Sur de Guatemala*, editado por D. S. Whitley and M. P. Beaudry, pp. 199-204.

Gutiérrez S., N. y S. K. Hamilton

    1977 *Las Esculturas en Terracota de El Zapotal, Veracruz.* Universidad Nacional Autónoma de México, México, D. F.

Guzmán, L. E.

    1962 "Las terrazas de los antiguos mayas montañeses, Chiapas, México." *Revista Interamericana de Ciencias Sociales* 2(1), pp. 398-406.

Hammond, N.

    1978 "The Myth of the Milpa: Agricultural Expansion in the Maya Lowlands." In *Pre-Hispanic Maya Agriculture*, edited by P. D. Harrison, et al., pp. 23-34.

Hammond, N. (ed.)

    1991 *Cuello: An Early Maya Community in Belize.* Cambridge University Press, Cambridge.

Hammond, N., S. Donaghey, C. Gleason, J. C. Staneko, D. V. Tuerenhout and L. Kosakowsky
1985 "Excavations at Nohmul, Belize, 1985." *Journal of Field Archaeology* 14(3), pp. 257-281.

Hansen, R. D.
1990 ***Excavations in the Tigre Complex, El Mirador, Petén, Guatemala***. Papers of the New World Archaeological Foundation 62, Brigham Young University, Provo.

Hansen, R. D.
1991 "Proyecto regional de investigaciones arqueológicas del norte de Petén, Guatemala: temporada 1990." En ***IV Simposio de Investigaciones Arqueológicas en Guatemala***, editado por J.P. Laporte, H. Escobedo y S. Brady, pp.1-28.

Hansen, R. D.
1992 "El proceso cultural de Nakbe y el área nor-central de Petén: Las épocas tempranas." En ***V Simposio de Investigaciones Arqueológicas en Guatemala***, editado por J.P. Laporte, H. Escobedo y S. Brady, pp.68-83.

Harrison, P. D.
1977 "The Rise of the Bajos and the Fall of the Maya." In ***Social Process in Maya Prehistory***, edited by N. Hammond, pp. 469-508.

Harrison, P. D.
1982 "Subsistence and Society in Eastern Yucatan." In ***Maya Subsistence***, edited by K. V. Flannery, pp. 119-130.

Harrison, P. D.
1996 "Settlement and Land Use in the Pulltrouser Swamp Archaeological Zone, Northern Belize." In ***The Managed Mosaic***, edited by S. Fedick, pp. 177-190.

Harrison, P. D. and B. L. Turner II (ed.)
1978 ***Pre-Hispanic Maya Agriculture***. University of New Mexico Press, Albuquerque.

Hatch, M. P. de.
1997 ***Kaminaljuyú/ San Jorge: Evidencia Arqueológica de la Actividad Económica en el Valle de Guatemala, 300 a.c. a 300 d.c.*** Universidad del Valle de Guatemala, Guatemala.

Hatch, M. P. de.
2000 "Kaminaljuyu Miraflores II: La naturaleza del cambio político al final de preclásico." En ***XIII Simposio de Investigaciones Arqueológicas en Guatemala***, editado por J.P. Laporte, H. Escobedo, B. Arroyo y A.C. de Suasnávar, pp.8-20.

Haviland, W. A.
1985 ***Excavations in Small Residential Groups of Tikal: Group 4F-1 and 4F-2***. Tikal Report 19, the University Museum, University of Pennsylvania, Philadelphia.

Healy, P. F.
1983 "An Ancient Maya Dam in the Cayo District, Belize." *Journal of Field Archaeology* 10, pp. 147-154.

Healy, P. F., J. D. Lambert, J. T. Arnason and R. J. Hebda
1983 "Caracol, Belize: Evidence of Ancient Maya Agricultural Terraces." *Journal of Field*

Archaeology 10(4), pp. 397-410.

Healy, P. F., C. van Waarden and T. J. Anderson

1980 "Nuevas evidencias de antiguas terrazas mayas en Belice." *America Indigena* 40(4), pp. 773-796.

Heizer, R. F.

1968 "New Observations on La Venta." In ***Dumbarton Oaks Conference on the Olmec, October 28th and 29th, 1967***, edited by E.P. Benson, pp. 9-40.

Heizer, R. F. and J. A. Bennyhoff

1972 "Archeological Excavations at Cuicuilco, Mexico, 1957." *National Geographic Society Research Report*, 1955-1960 Projects, pp.93-104.

Henderson, J. S.

1979 ***Atopula, Guerrero, and Olmec Horizons in Mesoamérica***. Yale University Publications in *Anthropology* 77, New Haven.

Hewitt, W. P., M. C. Winter and D. A. Peterson

1987 "Salt Production at Hierve El Agua, Oaxaca." *American Antiquity* 52(4), pp. 799-816.

Hicks, F. and Charles E. R.

1960 ***Mound 13, Chiapa de Corzo, Chiapas, Mexico***. Papers of the New World Archaeological Foundation 10, Provo.

Hill, W. D., M. Blake and J. E. Clark

1998 "Ball Court Design Dates Back 3,400 Years." *Nature* 392, pp. 878-879.

Holmes, W. H.

1895-97 ***Archaeological Studies among the Ancient Cities of Mexico***. Anthropplogical Series 1, Field Columbian Museun, Chicago.

Houston, S. and D. Stuart

1996 "Of Gods, Glyphs and Kings: Divinity and Rulership." *Antiquity* 70, pp. 289-312.

Howell, W. K. and D. R. E. Copeland

1989 ***Excavations at El Mirador, Petén, Guatemala: The Danta and Monos Complexes***. Papers of the New World Archaeological Foundation 62, Brigham Young University, Provo.

Ichon, A.

1977 ***Les Sculptures de La Lagunita, El Quiché, Guatemala***. Centre National de la Recherche Scientifique, Paris.

Ichon, A.

1979 ***Rescate Arqueológico en la Cuenca del Río Chixoy, 1. Informe Preliminar***. Misión Científica Franco-Guatemalteca, Guatemala.

Ichon, A.

1992 ***Los Cerritos-Chijoj: La Transición Epiclásica en las Tierras Altas de Guatemala***. Centro de Estudios Mexicanos y Centroamericanos, México, D.F.

Ichon, A.

1993 "Los sitios postclásicos de la cuenca de San Andrés Sajcabaja." En ***Representaciones del***

Espacio Político en las Tierras Altas de Guatemala: Estudio Pluridisciplinario en las Cuencas del Quiché Oriental y Baja Verapaz, editado por A. Breton, pp. 111-161.

Ichon, A. et M. C. Arnauld

   1985 *Le Protoclassique à La Lagunita, El Quiché, Guatemala*. Centre National de la Recherche Scientifique, Institut d'Ethnologie, Paris.

Ichon, A., D. Douzant-Rosenfeld et P. Usselmann

   1988 *Archéologie de Sauvetage 6: La vallée du Río Chixoy*. Centre National de la Recherche Scientifique, Institut d'Ethnologie, Paris.

Ichon, A., M. F. Fauvet-Berthelot., C. Plocieniak., R. Hill II., R. González L. y M. A. Bailey.

   1981 *Rescate Arqueológico en la Cuenca del Río Chixoy 2: Cauinal*. Misión Científica Franco-Guatemalteca, Guatemala.

Ichon, A. et R. Grignon C.

   1981 *Archéologie de Sauvetage dans la Vallée du Río Chixoy 3: El Jocote*. Centre National de la Recherche Scientifique, Institut d'Ethnologie, Paris.

Ichon, A. et R. Grignon C.

   1983 *Archéologie de Sauvetage 5: Les Sites Classiques de la Vallée du Chixoy*. Centre National de la Recherche Scientifique, Institut d'Ethnologie, Paris.

Ichon, A. et M. P. Hatch

   1982 *Archéologie de Sauvetage dans la Vallée du Río Chixoy 4: Los Encuentros*. Centre National de la Recherche Scientifique, Institut d'Ethnologie, Paris.

Ichon, A. et R. Viel

   1984 *La Periode Formative à La Lagunita et dans le Quiché méridional, Guatemala*. Centre National de la Recherche Scientifique, Institut d'Ethnologie, Paris.

Inomata, T. and S. D. Houston

   2001 *Royal Courts of the Ancient Maya* 1. Westview Press, Oxford

Ito, N. (ed.)

   2004 *Casa Blanca, Chalchuapa (2000-2003)*. CONCULTURA, San Salvador.

Jacobo, A.

   1992 "Resultados preliminares de las excavaciones de rescate arqueológico en el área sur de la laguna El Naranjo, Kaminaljuyu." En *V Simposio de Investigaciones Arqueológicas en Guatemala*, editado por J. P. Laporte, H. L. Escobedo y S. Villagrán de B., pp. 31-46.

Jiménez S., O. H.

   1990 "Geomorfología de la región de La Venta, Tabasco: Un sistema fluvio-lagunar costero del cuaternario." *Arqueología* 3, pp. 5-16.

Johnson, F. (ed.)

   1972 *Chronology and Irrigation. The Prehistory of the Tehuacan Valley* 4, University of Texas Press, Austin.

Joralemon, P. D.

   1971 *A Study of Olmec Iconography*. Studies in Pre-Columbian Art and Archaeology 7,

Dumbarton Oaks, Washington D.C.

Joyce, M. and K. V. Flannery.

1996 *Zapotec Civilization*. Thames and Hudson, London.

Joyce, T. A.

1914 *Mexican Archaeology*. Putnam, London.

Kaplan, J.

1995 "The Incienso Throne and Other Thrones from Kaminaljuyu, Guatemala." *Ancient Mesoamerica* 6, pp. 185-196.

Kaplan, J.

2000 "Monument 65: A Great Emblematic Depiction of Throned Rule and Royal Sacrifice at Late Preclassic Kaminaljuyu." *Ancient Mesoamerica* 11(2), pp.185-198.

Kaplan, L.

1965 "Archaeology and Domestication in American Phaseolus (Beans)." *Economic Botany* 19(4), pp. 358-368.

Kaplan, L.

1967 "Archaeological Phaseolus from Tehuacan." In *Enviroment and Subsistence*, the Prehistory of the Tehuacan Valley 1, edited by D. S. Byers, pp. 201-211.

Kaplan, L.

1981 " What is the Origin of the Common Bean ?" *Economic Botany* 35(2), pp. 240-254.

Kaplan, L.

1986 "Preceramic *Phaseolus* from Guilá Naquitz." In *Guilá Naquitz: Archaic Foraging and Early Agriculture in Oaxaca, Mexico*, edited by K. Flannery, pp. 281-284.

Kaplan, L. and R. S. MacNeish

1960 "Prehistoric Bean Remains from Caves in the Ocampo Region of Tamaulipas, Mexico." *Botanical Museum Leaflets* 19(2), Harvard University, pp. 33-56.

Kelley, J. H.

1988 *Cihuatán, El Salvador: A Study in Intrasite Variability*. Vanderbilt University, Publications in Anthropology 35, Nashville.

Kelley, J. K.

1989 "The Retarded Formative of the Northwest Frontier of Mesoamerica." En *El Preclásico o Formativo: Avances y Perspectivas*, coordinado por M.C. Macias, pp.405-423.

Kelly, I.

1980 *Ceramic Sequence in Colima: Capacha, an Early Phase*. Anthropological Papers of the University of Arizona 37, Tucson.

Kelly, J. C.

1971 "Archaeology of the Northern Frontier: Zacatecas and Durango." In *Handbook of Middle American Indians* 11, edited by G. F. Ekholm and I. Bernal, pp. 768-800.

Kepecs, S. and S. Boucher

1996 "The Pre-Hispanic Cultivation of Rejolladas and Stone-Lands: New Evidence from

Northeast Yucatán." In *The Managed Mosaic*, edited by S. Fedick, pp. 69-91.

Kerr, J.
 1992 *The Maya Vase Book* 3. New York.

Kidder, A. V., J. D. Jennings and E. M. Shook
 1946 *Excavations at Kaminaljuyu, Guatemala*. Publication 561, Carnegie Institution of Washington, Washington, D.C.

Kirchhoff, P.
 1943 "Mesoamérica." *Acta Americana* 1, pp. 92-107.

Kirke, C. M. St G.
 1980 "Prehistoric Agriculture in the Belize Valley." *World Archaeology* 11(3), pp. 281-286.

Kirsch, R. W.
 1973 "Mound A-VI-6: A Terminal Formative Burial Site and Early Postclassic House Platform." In *The Pennsylvania State University Kaminaljuyú Project-1969, 1970 Seasons, Part 1: The Mound Excavations*, edited by J. W. Michels and W. T. Sanders, pp. 297-390.

Kubler, G.
 1972 "Jaguars in the Valley of Mexico." In *The Cult of Feline*, edited by, E. P. Benson, pp. 19-49.

Ladislao, U.
 1984 "Tlacozotitán: Primera zona arqueológica con arquitectura monumental en Mesoamérica." *Informacion Científica y Tecnologica* 6(91), pp.5-6.

Lambert, J. D. H. and J. T. Arnason
 1983 "Ancient Maya Land Use and Potential Agricultural Productivity at Lamanai, Belize." In *Drained Field Agriculture in Central and South America*, edtited by J. P. Darch, *BAR International Series* 189, pp. 111-122.

Laporte, J. P. y J. A. Valdés
 1993 *Tikal y Uaxactún en el Preclásico*. Universidad Nacional Autónoma de México, México, D. F.

Lee, Jr., T. A.
 1969 *The Artifacts of Chiaps de Corzo, Chiaps, Mexico*. Papers of the New World Archaeological Foundation 31, Brigham Young University, Provo.

Lee, Jr., T. A.
 1970 *Mound 4 Excavations at San Isidro, Chiapas, Mexico*. Papers of the New World Archaeological Foundation 34, Provo.

Lentz, D. L. (ed.)
 2000 *Imperfect Balance: Landscape Transformations in the Precolumbian Americas*. Columbia University Press, New York.

León y Gama, A.
 1792 *Decripción Histórica y Cronológica de las Dos Piedras..., México*. México.

Long, A., B. F. Benz, D. J. Donahue, A. J. T. Jull and L. J. Toolin

1989 "First Direct AMS Dates on Early Maize from Tehuacan, Mexico." *Radiocarbon* 31(3), pp. 1035-1040.

Longyear, J. M., III

1944 *Archaeological Investigations in El Salvador*. Memoirs of the Peabody Museum of American Archaeology and Ethnology IX(2), Harvard University, Cambridge.

López, R. y G. Martínez H.

1992 "Excavaciones en el montículo A-IV-2, Kaminaljuyú, Guatemala." En *V Simposio de Investigaciones Arqueológicas en Guatemala*, editado por J. P. Laporte, H. L. Escobedo y S. Villagrán de B., pp. 419-437.

Lothrop, S. K.

1933 *Atitlan*. Publication 444, Carnegie Institution of Washington, Washington, D.C.

Lothrop, S. K.

1936 *Zacualpa: A Study of Ancient Quiche Artifacts*. Publication 472, Carnegie Institution of Washington, Washington, D.C.

Love, M. W.

1990 "La Blanca y el preclásico medio en la costa del Pacífico." *Arqueología* 3, pp. 67-76.

Lowe, G. W.

1962 *Mound 5 and Minor Excavations, Chiapa de Corzo, Chiapas, Mexico*. Papers of the New World Archaeological Foundation 12, Provo.

Lowe, G. W.

1975 *The Early Preclassic Barra Phase of Altamira, Chiapas*. Papers of the New World Archaeological Foundation 38, Provo.

Lowe, G. W.

1977 "The Mixe-Zoque as Competing Neighbors of the Early Lowland Maya." In *The Origins of Maya Civilization*, edited by R.E.W. Adams, pp.97-248.

Lowe, G. W.

1978 "Eastern Mesoamerica." In *Chronologies in New World Archaeology*, edited by R. E. Taylor and C. W. Meighan, pp. 331-393.

Lowe, G. W. and P. Agrinier

1960 *Mound 1, Chiapa de Corzo, Chiapas, Mexico*. Papers of the New World Archaeological Foundation 8, Provo.

Lowe, G. W., T. A. Lee, Jr., and E. Martinez E.

1982 *Izapa: An Introduction to the Ruins and Monuments*. Papers of the New World Archaeological Foundation 31, Brigham Young University, Provo.

Lowe, L. S.

1998 *El Salvamento Arqueológico de la Presa de Mal Paso, Chiapas*. UNAM, México, D. F.

MacNeish, R. S.

1958 *Preliminary Archaeological Investigations in the Sierra de Tamaulipas, Mexico*. Transactions to the American Philosophical Society 48, Philadelphia.

MacNeish, R. S. (ed.)

　1972 ***Excavations and Reconnaissance***. *The Prehistory of the Tehuacan Valley* 5, Texas University Press, Austin.

MacNeish, R. S. and M. W. Eubanks

　2000 "Comparative Analysis of the Río Balsas and Tehuacan Models for the Origin of Maize." *Latin American Antiquity* 11(1), pp. 3-20.

MacNeish, R. S., and F. A. Peterson

　1972 "Excavations in the Ajalpan Locality in the Valley Center." In ***Excavations and Reconnaissance***, *the Prehistory of Tehuacan Valley* 5, edited by R. S. MacNeish, pp. 161-218.

MacNeish, R. S., F. A. Peterson and K. V. Flannery

　1954 ***An Early Archaeological Site near Panuco, Vera Cruz***. *Transactions of the American Philosophical Society* 44(5), Philadelphia.

MacNeish, R. S., F. A. Peterson and K. V. Flannery

　1958 ***Preliminary Archaeological Investigations in the Sierra de Tamaulipas***. *Transactions of American Philosophical Society* 48(6), Philadelphia.

MacNeish, R. S., F. A. Peterson and K. V. Flannery

　1964 "Ancient Mesoamerican Civilization." *Science* 143, pp. 531-537.

MacNeish, R. S., F. A. Peterson and K. V. Flannery

　1970 ***Ceramics***. *The Prehistory of the Tehuacan Valley* 4, University of Texas Press, Austin.

Maler, T.

　1901 ***Researches in the Central Portion of the Usumasintla Valley***. *Memoirs of the Peabody Museum of American Archaeology and Ethnology* II(1), Harvard University, Cambridge.

Mangelsdorf, P. C., R. S. MacNeish and W. C. Galinat

　1967 "Prehistoric Wild and Cultivated Maize." In ***Enviroment and Subsistence***, *the Prehistory of the Tehuacan Valley* 1, edited by D. S. Byers, pp. 178-200.

Marcus, J.

　1976 ***Emblem and State in the Classic Maya Lowlands***. Dumbarton Oaks, Washington D. C.

Marcus, J.

　1992 ***Mesoamerican Writing Systems: Propaganda, Myth and History in Four Ancient Civilizations***. Princeton University Press, Princeton.

Marcus, J.

　1993 "Ancient Maya Political Organization." In ***Lowland Maya Civilization in the Eighth Century A. D.***, edited by J. Sabloff and J. Henderson, pp. 111-183.

Marcus, J.

　1998 ***Women's Ritual in Formative Oaxaca***. *Memoirs of the Museum of Anthropology* 33, the University of Michigan, Ann Arbor.

Marcus, J. and K. Flannery

　1996 ***Zapotec Civilization: How Urban Society Evolved in Mexico's Oaxaca Valley***. Thames and Hudson, London.

Margain, C. R.

1971 "Pre-Columbian Architecture of Central Mexico." In *Handbook of Middle American Indians* 10, edited by G. F. Ekholm and I. Bernal, pp. 45-91.

Marquina, I.

1951 *Arquitectura Prehispánica*. I.N.A.H., México, D.F.

Martin, S. and N. Grube

1995 "Maya Superstates." *Archaeology* 48-6, pp. 41-46.

Martin, S. and N. Grube

2000 *Chronicle of the Maya Kings and Queens*. Thames & Hudson, London.

Martínez D., G.

1986 "Teopantecuanitlán." In *Arqueología y Etnohistoria del Estado de Guerrero*, editado por R. Cervantes-D., pp. 55-80.

Martínez D., G.

1990 "Una tumba troncocónica en Guerrero. Nuevo hallazgo en Chilpancingo." *Arqueología* 4, pp. 59-66.

Martínez H., G., T. Cabrera., R. Larios, L. Salzar, A. Aucar y F. Paniagua

1998 "La evolución de una cuenca hidrografica en el valle de Guatemala; Una perspectiva arqueohistorica." En *XI Simposio de Investigaciones Arqueológicas en Guatemala*, editado por J. P. Laporte y H. L. Escobedo, pp. 397-409.

Martínez H., G., T. Cabrera y N. Monterroso

1996 "Urbanismo y diseño arquitectónico en la plaza mirador de Kaminaljuyú, Guatemala." En *IX Simposio de Investigaciones Arqueológicas en Guatemala*, editado por J. P. Laporte y H. L. Escobedo, pp. 397-409.

Martínez H., G., R. Hansen, J. Jacob and W. Howell

1999 "Nuevas evidencias de los sistemas de cultivo del preclásico en la cuenca El Mirador." In *XII Simposio de Investigaciones Arqueológicas en Guatemala*, edited by J. P. Laporte, et al, pp.327-335.

Martínez M., A. C.

1978 *Don Martin, Chiapas: Inferencias Económico-Social de una Comunidad Arqueológica*. México, D. F.

Martínez M., A. C.

1989 "Basureros del formativo tardío en Don Martín, Chiapas." *Arqueología* 1, pp. 61-70.

Mason, J. A.

1960 *Mound 12, Chiapa de Corzo, Chiapas, Mexico*. Papers of the New World Archaeological Foundation 9, Provo.

Mason, R. D., D. E. Lewarch, M. J. O'Brien, and J. A. Neely

1977 "An Archaeological Survey on the Xoxocotlan Piedmont, Oaxaca, Mexico." *American Antiquity* 42(4), pp. 567-575.

Matheny, R. T.

1970 *The Ceramics of Aguacatal, Campeche, Mexico*. Papers of the New World Archaeological Foundation 47, Provo.

Matheny, R. T.

1976 "Maya Lowland Hydraulic Systems." *Science* 193, pp. 639-646.

Matheny, R. T.

1978 "Northern Maya Lowland Water-Control Systems." In *Pre-Hispanic Maya Agriculture*, edited by P. D. Harrison, et al., pp. 185-210.

Matheny, R. T.

1982 "Ancient Lowland and Highland Maya Water and Soil Conservation Strategies." In *Maya Subsistence*, edited by K. V. Flannery, pp. 157-178.

Mathney, R.T. and D.L. Berge

1971 "Investigations in Campeche, Mexico." *Ceramica de Cultura Maya et al.* 7, pp. 1-15.

Matheny, R. T. and D. L. Gurr

1973 "Ancient Hydraulic Techniques in the Chiapas Highlands." *American Scientist* 67(3), pp. 441-449.

Mathews, P.

1991 "Classic Maya Emblem Glyphs." In *Classic Maya Political History*, edited by T. P. Culbert, pp. 19-29.

Mathews, P.

1997 *La Escultura de Yaxchilán*. Instituto Nacional de Antropología e Historia, México, D. F.

Matos M., E.

1990 *Teotihuacan*. New York.

Maudslay, A. P.

1889-1902 *Biologia Centrali Americana* 1-4. Porter and Dulau, London.

Mcbride, H.W.

1969 "The Extent of the Chupícuaro Tradition." In *The Natalie Wood Collection of Pre-Columbian Ceramics from Chupicuaro, Guanajuato, México*, edited by J. D. Frierman, pp. 33-47.

McClung de T., E.

2000 "Prehistoric Agricultural Systems in the Basin of Mexico." In *Imperfect Balance*, edited by D. L. Lentz, pp. 121-146.

McClung de T., E., M. C. Serra P. and A. E. Limon de D.

1986 "Formative Lacustrine Adaptation: Botanical Remains from Terremoto-Tlaltenco, D. F., Mexico." *Journal of Field Archaeology* 13(1), pp. 99-113.

McDonald, A. J.

1977 "Reports: Two Middle Classic Engraved Monuments at Tzutzuculi on the Chiapas Coast of Mexico." *American Antquity* 42(4), pp.560-566.

McDonald, A. J.

1983 *Tzutzuculi: A Middle-Preclassic Site on the Pacific Coast of Chiapas, Mexico*. Papers of *the New World Archaeological Foundation* 47, Provo.

McKillop, H.

1996 "Prehistoric Maya Use of Native Palms: Archaeological and Ethnobotanical Evidence." In *The Managed Mosaic*, edited by S. Fedick, pp. 278-294.

Medrano, S.

1996 "La población rural de Santa Elisa Pacaco, Retauleu." En *IX Simposio de Investigaciones Arqueológicas en Guatemala*, editado por J. P. Laporte y H. L. Escobedo, pp. 601-617.

Medellín Z., A.

1971 *Monolitos Olmecas y Otros en el Museo de la Universidad de Veracruz*. Corpus Antiquitatum Americanensium, Mexico V. Union Académique Internationale, INAH, México, D. F.

Meighan, C. W.

1971 "Archaeology of Sinaloa." In *Handbook of Middle American Indians* 11, edited by G. F. Ekholm and I. Bernal, pp. 754-767.

Merino C., B. L. y A. García C.

1987 "Proyecto arqueológico huaxteca." *Arqueología* 1, pp.31-72

Merino C., B. L. y A. García C.

1989 "El formativo en la cuenca baja del Panuco." En *El Preclásico o Formativo: Avances y Perspectivas*, coordinado por M.C. Macias, pp101-118.

Merino C., B. L. y A. García C.

2002 "El formativo temprano en la cuenca baja del río Pánuco: Fases Chajil y Pujal." *Arqueología* 28, pp. 49-74.

Mesta C., M. L. and J. Ramos de la Vega

1998 "Excavating the Tomb at Huitzilapa." In *Ancient West Mexico: Art and Archaeology of the Unknown Past*, edited by R. F. Townsend, pp. 53-69.

Michels, J. W.

1979a *Settlement Pattern Excavations at Kaminaljuyu, Guatemala*. The Pennsylvania State University Press Monograph Series on Kaminaljuyu, University Park.

Michels, J. W.

1979b *The Kaminaljuyu Chiefdom*. The Pennsylvania State University Press Monograph Series on Kaminaljuyu, University Park.

Miksicek, C. H.

1986 "Paleobotanical Identifications." In *The Archaeology of Santa Leticia and the Rise of Maya Civilization*, edited by A. A. Demarest, pp. 199-200.

Miksicek, C. H.

1991 "The Natural and Cultural Landscape of Preclassic Cuello." In *Cuello: An Early Maya Community in Belize*, edited by N. Hammond, pp. 70-84.

Miles, S. W.

1965 "Sculpture of the Guatemala-Chiapas Highlands and Pacific Slopes, and Associated Hieroglyphs." In *Handbook of Middle American Indians* 2, edited by G. R. Willey, pp. 237-275.

Miller, M. E.

1986 *The Art of Mesoamerica from Olmec to Aztec.* Thames and Hudson Inc., New York

Miller, M. E.

1993 "On the Eve of the Collapse: Maya Art of the Eighth Century." In *Lowland Maya Civilization in the Eigth Century A. D.*, edited by J. A. Sabloff and J. S. Henderson, pp. 355-413.

Millon, R.

1954 "Irrigation at Teotihuacan." *American Antiquity* 20(2), pp. 177-180.

Millon, R.

1957 "Irrigation Systems in the Valley of Teotihuacan." *American Antiquity* 23(2), pp. 160-166.

Millon, R.

1967 "Teotihuacan." *Scientific American* 216(6), 38-48.

Millon, R.

1970 "Teotihuacan: Completion of Map of Giant Ancient City in the Valley of Mexico." *Science* 170, pp. 1077-1082.

Morett A., L., F. Sánchez M., J. L. Alvarado y A. M. Pelz M.

1999 "Proyecto arqueobotánico Ticumán." *Arqueología Mexicana* 36, pp. 66-71.

Morgan, L.

1876 "Moctezuma's Dinner." *North American Review* 122, pp. 265-308.

Morley, S. G.

1913 "Excavations at Quirigua, Guatemala." *The National Geographic Magazine* 24, pp. 330-361.

Morley, S. G.

1920 *The Inscriptions at Copan.* The Carnegie Institution of Washington, Washington, D. C.

Mountjoy, J. B.

1989 "Algunas observaciones sobre el desarrollo del preclásico en la llanura costera del Occidente." En *El Preclásico o Formativo: Avances y Perspectivas*, coordinado por M.C. Macias, pp. 11-26.

Müller, F.

1960 "The Preclassic Ceramic Sequence of Huapalcalco, HGO." In *Selected Papers of the Fifth International Congress of Anthropological and Ethnological Sciences*, edited by A.F.C. Wallace, pp. 601-611.

Müller, F.

1966 "Secuencia cerámica de Teotihuacan." En *Teotihuacan Onceava Mesa Redonda*, Sociedad Mexicana de Antropológica, pp. 31-44.

Nájera C., M. I.

1991 *Bonampak*. Gobierno del Estado de Chiapas, México, D. F.

Navarrete, C.

1960 ***Archaeological Explorations in the Region of the Frailesca, Chiapas, Mexico***. Papers of the New World Archaeological Foundation 7, Brigham Young University, Provo.

Navarrete, C.

1966 ***The Chiapanec History and Culture***. Papers of the New World Archaeological Foundation 21, Brigham Young University, Provo.

Navarrete, C.

1972 "El sitio arqueológico de San Nicolás, municipio de Ahuachapán, El Salvador." *Estudios de Cultura Maya* 8, pp. 57-66.

Navarrete, C.

1974 ***The Olmec Rock Carvings at Pijijiapan, Chiapas, Mexico and Other Olmec Pieces from Chiapas and Guatemala***. Papers of the New World Archaeological Foundation 35, Brigham Young University, Provo.

Navarrete, C.

1976 "El complejo escultórico del Cerro Bernal, en la costa de Chiapas, México." *Anales de Antropología* XIII, pp. 23-45.

Navarrete, C., T. A. Lee, Jr. y C. Silva.

1993 ***Un Catálogo de Frontera***. Universidad Nacional Autónoma de México, México, D.F.

Navarrete, C. y L. Luján M.

1993 ***El Gran Montículo de la Culebra en el Valle de Guatemala***. UNAM, México, D.F.

Neely, J. A.

1967 "Organización hidráulica y sistemas de irrigación prehistóricos en el valle de Oaxaca." *Boletín de INAH* 27, pp. 15-17.

Nicholas, D. L., M. W. Spence and M. D. Borland

1991 "Watering the Fields of Teotihuacan: Early Irrigation at the Ancient City." *Ancient Mesoamerica* 2, pp. 119-129.

Nichols, D. L.

1982 "A Middle Formative Irrigation System near Santa Clara Coatitlan in the Basin of Mexico." *American Antiquity* 47(1), pp. 133-144.

Nichols, D. L.

1988 "Infrared Aerial Photography and Prehispanic Irrigation at Teotihuacan: The Tlanjinga Canals." *Journal of Field Archaeology* 15(1), pp. 17-27.

Niederberger, C.

1976 ***Zoapilco, Cinco Milenios de Ocupación Humana en un Sitio de la Cuenca de México***. I.N.A.H., México, D.F.

Niederberger, C.

1979 "Sedentary Economy in the Basin of Mexico." *Science* 203, pp. 131-142.

Niederberger, C.

2000 "Ranked Societies, Iconographic Complexity and Economic Wealth in the Basin of Mexico toward 1200 B.C." In *Olmec Art and Archaeology in Mesoamerica*, edited by J. E. Clark and M. E. Pye, pp. 169-191.

Norman, V. G.
1973 *Izapa Sculpture 1: Album*. Papers of the New World Archaeological Foundation 30, Provo.

Norman, V. G.
1976 *Izapa Sculpture 2: Text*. Papers of the New World Archaeological Foundation 30, Provo.

Nuttall, Z.
1910 "The Island of Sacrificios." *American Anthropologist* 12, pp.257-295.

O'Brien, M. J., D. E. Lewarch, R. D. Mason and J. A. Neely
1980 "Functional Analysis of Water Control Features at Monte Alban, Oaxaca, Mexico." *World Archaeology* 11(3), pp. 342-355.

O'Brien, M. J., R. D. Mason, D. E. Lewarch and J. A. Neely
1982 *A Late Formative Irrigation Settlement below Monte Alban*. Institute of Latin American Studies, University of Texas Press, Austin.

Ochoa, P.
1989 "Las formaciones troncocónicas en Tlatilco." En *El Preclásico o Formativo: Avances y Perspectivas*, coordinado por M.C. Macias, pp. 249-261.

Ohi, K.
1995 *Kaminaljuyú 1991-'94*. Museo de Tabaco y Sal, Tokyo.

Ohi, K.
2000 *Chalchuapa*. Universidad de Estudios Extranjeros de Kyoto, Kyoto.

Orellana, R.
1954 "El vaso de Ixtapa." *Yan* 3, pp. 114-118.

Orrego C., M.
1990 *Investigaciones Arqueológicas en Abaj Takalik, El Asintal, Retalhuleu, Año 1988, Reporte No.1*. Guatemala, C.A.

Ortega, E. R., J. Suasnávar B., J. L. Velásquez y J. Roldán
1996 "El montíulo La Culebra, Kaminaljuyú: Proyectos de rescate arqueológico." En *IX Simposio de Investigaciones Arqueológicas en Guatemala*, editado por J. P. Laporte y H. L. Escobedo, pp.461-476.

Ortiz, P y M. del C. Rodríguez
1994 "Los espacios sagrados olmecas: El Manatí, un caso especial." En *Los Olmecas en Mesoamérica*, coordinado por J.E. Clark, pp. 69-91.

Ortiz, P y M. del C. Rodríguez
2000 "The Sacred Hill of El Manatí: A Preliminary Discusson of the Site's Ritual Paraphernalia." In *Olmec Art and Archaeology in Mesoamerica*, edited by J. E. Clark and M. Pye, pp. 75-93.

Oudijk, M. R.
   2004 "La escritura zapoteca." *Arqueología Mexicana* 70, pp.32-35.
Paradis, L. I.
   1990 "Revisión del fenómeno olmeca." *Arqueología* 3, pp. 33-40.
Parlem, A.
   1958 "The Agricultural Basis of Urban Civilization in Mesoamerica." In **Irrigation Civilizations: A comparative Study**, edited J. H. Steward, et al., pp. 28-42.
Parlem, A.
   1961 "Sistema de regadio en Teotihuacan y El Pedregal." *Revista Interamericana de Ciencia Social* 1(2), pp. 297-302.
Parsons, L. A.
   1967 **Bilbao, Guatemala** 1. *Publications in Anthropology* 11, Milwaukee Public Museum, Milwaukee.
Parsons, L. A.
   1969 **Bilbao, Guatemala** 2. *Publications in Anthropology* 12, Milwaukee Public Museum, Milwaukee.
Parsons, L. A.
   1986 **The Origins of Maya Art: Monumental Stone Sculpture of Kaminaljuyu, Guatemala, and the Southern Pacific Coast**. *Studies in Pre-Columbian Art & Archaeology* 28, Dumbarton Oaks Research Library and Collection, Washington, D.C.
Peterson, F. A.
   1963 **Some Ceramics from Mirador, Chiapas, Mexico**. *Papers of the New World Archaeological Foundation* 15, Provo.
Piña C., R.
   1958 **Tlatilco** I. INAH, México.
Piña C., R. and C. Navarrete
   1967 **Archaeological Research in the Lower Grijalva River Region, Tabasco and Chiapas**. *Papers of the New World Archaeological Foundation* 43, Brigham Young University, Provo.
Plunket, P. and G. Uruñuela
   1998 "Preclassic Household Patterns Preserved under Volcanic Ash at Tetimpa, Puebla, Mexico." *Latin American Antiquity* 9(4), pp. 287-309.
Pohl, M. and P. Bloom
   1996 "Prehistoric Maya Farming in the Wetlands of Northern Belize: More Data from Albion Island and Beyond." In **The Managed Mosaic**, edited by S. Fedick, pp. 145-164.
Pohl, M. E. D., K. O. Pope and C. Nagy, von
   2002 "Olmec Origins of Mesoamerican Writing." *Science* 298, pp. 1984-87.
Pollock, H. E. D.
   1965 "Architecture of the Maya Lowlands." In **Handbook of Middle American Indians** 2, edited by G. R. Willey, pp. 378-440.

Ponciano, E. M.

1993 "Sector habitacional del clásico tardío en el sitio arqueológico Flamenco, Retauleu, Guatemala." En *III Simposio de Investigaciones Arqueológicas en Guatemala*, editado por J. P. Laporte., H. L. Escobedo. y S. Villagrán de B., pp. 327-338.

Pool, C. A.

1997 "The Spatial Structure of Formative Houselots at Bezuapan." In *Olmec to Aztec*, edited by B. L. Stark and P. J. Arnold III, pp. 40-67.

Pool, C. A.

2000 "From Olmec to Epi-Olmec at Tres Zapotes, Veracruz, Mexico." In *Olmec Art and Archaeology in Mesoamerica*, edited by J. E. Clark and M. E Pye, pp. 137-153.

Pope, K. O. and B. H. Dahlin

1989 "Ancient Maya Wetland Agriculture: New Insights from Ecological and Remote Sensing Research." *Journal of Field Archaeology* 16(1), pp. 87-106.

Pope, K. O., M. D. Pohl and J. S. Jacob

1996 "Formation of Ancient Maya Wetland Fields: Natural and Anthropogenic Processes." In *The Managed Mosaic*, edited by S. Fedick, pp. 165-176.

Porter, M. N.

1953 *Tlatilco and the Pre-Classic Cultures of the New World*. Viking Fund Publication in Antropology 19, Wenner-Gren Foundation for Antropological Research, New York.

Price, T. D.

1979 "Kaminaljuyu Test Trench 46-23-072." In *Settlement Pattern Excavations at Kaminaljuyu, Guatemala*, edited by J. W. Michels, pp.591-618.

Proskouriakoff, T.

1960 "Historical Implications of a Pattern of Dates at Piedras Negras, Guatemala." *American Antiquity* 25(4), pp. 454-475.

Puleston, D. E.

1977 "The Art and Archaeology of Hydraulic Agriculture in the Maya Lowlands." In *Social Process in Maya Prehistory*, edited by N. Hammond, pp. 449-467.

Puleston, D. E.

1978 "Terracing, Raised Field, and Cropping in the Maya Lowlands: A New Perspective on the Geography of Power." In *Pre-Hispanic Maya Agriculture*, edited by P. D. Harrison, et al., pp. 225-245.

Raab, M. L., M. A. Boxt, K. Bradford, B. A. Stokes and R. B. González L.

2000 "Testing at Isla Alor in the La Venta Olmec Hinterland." *Journal of Field Archaeology* 27(3), pp. 257-270.

Ramos de la V., J. y M. L. Mesta C.

1996 "Datos preliminares sobre el descubrimiento de una tumba de tiro en el sitio de Huitzilapa, Jalisco." *Ancient Mesoamerica* 7(1), pp. 121-134.

Rands, R. L. and B. C. Rands

1965 "Pottery Figurines of the Maya Lowlands." In *Handbook of Middle American Indians* 2, edited by G. Willey, pp. 535-560.

Rathje, W. L.

1970 "Socio-Political Implications of lowland Maya Burials: Methodology and Tentative Hypotheses." *World Archaeology* 1(3), pp. 359-374.

Rathje, W. L.

1973 "Classic Maya Development and Denouement." In *The Classic Maya Collapse*, edited by T. P. Culbert, pp. 405-454.

Reents-Budet, D.

1994 *Painting the Maya Universe: Royal Ceramics of the Classic Period*. Duke University Press, Durham & London.

Reents-Budet, D.

1999 "La cerámica policroma del clásico y las historias que cuenta." En *Los Mayas*, coordinado por P. Schmidt, M. De la Garza y E. Nalda, pp. 271-295.

Reyna R., R. M. y L. González Q.

1978 "Resultados del análisis botánico de formaciones troncocónicas en 'Loma Torremote', Cuatitlan, edo. de México." En *Arqueobotánica*, *Colección Científica* 63, coordinado por F. Sánchez M., pp. 33-41.

Reyna R., R.N. y G. Martínez D.

1989 "Hallazgos funerarios de la época olmeca en Chilpancingo, Guerrero." *Arqueología* 1, pp.13-22.

Reynolds, J. and D. S. Cardenas

1973 "B-V-4: A Late Formative Ceremonial Structure and Middle Classic Residence Complex." In *The Pennsylvania State University Kaminaljuyú Project-1969, 1970 Seasons, Part 1- The Mound Excavations*, edited by J. W. Michels and W. T. Sanders, pp. 215-252.

Rice, D. S.

1976 "Middle Preclassic Maya Settlement in the Central Maya Lowlands." *Journal of Field Archaeology* 3(4), pp. 425-445.

Rice, D. S.

1978 "Population Growth and Subsistence Alternatives in a Tropical Lacustrine Environment." In *Pre-Hispanic Maya Agriculture*, edited by P. D. Harrison, et al., pp. 35-61.

Rivero T., S. E.

1987 *Los Cimientos, Chiapas, Mexico: A Late Classic Maya Community*. Papers of the New World Archaeological Foundation 51, Provo.

Robertson, M. G.

1985 *The Sculpture of Palenque* II, III. Princeton University Press, Princeton.

Robertson, M. G.

1991 *The Sculpture of Palenque* IV. Princeton University Press, Princeton.

Robertson, R. A. and D. A. Freidel.

1986 *Archaeology at Cerros Belize, Central America* 1. Southern Methodist University Press, Dallas.

Robinson, E. J.

1993 "Santa Rosa, un sitio defensivo de los altiplanos de Guatemala." En *VI Simposio de Investigaciones Arqueológicas en Guatemala*, editado por J. P. Laporte, H. L. Escobedo y S. Villagrán de B., pp. 409-428.

Robinson, E. J.

1994 "Chitak Tzak: Un centro regional postclásico tardío de los mayas kaqchikel." En *VII Simposio de Investigaciones Arqueológicas en Guatemala*, editado por J. P. Laporte. y H. L. Escobedo, pp. 175-184.

Robles G., N. M.

1988 *Las Unidades Domésticas del Preclásico Superior en la Mixteca Alta*. BAR International *Series* 407, Oxford.

Román, O. R.

1990 "Hallazgo preclásico medio en Kaminaljuyú." En *III Simposio de Investigaciones Arqueológicas en Guatemala*, editado por J. P. Laporte, H. L. Escobedo y S. Villagrán de B., pp. 209-218.

Rust, W. F. and B. W. Leyden

1994 "Evidence of Maize Use at Early and Middle Preclassic La Venta Olmec Sites." In *Corn and Culture in the Prehistoric New World*, edited by S. Johan, pp. 181-201.

Rust, W. F. and R. J. Sharer

1988 "Olmec Settlement Data from La Venta, Tabasco, Mexico." *Science* 242, pp. 102-104.

Sabloff, J. A.

1990 *The New Archaeology and the Ancient Maya*. W. H. Freeman, New York.

Sánchez M., F., J.L. Alvarado y L. Morett A.

1998 "Las cuevas del Gallo y de Changüera: Inventario arqueobotánico e inferencias." *Arqueología* 19, pp.81-89.

Sanchez, M.

1995 "El grupo este, Marinala, Escuintla: Análisis funcional." En *VIII Simposio de Investigaciones Arqueológicas en Guatemala*, editado por J. P. Laporte y H. L. Escobedo, pp. 61-73.

Sanders, W. T.

1961 *Ceramic Stratigraphy at Santa Cruz, Chiapas, Mexico*. Papers of the New World Archaeological Foundation 13, Provo.

Sanders, W. T.

1965 *The Cultural Ecology of Teotihuacan*. The Pennsylvania University, University Park.

Sanders, W. T. and J. W. Michels

1969 *The Pennsylvania State University Kaminaljuyu Project; 1968 Season, Part 1: The Excavations*. Occasional Papers in Anthropology 2, the Pennsylvania University, University

Park.

Sanders, W. T. and J. W. Michels

1973 *The Pennsylvania State University Kaminaljuyu Project; 1969, 1970 Seasons, Part 1: Mound Excavations*. Occasional Papers in Anthropology 9, the Pennsylvania University, University Park.

Sanders, W. T., J. R. Parsons and R. S. Santley

1979 *The Basin of Mexico*. Academic Press, New York.

Sanders, W. T. and R. S. Santley

1977 "A Prehispanic Irrigation System near Santa Clara Xalostoc in the Basin of Mexico." *American Antiquity* 42(4), pp. 582-588.

Sanders, W. T. and D. Webster

1988 "The Mesoamerican Urban Tradition." *American Anthropologist* 90, pp. 521-546.

Sanders, W. T. and D. Webster

2001 "La antigua mesoamricana: Teoría y concepto." En *Reconstruyendo la Ciudad Maya*, editado por A. Ciudad R., M.J. Iglesias P. y M. Martínez M., pp. 43-64.

Santley, R. S.

1992 "Consideration of the Olmec Phenomenon in the Tuxtlas." In *The Gardens of Prehistory*, edited by T.W. Killion, pp. 150-183.

Saturno, W. A., K. A. Taube, D. Stuart, and H. Hurst

2005 "Los murales de San Bartolo, El Petén, Guatemala: Parte 1, el mural del norte." *Ancient America* 7, pp. 1-56.

Scarborough, V. L.

1983a "A Preclassic Maya Water System." *American Antiquity* 48(4), pp. 720-744.

Scarborough, V. L.

1983b "Raised Field Detections at Cerros, Northern Belize." In *Drained Field Agriculture in Central and South America*, BAR International Series 189, edited by J. P. Darch, pp. 123-136.

Scarborough, V. L.

1994 "Maya Water Management." *Research and Exploration* 10(2), pp. 184-199.

Scarborough, V. L., M. E. Becher, J. L. Baker, G. Harris and F. Valdez, Jr.

1995 "Water and Land at the Ancient Maya Community of La Milpa." *Latin American Antiquity* 6(2), pp. 98-119.

Scarborough, V. L., M. E. Becher, J. L. Baker, G. Harris and F. Valdez, Jr.

1996 "Reservoir and Watersheds in the Central Maya Lowlands." In *The Managed Mosaic*, edited by S. Fedick, pp. 304-314.

Scarborough, V. L. and G. G. Gallopin

1991 "A Water Adaptation in the Maya Lowlands." *Science* 251, pp. 658-662.

Schele, L.

1997 *Rostros Ocultos de los Mayas*. México, D. F.

Schele, L. and D. Freidel
 1990 *A Forest of Kings*. New York.
Schele, L. and M. E. Miller
 1986 *The Blood of Kings*. New York.
Schellhas, P.
 1904 *Representation of Deities of the Maya Manuscripts*. Harvard University, Cambridge.
Schieber de L., C.
 1994 "Abaj Takalik: Hallazgo de un juego de pelota del preclásico medio." En *VII Simposio de Investigaciones Arqueológicas en Guatemala*, editado por J. P. Laporte. y H. L. Escobedo, pp. 95-111.
Schmidt S., P.
 1976 *Archeological Excavations at La Cueva, Chilpancingo, Guerrero, Mexico*. Ph. D. dissertation, Tulane University, New Orleans.
Schmidt S., P.
 1977 "Rasgos característicos del área maya en Guerrero: Una posible interpretación." *Anales de Antropología* XIV, pp. 63-73.
Schmidt S., P.
 1990 *Arqueología de Xochipala, Guerrero*. Universidad Autónoma de México, México, D.F.
Schmidt, P. J.
 1980 "Un sistema de cultivo intensivo en la cuenca del río Nautla, Veracruz." *Antropología e Historia* 20, pp. 50-60.
Serra P., M. C.
 1980 "La unidad habitacional en Terremote-Tlaltenco, D. F.: Un análisis de distribución espacial para definir áreas de actividad." *Anales de Antropología* 17, pp. 167-185.
Serra P., M. C.
 1994 "Presencia olmeca en el altiplano." En *Los Olmecas en Mesoamérica*, coordinado por J. E. Clark, pp.175-187.
Serra P., M. C., J. C. Lazcano A., y L. Torres S.
 2001 "Actividades rituales en Xochitécatl-Cacaxtla, Tlaxcala." *Arqueología* 25, pp. 71-88.
Serra P., M. C. y Y. Sugiura
 1979 "Terremote-Tlaltenco, D. F.: Un asentamiento formativo en el sur de la cuenca de México." *Anales de Antropología* 17, pp. 35-49.
Sharer, R. J.
 1990 *Centers of Civilization, Quirigua: A Classic Center & Its Sculptures*. Carolina Academic Press, Durham.
Sharer, R. J. (ed.)
 1978 *The Prehistory of Chalchuapa, El Salvador* 1-3. University of Pennsylvania Press, Philadelphia.
Sharer, R. J. and D. C. Grove (ed.)

1989 *Regional Perspectives on the Olmec*. School of American Research Advanced Seminars Series, Cambridge University Press, Cambrigde.

Sharer, R. J. and D. W. Sedat

1987 *Archaeological Investigations in the Northern Maya Highlands, Guatemala*. University Museum Monograph 59, the University Museum, University of Pennsylvania, Philadelphia.

Sheets, P. D.

1992 *The Ceren Site*. Fort Worth.

Sheets, P. D. (ed.)

1983 *Archaeology and Volcanism in Central America: The Zapotitan Valley of El Salvador*. University of Texas Press, Austin.

Sheets, P. D. and S. E. Simmons

1993 *Preliminary Report of the Ceren Research Project, 1993 Season*. San Salvador.

Shibata, S.

1995 "Recopilación de la historia de los estudios cronológicos de Kaminaljuyu." En *Kaminaljuyu*, editado por K. Ohi, pp.53-89.

Shibata, S., N. Ito, H. Minami, T. Nakamura y E. Niu

2002 "Resultados de las investigaciones arqueológicas en las trincheras 4N y M1 en el área de Casa Blanca, Chalchuapa (2000-2001)." In *XII Simposio de Investigaciones Arqueológicas en Guatemala*, editado por J. P. Laporte y H. L. Escobedo, pp.1007-1019.

Shook, E. M.

1949 "Guatemala Highlands." *Year Book* 48, Carnegie Institution of Washington, pp. 219-224.

Shook, E. M.

1950 "Guatemala." *Year Book* 49, Carnegie Institution of Washington, pp. 197-198.

Shook, E. M.

1952 "The Ruins of Cotio, Department of Guatemala, Guatemala." *Notes on Middle American Archaeology and Ethnology* 107, Carnegie Institution of Washington, Washington D.C.

Shook, E. M. y M. P. Hatch, de

1999 "Las tierras altas centrales: Períodos preclásico y clásico." En *Historia General de Guatemala* 1, editado por J. Lújan M., pp. 289-318.

Shook, E. M. and A. V. Kidder

1952 *Mound E-III-3, Kaminaljuyu, Guatemala*. American Anthropology and History 53, *Publication* 596, Carnegie Institution of Washington, pp. 33-127.

Shook, E. M. and A. L. Smith

1942 "Guatemala: Kaminaljuyu." *Yearbook* 41, Carnegie Institution of Washington, pp. 263-267.

Siemens, A. H.

1980 "Indicio de aprovechamiento agrícola prehispánico de tierras inundables en centro de Veracruz." *Biotica* 5(3), pp. 83-92.

Siemens, A. H.

1982 "Prehispanic Agricultural Use of the Wetlands of Northern Belize." In *Maya Subsistence*, edited by K. V. Flannery, pp. 205-225.

Siemens, A. H.

1983a "Oriented Raised Fields in Central Veracruz." *American Antiquity* 48(1), pp. 85-102.

Siemens, A. H.

1983b "Wetland Agriculture in Pre-Hispanic Mesoamerica." *Geographical Review* 73(2), pp. 166-181.

Siemens, A. H.

1985 "Results of Recent Air Reconnaissance over the Mexican State of Veracruz." In *Prehistoric Intensive Agriculture in the Tropics*, *BAR International Series* 232, edited by I. S. Farrington, pp. 127-147.

Siemens, A. H.

1996 "Benign Flooding on the Tropical Lowland Floodplains." In *The Managed Mosaic*, edited by S. Fedick, pp. 133-144.

Siemens, A. H.

1998 *A Favored Place: San Juan River Wetland, Central Veracruz, A.D. 500 to the Present*. University of Texas Press, Austin.

Siemens, A. H., R. J. Hebda, M. Navarrete H., D. R. Piperno, J. K. Stein and M. G. Zola B.

1988 "Evidence for a Cultivar and a Chronology from Patterned Wetlands in Central Veracruz, Mexico." *Science* 242, pp. 105-107

Siemens, A. H. and D. E. Puleston

1972 "Ridged Fields and Associated Features in Southern Campeche: New Perspectives on the Lowland Maya." *American Antiquity* 37(2), pp. 228-239.

Sierra S., T. N.

1999 "Xcambó codiciado enclave económico del clásico maya." *Arqueología Mexicana* 37, pp. 40-47.

Sisson, E. B.

1974 "Settlement Patterns and Land Use in the Northwestern Chontalpa, Tabasco, Mexico: A Progress Report." *Ceramica de Cultura Maya et al.* 6, pp.41-54.

Sluyter, A. and A. H. Siemens

1992 "Vestiges of Prehispanic Sloping-Field Terraces on the Piedmont of Central Veracruz, Mexico." *Latin American Antiquity* 3(2), pp. 148-160.

Smith, A. L.

1955 *Archaeological Reconnaissance in Central Guatemala*. *Publication* 608, Carnegie Institution of Washington, Washington, D.C.

Smith, A. L.

1965 "Architecture of the Guatemalan Highland." In *Handbook of Middle American Indians* 2, edited by G. R. Willey, pp. 76-94.

Smith, A. L.

1972 *Excavations at Altar de Sacrificios, Architecture, Settlement, Burials, and Caches*. Papers of the Peabody Museum of Archaeology and Ethnology 62(2), Harvard University, Cambridge.

Smith, A. L. and A. V. Kidder

1943 *Explorations in the Motagua Valley, Guatemala*. Publication 546, Carnegie Institution of Washington, Washington D.C

Smith, A. L. and A. V. Kidder

1951 *Excavations at Nebaj, Guatemala*. Publication 594, Carnegie Institution of Washington, Washington D.C.

Smith, B. D.

1997a "The Initial Domestication of Cucurbita Pepo in the Americas 10,000 Years Ago." *Science* 276, pp. 932-934.

Smith, B. D.

1997b "Reconsidering the Ocampo Caves and the Era of Incipient Cultivation in Mesoamerica." *Latin American Antiquity* 8(4), pp. 342-383.

Smith, C. E., Jr.

1981 "Vegetation and Man in the Basin of Mexico." *Economic Botany* 35(4), pp. 415-433.

Smith, C. E., Jr.

1986 "Preceramic Plant Remains from Guilá Naquitz." In **Guilá Naquitz: Archaic Foraging and Early Agriculture in Oaxaca, Mexico**, edited by K. V. Flannery, pp. 265-274.

Smith, C. E., Jr. and P. Tolstoy

1981 "Vegetation and Man in the Basin of Mexico." *Economic Botany* 35(4), pp. 415-433.

Smith, J. E.

1967 "Plant Remains." In **Enviroment and Subsistence**, *The Prehistory of the Tehuacan Valley* 1, edited by D. S. Byers, pp. 220-255.

Smith, J. E.

1979 "Carbonaized Botanical Remains from Quachilco, Cuayucatepec, and La Coyotera." In **Prehistoric Social, Political, and Economic Development in the Area of the Tehuacan Valley: Some Results of the Palo Blanco Project**, *Technical Reports* 11, Museum of Anthropology, the University of Michigan, edited by R. D. Drennan, pp. 217-250.

Smith, J. E.

1981 "Formative Botanical Remains at Tomaltepec." In **Excavations at Santo Domingo Tomaltepec: Evolution of a Formative Community in the Valley of Oaxaca, Mexico**, Memoirs of the Museum of Anthropology 12, University of Michigan, edited by M. E. Whalen, pp. 186-194.

Smith, R. E.

1952 *Pottery from Chipoc, Alta Verapaz, Guatemala*. Washington D.C.

Smith, R. E.

1955 *Ceramic Sequence at Uaxactun, Guatemala* 1,2. *Middle American Reseach Series,*

Publication 20, New Orleans.

Snow, D. R.

1969 "Ceramic Sequence and Settlement Location in Pre-Hispanic Tlaxcala." *American Antiquity* 34(2), pp. 131-145.

Solís O., F.

1991 ***Tesoros Artísticos del Museo Nacional de Antropología***. México, D.F.

Solís O., F., A. Dumaine y M. del S. Meneses S.

1982 "Catalogo de escultura monumental de Teotihuacan aproximación metodológica." En ***Teotihuacan 80-82, Primeros Resultados***, coordinado por R.Cabrrera, I. Rodriguez y N. Morelos, pp.137-148.

Sorenson, J. L.

1955 "A Chronological Ordering of the Mesoamerican Pre-Classic." *Middle American Research Records* 2(3), pp. 43-68.

Spencer, C. S.

1982 ***The Cuicatlán Cañada and Monte Albán***. Academic Press, New York.

Spencer, C. S. and E. M. Redmond

1997 ***Archaeology of the Cañada de Cuicatlán, Oaxaca***. *Anthropological Paper* 80, American Museum of Natural History, New York.

Spinden, H. J.

1913 ***A Study of Maya Art***. *Memoirs of Peabody Museum of American Archaeology and ethnology* 6, Cambridge.

Stephens, J. L.

1841 ***Incidents of Travel in Central America, Chiapas and Yucatan*** 1, 2. New York.

Stephens, J. L.

1843 ***Incidents of Travel in Yucatan*** 1, 2. New York.

Stirling, M. W.

1943 ***Stone Monuments of Southern Mexico***. *Bureau of American Ethnology, Bulletin* 138, Smithsonian Institution, Washington, D.C.

Stirling, M. W.

1955 "Stone Monuments of the Rio Chiquito, Veracruz, Mexico." *Smithsonian Institution Bureau of American Ethnology, Bulletin* 157, pp.1-23.

Stocker, T., S. Meltzoff and S. Armsey

1980 "Crocodilians and Olmecs: Further Interpretations in Formative Period Iconography." *American Antiquity* 45(4), pp.740-758.

Stuart, D. and S. Houston

1994 ***Classic Maya Place Names***. *Studies in Pre-Columbian Art & Archaeology* 33, Dumbarton Oaks Reseach Library and Collection, Washington, D. C.

Suasnávar, J. y R. M. Flores

1992 "Plataformas preclásicas y rasgos asociados en el grupo A-IV-1 de Kaminaljuyú." En ***V***

Simposio de Investigaciones Arqueológicas en Guatemala, editado por J. P. Laporte, H. L. Escobedo y S. Villagrán de B., pp.13-24.

Tate, C. E.

1992 *Yaxchilan: The Design of a Maya Ceremonial City*. University of Texas Press, Austin.

Taube, K.

1998 "The Jade Hearth: Centrality, Rulership, and the Classic Maya Temple." In *Function and Meaning in Classic Maya Architecture*, pp. 427-478.

Tejeda, A.

1947 "Drawings of Tajumulco Sculptures." *Notes on Middle American Archaeology and Ethnology* 77, Division of Historical Research, Carnegie Institution of Washington, Washington, D. C.

Thompson, J. E.

1948 *An Archaeological Reconnaissance in the Cotzumalhuapa Region, Escuintla, Guatemala*. *Contributions to American Anthropology and History* 44, Carnegie Institution of Washington, Washington D.C.

Thompson, J. E.

1950 *Maya Hieroglyphic Writing: An Introduction*. Publicacations of Carnegie Institution of Washington 589, Washington D.C.

Thompson, J. E.

1954 *The Rise and Fall of Maya Civilization*. Norman and London.

Thompson, J. E.

1974 "Canal of the Rio Candelaria Basin, Campeche." In *Mesoamerican Archaeology: New Approaches*, edited by N. Hammond, pp. 297-302.

Thompson, J. E.

1976 *Maya History and Religion*. Norman.

Tolstoy, P.

1975 "Settlement and Population Trends in the Basin of Mexico (Ixtapaluca and Zacatenco Phase)." *Journal of Field Archaeology* 2(4), pp. 331-349.

Tolstoy, P.

1978 "Western Mesoamerica before A. D. 900." In *Chronologies in New World Archaeology*, edited by R. E. Taylor and C. W. Meighan, pp. 285-329.

Tolstoy, P., S. K. Fish, M. W. Bokenbaum, K. B. Vaugh and C. E. Smith

1977 "Early Sedentary Communities of the Basin of Mexico." *Journal of Field Archaeology* 4(1), pp. 91-106.

Tolstoy, P. and L. I. Paradis

1970 "Early and Middle Preclassic Culture in the Basin of Mexico." *Science* 167, pp. 344-351.

Tozzer, A. M.

1911 "A Preliminary Study of the Prehistoric Ruins of Tikal, Guatemala." *Memoirs of the Peabody Museum of American Archaeology and Ethnology* 5(2), PP. 93-135.

Turner, B. L.
1974 "Historic Intensive Agriculture in the Mayan Lowlands." *Science* 185, pp. 118-124.

Turner, B. L.
1983 "Constructional Inputs for Major Agrosystems of the Ancient Maya." In **Drained Field Agriculture in Central and South America**, *BAR International Series* 189, edited by J. P. Darch, pp. 11-26.

Turner, B. L. II y P. D. Harrison
1978 "Implication from Agriculture for Maya Prehistory." In **Pre-Hispanic Maya Agriculture**, edited by P. D. Harrison and B. L. Turner II, pp. 337-373.

Turner, B. L. II y P. D. Harrison
1981 "Prehistoric Raised-Field Agriculture in the Maya Lowlands." *Science* 213, pp. 399-405.

Turner, B. L. II y P. D. Harrison
1983 **Pulltouser Swamp**. The University of Utah Press, Salt Lake City.

Turner, B. L. and W. C. Johnson
1979 "A Maya Dam in the Copan Valley, Honduras." *American Antiquity* 44(2), pp. 299-305.

Urcid S., J.
1997 "La escritura zapoteca prehispánica." *Arqueología Mexicana* 26, pp.42-53.

Uruñuela, G., L. de Guerra y P. Plunket N.
1998 "Areas de actividad en unidades domésticas del formativo terminal en Tetimpa, Puebla." *Arqueología* 20, pp. 3-19.

Uruñuela, G., L. de Guerra y P. Plunket N.
2001 "¿'De piedra ha de ser cama...'?: Las tumbas en el formativo de Puebla-Tlaxcala y la cuenca de México, a partir de la evidencia de Tetimpa, Puebla." *Arqueología* 25, pp. 3-22.

Vaillant, G. C.
1930 **Excavation at Zacatenco**. *Anthropological Papers of the American Museum of Natural History* 32(1), New York.

Vaillant, G. C.
1931 **Excavation at Ticoman**. *Anthropological Papers of the American Museum of Natural History* 32(2), New York.

Vaillant, G. C.
1941 **Aztec of Mexixo**. Garden City Press, Garden City.

Valdez, F.
1998 "The Sayula Basin: Ancient Settlements and Resources." In **Ancient West Mexico: Art and Archaeology of the Unknown Past**, edited by R. F. Townsend, pp. 217-231.

Velásquez, J. L.
1997 "Eviencias del postclásico temprano en el centro de El Salvador." En **X Simposio de Investigaciones Arqueológicas en Guatemala**, editado por J. P. Laporte y H. L. Escobedo, pp. 251-258.

Villela F., S.

1989 "Nuevo testimonio rupestre olmeca en el oriente de Guerrero." *Arqueología* 2, pp. 37-48.

Voorhies, B.

1976 *The Chantuto People*. Papers of the New World Archaeological Foundation 41, Brigham Young University, Provo.

Walter, H.

1970 "Informe preliminar sobre una excavación realizada en el sitio preclásico de San Francisco Acatepec, Puebla, México." *Comunicaciones* 1, pp. 25-36.

Wauchope, R.

1948 *Excavations at Zacualpa, Guatemala*. Publication 14, Middle American Research Institute, the Tulane University of Louisiana, New Orleans.

Wauchope, R.

1950 "A Tentative Sequence of Pre-Classic Ceramics in Middle America." *Middle American Research records* 1(14), pp. 211-250.

Wauchope, R.

1975 *Zacualpa, El Quiche, Guatemala*. Publication 39, Middle American Research Institute, Tulane University, New Orleans.

Wauchope, R. and M. N. Bond

1989 *Archaeological Investigations in the Department of Jutiapa, Guatemala*. Publication 55, Middle American Research Institute, Tulane University, New Orleans.

Weaver, P. M.

1969 "A Reapraisal of Chupicuaro." In *The Natalie Wood Collection of Pre-Columbian Ceramics from Chupicuaro, Guanajuato, México*, edited by J.D. Frierman, pp. 5-15.

Weaver, P. M.

1981 *The Aztec, Maya, and Their Predecessors*. Second edition, Academic Press, New York.

Webster, D.

1973 "The B-V-11 Mound Group: A Middle Classic Elite Residence." In *The Pennsylvania State University Kaminaljuyú Project-1969, 1970 Seasons, Part 1: The Mound Excavations*, edited by J. W. Michels and W. T. Sanders, pp.253-295.

Weiant, C. W.

1943 *An Introduction to the Ceramics of Tres Zapotes, Veracruz, Mexico*. Bureau of American Ethnology, Bulletin 139, Smithsonian Institution, Washington, D. C.

Weigand, P. C. and C. S. Beekman

1998 "The Teuchitlan Tradition Rise of a Statelike Society." In *Ancient West Mexico: Art and Archaeology of the Unknown Past*, edited by R.F. Townsend, pp. 35-51.

West, R. C. and P. Armillas

1950 "Las chinampas de México: Poesia y realidad de los 'jardines flotantes'." *Cuadernos Americanos* 50, pp. 165-182.

Whalen, M. E. (ed.)

1981 *Excavations at Santo Domingo Tomaltepec: Evolution of a Formative Community in the*

Valley of Oaxaca, Mexico. Memoirs of the Museum of Anthropology 12, University of Michigan, Ann Arbor.

Whitaker, T. W. and H. C. Cutler

1986 "Cucurbits from Preceramic Levels at Guilá Naquitz." In *Guilá Naquitz: Archaic Foraging and Early Agriculture in Oaxaca, Mexico*, edited by K. Flannery, pp. 275-279.

Whitaker, T. W., H. C. Cutler and R. S. MacNeish

1957 "Cucurbit Materials from Three Caves near Ocampo, Tamaulipas." *American Antiquity* 22(4), pp. 352-358.

White, C. D. and H. P. Schwarz

1989 "Ancient Maya Diet: As Inferred from Isotopic and Elemental Analysis of Human Bone." *Journal of Archaeological Science* 16, pp. 451-474.

Whitley D. S. and M. P. Beauty (ed.)

1989 *Investigaciones Arqueológicas en la Costa Sur de Guatemala*. Monograph 31, Institute of Archaeology, University of California, Los Angeles.

Wilkerson, S. J. K.

1973 "An Archaeological Sequence from Santa Luisa, Veracruz, Mexico." *Contributions of the University of California Archaeological Research Facility* 18, pp. 37-50.

Wilkerson, S. J. K.

1980 "Eighty Centuries Veracruz." *National Geographic* 158(2), pp. 203-231.

Wilkerson, S. J. K.

1981 "The Northern Olmec and Pre-Olmec Frontier on the Gulf Coast." In *The Olmec & Their Neighbors: Essay in Memory of Matthew W. Stirling*, edited by E. P. Benson, pp. 181-194.

Wilkerson, S. J. K.

1983 "So Green and Like a Garden: Intensive Agriculture in Ancient Veracruz." In *Drained Field Agriculture in Central and South America*, BAR International Series 189, edited by J. P. Darch, pp. 55-90.

Willey, G. R.

1953 *Prehistoric Settlement Patterns in the Virù Valley, Peru*. Bureau of American Ethnology Bulletin 155. Smithsonian Institution, Washington, D.C.

Willey, G. R. (ed.)

1956 *Prehistoric Settlement Patterns in the New World*. Viking Fund Publications in Anthropology 23, New York.

Willey, G. R. (ed.)

1972 *The Artifacts of Altar de Sacrificios*. Papers of the Peabody Museum of Archaeology and Ethnology 64(1), Harvard University, Cambridge.

Willey, G. R. (ed.)

1978 *Excavations at Seibal, Departament of Peten, Guatemala*. Memoirs of Peabody Museum of American Archaeology and Ethnology 14, Harvard University, Cambridge.

Willey, G. R., W. R. Bullard, Jr., J. B. Glass and J. C. Gifford

1965 *Prehistoric Maya Settlements in the Belize Valley*. Papers of the Peabody Museum of Archaeology 65, Harvard University, Cambridge.

Willey, G. R., T. P. Culbert and R. E. Adams

1967 "Maya Lowland Ceramics: A Report from the 1965 Guatemala City Conference." *American Antiquity* 32(3), pp. 289-315.

Willey, G. R. and P. Phillips.

1955 "Method and Theory in American Archaeology, II: Historical-Developmental Interpretations." *American Anthropologist* 57, pp. 723-819.

Willey, G. R. and J. A. Sabloff

1974 *A History of American Archaeology*. Thames and Hudson, London. 本書では、『アメリカ考古学史』小谷凱宣訳、学生社、東京を参考にした。

Willey, G. R. and J. A. Sabloff

1993 *A History of American Archaeology*. 3rd Edition, W. H. Freeman and Company, New York.

Winter, M. C.

1974 "Residential Patterns at Monte Alban, Oaxaca, Mexico." *Science* 186, pp. 981-987.

Winter, M. C.

1976 "The Archeological Household Cluster in the Valley of Oaxaca." In *The Early Mesoamerican Village*, edited by K. V. Flannery, pp. 25-31.

Wiseman, F. M.

1978 "Agricultural and Historical Ecology of the Maya Lowlands." In *Pre-Hispanic Maya Agriculture*, edited by P. D. Harrison, et al., pp. 225-245.

Wolf, E. R. and A. Palerm

1955 "Irrigation in the Old Acolhua Domain, Mexico." *Southwestern Journal of Anthropology* 11(3), pp. 265-281

Woodbury, R. B. and Aubrey S.

1953 *The Ruins of Zaculeu, Guatemala*. Richmond, VA.

Woodbury, R. B. and J. A. Neely

1972 "Water Control system of the Tehuacan Valley." In *Chronology and Irrigation, the Prehistory of the Tehuacan Valley* 4, edited by F. Johnson, pp. 81-153.

Zapata P. y R. Lorelei

1989 *Los Chultunes: Sistemas de Capacitación y Almacenamientos de Agua Pluvial*. INAH, México.

Zarate, R.

1987 *Excavaciones de un Sitio Preclásico en San Mateo Etlatongo Nochixtlán, Oaxaca, México*. BAR International Series 322, Oxford.

Zier, C. J.

1992 "Intensive Raised-Field Agriculture in a Posteruption Environment, El Salvador." In *Gardens of Prehistory*, edited by T. W. Killion, pp. 217-233.

2．和文

伊藤伸幸、1990『石彫から見たオルメカ文化』修士論文、金沢大学。

伊藤伸幸、1996「マヤ南部地域に於ける石彫の一生に関する一考察－グァテマラ高地からグァテマラ太平洋岸まで－」『名古屋大学文学部研究論集』125、pp. 101-123。

伊藤伸幸、1997「メソアメリカ地域におけるフラスコ状ピット」『名古屋大学文学部研究論集』128、pp. 43-68。

伊藤伸幸、1998a「マヤ南部地域で"PEDESTAL"と呼ばれる石彫について」『名古屋大学文学部研究論集』131、pp. 47-78。

伊藤伸幸、1998b「Bench-Figure と呼ばれる小石彫について」『貞末堯司先生古希記念論集　文明の考古学』海鳥社、pp. 1-17。

伊藤伸幸、1998c「タフムルコ遺跡出土の石彫と鉛釉土器」『楢崎彰一先生古稀記念論文集』真陽社、pp. 488-496。

伊藤伸幸、1999「マヤ南部地域でみられる横方向にホゾが付いた石彫」『名古屋大学文学部研究論集』134、pp. 55-94。

伊藤伸幸、2000「メソアメリカ南部太平洋側地域の建造物に関する一考察」『名古屋大学文学部研究論集』137、pp. 11-38。

伊藤伸幸、2001a「メソアメリカ南部における土の建造物」『クレブラ』たばこと塩の博物館、pp. 47-95。

伊藤伸幸、2001b「南メソアメリカ太平洋側斜面の四脚付テーブル状台座形石彫」『名古屋大学文学部研究論集』140、pp. 7-26。

伊藤伸幸、2002「南メソアメリカ太平洋側斜面における片面（シルエット）浮彫りについて」『名古屋大学文学部研究論集』143、pp. 41-66。

伊藤伸幸、2003「メソアメリカ南部太平洋側地域における人物石像」『名古屋大学文学部研究論集』146、pp. 47-70。

伊藤伸幸、2004a「南メソアメリカ出土石彫に表現される四脚付テーブル状台座の考古学的分析」『古代文化』56-1、pp. 27-44。

伊藤伸幸、2004b「チャルチュアパ遺跡における畝状遺構からの一考察」『金沢大学考古学紀要』27、pp. 138-146。

伊藤伸幸、2004c「南メソアメリカ海岸地帯出土石碑の形」『名古屋大学文学部研究論集』149、pp. 21-56。

大井邦明（監）、1995『カミナルフユ　1991-'94』たばこと塩の博物館、東京。

大井邦明、ミゲル・F・トレス（監）、1994『きのこ石』たばこと塩の博物館、東京。

桜井美枝子、1993「中米グァテマラ南西部高地のマヤ村落におけるコフラディア（信徒集団）に関する一考察－サンチアゴ・アティトラン村の事例より－」『大阪経大論集』44(4)、pp. 235-294。

関　雄二、1997『アンデスの考古学』同成社、東京。

ルンブレラス、L. G.、『アンデス文明－石期からインカ帝国まで－』岩波書店、東京。

レシーノス、アドリアン（林屋永吉訳）、1977『ポポル・ヴフ』中央公論社、東京。

あとがき

　本書の各章はすでに発表した論考ばかりであり、いずれも加筆修正を加えている。しかし、博士論文については、公表すべきであるという趣旨に基づき、可能な限りもとのままで収録した。論考の初出は以下のとおりである。

序章　メソアメリカ先古典期文化研究と方法
　第1節　メソアメリカの範囲と自然
　　博士論文序章第1節「メソアメリカの範囲と自然」
　第2節　メソアメリカ考古学史
　　博士論文序章第2節「メソアメリカ考古学史」
　第3節　メソアメリカにおける先古典期編年
　　2006　「メソアメリカ先古典期文化研究に関する諸問題」『名古屋大学文学部研究論集』155、pp. 19-47。
　第4節　先古典期におけるメソアメリカ各地方の文化
　　2006　「メソアメリカ先古典期文化研究に関する諸問題」『名古屋大学文学部研究論集』155、pp. 19-47。
　第5節　先古典期文化研究の目的と方法
　　博士論文序章第5節「先古典期文化研究の目的と方法」
第1章　メソアメリカ先古典期の建造物
　第1節　先スペイン期の都市の特徴
　　2001　「先スペイン期の都市」『方位読み解き事典』柏書房、pp. 322-326。加筆修正。
　第2節　メソアメリカにおける建築技法
　　博士論文第1章第2節「メソアメリカにおける建築技法」
　第3節　先古典期の初期建造物
　　2001　「メソアメリカ南部太平洋側地域の土製建造物」『クレブラ』たばこと塩の博物館、pp. 47-95。
　第4節　メソアメリカ南東部太平洋側の建造物

2000　「メソアメリカ南部太平洋側地域の建造物に関する一考察」『名古屋大学文学部研究論集』137、pp. 11-38。

　第5節　メソアメリカにおける特殊な建築材

　　　2000　"El uso ritual o práctico de la piedra pómez en la construcción de edificios en el área de la vertiente del Pacífico en el sur de Mesoamérica." *Las Culturas Indigenas* 3, pp. 3-13.

第2章　メソアメリカ先古典期における生業

　第1節　遺構からみた農耕

　　　2004　「チャルチュアパ遺跡における畝状遺構からの一考察」『金沢大学考古学紀要』27、pp. 138-146。

　第2節　遺跡出土の植物遺存体

　　　2005　「メソアメリカ先古典期における植物遺存体に関する一考察」『名古屋大学文学部研究論集』152、pp. 25-45。

　第3節　遺跡出土のフラスコ状貯蔵穴

　　　1997　「メソアメリカ地域におけるフラスコ状ピット」『名古屋大学文学部研究論集』128、pp. 43-68。

　第4節　考古資料に表現される動物

　　　2001　「南メソアメリカ太平洋側斜面出土遺物における動物」『久保和士君追悼考古論文集』pp. 227-244。

第3章　メソアメリカ先古典期における権力と信仰

　第1節　先古典期における文字資料

　　　2004　「南メソアメリカ出土石彫に表現される四脚付テーブル状台座の考古学的分析」『古代文化』56-1、pp. 27-44。

　第2節　王権の起源

　　　2004　「南メソアメリカ出土石彫に表現される四脚付テーブル状台座の考古学的分析」『古代文化』56-1、pp. 27-44。

　　　2005　「先古典期中期における玉座について」『マヤとインカ－王権の成立と展開－』同成社、pp. 3-16。

　第3節　メソアメリカ南東部太平洋側の権力と抗争

　　　2001　「カミナルフユの権力と抗争」『古代文化』53(7)、pp. 33-45。

　第4節　先古典期における精神文化

　　　1988　「Olmeca（オルメカ）文化におけるジャガー（豹）信仰の理解に向けて」『北陸史学』37、pp. 51-76。

あとがき

終章 メソアメリカ先古典期文化の特徴
　　博士論文終章「メソアメリカ先古典期文化の特徴」

　本書を刊行するにあたり、さまざまな人にお世話になった。
　博士論文を作成する際に有益なご指導を頂いた名古屋大学文学研究科山本直人教授、そして博士論文口述試験の際に有益な学問的指摘をしていただいた愛知県立大学杉山三郎特任教授、名古屋大学文学研究科周藤芳幸教授、同大学文学研究科江村治樹教授に深謝します。
　メキシコ留学中には国立人類学歴史学研究所の Sonia Rivero Torres, Alvaro Barrera Rivera, Carlos Silva Rhoads, Arnold González Cruz, Martha Cuevas García, 金子明、Eliseo Linares Villanueva 各氏に調査に関するさまざまな便宜を図っていただいた。1991年以降はグァテマラで調査を行ってきた。国立人類学歴史学研究所の Miguel Orrego Corzo, Christa Schieber de Lavarreda, Erick M. Ponciano, Sergio Ericastilla Godoy, Zoila Rodriguez と研究員と職員の方々にお礼を申し上げたい。また、Juan Antonio Valdez, Frederick J. Bove, Sonia Medrano、児島英雄の各氏にもグァテマラの調査研究の上でお世話になった。元ポポル・ブフ博物館理事長の故 Fernando Sanchez 氏には調査でグァテマラに滞在中さまざまな形でご援助いただいた。1995年以降から調査を行っているエル・サルバドルでは、Maria Isaura Arauz, Manuel Murcia, 柴田潮音, Paul Amalori に調査中いろいろとお世話になった。また、2006年より始めたホンジュラスにおける考古学調査ではホンジュラス国立人類学歴史学研究所の研究員、職員の方々にもいろいろとお世話になった。Carlos Carbajal, Santiago ほかの方々は調査以外でもいろいろとお世話になった。
　貞末堯司先生には金沢大学大学院文学研究科在学中に、新大陸考古学の基礎や研究法を教えていただいた。また、渡辺誠先生には名古屋大学文学部考古学研究室在学中に考古学の基礎を教えていただいた。今年亡くなった大井邦明先生には、メソアメリカ考古学の基礎やメソアメリカ考古学調査での実際の進め方などを教えていただいた。ここに、深く感謝の意を表したい。そして、大井先生のご冥福を祈ります。
　中米考古学調査において、たばこと塩の博物館学芸部長半田昌之、榊玲子、京都文化博物館学芸員南博史の各氏、田中地質、コンピュータ・システムにもいろいろな形でお世話になっている。
　以上の方々に深くお礼申し上げます。
　また、渓水社の木村斉子さんには本書をまとめる上で大変お世話になりました。深謝の意を表します。

著者略歴

伊 藤 伸 幸　（いとう　のぶゆき）

1962年　愛知県生まれ
1986年　名古屋大学文学部史学科考古学専攻卒業
1990年　金沢大学大学院文学研究科博士課程前期修了
1990年　メキシコ国立人類学歴史学研究所客員研究員
　　　　（メキシコ政府給付奨学生）
　　　　たばこと塩の博物館研究員をへて
1991年　名古屋大学文学部助手
現　在　名古屋大学大学院文学研究科助教　博士（歴史学）

メソアメリカ先古典期文化の研究

平成22年2月3日　発　行

著　者　伊藤　伸幸

発行所　株式会社　溪水社

広島市中区小町1-4（〒730-0041）

電話（082）246-7909／FAX（082）246-7876

E-mail: info@keisui.co.jp

URL: http://www.keisui.co.jp

ISBN978-4-86327-082-4　C3020